U0366257

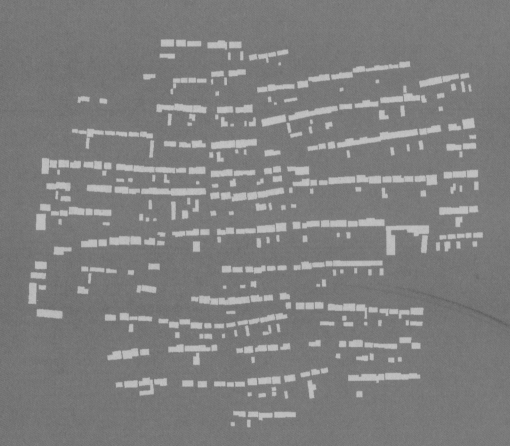

九府總圖

北 至 湖 廣 武 岡 州 界

東 至 湖 廣 零 陵 縣 界

西 至 雲 南 富 川 界

南 至 廣 東 石 城 縣 界

河池州　荔波縣　思恩縣　天河縣　懷遠縣　永寧州　義寧縣　全州　興安縣

羅城縣　柳城縣　馬平縣　柳州府　臨桂縣　桂林府　主府

憑祥州　忻城縣　宜山縣　慶遠府　來賓縣　洛容縣　象州　陽朔縣　脩仁縣

舊州　思恩府　賓州　貴縣　尋州府　桂平縣　武宣縣　荔浦縣　永安州

左州　都結州　武緣縣　南寧府　橫州　興業縣　武靖州　平南縣　平樂縣　富川縣　平樂府　賀縣　堡縣

永康州　亮縣　全府　上思州　博白縣　蒼梧縣　梧州府

崇善縣　伏波銅柱　交阯界　鬱林州　容縣　藤縣　北流縣　陸縣

灌陽縣

国家出版基金项目
NATIONAL PUBLICATION FOUNDATION

国家重大出版工程项目
"十三五"国家重点图书

中国传统聚落
保护研究丛书

广西聚落

韦玉姣　韦泡春　编著

中国建筑工业出版社

总编委会

顾　问：

张锦秋　　陆元鼎　　王建国　　孟建民　　王贵祥　　陈同滨

编委会主任：

常　青

编委会副主任：

沈元勤

总主编：

陆　琦　　胡永旭

委　员：（按姓氏笔画排序）

王　军	王金平	韦玉姣	冯新刚	朴玉顺	刘奔腾	关瑞明
李群(女)	李群(男)	李东禧	李树宜	杨大禹	吴小平	余翰武
张兴国	张鹏举	陆　峰	范霄鹏	金日学	周立军	郑东军
单晓刚	赵之枫	姚　赯	贾　艳	高宜生	郭　建	唐　旭
唐孝祥	黄　耘	黄文淑	黄凌江	韩　瑛	靳亦冰	雍振华
燕宁娜	戴志坚	魏　秦			

《中国传统聚落保护研究丛书　广西聚落》

韦玉姣　　韦湦春　　编著

编　委：　王红原　　谢小英　　熊　伟　　银晓琼　　邓　璇　　赵　冶

顾　问：　杨绿峰　　刘　哲

审　稿：　戴舜松

一、引子

中国传统文化将一个地方的环境气候和风俗民情的特质和韵味称为"风土"。《国语·周语上》韦昭注："风土，以音律省土风，风气和则土气养也"，即从当地方言的乡音民谣中便可感知一方土地、民风的文化气息，因而"风土"一词与英文的Vernacular近义。"风"指风习、风俗、风气，"土"指水土、土地、地方，所谓一方水土养育一方人，供奉一方神，从这个意义上，"风土"与西方的"场所精神（Genius Loci）"也有一定的关联性。日本近代哲学家和辻哲郎著有《风土》一书，他对"风土"的定义是自然环境气候诸因素加上"景观"，这里的"景观"应指审美角度的自然和人文两个方面，二者相融合的文化景观就是一种典型的传统聚落。

然而，在当今乡村振兴的时代大潮中，传统聚落最常见的关键词是"乡土"而非"风土"，差不多已约定俗成了。"乡土"一词是中国农耕社会中故乡、家乡、老家和乡下的意思，至今中国社会还延续着这个传统的语义。但中文"乡土"与英文Vernacular的语境存在差异，因为西方并不存在以宗法制为基础的传统乡民社会，其乡村也就不会有类似于中国"乡土"的概念内涵。而乡村的发展前景是要走出农耕语境的乡土，留住文化记忆的乡愁，延续场所精神的风土，再造生态文明的田园。再说自近代以来，乡土并不包括城里的传统聚落，比如北京的胡同，西安、成都、苏州的巷子，上海的弄堂等属于"风土"而非"乡土"的范畴。

自1930年朱启钤先生发起成立中国营造学社以来，在梁思成和刘敦桢两位学科巨擘的引领下，我国建筑界对传统民居和乡土建筑的研究持续推进，成就斐然，形成了传统建筑研究的一大专业领域。但如何使这些研究更多地关联和影响城乡建设的进程，对整个建筑类学科都是一个很大的挑战。

二、中国传统聚落的源流与特征

1. "匝居"与城乡同构

中国传统聚落营造的信史可追溯到商周时期的聚落遗址。其中有关"营造"的最早文字记载见于《诗·大雅·灵台》："经始灵台，经之营之"。这里的"经"，是策划、管控的意思；而"营"，原意即"匝居"，是围而建之的意思，例如"营窟""营市（阛、阓）""营垒""营国"等一系列聚落营造范畴的词汇。因此，古代聚落即以"匝居"的方式，形成血缘的乡村聚落，地缘的城邑聚落，以至作为国家统治中心的都邑聚落——都城。这些华夏聚落以宗庙或祠堂为空间秩序的中心，以城垣壕堑为空间领域的边界，虽层级和功用不同，但从深层构成看却大多同构，保持和发展着"匝居"的聚落营造方式，从而部分地诠释了城乡一体的"亚细亚生产方式"学说。因为，一方面，许多乡村聚落拥有城垣、堡楼、街坊、庙宇等要素，俨如一座座城邑，如从汉代的"坞堡"到明清的庄寨、围堡均是如此；另一方面，城邑甚至都邑虽然看上去坚固伟岸，依然不过是政治权力和经济活动高度集中，等级制度极为森严，壕堑防卫更加严密，水平向扩展开来的巨型村寨而已，是乡村聚落的放大升级版。

2. 聚落原型与变换

从"匝居"的外在方式到聚落的内在构成，可以看到中国传统聚落源于商周"井田制"的"井"字形空间概念及其原型意象。所谓"井田制"，即以王室收取贡赋为目的的土地经营制度和划分方式。如周代王室拥公田，公卿以下据私田，遗有周代理想的营国制度，以百亩为夫，九夫为井，九井为国（都邑）。据此制度，田野的纵横阡陌就演变为聚落内经纬交错的街衢，并围合成间、里等空间尺度及单位。后世的里坊、厢坊、街坊，以及后来的胡同、街巷和弄堂等都是这样演变而来的。但这一"井"状网格空间原型的聚落并非处处趋同，而是因地制宜，异彩纷呈，依循了"因天材，就地利，故城郭不必中规矩，道路不必中准绳"（《管子·立政篇》）的变通法则，适应地理环境和地貌条件的差异而产生拓扑变换。这就犹如某种语言，尽管"方言"各异，但"句法"和"语义"相通。或许以这样的解读，方可辩异认同、知恒通变，把握住中国传统聚落的结构本质及其演变方向。

3. 水系与聚落分布

中国传统聚落源于近水的邑居，据《史记·五帝本纪》："禹耕历山……一年而所居成聚，二年成邑，三年成都"。其中，对水畔、雷泽、河滨等的劳作场所描述，均寓意了聚落是伴水而生的文化地景。甲骨文中的"邑"字右边旁加三撇表示傍水，即"邕"字的金文来历，同样表示聚落即环水的邑居。除了统治与防卫上的考虑，古代聚落选址的首要地理条件，是必须依傍满足漕运需要，方便物资供给的水系。因此，自上古以来聚落选址一般都位于大河的二级台地或其支流的一级或二级台地上。在物流以漕运为主的古代，这些水系可以说是聚落生存的命脉，对于都城而言尤其，如长安、洛阳、汴梁（开封）沿黄河及其支流东西走向一字排开，建康（南京）、江都（扬州）濒临江淮，北京（涿郡）和临安（杭州）则处于南北大运河的两端。实际上历代中心聚落——都城在空间上的移动，均因应了文化地理的条件和漕运线路的兴衰，并与社会动荡、族际战争和人口迁徙相伴随。

4. 乡村风土聚落

在中国古代，与城邑聚落不同的是，乡村聚落社会是按血缘关系和经济共同体为纽带所形成的聚居系统，聚族而居的社会秩序和居住形式仰赖宗法制度维系，特别是自宋代以来，程朱理学倡导"敬宗收族"，形成了以祠堂、族田和族谱为核心的宗族组织及其聚居制度，宗法的社会结构更加趋于自组织化。但由于特定地域下的自然环境（如气候、地貌、水土、材料等）和人文环境（如宗法、宗教、数术、仪式等）的差异，聚落中的宗法秩序和空间布局亦有着同中有异的呈现方式，营造活动很少有统一法式的约束，较之城邑营造更加因地制宜，灵活多变，因而在与自然地景融为一体的有机生长中，保留了纯朴的古风和浓郁的地方性，可以说是千姿百态，谱系纷呈，表现了与西方的"场所精神"相类似的地方特质。以下按地理纬度和等降水量线，将中国各地域的聚落建筑分为四个区段。

1）农耕—游牧混合地区，即400毫米等降水量线以北半干旱北方地区的聚落建筑。如昆仑山南北侧和蒙古草原上游牧民族的帐幕、蒙古包；塔里木盆地周缘突厥语族—东伊朗民族的木构平顶阿以旺住宅；青藏高原上的藏式碉房，甘青地区各族建筑元素相混合的"庄窠"式缓坡顶两合院与三合院，以及青藏高原东部边缘的羌式碉房及合院等。

2）西北、华北和东北地区，即400毫米等降水量线以南至800毫米等降水量线以北之间半湿润北方地区的聚落建筑。如豫、晋、陕、甘各式窑洞，木构坡顶及包砖土坯（胡墼）墙房屋组成的晋系狭长四合院；东北、京、冀、鲁、豫木构坡顶、平顶、囤顶建筑构成的宽敞四合院等。

3）西南、江淮、江南地区，即800毫米等降水量线以南湿润地区的聚落建筑，如川、黔、桂、滇地区，以穿斗体系、干阑—吊脚为显著特征的楼居及合院，藏缅语族各民族的"土掌房""一颗印"（"窨子屋"）"三坊一照壁"等合院；湘、赣、闽北地区"四水归堂"的天井合院或"土库"建筑；江淮地区介于南北方之间的合院和圩堡；徽州地区以堂楼为中心，高耸的马头墙、墙厦、精工木雕、楼面地砖为特色的天井合院；江浙地区穿斗—抬梁混合式的多进厅堂和宅园等。

4）华南地区，即大部处于1600毫米等降水量线范围的高湿多雨地区聚落建筑，如闽南、粤北地区客家、潮汕（闽系）聚落以夯土墙和木屋架构成的大厝、土楼、土堡、围龙屋；粤南广府地区大屋、天井、冷巷构成的合院群等。

总体而言，延续至今的乡村传统聚落基本上都是明清以来的遗存，说明经过两晋南北朝开始的由北而南为主流的历次民族、民系大迁徙，明清时期各地乡村建筑相对稳定的地域分布格局已基本形成，可以从民间流传的营造匠书和聚落族谱中得到印证。如元明之际的《鲁般营造正式》、明万历年间的《鲁班经匠家镜》和清末民初的《营造法原》等，对江南地方的民间建筑影响尤其广泛。

至于少数民族地区的乡村传统聚落，因源于不同的文化传统，其构成及相互关系比较复杂，与汉民族聚落也存在交融现象。比如，明清两代逐渐推进"改土归流"，在南方的少数民族地区以"流官"管理制取代"土司"世袭制，推进了汉族与少数民族的异质文化交融，但后者的"熟化"（或"汉化"）程度，大大超过了前者的"夷化"。

自1930年中国营造学社成立以来，在梁思成和刘敦桢两位学科巨擘的引领下，建筑史界对乡土民居的研究成就斐然，形成了传统建筑研究的分支领域。跨世纪以来，建筑史界对传统民居的人文地理背景和建筑形态分布区系已有一些学术探讨，并有过以传统建筑结构类型为主线的地域区划专题研究。但是这些研究成果怎样对城乡改造中的遗产保护难题产生积极影响，还有待实践中的借鉴和运用。

三、城乡改造与传统聚落

1. 消亡中的乡愁载体

自19世纪末以来，直到改革开放之前，传统中国逐渐从农耕文明走向了工业文明，演变进程是相对缓慢曲折的。尽管传统聚落的宗法社会结构已经崩解，但血缘和宗族关系依然得以延续，聚落的空间结构和传统风貌依然大致如故。随着近30年来城镇化和城乡改造浪潮的冲击，传统聚落的文化特征已发生巨变，大部分古城只保留着少量的历史文化街区。作为乡村传统聚落的大多数村镇，经过撤并集聚或自发式改造，使原有的自然和社会生态系统瓦解或巨变，残留下来比较完整，较多保留着原生态风貌的多在边远山区，占比很大的部分已破败不堪，或被低质化改造，总体上正以极快的速度趋于消亡。

据中外学者的研究，民国时期的城镇化水平不过10%左右，中华人民共和国成立直到改革开放前也只达到17%左右。20世纪70年代末改革开放以来，城镇化开始飞速地发展，城镇化率2018年已达59.58%，其中城镇户籍人口42.35%（包括拥有宅基地的部分镇人口和城中村人口），与欧美约75%~85%及日本93%的城镇化率相比仍差距明显。截至2016年，我国乡村自然村仍有244.9万个，基层自治管理单位"村民委员会"52.6万个，乡村户籍人口7.63亿，常住人口5.6亿，在本地和外地谋生的农民工约2.88亿。2017年全国城乡人均收入倍差2.72，一些贫困的山区和边远地区农村人均收入与全国城乡平均收入倍差则远高于这个数字，这些地方的衰败或空村化现象更加严重（数据来源自2017年、2018年国家统计局公布的数据）。

虽然这种文明进程在任何一个走向现代化的农耕社会迟早都会发生，但是中国作为人类文明诸形态中唯一保持了连续性进化的国家，文化传统的基因和源头即存在于城乡传统聚落之中。这一"乡愁"载体的消亡，不但会使国家和地方失去身份认同的文化根基，而且会使城乡一体化发展的战略目标发生偏差。

2. 风土建成遗产

在中国传统聚落的话语体系中，"民居"是对功能类型而言，"乡土"是对乡村聚落而言，而"风土"是对城乡聚落及其文化地理背景而言，三者均属同一范畴。因此，乡村聚落也是最具文化载体性的风土聚落，呈现了各个地域环境、气候和民族、民系背景下异彩纷呈的风土特质。西方的风土建筑研究可以追溯到法国18世纪新古典主义理论家德·昆西（Quatremère de Quincy），他最早指出了建筑语言的风土（Vernacular）和习语（Idiom）属性。到了当代，英国建筑理论家兼乡村爵士乐作曲家鲍尔·奥利弗（Paul Oliver，1927—），集风土建筑研究大成，在1997年出版了覆盖全球的《世界风土建筑百科全书》（*Encyclopedia of Vernacular Architecture of the World*），他认为研究风土建筑不只是为了记录过往，对未来的文化和经济可持续发展也是不可或缺的。随后R. 布伦斯基尔（Brunskill R. W.）在2000年出版《风土建筑：一部图解的历史》一书，把20世纪以前定义为"风土建筑时代"，以大量的插图详解了数百年来英国风土建筑在农耕时期和工业化早期的形态特征。

"建成遗产"是经由营造活动所形成的建筑、聚落、景观等文化遗产本体的总称。1999年，国际古迹遗址理事会（ICOMOS）在《风土建成遗产宪章》（*Charter on the Built Vernacular Heritage*）中，首次提出了"风土建成遗产"的概念，即特定风俗和土地上所建造的文化遗产，其保护价值今已成为全球共识。首先，"聚落建筑"作为风土建成遗产的第一保护对象，是城乡历史环境的栖居场所，也是民族民系身份认同和乡愁记忆的空间载体，携带着可识别的中国传统文化基因。其次，"营造技艺"蕴含乡遗的工巧智慧精华，是对其进行保护、传承和再生的意匠源泉，而只有将传统聚落的营造技艺真正传承下去，保护才是可持续的，才能使聚落遗产长存下去。再次，"文化地景"（或文化景观Cultural Landscape）呈现聚落的环境因应特征，是人工与天工相交融的在地景观。韩国建筑师承孝相，为了表达地景建筑创意，生造了"Landscript"（地文）一词，本意是强调人的活动在土地上留下的印记，就如大地书写一般。显然，"地文"需要保护和续写，即像日本的"合掌造"民居、中国的西递—宏村那样，严格保护好聚落遗产标本，激活历史环境的"场所精神"（Spirit of Place），在新建筑中创造性地转化风土建成遗产的原型意象。

3. 国家级聚落遗产

根据住房和城乡建设部和国家文物局颁布的最新保护名录，中国传统聚落列入国家保护名录的有三大类，均可看作风土建成遗产。其一为100多处"国家重点文物保护单位"身份的传统聚落；其二为国家历史文化名城、名镇、名村，包括135座"名城"、312个"名镇"和487个"名村"；其三为6819个部分由国家财政资助保护的"传统村落"。此外，皖南古村落西递—宏村、福建土楼、开平碉楼与村落，以及红河哈尼梯田文化景观等4项乡村传统聚落及景观被收入世界文化遗产名录。

这其中的传统村落数量最为庞大，部分还同时具有国家级历史文化名村及重点文物保护单位的身份。其分布特点为：南方约占全国总量的78%，大大多于北方；山区多于平原、盆地，如晋、湘、滇、黔、闽的山区占比超过全国总量的二分之一；方言区多于官话区，如晋系方言区约占北方各官话区总和的40%左右；工业化、城镇化起步较晚的地区多于起步较早的地区，如西北地区多于东北地区；城乡人均收入倍差相对较高的地区多于发展水平相近的较低地区，如贵州、云南处于全国传统村落数量排名前列。

上述的三大类传统聚落遗产保护系列中的前两类，有着相应的国家保护法规及实施细则，生存问题相对无虞。而第三类——传统村落量大面广，没有直接的相应保护法规作保障，其生存问题看似有国家财政资助，实际状况则堪忧。

四、传统聚落的保护与活化

1. 模式与问题

对风土建成遗产的专项保护，比较典型的首推北欧斯堪的纳维亚半岛的挪威和瑞典，这里在第二次世界大战前最早以民俗博物馆的方式，保护和展示当地的风土建筑，这种方式随后风靡欧洲大陆和英国。1952年英国"古迹委员会"将18世纪以前的风土建筑均纳入了保护名录，特别值得注意的是，英国将乡村划为120个自然区和181个特色景观区，这是可以借鉴的乡村文化地景谱系保护策略。日本于20世纪70年代兴起的"造村运动"，是通过农业升级改造、乡村特色塑造和技术培训投入，提振乡村经济社会活力和磁力，最终使乡村聚落得到活化和再生。聚落遗产保护和传承是其中的一个部分，如长野县的妻笼宿和岐阜县的马笼宿，其风土建成遗产在存真、修缮、翻建、活化等方面皆有坚定的价值坚守和丰富的保护经验，可供中国乡村风土建成遗产保护和再生实践学习借鉴。

我国城乡风土建成遗产保护与活化前后已历20载左右，经验和教训并存，其中数量占大多数的乡村聚落遗产保护与活化主要有三种模式。第一种为国家文博体系和大型国企主导的乡村博物馆模式，如山西的丁村、陕西的党家村、湖南的张谷英村、福建的田螺坑土楼群及玉井坊郑氏大厝等，经费、法规、导则等条件较为完善，部分村民通过村委会组织参与经营活动受益。第二种为社会企业主导的风土观光综合体模式，乡村聚落遗产由企业与当地政府、村自治体——合作社以契约形式合作及分成，如安徽黟县宏村、浙江松阳县村落、山西沁水县湘峪村、福建连江县杜棠古村三落厝等。第三种为村自治体主导风土生态体验区模式，以由村自治体所属企业及乡村活化能人掌控风土观光资源，进行乡村聚落开发，村民参与其中的相对较多，受益也相对大一些，如安徽黟县西递村、山西平遥县横坡村、陕西礼泉县袁家村、山西晋城市皇城村、福建屏南县北村等。

不可忽视的是，乡村聚落遗产在保护和活化中存在一些带有普遍性的问题和挑战：一是大多没有以乡村经济、社会的改造升级为根本前提，而是过多地依赖于旅游资源的消耗；二是管理政出多门，既条块分割，又一事多管，造成一些村落一村多名，准入标准和处置方式交错低效；三是原住民生活资料——集体土地、宅基地和房屋处于不确定的流转状态，所有权和使用权分离，但土地与房屋租金普遍低廉，收益分配不成比例，原住民的公平共享诉求难以兑现，存在着大量的权益矛盾和法律纠纷，潜在的社会风险已然存在；四是维修和民宿化改造等多为村民自发行为，存在严重的安全隐患，如结构安全意识薄弱，涉及公众安全的强制性技术规范和安全施工监管缺位，消防间距、人身防护不合规范的状况随处可见，声、光、热等室内环境控制指标大都达不到基本使用要求；五是宅基地内滥建低质楼监管缺失，低质翻建率常在一半以上，严重的达70%~80%，使村落风貌严重失控，而招揽观光的利益驱动导致拆真造假现象也随处可见；六是薪火相传趋于中断，大部分营造技艺面临失传，由于种种原因，"非物质文化遗产传承人"名誉并未起到明显的弥补作用，传统意匠及技艺存续与再生尚待突破，新旧修复材料融合手段薄弱等问题普遍存在；七是同质化严重，社会资金普遍投入乡村聚落保护与再生项目的可能性有限，而传统村落依赖国家财政扶持也是很有限的，且不可持续。

2. 标本保存谱系化

当下我国城乡风土建成遗产的保护与活化，首先并不是个建筑学问题，而是涉及保护什么，如何保护，怎样活化的实质性问题，与经济、社会的可持续发展背景息息相关。从物种标本保存的战略眼光看，传统聚落保护与活化的前提是对聚落遗产标本的保存和研究。

少量被定格在某个历史时期或文化样态下的聚落遗产，比如平遥、丽江古城以及各地名镇、名村一类进入各种遗产名录，是受到严格保护的风土建成遗产标本。但这些遗产标本只是聚落遗产中极小的一部分，我们认为，实际上需将我国城乡风土建成遗产按民族、民系的语族区或方言区进行全覆盖，成体系地作分类分级梳理，为后世存续完整的风土建成遗产谱系标本，兹事体大，关及国家和地方历史身份和文化传承的根基。因此，应依风土建成遗产谱系—甄别、筛选和认定聚落遗产，再以地景修复、聚落修补和技艺传承为基础，将之纳入再生过程。当务之急，是应对其谱系构成缘由与分布有比较系统的认知。

由于语言作为文化纽带的重要性仅次于血缘，而风土在语言学上的含义，即连接一个地方聚居群体的交流媒介"语缘"，既可代表不同的文化身份，也可作为判断各文化身份间亲疏关系的参照。因此，从文化地理学和人类学的角度，可尝试以民系方言和语族—语支为参照，对各地风土建筑做出以"语缘"为纽带的谱系分类区划。总体上看，历史上语族相近，说明有相关的文化渊源；语族的方言或语支相通，说明血缘和地缘存在关联性。传统的汉语族—方言和少数民族的语族—语支是在漫长的历史变迁中，由于地理阻隔及民族、民系迁徙所形成的。虽然建筑谱系和语言谱系是否完全对应确是个问题，但设若不同族群在语言上可以交流，则其聚落及建筑一般也会存在交互关系。

参照语言人类学家的语缘区划，汉藏语系的汉语族民族民系聚落及建筑谱系主要可分为：其一，东北、华北、西北、江淮和西南等五大官话区建筑谱系；其二，华北的晋语方言区建筑谱系；其三，江南的吴语、徽语、赣语和湘语四大方言区建筑谱系；其四，华南的闽语、粤语和客家语三大方言区建筑谱系。少数民族语族区聚落及建筑谱系主要可分为：其一，西南地区汉藏语系藏缅语族17个民族的建筑谱系，壮侗语族9个民族和苗瑶语族3个民族的建筑谱系；其二，北方地区阿尔泰语系突厥语族7个民族，蒙古语族6个民族和通古斯语族5个民族的建筑谱系等。此外，还有少量西北地区印欧语系斯拉夫语族和伊朗语族的民族的建筑谱系，以及华南地区南亚语系和南岛语系民族的建筑谱系。以这样的谱系认知方式，对风土建成遗产谱系遗产的标本系列进行谱系化的保护，是有重要意义的一种尝试。

突厥语族区建筑		其他区建筑	蒙古语族区建筑		其他区建筑	通古斯语族区建筑		其他区建筑
定居区	游牧区		定居区	游牧区		定居区	渔猎区	
北方官话区西部建筑			晋语方言区建筑			北方官话区东部建筑		
河西	关中		北部	中部	东南部	京畿	胶辽	东北
西南官话区建筑				北方官话区中部建筑		江淮官话区建筑		
滇	黔	川	鄂	豫	鲁	淮		扬
藏缅语族区建筑				湘语方言区建筑	赣语方言区建筑	徽语方言区建筑	吴语方言区建筑	
藏区	羌区	彝区	其他	湘西 / 湘中 / 湘东	豫章 / 临川 / 庐陵	歙县 / 婺源 / 建德	苏州 / 东阳	台州
壮侗语族区建筑			客家方言建筑			闽语方言区建筑		
壮区	侗区	其他	西部	中部	东部	闽中	闽东	
苗瑶语族区建筑			粤语方言区建筑			闽语方言区建筑（闽南）		
其他区建筑			桂南	粤西	广府	潮汕	南海	台湾

我国民族民系风土建成遗产谱系分布示意图

3. 大量性传统聚落的出路

除了经典传统聚落风土建成遗产谱系的标本保存，大量性的传统聚落，特别是乡村聚落，总体上面临着景象劣化、原有建筑被大量低质改建、乡村经济和民生有待振兴的境况。因此，需要将聚落有机更新和文化地景再造，作为未来发展的主要方向。实际上，对大量性传统聚落的可持续发展而言，实践中应考虑保存有标本价值的聚落典型建筑，延承风土营造谱系所曾依存的地貌特征、空间格局和尺度肌理，再造出隐含着基质原型、适应生活变迁的新风土聚落及文化地景。

此外，传统聚落遗产管理系统和遗产归口的合理化，遗产运作的信托化，遗产基金、社会"领养"

和活化途径的模式化，营造技艺传承的制度化，以及保护技术的系列化等，都应作为传统聚落保护与再生的改进方面加以关注和实施。

五、关于丛书编纂

这部丛书是第一部关于中国传统聚落特征与保护的大型研究集锦，内容覆盖了各省市自治区传统聚落的历史溯源、地域特征与现存状态、保护与活化的方法与途径，以及未来走向的展望等。丛书中的"传统聚落"聚焦于狭义的"村"和"镇"，并可选择性地涉及"城"，即"县"或"市"的老城区，如北京的胡同和上海的弄堂。书中内容兼顾理论观点和叙述方式的历史性、逻辑性和独特性，引述材料要求真实可靠，体例同中有异，充分表达地域特征，并将之纳入史地维度和经济、社会发展的叙事语境。保护与活化内容要求选取兼顾普适性和典型性的工程实践案例，对乡村振兴中的建成遗产存续和再生问题进行全方位的讨论。由于本丛书仍是以行政区划单位作为各分册的研究范畴，难免存在少量跨省市区之间的互涵和重复内容，但作为一部大型丛书，总体上还是完整统一的，其中不少篇章都可圈可点，对乡村振兴和传统聚落的未来探索有多方面的参考价值。

（本文主要内容及参考文献见《建筑学报》2019年12期）

中国科学院院士、同济大学教授
己亥夏至于上海寓所

聚落，是人类聚居和生活的场所，《汉书·沟洫志》曰："或久无害，稍筑室宅，遂成聚落"。聚落这一概念最早出现时是为了描述区别于都邑的居民点，现在已泛指人类生活地域中的村落和城镇。聚落是在各个地域内发生的社会活动、社会关系和特定的生活方式，并且是由共同的人群所组成相对独立的生活空间和领域。传统聚落主要是指具有一定历史性的城乡聚落，拥有物质形态和非物质形态的文化遗产，是先人运用自己的智慧，依据自然、气候、地理、习俗等环境因素建立的适宜的居住空间，同时具有较高的历史、文化、科学、艺术、社会、经济价值，能够反映一定历史时空的社会物质文化与精神文化的重要载体。

传统聚落是人们与自然协调过程中不断地尝试和调整所形成的，是在一定的时空条件下的总结。传统聚落是一定地域空间范围内的人文现象，它既是一种空间系统，也是一种复杂的经济、文化现象和社会发展过程。其起源、形成、发展均在特定地理环境和社会经济背景中，通过人类活动与自然相互作用下的结果，是对自然地理条件、社会治理结构、文化机制作用等多方面的缓慢调整适应，既是人类不断地适应、改造自然环境的实践积淀和智慧结晶，也是特定地域环境人地关系的空间反映。正如本套丛书之一《云南聚落》编写作者杨大禹教授所说："几乎所有的传统聚落，作为联系自然环境和人文环境的中介，从它们的地理分布、外部整体形态、内部空间结构，到聚落与周围自然环境、山水地形的紧密关系，都体现出因地制宜、和谐有机的共同规律。"这些共识是协调当地的地理条件、社会风俗与生活方式等积累而成的。在以聚居为主的生活模式下，都会充分考虑到聚落的环境特点，尽量找到资源配置最为合理、微气候最为和谐的场所。聚落形态与民居建筑形式的存在，与人们应对自然环境的生理、心理需求有着千丝万缕的联系。所以，传统聚落都能反映出在一定的地域空间环境、一定的民族和一定的历史时期所承载的建筑文化底蕴。

传统聚落作为中华文明的一种载体，凝聚着具有地域性、民族性与艺术性的布局特色和建筑风采，以及文化习俗下构成的聚落分布、空间格局、生产模式、景观形态等风情各异、千姿百态的元素。传统聚落是先人们长期适应自然，与自然和谐相处的历史见证，凝聚着中国悠久的农耕文明，展示着人们自古至今的生存智慧，可以说，传统聚落承载着中华文化精华和中华民族精神。所以，保护传统聚落就是维系中国传统文化的延续，就是在保护中华文明的根。

对于聚落空间的研究，既要把控聚落自身各种要素以及各要素之间的相互关系，也要关注聚落内部空间与聚落外部空间之间的关系，从而进一步了解单个聚落与同一个地域内其他聚落之间的关系，以便获得对聚落空间完整概念的把握。通过对传统聚落特色的系统研究，包括将传统聚落的不同历史发展阶段，各种历史文化要素和不同形态载体归纳合一，作为相互交融、贯通的体系来研究，从理论层面上梳理传统聚落各种有关形成、发展、演化的普遍规律和地区特征，挖掘其精神文化及生命智慧，发现其内在的文化价值，尊重其自身的运营机制，肯定其在现代聚落发展中的积极作用，以丰富我们对于人类聚居的认识。

长期以来，我们的先人经过不断的实践，运用了他们的丰富智慧，无论在聚落总体布局或在民居建筑技术、艺术方面都取得了很高的成就，积累了丰富的经验。传统聚落生存智慧拥有中国优秀传统文化的内核，是体现传统建筑智慧最具特色的代表。如何重新再认识传统聚落所具有的地域性、民族性与文化多样性特征，进一步发掘潜藏其中的营建技艺、理论精华和创造智慧，寻求传统聚落的持续发展相应的理论支撑，是我们当前重要的课题。当然，蕴含着中华文化基因的传统聚落更是当代建筑文化特色形成的基础，值得我们去进行研究、总结、学习和借鉴。

"中国传统聚落保护研究丛书"各卷作者综合运用文献研究法、调查研究法、比较研究法、定性分析法等科学研究方法，建构传统聚落研究的基本思路。采用文献分析、田野调查、理论研究与实证分析结合、系统化分析等方法，通过对学术文献、地方志、文书族谱等史料资料进行梳理筛选，对现有传统聚落进行建筑测绘、口述访谈，在吸取前人研究成果的基础上，归纳总结我国传统聚落发展特点及其背后蕴含的丰富文化和物质内涵，从整体上考虑多元文化影响下的传统聚落特征。丛书作者在编写过程中，借鉴历史学、社会学、建筑学、城乡规划学、文化地理学、景观生态学等跨学科交叉的思路，采用融合融贯的研究模式，既对传统聚落的基本共性特点归纳总结，也对受各区域条件影响的传统聚落比较分析，从整体上来把握研究对象。

在新时代的聚落发展和建设中，对传统聚落的保护与研究就显得尤为重要。传统聚落所呈现出来的优秀空间格局与营造技艺，不仅能给聚落的保护更新提供更为合理的方法途径，同时也能为新时代的聚落建设提供更多的方式方法及可能性。探究历史文化基因的内在联系，研究传统聚落的起源、演变、特点和价值，为传统聚落的传承提出依据，以便于更好地加以保护与利用。与此同时，在弘扬与传承优秀传统文化的基础上，探寻传统聚落发展模式及其保护的策略与原则，对保护与更新提出更为具体的要求与措施，构建整体保护的格局理念，以及与其相适应的、分级分类的传统聚落保护体系，更好地把握传统聚落在当代的发展道路与方向。

　　"中国传统聚落保护研究丛书"的编写希望以准确翔实的史料、精确细腻的测绘、真实生动的图片来全面展示中国传统聚落悠久的历史、灿烂的文化、淳朴的民风。由于各地区的状况不同和民族差异，以及研究基础也会参差不齐，故在编写中并未要求体例、风格完全一致，而以突出各地区传统聚落自身特色，满足各地区建设的需求为主。同时，丛书的编写，也希望对全国各省、直辖市、自治区传统聚落保护与传承、历史街区与传统村落建设，以及城乡人居环境提升起到重要的参考与指导作用，这是本套丛书研究编写的目的和意义所在。

2020年11月16日

广西壮族自治区，地处祖国南疆，位于五岭以南的西部，西北靠云贵高原，呈西北高、东南低之势。西南与越南接壤，南邻北部湾，是沿海、沿边的省份。行政区土地面积23.76万平方千米，辖北部湾海域面积约4万平方千米。广西是多民族聚居的地区，拥有壮、汉、瑶、苗、侗、仫佬、毛南、京、回、彝、水、仡佬等12个世居民族，加上甲天下的山水，广西传统聚落丰富多彩，是中国传统聚落不可或缺的组成部分。

广西传统聚落的形成和发展，与地处边疆山长水远的地理条件、封建王朝对广西的开发以及各民族经济、文化发展状况有关。

秦朝统一中国，以南方古越人分支——瓯、骆等民族为原住民的今广西地域，正式纳入中国版图，从此有了封建王朝的行政建制。

秦修灵渠、征服岭南后设桂林、象、南海三郡，今广西大部属桂林郡和象郡。汉初，广西属南越国，汉朝平定南越后，将南越地划分为9郡，今广西大部属苍梧、郁林、合浦3郡。唐初，地方设州、县，岭南45州分属广州、桂州、容州、邕州、安南5个都督府（又称"岭南五管"），隶属于岭南道，今广西大部属桂州、容州、邕州三管。唐末，岭南道分东、西两道，升邕管经略使为岭南西道节度使。宋代，广南西路简称"广西"，今广西得名。

自唐末开始成为一级行政区起，广西的行政体系不断完善，到明清，府、州、县（含土州、土县）的数量和领地与今广西的市县基本相同，城镇得到快速发展。桂中以东的城镇形制和官员任用与中原地区无异。

但是，因广西的原住民族分布范围广，与汉族语言不通、习俗殊异，所处地区交通不便等原因，唐代在统治者难以到达的桂西地区执行羁縻制，宋承唐制并进一步改行土司制，即设土州、土县，任用土官进行管理，到明代，土司制发展达到高峰。

随着土司制对社会禁锢的弊端日渐显现、封建王朝对广西西部地区的管理能力的不断加强，明末起，广西从桂中以西开始"改土归流"，直至民国时期完成。"以其故俗治"使得桂西的社会、经济和文化发展较慢，少数民族文化保留较为完整。

广西的民族构成和分布，也随着封建王朝的统治，发生变化。

伴随着封建王朝对广西的开发，汉人随着统治机构、军队南征和戍边开始进入广西。随后，因移民、经商、垦边、逃难或贬谪充边，进入广西的汉人越来越多。早期汉人入桂，多沿湘江、灵渠、漓江、桂江，逆浔江、郁江，通过航运进入广西，汉代以后更是通过北流江、南流江，从合浦港出海至今海南省及其他国家，往返进行贸易。明清时，从闽、粤自西江进入广西的汉人增多。中华人民共和国成立后，汉族依然持续进入广西。

苗族、瑶族、彝族、仡佬族等少数民族在不同的历史时段，因逃避战乱等原因进入广西，这些民族占广西人口的比例小。

至清末，广西的民族构成已经变成原住占六成、汉人占四成。至2018年，广西行政区划为14个地级市，7个县级市，64个县（含12个民族自治县），总人口近5000万，其中汉族人口占六成多。

凭借统治者的支持和自身在经济和文化上的优势地位，汉族占据了水路交通便利、土地肥沃、地势平缓的桂东和桂南沿海地区，并逐渐深入广西腹地乃至遍布全境。南下的汉人带来中原先进的生产技术和文化，推动了广西的社会、经济和文化发展；广西原住民与外来的汉族等民族不断融合，形成了多民族共生的局面。

由此，形成了广西的民族分布格局：汉族主要分布在桂东、桂南、桂北的平原和盆地地区以及沿江、沿海地带；壮族主要分布在桂中以西地区；侗族主要分布在桂北与湘、黔交界的地带；其他民族主要分布在桂西南、桂西北至桂东北的山区。

广西的传统城镇多发祥于漫长的封建社会和近代，类型丰富，体系完整，绝大多数分布在沿河地带，航运通达。府城、州城更是分布在大江、大河沿岸，开挖湖和护城河并筑城墙等，规模较大，公共建筑众多。土司城主要分布在桂西广大地区，长期由土官管理，形式参照流官县城，但规模较小，组成简单，分布较密，以达到中央王朝"分而治之"的目的。

明末以后，城乡农业、商业有了较大发展，特别是清末以后，商业发展迅速，促使一批新城市、新集镇产生。

广西的乡村聚落则显示出了不同的民族环境和文化特色。因不同的民族和环境条件，形成了丰富的村落类型。总体上，村落多紧凑布局，以节约土地。在公共空间上，汉族村落突出人工水系和自然水系相结合，祠堂位于村落中的重要位置，建筑群体现强烈的封建秩序；壮族村寨多以小广场、水面和绿地等室外场地为公共中心；侗族村寨则以鼓楼、戏台及其广场为中心。加上山区地貌和多样的景观，少数民族村寨比汉族村落在形态上更活泼和富有变化。

近年来，广西在历史文化名城、名镇和传统村落的保护和更新方面颇有建树。其中，桂林市恢复了宋明以来的城市传统水系和部分历史街区，完善了城市的公共空间和市政设施，提升了城市活力和吸引力，使"桂林山水甲天下"成为桂林可持续发展的名片；柳州作为工业城市，在山水保护、城市绿化景观方面独领风骚，践行了习主席"绿水青山就是金山银山"的环境保护理念，提升了工业城市的活力和环境品质。以龙胜、三江、融水等自治县的传统村落为代表，在适当的规划指引和政策导向下，"自上而下"与"自下而上"相结合，乡村逐步实现了优秀传统文化和农业、旅游等产业的振兴。

由中国建筑工业出版社组织编写的《中国传统聚落保护研究丛书　广西聚落》，力现广西传统聚落的上述特色，总结广西传统聚落保护的理念和方法，是广西传统聚落研究和保护的力作。该书主要由广西大学土木建筑工程学院的教师负责编写，并得到了广西壮族自治区住房和城乡建设厅、广西壮族自治区党委宣传部、各市县住房和城乡建设局、融媒体中心等单位以及众多摄影家的大力支持，内容充实丰满，可为建筑学、城市规划学、景观学、民族学的研究提供帮助。因鸿篇巨制，加上我们自身学识所限，错漏难免，敬请专家、读者指正。

韦玉娇

2021年4月18日

目录

第　一　章

传统聚落的生成与演变

第一节　自然地理环境

一、地理区位、行政区划和人口

　　广西壮族自治区，统称"广西"，简称"桂"，是中国南部边疆少数民族聚居区，位于东经104°28′～112°04′，北纬20°54′～26°24′。土地总面积23.76万平方公里，东与广东交界，北接湘黔，西接云南，西南与越南为邻，南邻北部湾。拥有国界线约637公里，大陆海岸线约1600公里，管辖北部湾海域面积约4万平方公里，是我国与东盟国家有陆地和海上接壤的省份，是我国西南地区的出海通道，也是我国西南的屏障，在与东盟国家的交往和国防上占有重要地位。

　　至2019年年底，广西行政区划为14个地级市、9个县级市、62个县（含12个民族自治县）、40个市辖区，首府为南宁市（图1-1-1）。全区户籍总人口5695万人。

　　广西是全国少数民族人口最多的自治区，境内居住着壮、汉、瑶、苗、侗、仫佬、毛南、回、京、

审图号：桂S（2020）48号

广西壮族自治区地图院 编制

图1-1-1　广西壮族自治区行政区划图（来源：广西壮族自治区自然资源厅，审图号：桂S（2020）48号）

彝、水、仫佬等12个世居民族以及其他44个少数民族，是全国壮族、瑶族、仫佬族、京族人口最多的省份。其中，各民族人口占广西总人口的比例分别为：壮族约占32.5%，汉族约占63%，瑶族约占3.35%，苗族约占1%，侗族约占0.66%，其他少数族人口共占约0.7%。

二、山、海、河、丘陵、台地、平原和海岛齐备的地貌

广西位于云贵高原和广东平原之间，南邻北部湾海面，地势由西北向东南倾斜。

全区四周高山环绕、岩溶广布。西北有凤凰、六诏、都阳等山；北有九万大山、天平山；东北有都庞、越城、萌渚诸岭；西南有十万大山、四方岭；东和东南有大桂山、云开大山等。这些山脉的主峰高度为1200～2200米。广西中部多丘陵性的平野，在平野中间，石山土岭众布；一些山脉，如大明山、驾桥山和大瑶山，主峰高1200～2000米；桂东南的六万大山、大容山和勾漏山，主峰高约1200米。桂江、柳江、黔江、郁江及其支流在境内纵横，形成了众多的河谷、盆地和平原。因而在腹地，特别是桂北南部、桂中、桂南、桂东沿江地带，有海拔60～200米的河流冲积平原、溶蚀平原和沿江谷地，以及比海平面略高的滨海平原，是广西经济发展水平较高的区域。全区红壤类土壤广泛分布于山地、丘陵和台地地带，适宜林木生长。南部海岸曲折，滩涂广布，岛屿众多。

境内河流众多，地表河流总长约3.4万公里，水域面积占陆地总面积约3.4%。河流分属珠江、长江、红河、滨海四大流域，其中以珠江水系为主，其在广西的流域面积占广西总面积的85.2%。珠江水系干流——西江，发源于云南省，经南盘江、红水河、黔江、浔江及西江段，从梧州市出境流经广东省入海。西江在广西境

内的主要支流有郁江（其主要支流为左、右江，左江发源于中越边境，流过中国和越南，右江发源于云南）、柳江、桂江。长江水系在广西的主要河流有湘江、资江，均发源于广西境内，湘江通过位于兴安县的人工运河——灵渠与西江支流——漓江相连，并在全州县有灌江汇入。桂南沿海诸河的滨海水系主要河流有南流江、钦江、防城河、茅岭江、北仑河等，其中最大的河流为南流江。那坡县境内的百都河属越南红河水系，流入越南后经红河注入北部湾。这些河流沟通了广西与周边省份和国家，滋养了广西的沃土。

广西的北部湾，海岸线长，海产丰富，滩涂细腻，港口条件优越。自汉代起，合浦港就是我国南方的海上丝绸之路的始发港，人、货自长江，走湘江、漓江、桂江、西江或自左江、右江、邕江、郁江、浔江，经北流江、南流江进入合浦港出海。元明之后，北海港崛起，现在还有防城、钦州等现代港口及其城市。

三、湿热多雨的亚热带气候和丰饶的物产

广西地处低纬度的亚热带季风气候区，夏季高温，湿热多雨，冬季少雨且气温北部较低、南部温暖。年平均气温17～23℃，年降雨量1100～2700毫米，降雨呈东部和南部多，西部少；山区丘陵多，河谷平原少。日照充足，年平均气温为20～22℃，桂中、桂南、桂东和桂西部分盆地地区夏长冬短，光照充沛，雨热同季，一年可种两季稻。广西的西北部、北部、东北部冬寒夏热，春、秋季昼夜温差大，一年种一季稻。石漠化严重地区种植旱地作物。气候利于农林作物生长。

除了风光旖旎的山水外，广西拥有丰富的矿产、水利、海洋和动植物资源，盛产水稻、玉米和花生、油茶籽等粮食和油作物，以及热带和亚热带水果，如龙眼、荔枝、菠萝蜜、芒果、香蕉等，矿产有铁、煤、锡、锰、硫、磷等。拥有香猪、矮马、牛羊、鸡鸭等畜禽以

及多种珍稀野生动物。各种蔬菜、珍珠、鱼虾和中草药更使得这块土地倍加丰饶。

在这个气候适宜，齐备山、海、河、丘陵、台地、平原和海岛的神奇之地，自古就有中国人生息繁衍。

第二节　传统聚落生成：先秦时期的居民和聚落

一、先秦时期的居民

早在远古时代，广西地域就有人类活动，以柳江人、麒麟山人、灵山人、荔浦人为代表的100余处旧石器时代人类文化遗址，以及400余处新石器时代的人类文化遗址和遗存，遍布广西地域。到距今约四五千年的新石器时代晚期，广西民族随百越族群逐渐成型，并开始了与华夏民族的接触和交往。

商周至秦，广西地域的民族被称为西瓯、骆越，他们仍处于原始社会末期。到春秋战国时代，一部分地区开始使用青铜器和铁器，农业生产迅速发展，手工业也逐步发展起来。

广西的石器时代遗址和西周至战国时期的遗址，时间连续且文化层次清晰、连贯，显现出了广西地域的原始社会和奴隶社会在长期发展中的连续性和继承性，这片土地上的人类不是从哪里迁来的，他们是地道的原住民族，是广西壮、侗等民族的先民。

二、先秦时期的聚落

广西地域的传统聚落，从新石器时代发端。那时，古人初步具备了改造自然的能力，他们逐步摆脱了旧石器时代游荡不定的狩猎和采集生活，走出天然岩洞，向河谷台地、邻近水源的平原和丘陵以及滨海地区发展，利用石铲等磨制石器进行原始的农业种植、动物驯养、河海捕捞以提供稳定的食物来源，围绕农业种植

点建立原始"巢居"聚落，按氏族血缘关系形成了相对稳定的定居模式。根据考古研究，广西的早期聚落有以下四种类型：

（一）岩洞洞穴聚落

广西石山众多，各式岩洞为原始居民提供了天然的庇护所，也为早期聚落的形成和延续提供了条件。早在旧石器时代，广西地域的古人就开始利用天然的岩洞作为庇护所。到新石器时代，古人掌握了更多的工具，开始进行原始农业生产，这时选择为居住场所的岩洞，不仅要满足安全居住的目的，其周围还应具备较优越的农业生产条件：平整开阔的土地、充足的水源和日照、便利的交通。这样的岩洞，和其周围的土地、水源、河流，就构成了广西早期聚落的一种形式——岩洞洞穴聚落。广西的新石器时代岩洞遗址，绝大多数都具有这样的特征。这种聚落延续的时间，覆盖新石器时代甚至封建社会时期，但整体上呈现逐步减少的趋势，表明人类和社会在不断进步。

岩洞洞穴遗址主要分布在江河附近的石灰岩发育地区，位于洞内或岩夏下，典型的有桂林甑皮岩、柳州白莲洞和鲤鱼嘴、隆安娅怀洞、那坡感驮岩等遗址（图1-2-1）。前三个是旧石器时代和新石器时代文化共存的遗址，桂林甑皮岩为新石器时代遗址，感驮岩为新石器时代晚期至战国时期的遗址。

这些岩洞洞穴遗址，反映出了广西新石器时代洞穴聚落的共同特点：一是它们是干燥的、相对稳定的居

（a）由南向北看甑皮岩遗址洞口（洞口在山脚小房屋处）
（来源：甑皮岩遗址博物馆 提供）

（b）由东南看柳州鲤鱼嘴遗址（洞口在箭头下方）
（来源：韦玉姣根据柳州龙潭公园展示图片绘）

（c）隆安娅怀洞遗址环境鸟瞰（红色箭头指向洞口）
（来源：谢光茂 摄）

（d）从团结湖南看那坡感驮岩遗址（洞穴于题字的下方）
（来源：李永峰 摄）

图1-2-1 广西部分岩洞洞穴遗址

住点，面积数十至千余平方米，能满足一定规模人群的生活。二是距离江河在4公里范围内，交通便利。三是具有安全、优越的山水林地环境，具有发展渔猎和原始农业的优越条件，可以依靠茂密的山林、山前开阔的土地、附近丰富的水资源和充足的日照来发展生产和满足生活。其中柳州鲤鱼嘴遗址邻大龙潭，而桂林甑皮岩、那坡感驮岩洞内有水源。四是遗址的洞口向阳，以朝南、西南或朝西居多，光照充足，通风条件较好。高度为距离山脚地面5～30米，鲤鱼嘴遗址高出山脚地面约1.5米。随着时代的发展，洞穴口距离山脚地面有趋近之势，反映了人们对上下交通便利的追求。文化上，具有同一流域的文化趋同。

（二）河旁阶地聚落

随着生存能力的提高，原始居民离开所居住的山洞，迁到生产和生活条件更好的河旁阶地上建造房屋，进行渔猎和原始农耕，广西密布的河网提供了很多选择。广西地区早期的河旁阶地聚落，距今10000～3000年，与新石器时代的两类文化遗址有关。

1. 河旁贝丘遗址

这是广西新石器时代的一种主要文化遗址类型，主要分布在左江、右江、邕江、郁江、黔江及其支流的两岸台地上。以邕宁顶蛳山、扶绥江西岸、扶绥敢造、横县江口、贵港上江口、象州南沙湾等遗址为代表。

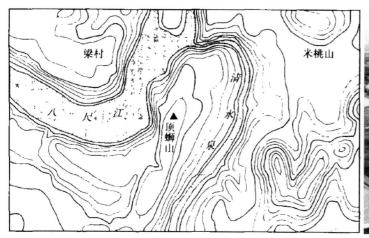

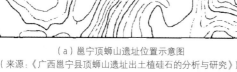

（a）邕宁顶蛳山遗址位置示意图
（来源：《广西邕宁县顶蛳山遗址出土植硅石的分析与研究》）

（b）邕宁顶蛳山遗址鸟瞰
（来源：黄强 摄，南宁市顶蛳山遗址博物馆 提供）

图1-2-2 邕宁顶蛳山

贝丘遗址的规模较洞穴遗址大，单个遗址面积数百至数千平方米，部分遗址内已有明确的功能分区，不仅有完整的房屋建筑和公共墓地，还有手工作坊和祭祀场所。遗迹和遗物表明，当时的定居居民以采集、渔猎和原始农业为谋生方式。如顶蛳山遗址（图1-2-2），距今10000～6000年，位于邕江支流——八尺江与清水泉交汇处的三角嘴南端低矮的、呈南北走向的顶蛳山上，现存面积约5000平方米。遗址三面环水，分布在山坡上。遗址包括东北部地势最高的居住区、中部的墓葬区和西部堆积螺蚌壳及人类生产工具和生活用具的区域。居住区出现了成排、近似圆形、底部垫石块的柱洞，推测为当时干阑建筑的遗迹。

2. 单纯的河旁台地遗址

单纯的河旁台地遗址，遍布广西沿河地带，以桂平的大塘城、上塔和隆安的大龙潭、柳州的兰家村、田坡遗址、尚来岭遗址等为代表（图1-2-3、图1-2-4）。

大塘城遗址，位于郁江、黔江交汇处右岸的一级阶地上，高出江面约10米。遗址南北长约300米，宽30～50米。遗址的部分柱洞排列整齐，推测为人类房屋。

大龙潭遗址，位于隆安县大龙潭附近、右江西岸的二级阶地上，西面靠石灰岩小山，东面有自北向南流的右江，遗址高出当时的水面约40米，南面是农耕地，范围约5000平方米，被认为是新石器时代晚期的大型石铲祭祀场，与周边的聚落有重要关系。

这些河旁聚落遗址，选址于大河转弯处或干、支流交汇处，位于河旁一级或二级阶地上，地势较为开阔，是土壤肥沃、交通便利、利于渔猎和农业种植的地方。河旁一级阶地上的遗址，如扶绥西江岸、横县江口、桂平大塘城等，均存在靠近河岸部分被河水冲刷而崩塌消失的情况，位于二级阶地上的遗址则较为安全。

（三）山坡聚落

早期的山坡聚落，以新石器时代晚期的居多，其遗址散布于广西广阔的丘陵山地地带，多靠近现代居民点。聚落附近有溪河，周边有较开阔的田野和山丘为依托，宜耕又可渔猎，以资源晓锦、灌阳五马山以及百色百达、钦州独料等遗址为代表。

资江上游的晓锦遗址，距今6500～3000年，位于越城岭西麓资源县晓锦村后龙山的台地上，前面为一个

图1-2-3 桂平大塘城位置图（来源：韦玉
姣根据谷歌地球绘）

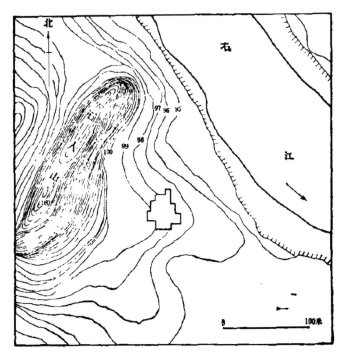

图1-2-4 隆安大龙潭遗址位置图（来源：《广西隆安大龙潭新石器时代遗址
发掘简报》）

四面环山的小盆地，中有小溪流和现代村落。遗址中发现了陶窑和柱洞、红烧土居住面等多处完整的圆形居住遗迹（图1-2-5）。

独料遗址，距今5000～4000年，位于钦州市独料村西侧的禾塘岭上，东、西、南三面环以稻田，北端连接一片丘陵，一条小溪从岭东脚下自北向南注入大风江。遗址距大风江入海口20余公里，高出周围稻田约40米。遗迹和遗物分别有灰坑、灰沟、柱洞和相当数量的生产生活工具等。

遗址表明，新石器时代中期以后，母系氏族公社向父系公社转变，具有可发展农业的充足土地和水资源、具有一定的采集和狩猎条件的交通便利的平原和山坡台地聚落得到较大的发展，并成为广西传统聚落的发展主线之一。

图1-2-5　位于后龙山上的晓锦遗址地（箭头指向的山坡台地）（来源：资源县文物管理所　提供）

（四）滨海聚落

广西地域的早期滨海聚落，以今东兴亚菩山、马兰咀、杯较山等遗址为代表，一般位于近海或河流入海交汇处的山岗上，或被海潮浸泡的小岛上。它们前面临水，背靠山岗或与山岗接近，旁侧有淡水入海，遗址高出海面10～12米。这类遗址分布于北部湾畔，主要集中在防城港、钦州、北海，多为新石器时代早、中期遗址，遗址面积为数百至数千平方米，多为贝丘遗址，反映出了当时居民靠海吃海的特点。东兴市江平镇亚菩山遗址、马兰咀山遗址、杯较山遗址、防城港市的大墩岛遗址，都是这种滨海聚落遗址。

其中，东兴滨海贝丘遗址中的磨制石器较多，出现了石磨盘和石柞等农业生产与谷物加工工具，表明农业较为发达；出土的大型石网坠和大鱼的脊椎骨表明当时

人们利用自然条件来丰富生活资料，而且捕捞技术也达到了一定的水平，人们的经济生活水平较高。

同时，东兴、防城港、北海和包括今越南部分地区在内的广大的北部湾地区，当地居民内部及与外界的交流和交往可能比较频繁。

西周至春秋战国时期，广西各地的原始聚落发展迅速，反映在这个时期各地的墓葬中。1958年以后，西周和春秋时期的青铜器在武鸣、南宁、宾阳、武宣、北流、横县等县市陆续出土。战国时期的墓葬在平乐、兴安、灌阳、象州、贺州、岑溪、平南、北流、容县、宾阳、武鸣、田东等地都有发现。上述遗址均处在今人口稠密的区域，出土文物显示，桂北、桂东北地区与桂南、桂西地区的文化有明显的差异，它们分属居住在广西地域的瓯、骆两个部落，前者受中原文化影响较深。

第三节　传统聚落的演变历程

从秦代开始，广西地域正式进入中国版图，向封建社会的转变促使广西地域城镇和乡村聚落不断地产生、发展和演变。

一、秦至隋唐：郡（州）城、县城兴起，汉族乡村聚落出现

秦统一中国，在岭南设桂林、象、南海三郡，广西地域的瓯越、骆越民族正式加入中国的大家庭。秦末，赵佗控制岭南三郡，自立为"南越王"。汉武帝平定南越，"粤（越）桂林监居翁谕告瓯骆四十余万口降"[1]，可见当时广西瓯、骆民族之众。今广西地域主要属岭南九个郡中的苍梧、郁林、合浦三郡，领县20多个。

秦汉两朝是广西地域社会剧变时期，王朝主导的行政区划、社会经济、文化发展、城镇建设以及大量汉人入岭南，对这里的原始文化造成剧烈的冲击。秦修灵渠沟通湘江和漓江，在今兴安县大榕江镇筑城，开启了广西地域的城镇建设和汉人迁入定居繁衍的历史。

汉以后，瓯、骆的称谓逐渐消失，汉至宋代的史籍对广西原住民所称的俚、乌浒、僚、西原蛮等，实为汉族对瓯、骆民族在不同区域的称谓。三国两晋南北朝时，平原地区的壮族先民——俚、僚，受汉文化影响越来越深，也越来越多地被编入郡县。而居住在山区和西部地区的原住民，仍保留着浓厚的民族语言和民族风习，唐朝建立羁縻制度，设近百个羁縻州、县，对难以到达的原住民族地区实行了"树其酋长""以其故俗治"的政策。

秦汉至隋唐，岭南为一个行政区。唐咸通三年（公元862年），分当时的岭南道为东、西两道，广西地域大部属岭南西道，治所为邕州（今南宁市）。地方执行州、县二级建制，至唐末，岭南西道设正州41个、正县154个；桂州、容州、邕州、柳州、梧州、合浦、钦州等重要城市均处在水路交通方便、地势平缓的平原盆地地区，为邻近州县的政治、经济和文化中心。同时，随着汉族的不断迁入，城镇不断充实，其周边的汉族村落渐渐增多。

二、宋元：一般州县与土司州县并存，多民族聚居形成与发展

宋代基本沿袭唐代的区域和城镇发展格局，在岭南地区设广南西路（后更名为"广西路"，简称"广西"）与广南东路，广西的行政中心在桂州（今桂林市）。元朝，至正二十三年（1363年）置广西行省。

宋代，广西的稻作农业、苎麻种植与纺织业、酿酒业、陶瓷业、盐业、冶炼业及商业发展迅速，带动了城镇和乡村聚落的发展。同时，因退守和构建边疆防御体系的需要，宋朝构建了以桂州为中心，以邕州为副中心，以宜州、融州和廉州、钦州为外围防御圈的南疆防御体系，城镇更加注重防御。

至宋末，桂州升为静江府、宜州升为庆远府，广西设正州18个、县55个；先后设置85个羁縻州、80个羁縻县。在今南丹县、都安县设置富仁监和富安监，用于管理冶矿事务。据统计，南宋嘉定十六年（1223年），广西册载户籍为52.8万多户。

桂州、梧州、邕州、柳州、郁林州、廉州是经济开发较好的城市，显示出了桂东北、桂东、桂南地区发展

---

① 班固. 汉书·卷九十五. 西南夷两粤朝鲜传.

的优势。这些城市及其所辖的部分县，因地势平缓宽阔、与中原的水路交通便利且汉族人口众多，农业和商业较发达，城镇由汉族流官管理，有军队驻扎。城镇和乡村吸引了越来越多的南迁汉族。州城、县城和汉族村落成为汉文化在广西地域推行和传播的阵地。

宋代以后，壮族先民被称为撞、僮、土人。侗族先民被称为侗蛮或侗苗。苗族、瑶族、回族也开始迁入广西。宋代依智高起义后，朝廷在壮族聚居的桂西地区以土司制度代替羁縻制，任用土官并由土官配备土兵对土州、土县进行管理，土司城的数量和规模有较大发展。

宋元时期，汉族甚至深入到桂西的沿河地带。至此，广西范围内民族杂居的局面已初步形成，汉族村落分布的范围进一步扩展。

三、明清：城镇与乡村聚落形态丰富，少数民族发展与汉族民系形成

明朝设广西布政使司，地方设府（州）、县（土

州）。至明末，广西设有13府、4州、44县、34土州、6土县和5个长官司，以桂林府为首府。此外，明朝将廉州、钦州改属广东，广西成为不靠海的内陆省份（图1-3-1）。迟至1965年，国务院批准将廉州、钦州（今钦州市、北海市、防城港市港口区、东兴市等）重新划归广西。伴随着封建统治的不断深入，越来越多的屯垦和经商的外来移民、贬谪的官员以及驻军不断充实着广西的城镇和乡村。至清宣统二年（1910年），含廉州府在内的今广西地域册载户籍为136.5万多户。

城镇持续发展繁荣。一方面，从明中叶至清初，广西的粮、盐、布、洋货及土特产贸易的城乡市场体系，以西江水系为交通，以梧州为中心辐射全广西。长途贩运贸易大幅度增加，促进了广西的经济发展和城乡繁荣。除了传统的封闭的府城、县城以外，一批因贸易形成的、以开放的街道为主的城镇产生；同时，由于边防的需要，依据交通和地形，朝廷设了大量的巡检司，形成了防卫型的城镇；在滨海地区（明清时期属广东），廉州府城以港口运输、边贸、采珠、制盐的管理为主，

图1-3-1 明代广西的土司府州县与一般府州县分布示意图（注：明代廉州府属广东）（来源：韦玉娆、张何明根据《广西历史地图集》绘）

还有像永安所这样的海防卫所，城镇的类型更加丰富。另一方面，桂西地区的城镇发展迅速。明代，土司制在桂西的发展到达高潮，随着封建势力、进出口贸易的进一步深入和土官势力的不断强盛而出现了弊端，"改土归流"自明末开始进行，并持续至清末和民国时期，政治、商业和文化发展带动城镇的发展，一向发展滞后的桂西地区在明清时期也出现了一些有圩市的城镇，如武靖州（今百色）、果化镇、金龙镇等。但就总体而言，商业和经济发展仍以桂东北和桂东、桂南为发达区域。

乡村聚落形态进一步丰富，这与广西民族的发展状况有关。

明清至民初时期，广西的民族发展出现三大趋向：一是作为原住民的壮族、侗族持续发展，依然是广西人口最多的民族；城镇周边的壮族进一步汉化，壮族村落受汉族的影响加深，平原和盆地地区的壮族村落，到清末已经趋同于汉族村落；瑶族继续南迁至广西西北、中部、南部山区；苗族已迁入今广西融水、南丹、那坡、隆林、三江、龙胜等地山区；回族持续迁入桂林、柳州、百色各城镇。二是源于瓯、骆及后来的僚人的水族、仫佬族、毛南族形成，京族、彝族、仡佬族开始迁入，这些民族都有较为固定的聚居区，主要分布在广西的西北、西部和西南地区。三是汉族持续涌入广西，水路交通便利的桂东、桂东南以及水路上的其他城镇和交通要道成为接纳移民较多的地方，甚至不少偏僻地区也有汉人的进入。曾经被称为南蛮之地的广西，明初，瑶壮"多于汉人十倍"，清嘉庆年间，广西流官管理的府县已是"民三蛮七"。到清末，全省更是"民四蛮六"。不同地区的汉族进入广西，湘赣、广府和客家齐备，汉族村落类型丰富（图1-3-2）。

汉人带来了先进的生产、生活方式和文化，促进了城镇和村落的发展，同时也挤占了原住民的生存空间。至清末，在桂东、桂东北、桂东南的平原、丘陵地区，村落绝大多数是汉人的，这些地区的原住民已经变成少数民族，避居山区。在桂中及以西的地方，依然是壮族的聚居区。在桂北、桂西北、桂西南、桂南的山区和丘陵地区则居住着一些迁入的垦民和落难人民，其村落尚

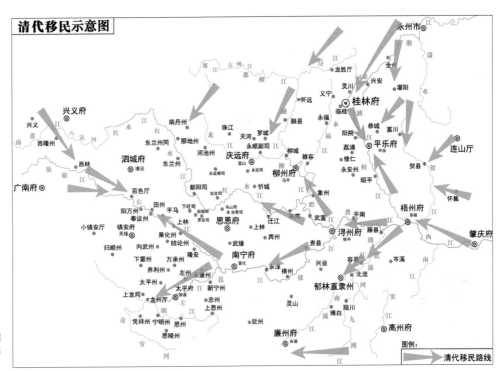

图1-3-2 广西清代移民线路示意图
（注：清代廉州府属广东）（来源：韦玉姣、张何明 绘）

保存较好。

城市中的公共建筑进一步丰富，衙署、城隍庙、文庙、武庙、祠堂等多位于城市中心地带，会馆多位于城市的商业中心或附近。这些汉式建筑带动了广西地区建筑和文化的发展。

如始建于明代，清代重修的恭城瑶族自治县的文、武庙，依山而建，主体建筑采用黄色琉璃瓦；位于宾阳县宾州镇的清代思恩府科试院，为武鸣、宾阳、上林、迁江四县的科考、岁考应试地，建筑都采用院落式布局（图1-3-3～图1-3-5）。

明代以后，商业发展迅速，商人游走于各地，并建起会馆（图1-3-6）。

四、近现代：聚落趋向于开放，多民族融合的格局形成

封建社会时期，广西以农业为主，经济上自给自足。沿江及海上丝绸之路地带，货物运输及商业有一定的发展。府城、县城被城墙、护城河包围的格局没有改变，村落、村寨也大多注重防守，建有围墙或楼堡，封闭、保守是封建时期广西城乡聚落的主要特征。

近代，特别是在1876年到1906年先后开放北海、龙州、梧州和南宁四个通商口岸以后，英、法、德列强把航运延伸至北部湾、西江流域腹地——梧州和南宁及中越边境上的龙州县。桂、滇、黔及越南的农副产品和外来的洋货在口岸集散，商业资本借助航运从城市深入乡村，各地的会馆见证了商业的繁荣。其中，建于清乾隆初年的百色市粤东会馆由前、中、后三进及左右厢房组成；建于清同治十一年（1872年）的恭城镇湖南会馆由门楼、戏台、正厅、回廊、后厅及左右厢房组成。

强劲的外贸带动了农产品种植和加工、手工业和工业的发展，农民进城当工人、商贩、挑夫或闯"南洋"。这种在失去外贸主动权、政局动荡和社会混乱局

图1-3-3　恭城瑶族自治县相邻而建的文庙（大成殿采用重檐歇山顶）、武庙（来源：徐平 摄）

图1-3-4　宾阳县清代思恩府科试院（来源：李桐 摄）

图1-3-5　恭城县文庙（来源：徐平 摄）

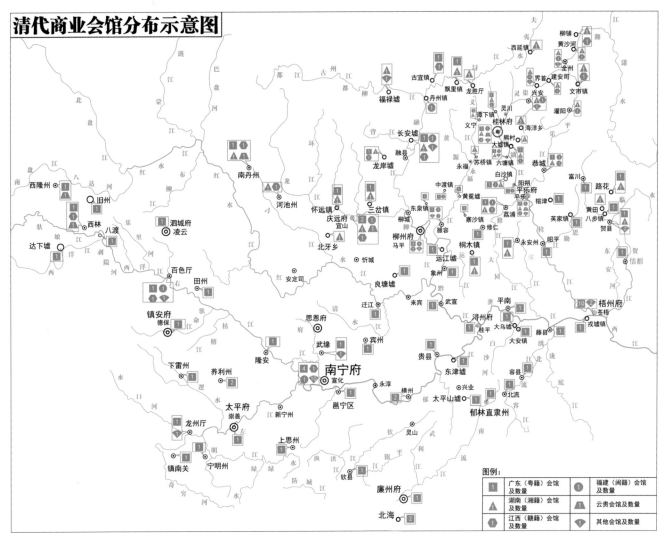

清代商业会馆分布示意图

图例：

1	广东（粤籍）会馆及数量	1	福建（闽籍）会馆及数量
1	湖南（湘籍）会馆及数量	1	云贵会馆及数量
1	江西（赣籍）会馆及数量	1	其他会馆及数量

（a）清代广西各地商业会馆分布示意图（注：清代廉州府属广东）（来源：韦玉姣、张何明根据《广西历史地图集》绘）

（b）恭城瑶族自治县恭城镇的湖南会馆（入口建筑的下层为三开间悬山顶，上层为歇山顶）与相邻的周渭祠（入口建筑为重檐庑殿顶）（来源：徐平 摄）

（c）百色市粤东会馆（来源：黄灿伟 摄）

图1-3-6 广西清代会馆

面下的开埠，对社会有诸多伤害，但也一定程度上促进了城镇和乡村的发展，圩市增长加速。

到民国时期，广西的政治、经济、文化得到很大的发展，各地墟镇兴起。

随着商业的快速发展，城镇人口快速聚集，封建城市的封闭性已经成为阻碍经济发展的瓶颈。自20世纪20年代开始，开埠的城市率先拆除城墙，建设城市环路，在城市中心建造骑楼街，并带动了广西各地城镇建设的发展，包括农村集市、街圩在内的临街店面大多采用了骑楼建筑，城镇趋于开放。

当时在广西各地经商的绝大多数是汉人，少数汉化的壮民也加入以谋生为目的的小本经营中，其他原住民极少经商，语言不同和民族不平等是其主要原因。通过经商，汉人深入广大的桂西地区，民族融合加速，最终形成了今天广西"大杂居，小聚居"的多民族杂居共处格局（图1-3-7、图1-3-8）。

民国初期，首府从桂林被迁至南宁（1912～1936年），抗战期间又被迁回桂林，后新桂系着力建设南宁、梧州、柳州、桂林四个城市，并完成"改土归流"。

中华人民共和国成立以后，广西的首府被确立在南宁市。经过民族识别，确认了壮、侗、瑶、苗、仫佬、毛南、京、彝、回、仡佬等民族，加上汉族，共同组成广西的12个世居民族，从历史的角度看，广西的主要民族表现出以下特点：

壮、侗、苗、瑶等民族是勤劳勇敢、乐观豪迈、刚毅倔强、爱唱歌的民族，重农轻商，各民族都不同程度地吸收了汉文化，其中，壮族表现最为突出。

在广西的汉人，按语言（民系）可分为桂柳人、白话人和客家人。桂柳人以其所讲的桂柳话（属西南官话）为特征，分布在大明山以北的广西大部分地区，桂柳话在很长的一段历史时期内是广西的官话，属西南官话，在广西众多的少数民族中通用。白话人以讲白话为特征，主要分布在梧州、贺州、玉林、钦州、北海等地。客家人重传承客家话，主要分布在桂东、桂东南、桂南地区。一般认为，桂柳人安于宁静淡泊，白话人富于开放和经商精神，客家人重宗族，重农轻商。

在多元包容的民族文化生态以及和谐发展的民族关系图景下，广西的城乡聚落趋于开放。

图1-3-7　民国时期广西壮族分布示意图（来源：韦玉姣、张何明根据《广西历史地图集》绘）

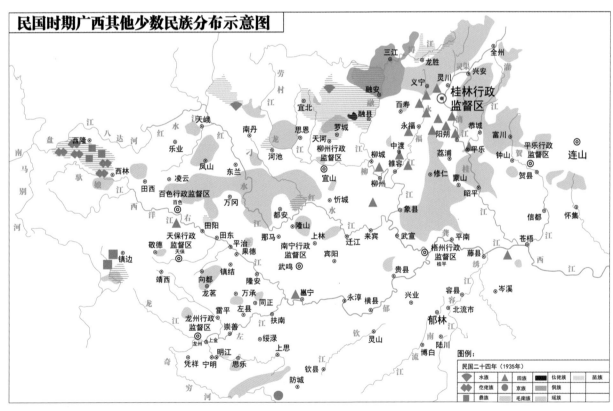

图1-3-8　民国时期广西省的其他少数民族分布示意图（来源：韦玉姣、张何明根据《广西历史地图集》绘）

第 二 章

传统聚落的选址和类型构成

第一节 传统聚落的选址

一、城镇的选址

城镇的选址与城镇的等级、性质和规模有关。

城市的设立与封建王朝在广西的行政区划、边疆地区的防御有关。各时期广西的行政区划虽有变化，但总体上都是在继承前一个朝代的基础上发展的。与封建社会和经济发展的历程同步，广西的城镇建设从秦汉时期起步，唐宋时期不断发展，到明代时，王朝在广西布政使司设桂林、平乐、梧州、柳州、浔州、南宁、镇安、太平、思明、思恩等十府，高州、雷州、廉州、琼州诸府原属广西，明代初期改属广东，原属于广西的广南、富宁、兴义分别划归云南和贵州。到明末，十府已经减为九府，领县若干（图2-1-1、图2-1-2）。清代基本承袭明代格局，但西部和北部边界相对宋代略有调整。

传统城镇类型的构成，与行政区划相一致，包括府城、州城和县城（含土州、土县）。这些城镇因行政区划而兴起，以明清时期的城镇为例，其选址呈现出以下特点：

一是府城多位于大江大河转弯处或干、支流交汇处河流两岸的二级阶地、盆地或平原上，具有平坦开阔和高低适宜的地理形势、充足的水源、便利的水路交通、肥沃的土地、丰饶的物产、充足的光照和澄明的气象，能保证城市长久发展（图2-1-3～图2-1-5）。

县城通常比府城用地规模小，绝大部分靠近河流，地势平缓、开阔。一些水路交通便利，用地高低、大小适宜的县城，如容县、桂平县、北流县的县城，政治、经济、文化都发展得较好，历史文化灿烂。其中，桂平县县城在很长的历史时期内是浔州府和桂平县的治所地，容县县城在历史上曾为容州、容县的治所地（图2-1-6）。现桂平、北流已经升为县级市。

二是有山依靠、有水环绕。城市的屏障之山，越高大、起伏、悠远，越可以御风寒而蕴养水源。南宁、桂林、梧州、百色、防城港、东兴等城市都有延绵的山体屏障并包绕。即便像北海这样的滨海城市，也北倚云开大山、六万大山的余脉，并有冠头岭卧于西岸。

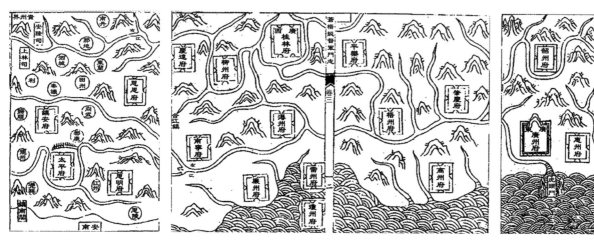

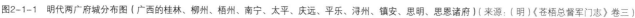

图2-1-1　明代两广府城分布图（广西的桂林、柳州、梧州、南宁、太平、庆远、平乐、浔州、镇安、思明、思恩诸府）（来源：（明）《苍梧总督军门志》卷三）

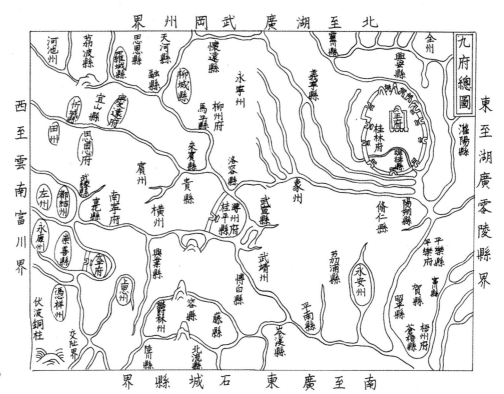

图2-1-2 明代广西九府总图（来源：
韦玉姣、韦冰凌根据（明）《殿粤要纂》
九府总图绘）

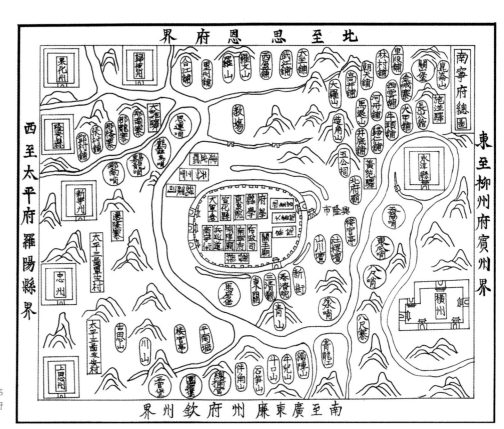

图2-1-3 明代南宁府总图（来源：韦
玉姣、贾遥根据《殿粤要纂》南宁府
总图绘）

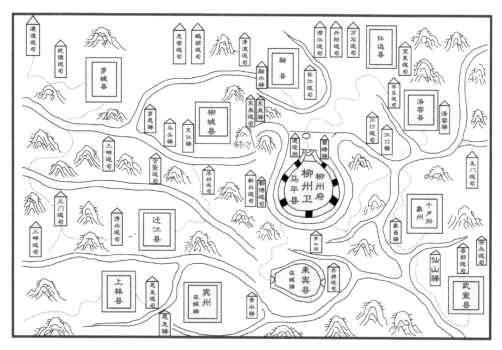

图2-1-4 明万历柳州府总图（来源：《广西历史地图集》，审图号：GS（2020）624号）

图2-1-5 崇左市鸟瞰（来源：黄景武 摄）

（a）位于绣江畔的真武阁、经略台及其环境（来源：容县博物馆 提供）　　　　（b）屹立在经略台上的真武阁夜景（来源：伍凯源 摄；广西区党委宣传部 提供）

图2-1-6　以建筑内部的四根大悬空柱而蜚声海内外的容县（明代）真武阁

背有靠山，安全有保障，城市用地被江河或湖水包绕，前有朝案，前景明朗开阔，景观层次丰富，这些意象在城市确址后是景观营造的重要目标和内容。于是，结合自然山水，凿河渠、人工池塘环绕城镇，成为营造城镇不可缺少的环节。在自然和人工景观的共同作用下，"江作青罗带，山如碧玉簪"成为以桂林为首的一批广西岩溶地区城市的意象。因不同的自然条件而形成了富有个性的、优美的山水环境，这是广西城镇的一大特色（表2-1-1）。

三是首府城市，多选址在战略地位显著、靠近省地理中心的位置，有利于全省的政治、经济、文化和民族发展。南宁和桂林在历史上都曾经是广西的首府城市。在两广、安南（交趾）同属岭南道时，广州是岭南的中心，邕州（今南宁）设都督府。唐末，岭南道分岭南东、西道和安南都护府（简称"安南"，隶岭南西道，汉代时为交趾郡，位今越南中部和北部），邕州凭借控左、右江，通安南、大理（今云南）、黔南（今贵州），

为南边樊篱重地，成为岭南西道治所，这是由于南宁靠近广西的地理中心，水路畅达，南通安南，并与东南亚国家交通便捷，东西可联粤滇，盆地宽阔，发展用地充足的因素决定的。五代时期，安南走上了建国道路，宋王朝承认其藩属国的地位，并将广西的首府退至湘桂走廊上的桂州（南宋时期更名为静江府，明清时期为桂林府），明朝将廉州府划归广东以统一海防。桂林自宋代至民国抗日时期为广西首府，但其偏于东北，对南部边疆的控制的便利程度不如南宁。明代把两广总督府、总兵府和总镇府设于梧州，在一定程度上可弥补广西首府偏居于省域东北部的不足。民国时期首府由桂林迁至南宁后，桂林的商业衰落严重，表明了行政区划在城市发展中的重要性。

四是沿海、沿边的城镇，兼备军事防御、口岸和行政管理的功能，龙州、那坡、凭祥、东兴、防城港、钦州和北海等县市，均属于这样的性质。

五是明清时期的府城在地理空间上大致均匀分布，

清广西各府地理环境简表

表2-1-1

（桂林、平乐、梧州、浔州、柳州、庆远、南宁、思恩、太平、镇安、泗城共十一府）

府城名称	所依河流	所依湖	地形	府城名称	所依河流、湖、海	地形
桂林府（首府）	漓江、桃花江	榕湖、桂湖、木龙湖、杉湖	漓江平原	庆远府（今河池市）	红水河、龙江	河谷平原
南宁府	邕江（左、右江汇合后称邕江）、朝阳溪	东、西、南濠塘（均已填）；白龙湖；南湖	南宁盆地	镇安府（洪武元年（1368年）设，邻越南，今广西那坡县城，为土府；洪武二年（1369年）迁至天保县，即今德保县，康熙二年（1663年）"改土归流"）	百都河（那坡县）、鉴河（德保县）	小河谷河谷平原
梧州府	浔江、桂江、西江	濠塘、东湖（均已填）	浔江平原	思恩府（明代为土府，在今平果县旧城镇，后迁至马山县乔利，嘉靖七年（1528年）迁至今武鸣县府城镇）	府城河（迁城的原因为原址为无河山区，交通不便。土府通常选址于山区，表明了土官保守、防卫心强的心理）	武鸣盆地
柳州府	柳江、龙江	罗池	柳州平原	太平府（今崇左市）	左江、黑水河、水口河	左江河谷平原
平乐府（今平乐县）	漓江、恭城河、桂江		漓江平原	泗城府（宋设泗城土州，清升土府，雍正五年（1727年）"改土归流"，在今凌云县城）	澄碧河、布柳河	盆地
浔州府（今桂平市）	郁江、黔江、浔江		浔江平原	廉州府（明至民国时期属广东省，今广西合浦县县城）	南流江、周江、环城湖、北部湾	合浦平原

有利于政府的行政管理。桂西、桂北的府城较少，密度较低，与山区土地少、人口少、交通不便、行政区划的范围大有关。同时，土司州、县的规模比一般州、县的规模小，这是封建王朝分而治之的结果，也与土司地区经济文化较为落后有关系。明清时期的广西府城，现在大多发展成为现代化的城市。

六是城镇的选址既有行政因素的影响，也是经济文化发展促成的结果。如三江县的丹洲村，原为明清时期怀远县（今三江县）建在融江的河洲上的县城，选址原因是当时的官员亲临卜吉，认为："其地禁两江以为池，环崇峦以为障"，"有川泽以钟其美"。但河中之洲用地有限，与陆地的交通不便，民国时县城迁至古宜，丹洲镇降为村。

反之，一些地方因为水陆交通便利，且用地充足，逐渐形成商品贸易的集市、圩场、聚居地，有的发展为集镇，如界首、大圩、兴坪、黄姚、果化、金龙等镇，有的甚至发展为城市，如百色市（图2-1-7），位于鹅江、澄碧河的交汇口，在唐宋时期为羁縻添州，雍正年间设百色厅，并开始建城，后一直为县、行署所在地，今为桂西的重要城市。北海最早是渔船的避风港，后逐渐形成渔村，汉代时属合浦郡，以珍珠和海盐闻名，明代合浦港因内河出海口泥沙淤积，港口逐渐移至北海，清代设北海镇标、珠场巡检司，清末开埠后发展成为城市。

广西的重要城市、圩镇，基本都产生在沿河地带（图2-1-8、图2-1-9）。

二、村落的选址

宏观上，村落与城镇的选址要求是相似的，但其规模、重要性远远小于城镇，对地理位置的重要性、用地的规模、用水的充足、交通便利性等方面的要求不如城镇的高，因而村落的选址具有更大的灵活性和多样性。

中观上，村落是村民聚居的场所，是进行农业、林业生产的地方，因而土地、必要的水源和环境安全是村落选址的根本。

微观上，以山环水绕、藏风聚气的山水林田画境为佳地。

在此基础上，强势民族，包括汉族、壮族和侗族原住民占据农业条件优越、交通便利的平原、盆地、丘陵和山区中的河谷地带，历史上因战争或各种原因落难的汉、壮、侗、苗、瑶等民族，则避居丘陵和山区，其选址的必要条件为环境封闭、安全，必要的水源和土地。

三、聚落的类型构成

（一）聚落研究的样本来源

本书主要以国家及广西公布的《中国历史文化名城名录》《中国历史文化名镇、名村名录》《中国传统村落名录》《中国历史文化街区名录》《广西壮族自治区级传统村落名录》《广西壮族自治区级历史文化名镇名村名录》《广西壮族自治区（级）第一批特色小镇名单》中所包含的广西聚落为研究样本，样本公布的时间截至2019年12月。

至2019年年底，广西拥有中国历史文化名城3个，分别为桂林市、柳州市和北海市；拥有自治区级历史文化名镇22个、名村51个、传统村落654个，含中国历史文化名镇9个（阳朔县兴坪镇、昭平县黄姚镇、灵川县大圩镇、防城港市防城区那良镇、恭城瑶族自治县恭城镇、贺州市八步区贺街镇、鹿寨县中渡镇、兴安县界首镇、阳朔县福利镇）、中国历史文化名村29个、中国传统村落280个、14个国家特色小镇和1个国家级历史文化街区，分布于广西各地（图2-1-10）。

图2-1-7 百色市鸟瞰（来源：农恩保 摄）

图2-1-8 钦州市鸟瞰（来源：龙现富 摄；钦州市委宣传部 提供）

图2-1-9 由北向南看兴坪镇和漓江（来源：远方风景真好 摄）

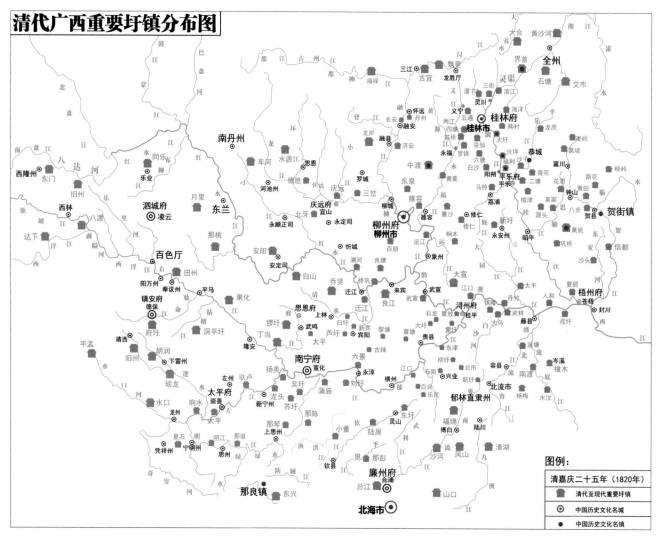

清代广西重要圩镇分布图

图例：

清嘉庆二十五年（1820年）

- 清代至现代重要圩镇
- ◎ 中国历史文化名城
- ● 中国历史文化名镇

图2-1-10　广西的中国历史文化名城、名镇和清代时期广西重要墟镇分布图（注：清代廉州府属广东）（来源：韦玉姣、张何明根据《广西历史地图集》绘）

（二）聚落的地理类型

从地理环境的角度看，广西的传统聚落可分为：一是北部湾滨海及海岛聚落；二是内陆平原、盆地聚落；三是丘陵聚落；四是山区聚落。

（三）聚落的民族属性

从聚落的民族属性看，广西的传统村落又可以分为汉族村落、壮族村落、侗族村落、苗族村落、瑶族村落、彝族村落、京族村落等，当然，不少村落有多民族杂居的情况。

（四）聚落的职能类型

传统村落按其传统职能，大致可划分为以农业为主的农业型、农业兼商贸的圩村型、军事驻守兼农业生产的军事型三类，而城镇则为工商、行政、文化、军事等职能中兼有两种或两种以上主要职能。

第二节 北部湾滨海及海岛传统聚落

一、广西北部湾滨海及海域概况

广西海域属北部湾，地处北纬17°～21°30′，东经105°40′～109°50′，东邻雷州半岛、海南岛，西至越南陆地沿岸，南面邻我国南海及越南南部海域的一部分，是三面陆地环绕的海湾。

广西滨海地区及海域宽广，海岸线东至广东廉江洗米河口，西至广西东兴与越南交界的北仑河口，长1595公里，有廉州湾、钦州湾、铁山湾、十三泾群岛以及众多的岛屿，有北海、防城港、钦州等天然港口，有钦江、南流江、北仑河等入海而形成的冲积平原，是中国大陆通往东南亚、非洲和大洋洲航程最短的港口，自汉代起便是我国的重要出海通道[①]。区域的自然地理条件优越，适合人类生息繁衍，在明清时期大部分属廉州府（图2-2-1）。区域的北部为广西南部山脉，为滨海平原的屏障。山区及其北部的内陆县，包括上思县、灵山县、浦北县的传统聚落，不在本章内容的范围内。

该区域拥有壮、汉、瑶、苗、京、侗等四十多个民族，除原住民外，其余多自汉代开始陆续迁入，元、明、清时期达到高峰，至今保持有京族以及当地汉族、广府和客家等传统村落，反映了我国滨海地区民族融合的特点。

广西滨海及海岛聚落，按滨海状况及地形可分四类：滨海平原聚落、临海聚落、滨海山区聚落、海岛聚落。其中，主城区临海的城市有北海市、防城港市；钦州市、东兴市的主城区距离海岸线10公里左右，通过河流与大海连接，属于滨海城市。而防城港市、钦州市所辖的内陆县，其人民虽然多是通过海上迁徙而来，但其经济发展与海洋关系不大。

在31个自治区级传统村落中，除14个是内陆村落外，其余都属临海、滨海或海岛聚落（图2-2-2、表2-2-1）。

图2-2-1 （明）廉州府总图（来源：韦玉姣、韦冰凌根据（明崇祯）《廉州府志》中总图绘）

---

① 广西壮族自治区地名委员会办公室. 广西海域地名志[M]. 南宁：广西民族出版社，1992.

图2-2-2 广西滨海和海岛传统村落分布图（来源：韦玉姣根据谷歌地球绘）

广西滨海聚落中的31个自治区级传统村落（含13个国家传统村落*）分布　　　　　　　表2-2-1

村落名称 所在地	滨海聚落类型				滨海城市所辖的内陆县份传统聚落
	临海聚落	滨海平原聚落	滨海山区聚落、滨海丘陵聚落	海岛聚落	
北海市	1. 铁山港区营盘镇白龙村*		1. 合浦县曲樟乡璋嘉村委老屋村*	1. 涠洲镇盛塘村*	
	2. 合浦县廉州镇乾江村	1. 合浦县山口镇河面村委石子岭村	2. 合浦县曲樟乡黄泥秀村	2. 涠洲镇圩仔村	
	3. 合浦县山口镇永安村	2. 合浦县闸口镇福禄村			
	4. 银滩镇南澫社区（渔村）				
	5. 银海区侨港镇电建渔港海上部落				

028

村落名称 / 所在地	滨海聚落类型				滨海城市所辖的内陆县份传统聚落
	临海聚落	滨海平原聚落	滨海山区聚落、滨海丘陵聚落	海岛聚落	
防城港市	1. 港口区企沙镇簕山古渔村* 2. 东兴市江平镇巫头村* 3. 东兴市东兴镇竹山村 4. 东兴市江平镇万尾村		防城区大菉镇那厚村*		1. 上思县平福乡平福村 2. 上思县思阳镇昌墩村孔驮屯
钦州市			钦北区长滩镇屯巷村		1. 浦北县小江镇平马村*（小盆地，客家，大朗书院、伯玉公祠） 2. 浦北县石冲镇坡子坪村委老城村（民国时期庄园，客家风格，南流江西岸二级阶地，平原） 3. 浦北县小江镇长田村委余屋村
					1. 灵山县丰塘镇萍塘村* 2. 灵山县佛子镇苏村* 3. 灵山县佛子镇大芦村* 4. 灵山县新圩镇漂塘村* 5. 灵山县佛子镇马肚塘村* 6. 灵山县太平镇华屏岭村* 7. 灵山县平山镇同古村委大井坪村 8. 灵山县平山镇同古村委石湖村 9. 灵山县烟墩镇烟墩村委龙塘村

二、滨海平原聚落

滨海平原聚落以汉族为主，这些村落背倚山岭，面向田野或大海，合浦县闸口镇福禄村等在村前开挖池塘，进行海产养殖，而客家村落——合浦县山口镇石子岭村处在滨海平原向滨海丘陵地区过渡地带，藏风聚气，环境好，村民除进行农业种植以外，也利用周边的水库资源进行养殖。这是滨海地区与内陆地区的显著区别。

三、临海聚落

广西的临海传统聚落，始于封建王朝时期南流江入海的海上丝绸之路始发港（廉州港），北部湾沿海的其他港口，防卫倭寇的营盘、寨堡以及盐场、采珠池、采珠加工场地与监管机构（白龙厂）等，其中，盐场、采珠池及加工场地多属官办。清初设北海镇标，珠场巡检由廉州府（治所为今廉州镇）移驻更加近海的白龙城。北海冠头岭的西北、东南海岸成为繁忙的港口。清末，钦州升为直隶州，增置防城县，这些都吸引了全国各地的人，带动了滨海聚落的发展。至今，北部湾沿岸的传统村落，大多保持渔耕的传统。

（一）临海历史城镇

临海历史城镇中以合浦县廉州镇、北海市的历史最为悠久。

廉州镇，为今合浦县县城驻地，建于汉代，历为合浦郡、廉州、路、府及合浦县治所（除唐代廉州的治所位于今浦北县泉水镇），因拥有南流江出海港口而成为我国南部重要的城市。廉州镇位于南流江入海口东岸的冲积平原上，南流江的支流——周江从城西流过，并与城北、城东、城南三面的濠塘连通为护城河，城的形状接近方形，朝向西南，每边设一门，内部道路呈十字形，后经明代拓宽并在城南、城东各加一个便门，城墙于中华人民共和国成立后拆除，民国时骑楼建筑兴起。

至20世纪80年代，廉州镇依然保持着传统的环城水系；至2021年，廉州镇旧城区仍能显示出由周江及城东、北两面水系所包围的明代以前的廉州城，以及明代扩大至城基东路的城市形状，传统肌理基本保留，但东、南濠塘已经被填平，通过史籍的记录和根据史籍绘制的清代廉州府城内外的珠市及港口想象图，反映了廉州城过去的繁盛。城内外现存一批汉代至清代、民国时期的文物建筑（构筑物）（图2-2-3）。

北海市，地处北部湾东北岸，因拥有优越的海港、著名的南珠产地、丰富的鱼贝资源、干净细腻的海滩而闻名。北海由最初渔船避风的港湾，发展为有人居住的渔村、渔民交易海产的圩市，到1876年被辟为通商口岸，英、美、法、德等8个国家相继在北海设立领事机构、洋行、教堂、医院、学校等，数十个国家和地区的货物从北海港进出，北海一度成为中国南方重要的对外商贸港口城市。港口主要在北海的北面，这里海风小、水深适宜，与历史上管辖北海的廉州城靠近，因而与港口相连的区域，其居住和商业最先发展，如今是北海市的历史文化街（图2-2-4）。

在北海的南海岸与涠洲岛之间，古代有断望、乌坭、平江、杨梅、青婴、白沙地、海猪沙共7个珠池，故南海岸在明清时期以珍珠监采、海盐生产、海防军事为主，与此相关的是白龙城和营盘，南岸的南澫港主要为这些功能服务。此外，在地角、乾体等地也有海防工事。

至今，北海市北部与北海港相连的珠海路—沙脊街—中山路历史文化街区保存了沙脊街清末民初的传统木构民居和中式商铺建筑、珠海路中西合璧的骑楼建筑，以及中山路于20世纪初兴起并延续至今的商业街区，包括邮政所、海关、医院、教会等建筑。

（二）临海传统村落

临海传统村落分布在北部湾或北海沿岸，可分为以下三种类型：

一是由明清时期政府的采珠、盐业、港口的监管和防卫机构演变而来的传统村落。村民过去以打渔、晒盐或采珠为生，亦渔亦耕，如今部分村民发展海产养殖业，包括铁山港区营盘镇白龙村（今白龙社区）、合浦县廉州镇乾江村、合浦县山口镇永安村（表2-2-2、图2-2-5）。

其中，永安村是由明代永安千户守御所的城池及其守军的后代发展而来的。永安千户守御所是明朝为防倭寇而在沿海建立的27个卫所之一，城建于洪武二十七年（1394年），城平面呈方形，边长约380米，城墙基宽约5米，当时，城壕、窝铺、4个门楼齐备。永安所与当时的北望、坎马、英罗三寨构成采珠、捕鱼、边防的监管和防卫体系，地扼高州、雷州、琼海道咽喉，海防军事战略地位重要。明成化五年（1469年）重修永安城时，于城中央修建了一座底层架空的军事指挥中心——"大士阁"，阁的二层供奉观音大士。

二是因海港而兴起的传统村落，包括北海银滩镇的南澫社区、侨港镇电建渔港的海上部落，其中，后者为疍家村落。

南澫社区，始建于明朝，是位于北海冠头岭东，由港湾及其北面的三条小街、南武帝庙（清代）、三婆庙、渔村饭店等组成的社区，由明清时期北海南岸一系列防卫寨相配套的浅海采珠、捕捞和泊艇的港湾发展而来，岸上淡水资源丰富，时至今日，这里依然是品北海

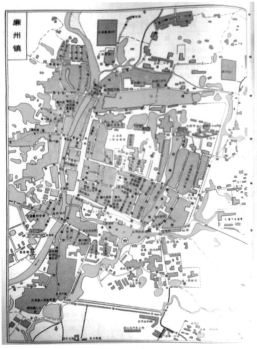

（a）20世纪80年代廉州镇城区平面（来源：1980年廉州镇地图）

（b）2021年廉州镇旧城区平面（来源：谷歌地球）

（c）清代廉州府城内外的珠市及港口想象图（来源：合浦县政府门户网站）

（d）廉州府合浦县县学（来源：韦玉姣 摄）

（e）（清）廉州府海角亭正门（来源：李协光 摄）

（f）（清）廉州府海角亭（来源：王健 摄）

（g）清代东坡亭（来源：韦玉姣 摄）

图2-2-3 合浦县廉州镇

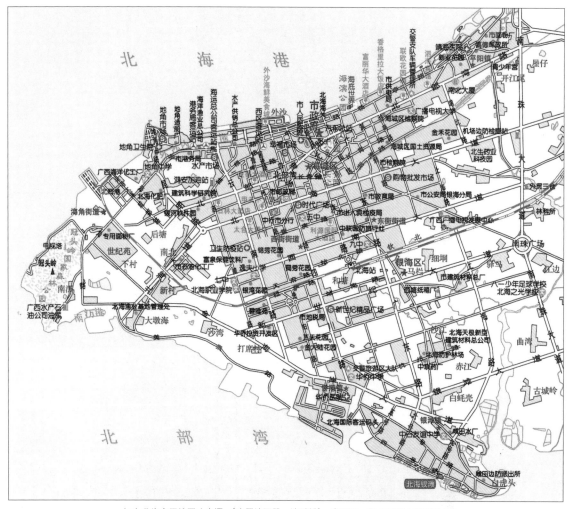

（a）北海市区地图（来源：《中国地图册：地形版》，审图号：GS（2017）3100号）

（b）中西合璧的骑楼建筑分布示意图（来源：莫贤发 绘）

（c）珠海中路22-36（双号）骑楼街道立面（来源：莫贤发 摄）

（d）德国领事馆（来源：曾国惠 摄）

（e）法国领事馆（来源：曾国惠 摄）

图2-2-4 中国历史文化名城北海市部分历史街区和建筑

名称	位置、朝向	历史沿革	形态
北海市营盘镇白龙村	位于福成河出海口西岸的二级阶地上，距南面海岸2公里	由明清时期监管采珠的白龙厂、白龙城发展而来，当时与石子墩至川江寨之间的港口、寨堡组成了采珠、捕鱼的监防加工和运输体系。白龙珍珠城遗址位于今白龙社区的珠城街。现村民以捕鱼、海产养殖为主业，有1000余人口，共250户，村落外围的海湾和红树林景观良好	近似方形，尚存部分城墙，城内"十"字形的路网保持至今
合浦县廉州镇乾江村	位于周江（由自然河及南流江凿出的支流汇合而成）入海口东岸的二级阶地上，为廉州城与南面海岸之居中位，距海岸约5公里。盐船可逆水经廉州城西入南流江	由明代的军事机构——乾体营发展而来，营位于明代合江（南流江）大桥旁，主要监防江口东、西盐场。1901年将营中的文武庙改设为乾体学堂。村西众多的临江水塘依稀有当年盐场的影子。现有500多户人家，共3000多人	近似椭圆形，军事聚落形态明显，建筑密集
合浦县山口镇永安村	位于北海铁山湾东海岸二级阶地上，西面距海岸1公里多，南面距海岸不足5公里	城墙已无，但城南北略长的方形平面轮廓以及城外的永安南堂、永安北堂依然保持良好，是北部湾地区仅存的明代抗倭海防军事城池。全村共有34个姓氏，体现了军事聚落人员构成的特点	近似方形，四门、十字街，城中央有广场及明代的大士阁，清代的城隍庙和关圣庙

之味的上佳之地。

电建渔港的海上部落，指的是常年停泊在电建渔港里的船家，船民是疍家"海上部落"的后裔，为汉族的分支，他们是在20世纪70年代从越南归国的华侨渔民，以船为家，以捕鱼为业。电建渔港建于1979年，用于安置这些侨民从事渔业活动。当几百艘渔船从海上满载而归，聚集在渔港交易或避台风时，场面十分壮观。如今，渔港分为两个区域，靠海较宽阔的港湾停泊可远洋捕捞的大渔船，较小的船只停泊在靠北的小港（图2-2-6）。

三是"靠海吃海"的古渔村，包括防城港市企沙镇簕山（汉族）古渔村、东兴市东兴镇竹山村、江平镇巫头村和万尾村。

其中，竹山村、巫头村和万尾村均为京族渔村，分别位于北仑河入海口东岸的中国大陆海岸线西南端的巫头岛和万尾岛上，与越南隔江、隔海相望。三村均邻海岸，拥有宽阔的滩涂、湛蓝的海水和婆娑的棕榈树及红树林。村民自15世纪初由越南迁入定居，过去靠浅海捕捞、在盐碱地种水稻为生，现从事海水养殖、海洋捕捞、海产品加工、边贸和旅游服务（图2-2-7）。

临海传统村落，传统建筑以硬山搁檩的坡屋顶建筑为主，开窗小，瓦屋面常用砖石压顶，以防台风。

四、滨海山区聚落

滨海地区的山区，多被汉族客家人及瑶族占据。其中，汉族占据了山区中的盆地、河谷等较优越的地带。这些聚落包括中国历史文化名镇——那良镇和合浦县的曲樟乡老屋村、曲樟乡黄黎秀村、防城区大菉镇那厚村这3个清末时期的客家村落，其与滨海经济的关系不大，归入第二章第五节。

五、海岛聚落

广西海域有岛屿431个，在11个有人居住的岛屿中，涠洲岛是北部湾最大的火山灰岛屿，以清澈见底的海水、火山灰地质景观和美味的海鲜而闻名。

明朝时期，涠洲岛开始有雷州移民耕居其地。岛民以采珠、渔捞为业。当时，为防倭寇，海岛实施禁防，人口少。至清末，伴随着客民迁徙和涠洲开禁、移驻

永安城

大士阁

（a）合浦县山口镇永安村平面（来源：韦玉姣根据谷歌地球绘）

（b）位于永安古城十字道路中心的明代大士阁（来源：王伟昭 摄）

图2-2-5 明代永安城（守御千户所）及合浦县永安村

图2-2-6 从北海市侨港镇电建渔港海上部落上空往东看（来源：溪溪 摄）

（a）面向大海的东兴市万尾村及其后面的滩涂养殖塘（来源：熊敏 摄）

图2-2-7 "靠海吃海"的古渔村

（b）从万尾村上空看滩涂对岸的巫头村和远处的竹山村（来源：熊敏 摄）

县垂和巡检，盛塘村（国家级传统村落）、圩仔村（自治区级传统村落）等开始形成。20世纪70年代，岛上建成西角水库，解决了部分生活用水问题。现岛上有9个行政村、2个社区，涠洲镇是广西特色旅游名镇，岛上常住居民有2000多户，其中85%以上是客家人（图2-2-8）。

岛上的传统建筑以珊瑚石砌筑的三开间硬山搁檩坡屋顶民居为主，较为低矮，以避台风，建筑形式古朴、大方。如今，岛上的居民对传统的珊瑚房进行改造，或自住，或做成民宿，以适应涠洲岛火爆的旅游业。

盛塘村，是岛上最大的自然村，现有村民3000多人，多为汉族。村中有法籍传教士与村民于1853年用珊瑚石修建的天主教堂。教堂及与之相连的街道，是村落的公共中心（图2-2-9）。

图2-2-8 涠洲岛全景（来源：陈华倩 摄）

图2-2-9 涠洲岛盛塘村的珊瑚石传统民居及天主教堂（来源：刘远 摄）

第三节　内陆的平原、盆地聚落

广西的内陆，指的是广西南部十万大山、铜鱼山、罗阳山、六万大山、大廉山、云开大山南部余脉及其以北的地区，覆盖了滨海地区以外的广西全域。

为能够清晰地展现广西内陆的平原、盆地村落的特点，结合行政区划（图1-1-1），按桂西、桂西北、桂中南、桂中、桂东北、桂东及桂东南等区域展开介绍。

一、内陆地区的历史城镇

内陆地区包含了广西大部分的城市（见第三章），包括桂林、梧州、柳州、南宁、河池、玉林、崇左等一批内陆城市，还有凭祥这种拥有友谊关口岸的经济活跃、地位显著的边境城市及分别拥有龙邦、水口、爱店口岸的靖西县、龙州县和宁明县等边境县，以及一批少数民族文化突出的城镇，集中在桂西、桂西北地区。这些城镇都具有悠久的历史。

除了那坡、田林、西林、隆林、龙胜、三江等县的县城和乡镇位于山区河谷以外，其他城市和县城、乡镇多位于沿河平原、盆地地区。

二、桂西平原、盆地的传统村落

桂西地区，是包括崇左市、百色市在内的一个以壮族聚落为主体、多民族聚居的与越南接壤的区域，其平原、盆地主要包括左江、右江及其主要支流的河谷地带，以及部分石山峰林中的溶蚀小平原。右江也是南部壮族和北部壮族的大致分界线。区域南部的人民与越南人民的交往较为密切，在与云南、贵州交界的地带，各民族聚落混杂。

该地区的城市、县城甚至乡镇，绝大多数是由明清时期的土司府、土州、土县、厅发展而来。其传统村落多建于明末至清末，大部分是壮族村落，在镇社区和少数沿江地带，有汉族村落分布。按其发展和经济特点，可大致分为以下几类：

（一）由土司州、旧制县治所地和古镇等发展而来的社区或村落

桂西有多个传统村落，源于明清时期的土司县治所、民国时设置县的治所，均位于通航条件好的左江及其支流沿岸或陆路交通要道上（表2-3-1）。这些村落

桂西由土司州、旧制县治所地和古镇等发展而来的社区或村落　　　　　表2-3-1

名称	历史沿革	地理位置
龙州县上金乡中山村	民国上金县政府公署所在地	明江与左江汇合口东岸平原
扶绥县渠旧镇渠旧社区	1949年沿用之前的行政乡称为渠旧缚，1987年开始称渠旧镇至今	崇左市区与扶绥县城之间，左江南岸的平原
扶绥县中东镇中东社区	1951年前为同正县府所在地，同正、扶南、绥渌3县合并为扶绥县后降为镇	西大明山以西的平原地带，临双侠河（小河）
靖西县安德镇安德街	北宋（1049年）壮族领袖侬智高建立的"大南国"政权地，清末抗法名将刘永福抗法入侵誓师地	靖西县城西北，与那坡县接壤，石山区中的溶蚀小平原
靖西县化峒镇旧州街	唐、明、清归顺州（土州）的州治所地	今县城以南、鹅泉河畔的溶蚀平原
平果县果化镇果阳社区	宋至清果化土州的州治所地，民国果德县县治（后迁至码头镇）	右江西岸平原，镇有小河发源

或社区，或因景观独特，或因民族文化特色显著，亦农亦商亦旅，如靖西县化峒镇旧州街以绣球产业、土司文化景观、特色农业而吸引世人，村民进行多种经营。

其中，临河的中山村、渠旧社区、果阳社区，以与码头相连的街道为骨架，建筑沿河或沿街道相向布局，形成线性的商业街道，渠旧镇、中东镇、果化镇清末民初的骑楼更适合商业的发展。这些商业聚落的居民，除了壮族外，有一部分是因经商而落户的汉人。街中的传统建筑大概分为两种类型：一是低矮的砖木结构的平房，二是砖木结构的骑楼。

靖西县旧州街、安德镇则体现了桂西石山地区溶蚀平原的山水风光（图2-3-1）。旧州街依山，位于两河汇合口处，在水出口建石桥和文昌阁，其环境处理受传统风水理念的影响。

（a）于两水汇合口处建石桥和文昌阁的靖西县旧州街鸟瞰（来源：农恩保 摄）

（b）靖西县安德镇全貌（来源：农恩保 摄）

图2-3-1 桂西部分由土司州、旧制县治所地和古镇等发展而来的或村落社区

（c）旧州街（村）文昌阁（来源：杨正学 摄）　　　　　　（d）安德镇的凯旋塔（来源：刘润生 摄）

（e）从南往北看扶绥县渠旧镇渠旧社区（来源：卓凡 摄）

（f）龙州县上金乡中山村建筑（来源：黄佩强 摄）

（g）平果县果化镇的民国骑楼建筑（来源：韦玉姣 摄）

图2-3-1 桂西部分由土司州、旧制县治所地和古镇等发展而来的或村落社区（续）

安德街位于桂西边境附近的溶蚀盆地中央，传说历史上是壮族领袖侬智高建立"大南国"之地，是清末抗法名将刘永福抗法入侵誓师地，凯旋后命人建造了凯旋塔。

其中，果化镇具有较为浓重的沿河聚落及壮族文化色彩，表现为码头旁设有关岳庙、河神庙等，且每一条街都有一座土地庙位于端部，并在民居的大门两旁摆放石狗等。

（二）农业型的传统村落

该地区位于平原、盆地的农业型传统村落，都是壮族村落。

村落成簇成团地依山而建，或逐水而立，被田野、河流环绕，宛如落在画卷上的珍珠，实为人间胜景，体现了农业社会人们对土地的珍重。到了左江下游，村落规模随平原的不断宽阔而越来越大。

其传统建筑，大多数是单幢的三开间硬山搁檩或悬山顶地居建筑，村落不设宗祠。但是，在一些靠近城市的村落，如扶绥县长沙村，民居多为三合院，且村中有宗祠，受汉文化影响明显。

总体上，风光如画，是桂西平原、盆地地区村落的特色，建筑尺度小，朴实无华（图2-3-2）。

三、桂西北平原、盆地的传统村落

桂西北大部分地域属河池市，这里是以壮族为主的多民族聚居之地，是歌仙刘三姐的家乡，是世界闻名的长寿之乡，有壮、汉、瑶、仫佬、毛南、苗、侗、水、土家等30多个民族，少数民族人口占总人口的83.67%。行政区划上，河池市辖9县，含巴马、都安、大化3个瑶族自治县，以及罗城仫佬族、环江毛南族两个自治县。

河池市以喀斯特地貌为主，传统村落也多分布在喀斯特山区，其溶蚀平原、盆地的传统村落共11个，约占总数的四成，其发展有以下特点：

（a）龙州县卷逢村白雪屯被左江环绕于半岛上（来源：李桐 摄）

（b）传统建筑为土坯砖或夯土墙瓦房的龙州县白雪屯鸟瞰（来源：葛凡钰 摄）

（c）位于左江左岸的扶绥县长沙村鸟瞰（来源：戈盛 摄）

图2-3-2 桂西部分农业型的传统村落

（d）天等县都康乡田园风光（来源：李科富 摄）

图2-3-2 桂西部分农业型的传统村落（续）

（一）由古代土巡检司、圩场发展而来

怀远镇怀远社区、宜州区石别镇三寨屯、石别镇的清潭街，都属于这种类型。

怀远镇怀远社区（图2-3-3），位于龙江和小环江交汇口，宋以前为军事据点，明代设土巡检司，后发展成商贸古镇，与码头相连的骑楼街长达1200米。附近有复原的歌仙刘三姐的单幢三开间楼居，是20世纪50年代壮族地区常见的地居建筑形式之一。

宜州区石别镇三寨屯，处于明清时期庆远府通往忻城土县及马山、都安两县的关口要道上，明代设土巡检司——三寨堡，任用土兵。巡检司撤除后渐成村落，倚独秀峰，其传统建筑以单幢三开间硬山顶建筑为主，院落式建筑少见。

（二）单纯的农业村落

村落依山而建，建筑密集，利于防卫并且可保证有

尽可能多的耕作土地。具有与汉族文化融合背景的仫佬族、毛南族、壮族，其传统建筑多为三开间正屋一进院落式。而瑶族、苗族和原住民壮族，其传统建筑多为三开间单幢，有的联排类似长屋，由干阑楼居演化而来的痕迹明显。

该地区的壮族传统村落以宜州区合林屯为代表，村始建于清代，依山面田野和溪流，硬山搁檩的单幢建筑是其传统形式，部分建筑联排。宜州区向南屯、大洲屯也都是这样的壮族传统村落（图2-3-4）。

村落由基本居住建筑构成，除土地庙外的公共建筑较少见。

另一些少数民族的传统村落，则表现出强烈的外来移民及汉文化的色彩。

罗城仫佬族自治县的仫佬族大勒洞屯，吴姓村民祖籍湖南长沙，其祠堂位于村口处池塘边，硬山搁檩的单幢三开间建筑和三开间正房的院落式建筑并存。

（a）河池市怀远镇怀远社区平面（来源：谷歌地球）

（b）通往老码头的怀远社区骑楼街鸟瞰（来源：覃超英 摄）

（c）由西北向东南鸟瞰位于三江口的怀远镇怀远社区（来源：韦炳华 摄）

图2-3-3 河池市宜州区怀远镇怀远社区

与壮族村落相比，仫佬族的公共建筑相对较多，汉文化色彩较为浓重，硬山搁檩的吴氏宗祠位于村口处，前后都有水塘，其他民居多采用夯土或土坯砖墙，悬山顶（图2-3-5）。

罗城仫佬族自治县的双降屯和石围屯、环江毛南族自治县的南昌屯，有当地民族与外来汉族相互融合的文化背景。

石围屯位于溶蚀平原中，始建于明代，先民由河南

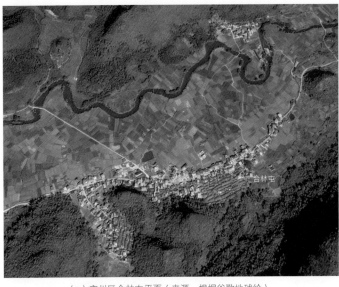
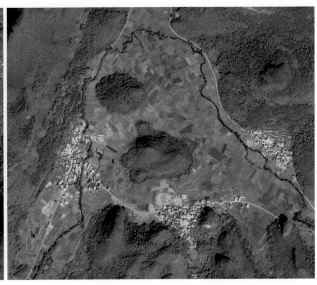

（a）宜州区合林屯平面（来源：根据谷歌地球绘）　　　　　　　　（b）宜州区板纳村大洲屯平面（来源：根据谷歌地球绘）

（c）宜州区合林屯鸟瞰（来源：韦炳华 摄）

图2-3-4　桂西北河池市部分壮族村落

迁入并融入当地。村落现存清代的砖木结构悬山或硬山顶天井式建筑，以及民国初期砌筑的石围墙，建筑尺度较小。如今，村西的入口新建了小停车场和门楼，设置画廊和仫佬族艺术广场，兼顾农产品生产和晾晒、仫佬族艺术表演，还完善了村内的路、水、电设施，重建了祠堂，传统建筑保护与村落公共空间修整、提升并行，

村落的功能进一步完善，活力重新焕发（图2-3-6）。

四、桂中和桂北的平原、盆地的传统村落

桂中和桂北地区包括来宾市和柳州市，二者分别居广西的中部和中北部，分别拥有广西传统村落38个

图2-3-5　罗城仫佬族自治县小长安镇龙腾村仫佬族大勒洞屯（来源：蒙增师　摄）

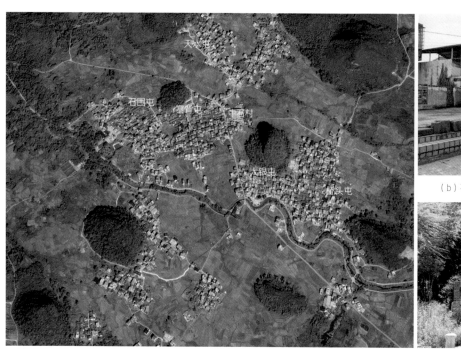

（a）地处溶蚀平原中的中石村部分村屯平面（来源：根据谷歌地球绘）

图2-3-6　罗城仫佬族自治县东门镇中石村石围屯

（b）石围屯的天井式民居（来源：蒙增师　摄）

（c）石围屯的民族团结碑亭（来源：蒙增师　摄）

（含国家级11个）和67个（含国家级28个），民族聚落纷呈。其中，柳州市居住着汉、壮、苗、侗、瑶、回、仫佬等48个民族，少数民族居半数，其北部的三江侗族自治县、融水苗族自治县等地区是侗、苗、瑶等民族的主要聚居区。来宾市以壮族为主体，壮族人口占总人口的七成半，其次是客家为主的汉族、瑶族，瑶族主要分布在金秀瑶族自治县。两市的城镇、汉族村落、壮族村落主要分布在自北向南流的柳江及其支流沿岸的平原、盆地地区，山区则是侗、苗、瑶等少数民族的主要居住地。

在平原、盆地地带的传统村落，来宾市有18个，柳州市则只有8个，显示出其多山的特点。这些传统村镇的发展有以下特点：

（一）由明清时期的县城发展而来

鹿寨县中渡镇英山社区、三江侗族自治县丹洲镇丹洲村、来宾市兴宾区迁江镇，分别为明代广西洛容县、怀远县（今三江县）、迁江县的治所地，因交通便利、地控桂柳，清代设中渡抚民厅（军事管理区），之后商贸繁荣，曾为鹿寨县中渡镇的驻地。三者均有"护城河—城门—城墙"的防御体系。丹洲因居于河中，以天然河流为屏障，殊为特色。迁江镇由宋至民国时期的迁江县发展而来，因地处桂中腹地，地控红水河、清水河，军事地位显著，为明代的卫所驻地。如今，三者均为中国历史文化名镇。

（二）由军屯、兵屯演变而来的村落

桂中地区有军屯、兵屯等军事据点，多设于明朝，且当时多征调桂西、桂西北壮族土兵充实兵屯，屯田戍守。当年戍守的土兵，其后代已经扎根并融入当地。至今，部分村落尚遗存军（兵）屯的特点，如象州县的军田村、普化村、抱村，金秀瑶族自治县龙腾屯、武宣县洛桥村、鹿寨县堡底屯等。这些村落以壮族为主体，其中，军田村的选址和形态最为突出。

军田村，位于柳州和来宾通往金秀、象州、荔浦诸县的驿道上，过去为军事之城，城有内外两道城垣。现存内城垣平面呈倒圆角的三角形，东北距金秀河200米，东南依孤峰，西南隔田野与运江相望。古人引两河水绕西南、北面城墙而过城，既可保证水源充足，又灌溉了农田。城三面均设入口，以西南门为主门，北门内、城南角外有池塘。城内建筑密集，多平行于邻近的城墙。城中央的现代建筑密集，推测可能原是操练军队的场地（图2-3-7）。

桂中地区由军屯、土兵屯、寨堡演化而来的传统村落，体现出以下特点：一是军屯寡，而土兵屯和寨堡众，前者规模较大、位置重要，统领土兵屯和寨堡，共同完成防御。二是选址在重要的通道附近，较均匀地分布在驿道、出山路口等重要节点处，战时可呼应，平时则分界耕守。三是村落的农业条件好，有肥沃、平坦的土地可耕种，至少有一条溪河流经，并挖筑人工水渠或池塘，引水过村，保证生活和农业灌溉用水，防遭受火攻。四是多依山面向田野，视野开阔，便于瞭望和内外防守。五是村落呈矩形、圆形或三角形，边界明确，多筑高墙甚至炮楼围合，村内除了道路和必要的集合场地外，建筑多密集成团，以保证军事行动高效。六是传统建筑多为一进或二进院（天井）三开间硬山搁檩式砖瓦房，也有三开间单幢建筑。七是部分村落建有汉式祠堂，显示汉壮文化融合较深。

（三）因航运或商贸发展形成的圩镇型村落

武宣县三里镇三里村三里街、象州县运江镇运江古镇村、新运村新运街，前者依附于镇，后二者属于圩村。它们分别位于陆路或水路交通的要道上，都具有交通便利的特点，其中运江古镇村、三里街颇具代表性。

运江古镇村（图2-3-8、图2-3-9），位于运江汇入柳江交汇口处的江心岛上。清晚期，粤商陆续上岛开

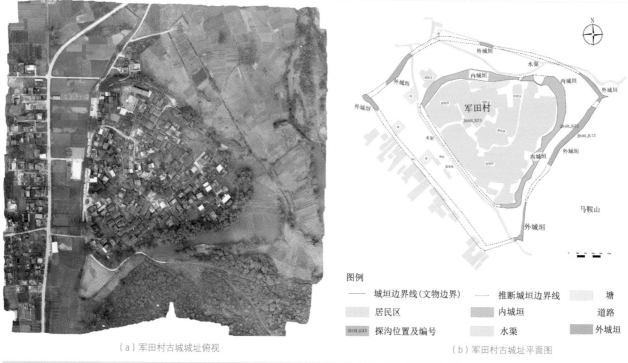

（a）军田村古城城址俯视

（b）军田村古城址平面图

图例

—— 城垣边界线（文物边界）　⋯⋯ 推断城垣边界线　▨ 塘

▨ 居民区　　　　　　　　　▨ 内城垣　　　　　道路

2016LJGT3 探沟位置及编号　　　▨ 水渠　　　　　　　　▨ 外城垣

（c）从西北向西南看军田村古城

图2-3-7　来宾市象州县军田村（来源：象州县文物管理所 提供）

图2-3-8 象州县运江古镇村鸟瞰（上北下南，水向南流）（来源：何俊涛 摄）

图2-3-9 象州县运江古镇村（来源：蒋雪林、黄万诗 摄）

店，至民国时期持续繁荣，为柳江航运途中商客休息、住宿、交易的场所。岛面积约1平方公里，居中有一条贯通南北的主街，长近400米，宽4米，街两侧的房屋以两层骑楼建筑为主，底铺楼居。甘王圣宫、粤东会馆等公共建筑位于岛的北端，20世纪末，运江村开始衰落。

三里街（图2-3-10），是自明朝时期发展起来的由武宣县城往东南通向大瑶山陆路通道上的城镇，现属于三里镇的历史街区，现存传统建筑多建于清末、民国时期或中华人民共和国成立初期。该街区以东北—西南走向的圩廊为轴线（现代公路与圩廊平行），两侧为前铺后宅的院落式建筑，圩廊分两段，居中设戏台和小广场，东南尽端设北帝庙。

（a）由东北向西南鸟瞰三里街

（b）三里街中部的戏台（清末建）

（c）三里街北帝庙（清末建，2006年修）

图2-3-10　来宾市武宣县三里镇三里村三里街（来源：梁以松 摄）

（四）单纯的农业型传统村落

明代中晚期，广西大藤峡及周边地区的瑶族因起义被镇压而避居山区，桂中和桂北的平原、盆地基本是壮族及军（兵）屯土兵后代的天下，如象州县白石村、鹿寨县寨上屯、融水县白马屯和四莫村西寨屯，以及融安县高阳屯、坡伟屯和西古坡屯等，都是规模在百余人至数百人之间的壮族村落。村落中以一进院或三开间单幢的青砖墙硬山搁檩或夯土墙悬山顶建筑为主。

各地的汉人、客家人也从粤、湘、赣及广西各地迁入，因而，壮、汉、客家混杂的村落在此地多见，象州县纳禄村便是汉、壮民杂居。因多姓氏杂居，部分村落结构较为松散，如武宣县东乡镇永安村、凤阳村和黄茆镇上额村。

桂中地区人民注重耕读，但崇武之风更盛，人才辈出，他们或带兵征战各地，或为官经商，积攒了财富。从民国初期开始，武宣县下莲塘村、雅岗村、樟村等村落分别出现了客家围屋与西洋建筑相融合的刘炳宇、郭松年、黄肇熙等人的庄园建筑，反映了外来文化的影响（图2-3-11）。

五、桂中南平原、盆地的传统村落

桂中南平原、盆地地区是汉、壮杂居区，包括南宁市、贵港市以及滨海城市的内陆县——上思、灵山、浦北。区域内，贵港市与桂东、桂南相邻，灵山、浦北两县在明清时属廉州府，由广东府管辖，这些地方的汉人，尤其是客家人居多。

该地区，从东到西，依次为三间两廊院落（天井）式建筑或客家围屋，由一幢三间主屋与院墙、院门围合而成的单一天井或院落式建筑，以及三间一幢无院落的建筑，它们共同组成了村落。由院落式建筑到其与干阑建筑相融合、演化的过程清晰。

现南宁市、贵港市分别有自治区级传统村落28个（含10个国家级）和16个（含5个国家级），其中，平原型、盆地型的分别有18个和8个。上思、灵山、浦北三县的传统村落见表2-2-1。

桂中南平原、盆地地带的传统村落的发展有以下特点：

（一）由军事据点、驿站演化而来的传统村落

唐代至明朝，桂中南的主要军事据点集中在南宁府（州）城以西的左、右江汇合口及以北的昆仑关（山隘关口）、南丹卫（今上林县城东南）。此外，各地还设堡防御，如位于大瑶山南麓的桂平市蒙圩镇古城屯或与防御的堡有关。

根据《南宁市军事志》，南宁西郊三江口附近，左江右岸半岛上的扬美村在唐代时是一个军事据点。（明）《殿粤要纂》记录在新宁州治（今扶绥县城）至三江口的左江右岸，设有4个军事哨点，对岸的下楞村一带则设有一系列的驿、铺和寨，今同江村三江坡一带有税课司、天宁寺和驿站（图2-3-12）。

扬美村，现全村34个姓氏共5300多人，95%为汉族；设有渡口和码头，曾经商业繁荣。村北部建筑群呈圆团状，圆团曾筑有围墙和闸门，北依山，南面临水塘，圆团中央为水塘和空地，整体似军事营地。村南部由4个农耕村落演变而来，村中的线性商业空间不明显，表明商业发展有限。村曾经有观音、夫子、三界、大王、社王、钟馗诸庙，现仅存魁星楼等部分公共建筑及传统民居。民居多为有一、二进院落（天井）的三开间合院式建筑（图2-3-13）。

扬美村对岸不远的壮族下楞村，因码头而形成了8条垂直于江岸的巷道，建筑平行于江岸，又有平行于江岸的老街和骑楼街，带状形态明显，体现了铺、驿站的商业性质，这或许就是寨和铺、驿的结合形式（图2-3-14）。

下莲塘村
将军第

刘炳宇庄园

永安村客家围屋

（a）武宣县下莲塘村刘氏将军第、刘炳宇庄园和永安村客家围屋鸟瞰（来源：梁以松 摄）

（b）下莲塘村刘氏将军第和人工水系（来源：梁以松 摄）

（c）下莲塘村刘氏将军第（来源：梁以松 摄）

（d）武宣县桐岭镇雅岗村郭松年庄园（来源：梁以松 摄）

（e）武宣县二塘镇樟村黄肇熙庄园（来源：赵林 摄）

图2-3-11 桂中地区传统村落中的客家围屋和庄园

右

江

左

江

同江村三江坡

（a）三江坡平面（来源：根据谷歌地球绘）

图2-3-12　南宁市江南区江
西镇同江村三江坡

（b）三江坡俯瞰（来源：尹庆南　摄）

（a）南宁市江南区扬美村平面（来源：根据谷歌地球绘） 　　　　（c）扬美村的街道与民居（来源：邓昊 摄）

（b）扬美村鸟瞰（来源：黄灿伟 摄）

图2-3-13　南宁市江南区江西镇扬美村

（d）码头入口（来源：邓昊 摄）　　　　　　　　（e）扬美村魁星楼（来源：李桐 摄）

下楞村

江

左

图2-3-14 南宁市西乡塘区坛洛镇下楞村平面（来源：根据谷歌地球绘）

（二）依托于古镇或城市发展而来的社区、老街和古村

这些村落始建于明清时期，包括：宾阳县古辣社区的汉族村落——蔡村、李寨村、虞村和大陈村，上林县高贤社区的壮族村落——磨庄，它们所属的古辣镇、巷贤镇都是明代以前就设圩市的古镇，位于大明山及其余脉以北的平原上，村民可能是卫所、军屯军人的后代，定居古圩旁，以农耕为生。而贵港市平南县大安镇镇大社区由明清时期商业繁荣的大乌圩发展而来，至今遗存粤东会馆、古石桥、古街道等，现社区居民主要从事第二、第三产业；南宁市江南区的坛洛老街则是始建于清末民初的拥有骑楼建筑的老街。

农工商兼顾是这些村落的特点，如南宁市良庆区的缸瓦窑村，它是清代形成的邕江右岸的一个以制作瓦缸为主业的小型陶制品加工专业村，依托于城市与河道运输进行销售。

分别聚族而居的蔡村、虞村、李寨村与大陈村位于古辣社区之南，每村有数百人（图2-3-15）。各村之间以水塘和道路分界，村外是平坦开阔的田野。李寨村因土地少而发展编织草席作为副业，今已成为当地的特色产业之一。传统建筑以青砖墙硬山搁檩的清代三开间二进、三进院，两侧有厢房的院落（天井）式建筑以及土坯砖墙悬山顶建筑为主，少数为一进院。虽为汉族村落，但各村未建祠堂。

磨庄，位于社区之南，紧邻街道，全村共有230户约1600人，有小河自村南绕西环社区转北，自东北方向流出。建筑总体朝南偏东或东南，以清至民国的硬山搁檩、三开间、两侧厢房的二至四进院落式建筑为主，院落外侧常设辅屋。村内设祖堂，村民冬至祭祖，类似于汉族祠堂。

（a）古辣社区蔡村、虞村、李寨村与大陈村平面（来源：根据谷歌地球绘）

（b）被新建筑包围的古辣社区蔡村、虞村、李寨村与大陈村鸟瞰（来源：白杨 摄）

（c）蔡村局部（来源：覃庆东 摄）

图2-3-15 宾阳县古辣社区蔡村、虞村、李家寨和大陈村

（三）单纯的农业型传统村落

这种类型的传统村落都是壮族和汉族的，与圩镇有一定的距离。典型的包括：宾阳县中华镇施村（由上施村、下施村组成）、贵港市港北区港城镇龙井村、贵港市平南县思旺镇双上村上宋屯、灵山县佛子镇苏村、丰塘镇萍塘村、新圩镇漂塘村。传统建筑采用条石、青砖、土坯、夯土、木构架、瓦屋面结合建造（图2-3-16~图2-3-20）。

其中，壮族的农业型传统村落主要分布在南宁市，规模均为数百人。南宁市西乡塘那告坡与郁江以低丘相隔，背丘面向弯月形水塘和开阔的田野，受汉族影响，建有宗祠。居住建筑既有三开间一进院，也有三开间单幢的，二进院以上的较少，反映了壮、汉建筑融合的特点。

位于贵港市城区北部的港城镇龙井村，是一个壮族占多数的壮、汉杂居的村落，传统建筑为院落（天井）式地居，但村中的汉族在语言、服饰、习俗等方面早已壮族化，表现出了该地区处于壮族、汉族聚居区过渡地带的特点。

汉族的传统农业型村落，以宾阳县中华镇施村、平南县思旺镇双上村上宋屯、灵山佛子镇苏村为代表，均靠近水源，田地充足，人工水系发达。

施村（图2-3-17）始建于明代，有6000多人。村倚大明山余脉，东、西、北分别有渠水流过，上施和下施之间，在村边开挖有一系列的水池，环境优越。村头有家庙，由带耳房的三开间门

郁

江

那告坡

（a）那告坡平面（来源：根据谷歌地球绘）

（b）那告坡鸟瞰（来源：葛凡钰 摄）

图2-3-16 南宁市西乡塘区壮族
老口村那告坡

（a）施村平面（来源：根据谷歌地球绘）

（b）位于村头（村西北）的施氏家庙（来源：覃庆东 摄）

（c）施村局部鸟瞰（来源：覃庆东 摄）

图2-3-17　宾阳县中华镇施村

厅、正厅及两侧厢房、后辅房、前后院组成。家庙前有半月池和前坪。民居多为清末至20世纪五六十年代建造的院落（天井）式或单幢建筑。

平南县思旺镇双上村上宋屯，位于大瑶山南麓平原，其中的范家大院建于清乾隆年间，围屋前院宽大，以三组院落式建筑及其前面的门房、两侧的横屋组成。范家大院背倚山，并有人工小河流过，屋前不设月池。

此外，该地区还有一些规模较大的客家村落，分布在贵港以南地区，典型的有灵山县新圩镇镇萍塘村

（a）上宋屯范家大院鸟瞰（来源：程海燊 摄）

（b）上宋屯范家大院的自然环境（来源：程海燊 摄）

（c）上宋屯范家大院平面（来源：根据谷歌地球绘）

图2-3-18 平南县思旺镇双上村上宋屯范家大院

图2-3-19 灵山县苏村古民居（来源：朱香山 摄）

（a）灵山县萍塘村鸟瞰（来源：朱香山 摄）

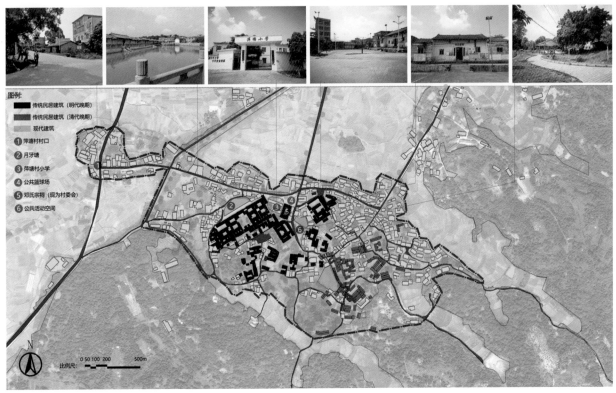

图例：

- 传统民居建筑（明代晚期）
- 传统民居建筑（清代晚期）
- 现代建筑

1 萍塘村村口
2 月牙塘
3 萍塘村小学
4 公共篮球场
5 邓氏宗祠（现为村委会）
6 公共活动空间

比例尺： 0 50 100 200　500m

（b）灵山县萍塘村总平示意图（来源：陈悦、吴艺娟 绘）

图2-3-20　灵山县萍塘村

及漂塘村。

灵山县新圩镇萍塘村，背倚低丘，村前有良田沃野，始祖于明朝由广东迁入，堂横屋及倒座整齐排列，面对月池，村落利用后山的水库引水灌溉农田。

农业型村落特别注重理水，进行农业灌溉。大明山北部平原地区的其他传统村落，如汉族的古辣镇大塘村、武陵镇高荣村以及壮族的黎塘镇新梁村、露圩镇库利村，具有类似的特点：人工池塘构筑村落边界，与溪河、引水渠相结合，构成形态丰富的水系空间；无论汉族还是壮族传统村落，建筑多采用院落式，村内有家庙、祖堂，却不用祠堂之名，表现出了汉、壮文化相互融合的特点。而大明山以南的壮族传统村落中单幢建筑较多，这是二者的显著区别。

相比之下，区域内南部、东部的汉族传统村落中，院落（天井）式建筑居多，尺度和精致程度多胜于西部，其中以灵山县苏村的建筑最为精致。

总体上，桂中地区南、北部的平原、盆地地带的传统村落体现的是汉族、壮族杂居区文化融合的特点。

六、桂东北平原的传统村落

桂东北地区指桂林市辖区，位于岭南与中原地区的交通枢纽位置，是北方人南下广西的必经之路。除龙胜县城地处山区外，桂林市城区及所辖的县城与荔浦市区，以及5个中国历史文化名镇均位于沿河平原及盆地地带。在民族构成上，桂林市以汉族为主，壮、回、苗、瑶、侗等28个少数民族占全市总人口的8.5%左右，苗、瑶、侗主要分布在山区。

桂林市拥有广西传统村落262个，含国家级传统村落138个。除龙胜各族自治县、恭城瑶族自治县的传统村落多为少数民族及地处山区的村落之外，其余的多是汉族村落。地处河谷平原及盆地的传统村落共有196个，占总数的74%，其发展有以下特点：

（一）因运河的管理和守军兴起的城镇和村落

桂林拥有灵渠和相思埭两条运河。前者凿于秦代，自海洋河分水塘，分为北渠（水流到湘江）、南渠（水流到漓江，渠宽7米），沟通湘江和漓江；后者建于唐朝，分水于临桂会仙镇，沟通了漓江和柳江。运河的维护和管理、灌溉、航运交通及贸易，促进了镇村的发展。

与灵渠相关的有广西历史文化名镇——兴安镇、严关镇，以及古代负责管理灵渠陡门（闸门）、关口的陡军（陡夫）或守军后代定居所形成的传统村落，包括：兴安镇三桂村东村，严关镇的杉树村江西坪屯、仙桥村严关（汉朝建造的关隘）屯、仙桥村委六口岩村、灵坛村留田屯。此外，南陡村、分水塘村、护城村、大湾陡村和三里陡村的性质同上。其中，以兴安镇最具特色。

与相思埭运河相关的传统村落，包括：临桂县会仙镇旧村和山尾村。

兴安镇位于南渠起始段的左岸，始建于唐代，今兴安镇由明代兴安县城（城的平面近似宝瓶状）发展而来。灵渠自东南而来，绕古城东北至大湾陡村后转西向和西南向，后注入漓江。古时，城内有县署、守城署、书院及众多的祭祀建筑，清末居民不过百余户。在城外，灵渠两岸的道路和民居沿河布置，形成了水街，与众多的古桥、历史遗迹共生。中华人民共和国成立后拆除城墙，水街至今依然是城镇中最有活力的区域之一（图2-3-21）。

（二）由古代的巡检司等军事据点或军户移民发展而来

桂林是宋至民国初期广西的首府，是明代藩王驻地，因而明代广西护卫主要设在桂林，全州、灌阳、永福、平乐诸县均设千户所，其余县调拨卫所军队进行哨

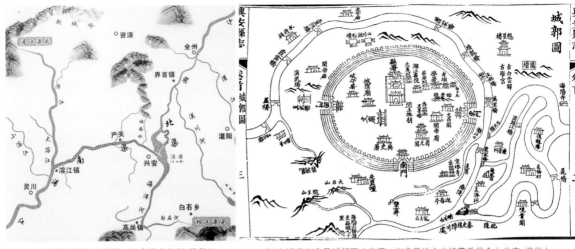

（a）灵渠示意图（来源：兴安县宣传部 提供）　　　　（b）清代兴安县城郭图（来源：兴安县地方志编纂委员会办公室 提供）

（c）从分水塘上空看灵渠、湘江和兴安镇（龙王庙、南陡村和分水塘村列铧嘴两侧）（来源：邓云波 摄）

（d）灵渠和兴安镇（来源：谷歌地球）　　　　　　　（e）灵渠上的古桥（来源：李桐 摄）

图2-3-21　灵渠与兴安镇

守。卫所一般与州、县同城而治。乡村防御多依赖巡检司，设于水路或陆路险要关津，清代更鼓励民兵屯田，因而桂东北地区防御的营堡、军屯及其后代的传统村落颇多，如恭城县栗木镇石头屯、桂林市叠彩区的白石潭村、阳朔县遇龙堡村、灌阳县青箱村、荔浦县小青山屯、恭城县常家屯和上大营屯等（图2-3-22、图2-3-23）。

有的发展成为圩镇，如平乐县张家镇榕津社区，位于河谷平原的两河交汇口，明代时为土巡检司的驻地，后发展成圩镇，现保存有一条长约200米、宽约5米的骑楼街，魁星楼、戏台、粤东会馆等基本保持原貌。

一些村落甚至还保持着屯堡较为常见的形态——圆团状，且依山利于眺望，如恭城县栗木镇石头屯、灌阳县仁义村唐家屯、达溪村，兴安县溶江镇富江村营上屯，全州县白塘村等。其中，始建于明朝的石头屯依孤山、临河，大致呈圆形，建筑密集，形态完好，村落形态、巷道、建筑都反映了军屯的特点及当地的文化特色。

桂林市白石潭村始建于元代，位于漓江左岸，与灵川县城隔江相望，村民自赣迁入，因地处桂湘水路交通要道，明清两代在此修码头，设巡检司。村原筑有围墙，传统建筑多是带有一或两进天井的硬山搁檩建筑，道路较窄小，建筑密集。

（三）因航运或商贸发展形成的圩村

河道两岸的圩镇、圩村与陆路商道并起，互为补充。前者主要在漓江、灵渠和相思埭运河两岸，后者则位于陆路通道上。灵川县熊（雄）村、平乐县华山村处于陆路通道上，灌阳县江口村、平乐县沙子村位于水陆通道上，它们是众多圩村的代表。

熊村，今称雄村，始建于宋代，始祖从江西迁入，位于自湘南通往漓江大圩镇的陆路官道（与灵渠组成水陆并行的交通，具有路程短的特点，适合人和马帮行

走）上，在中华人民共和国成立前是热闹的圩场。村坐落在东北至西南走向的低矮山丘上，村南有涧沙河自东向西绕村而过。村以沿山脊的正街为骨架，街两侧为铺面，自东面的涧沙河引渠水向西北穿村，与道路并行，形成水街。正街、水街和小巷共同组成了雄村的路网，祠堂、会馆和祭祀建筑多在正街和水街，建筑多为院落式。过去村的围墙、村门、巷门俱全；街道宽的有3～4米、窄的有1～2米，只能满足人肩挑手提或牛、马的交通（图2-3-24）。

灌阳县新街乡江口村，辖4个自然村共1000余人，其先民或与明代卫所移民有关。江口村老街始建于明代，位于马山江、安乐源江注入灌江的交汇口处，因货运和码头形成繁荣街圩，现存老街长约260米。街的北口有一座清朝晚期的石拱桥跨安乐源江。传统建筑多是二至三开间的天井式或单幢式的硬山搁檩建筑（图2-3-25）。

平乐县沙子镇沙子村，位于平乐、恭城、阳朔三县交界处，始建于唐朝，村落由一条平行于恭城河的主街和18条横向小巷构成。清末至民国的商铺、当铺、粤东会馆、古桥及青石板街道，保持较好（图2-3-26）。

（四）有着岸居生活、以捕鱼和水上运输为主业的渔村

桂林的渔村，源于明代起取得漓江河道捕鱼权的黄氏（居灵川县大圩镇廖家村村委会毛村）、廖氏（居桂林市雁山区龙门村、卫家渡村）、周氏（居桂林市七星区六狮洲村）、刘氏（居灵川镇双洲村委刘家村）等有着岸居生活或兼水上运输的渔户或船户所定居的村落，居民平时既耕作也捕鱼，并承担官府部分船行差务。恭城、平乐、永福等县都有这样的渔村，村民依托于附近的城镇，进行农、渔、水上运输等多种经营。

这些村民多从外地迁入。如毛村现有居民140多户，700多人。全村皆姓黄，始祖在明代初期从广东迁

（a）平面近似圆形的石头屯

（b）更楼旁的神亭（1905年建）

（d）石头屯民居

（c）位于巷道口的更楼

图2-3-22 由军屯发展而来的恭城县栗木镇石头屯
（来源：徐平 摄）

（a）由明清时期巡检司发展而来的桂林白石潭村（来源：邓云波 摄）　　　　　　　（b）桂林白石潭村的传统建筑（来源：邓云波 摄）

图2-3-23　桂林百石潭村

图2-3-24　自北向南俯瞰灵川县大圩镇雄村（来源：韦萌 摄）

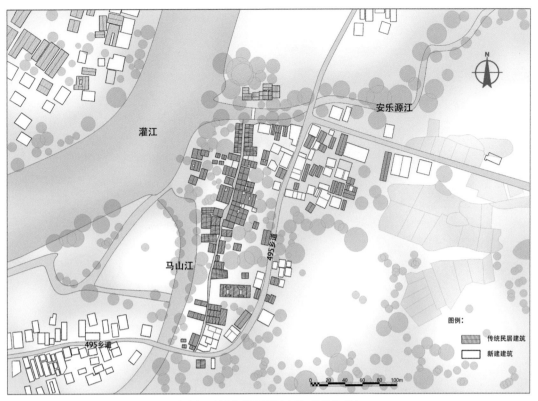

灌江

安乐源江

马山江

495乡道

495乡道

图例：

⬛ 传统民居建筑
⬜ 新建建筑

0 20 40 60 80 100m

（a）江口村老街总平面图（来源：陈雪婷 绘）

（b）由灌江向东看马山江口和老街概貌（来源：王定兵 摄）

图2-3-25 灌阳县新街乡
江口村

（c）江口老街（来源：王定兵 摄）

（d）老街北端安乐源江上的清代石拱桥（来源：王定兵 摄）

恭
城
河

（a）平乐县沙子镇沙子村的传统区域（红线范围内）（来源：韦玉姣根据谷歌地球绘）

（b）平乐县沙子镇沙子村局部鸟瞰（来源：马震宇 摄）

图2-3-26 平乐县沙子镇沙子村

入定居。村内有祖庙圣母宫和4个祠堂等公共建筑，又因引水入村而形成丰富的公共空间。

位于漓江北岸的龙门村，于清代建村，村民主要有莫氏、廖氏。村内有4庙：娘娘祖庙、老龙古庙、飞龙庙、老庙，都紧靠码头，村落沿漓江呈带状发展（图2-3-27）。

祭祀妈祖的圣母宫、娘娘祖庙，反映了龙门村、毛村的移民信仰以及人们从事渔业及水上运输的特点；建筑规模不大，其形式表现了岭南汉族建筑的特点。

如今，每年的赛龙舟及对沿河寺庙的祭祀活动，将漓江两岸村民凝聚在一起。

（五）注重耕读的农业型村落

桂东北地区农业发达，其农业型村落呈以下特点：

其一，注重地理形势选择，注重耕读，人文荟萃。典型的如临桂区褚村、灌阳县月岭、阳朔县朗梓、全州县沛田、大庾岭、兴安县山湾等村。部分村落出于防卫和少占耕地的需要，把建筑建在山麓，像灌阳县的月岭村，至清晚期及现代建筑才往山下发展。

村落构建宗祠、私塾、学堂或书院，培养村民良好的素质。正如陈宏谋所云："天下教术之端必自读书始，天才之成必自儿童稚始。"在浓厚的宗族文化和基础教育的培养下，人民勤劳、善良、勇敢，人才辈出。这些特点在名人故里中尤其明显，如：清中期名臣陈宏谋故里——临桂县四塘乡横山村、新桂系领袖及国民党代总统李宗仁故里——临桂县（区）信果村委浪头村、国民党将领白崇禧故里——临桂县（区）会仙镇旧村和山尾村、清代书画家李熙垣故里——永福县罗锦镇崇山村等。兴安县水源头村，恭城县朗山屯、乐湾村，全州县大碧头村，灵川县江头村都是祠堂、私塾齐备，灌阳县月岭村还有书院。

这些村落依山面向平坦的田野，大多有独特的自然

图2-3-27　桂林市雁山区龙门村村民在飞龙庙举行的聚会（广场的左侧原有福海寺，已毁）（来源：陆宇堃 摄）

地理和水系，加上丰富的历史文化，吸引世人前来探究。如：

临桂区浪头村李宗仁故居，坐西向东，背倚天马山，四面高墙环绕，内部在宽敞的前后院之间，是两组二进三座庭院式二层木构建筑。左组建筑宽大，用于接待和会议，后院有鱼塘；右组尺度小，用于家居，后院有一眼四季清澈不涸的饮水井，溢出的水流经洗菜池进入洗衣池，最后汇入鱼塘，设计巧妙。建筑轻巧，与高大封闭的外墙形成强烈对比。故居大门有"青天白日，山河永固，天地皆春"的对联（图2-3-28）。

临桂区横山村（图2-3-29），为汉族村落，始建于明朝，居住有陈、龚、刘、阳等姓氏共1000多人，其中望族陈氏于明朝自湖南迁来，自陈宏谋任朝臣起，五代连科。村背靠30多米高的狮子山，周围群山形态奇异，村左笔锋山挺立，村西有相思江绕村田而过，村东的四方古井水源丰沛，村民在村东南挖四方池汇聚井水成风水池塘。宏谋故居于四方塘之北，遗址现为绿地。陈氏宗祠，由清光绪年间广西巡抚奏建在狮子山脚下，面向四方塘。陈宏谋曾在横山村办义学一所。1943年，新桂系在陈氏宗祠西南建"榕门中学"（临桂中学前身）以纪念陈宏谋，并以陈氏宗祠为学生宿舍。1944年建造的礼堂位于陈氏宗祠东南侧，由当时在桂林执业的建筑师林乐义设计。村西有近年重建的华龙寺。

其二，注重理水。桂东北地区农业型村落利用井水、河流，构筑人工水系以方便家庭生产、生活、农业灌溉、排雨水等，以谋求村落长远发展，从而形成了独特的村落环境。其中，全州县绍水镇梅塘村属于典型。

梅塘村（图2-3-30），为宋末始建的汉族村落，村内的水系由居于村中央的心形梅池（水塘）及其周边的四口水井、一条从百步岭引水入村的溪流——梅溪一起组成。梅溪宽约1米左右，自西北流向东南，沿道路穿村而过，既带来活水，又接井水和梅池的排水。建筑围绕梅池和沿梅溪建造。三个公祠中，梅溪公祠堂位于池塘心尖处，有二进院落，其前院的中间走道设盖顶，屋顶呈"工"字形，中部盖顶而不设柱。梅溪出村处架置坐水亭，兼作入村大门，寓意锁住水口。梅溪流入村东南的池塘，再经人工水渠流经玉田村及村外的农田后向东南汇入白沙河。水系滋养了村庄，灌溉了农田，经历数百年，至今依然发挥作用。

其三，少数民族文化与汉文化的交融。

一是回、汉文化的交融，以桂林市雁山区回族潜经村、临桂区回族旧村为代表。广西的回族多在元代随统治者进入。潜经村，始建于明朝，位于桂林城东南约30公里的漓江左岸阶地，依山面河，既有清真寺，又有池塘和三开间院落式的宗祠，传统民居以三开间一进院建筑为主。

二是壮、汉文化的交融。阳朔县高田镇壮族朗梓村、龙潭村为壮族村落，两村的先人因带兵征战各地后或兵屯解散后选择在丘陵向平原过渡地带定居，建筑以院落式为主，汉化明显。恭城瑶族自治县乐湾村（图2-3-31）为汉族村落，有人口约3000人，其中陈姓客家人有2000多人，其先祖在清代从福建漳州迁入。传统建筑有堂横围屋、三间两廊院落式建筑和三开间单幢建筑，显示出了汉、壮民族文化融合的特点。

三是平地瑶、壮、汉文化的融合。以恭城瑶族自治县门等村高桂屯（矮寨村）、东寨屯为代表。这些村落在建筑材料上虽与汉人的趋同，但文化上依然保持自己的特点，依山面向河谷平原，村无宗祠，其建筑以三开间单幢为主，由干阑楼居演化而来的痕迹明显。

四是部分农业型传统村落的红色文化氛围浓厚。村落中有比较明显的红色革命、红色教育等痕迹，以灵川县西村、灌阳县夏云村、全州县鲁水村、恭城瑶族自治县东寨屯等为代表。

总之，桂林的传统村落数量多、类型丰富，文化底蕴深厚，景观特色突出。

（a）浪头村鸟瞰（外观似庄园的李宗仁故居背靠山）（来源：周子杰 摄）

（b）李宗仁故居中的会议空间（来源：周子杰 摄）

图2-3-28 桂林市临桂区浪头村李宗仁故居

（c）李宗仁故居庭院和建筑（来源：周子杰 摄）

（d）李宗仁故居大门（来源：雷金息 摄）

（a）横山村平面（来源：谷歌地球）

（b）院落式的陈氏宗祠（修缮中）鸟瞰（来源：雷金息 摄）

（c）"工"字形平面的榕门中学礼堂外观（来源：雷金息 摄）

（d）从西面俯瞰横山村（来源：蒋圣雨 摄）

图2-3-29 桂林市临桂区横山村

（b）梅溪公祠鸟瞰（来源：陈善平、蒋廷松 摄）

（a）梅塘村鸟瞰（梅溪自村西北沿公祠旁的道路入村，绕池塘西南面，从村东南流出）（来源：绍水镇政府 提供）

（c）村原来的入口——梅溪上的坐水亭（来源：蒋廷松 摄）

图2-3-30 全州县绍水镇梅塘村

七、桂东及桂东南平原的传统村落

桂东及桂东南地区包括贺州市、梧州市和玉林市，地接湘粤，西接贵港市，南接北部湾滨海地区。区域内汉族人口占绝大多数，并有四十多个少数民族散布杂居。三市的少数民族人口占比分别为16.5%、2.4%、1.5%，其中，贺州市的瑶族人口最多，主要分布在富川瑶族自治县，玉林市以客家人居多。

区域内广西本土、湘赣、瑶、客家、广府等文化多元融合。如贺州市平原地带的汉、瑶村落实难分出你我，不少村落是多民族融合的结果。

三个市分别有广西传统村落83个（含43个国家级）、20个（含2个国家级）、56个（含22个国家级）。这些地区的城镇及大部分传统村落都分布在平原及河谷地带，其发展演变呈现出以下特点：

（一）位于水陆古道上的圩村

区域内在通往合浦或广州的水路及潇贺古道（陆路）两侧，形成亦农亦商的圩村。这些圩村可分为两类：一是位于潇贺古道北端，以桂湘两地居民的农业生产工具交易为主，如富川县岔山、福溪、深坡、石枧和龙湾等村。二是位于贺州市南部及玉林市、梧州市的沿

（a）乐湾村全貌

（b）村右后依山而建的清末陈家大屋

（c）清末陈四庆宗祠

图2-3-31 恭城瑶族自治县乐湾村（来源：邓云波 摄）

河地带的圩村，多与镇相邻，交易当地盛产的优质大米、农副产品、染料和水果，以及来自广州或合浦的商品等。这类圩村包括：贺街镇河西村、钟山县英家村、容县杨梅村、岑溪樟木村等。村落呈带状、梳式或团块形态，并有一条主街贯穿村落。

富川县岔山村（图2-3-32），始建于明初，位于桂、湘交界处，拥有瑶、汉、壮、苗、侗等多个民族的村民，村依岔山呈带状布局，穿村的潇贺古道成为周边居民的圩市。古街长约200米，宽1.5～2.0米。传统建

筑分列街道两侧，由三开间院落式和三开间单幢为主，少数为二或四开间的单幢建筑，层数为一至三层，村内拥有风雨桥、祠堂、书房、丰山庙等公共建筑。近年来，村落的公共空间得到进一步完善，村民的新宅往南沿公路的北侧布局，传统村落形态保持完好。

引水随街，是潇贺古道北段圩村常见的。富川县福溪、深坡、石枧、龙湾等村均邻近小河。福溪村、深坡村自水源筑渠引水，沿街而行，为村民的生产、生活、圩市经营提供水源。福溪村的水源就在村边，而深坡村

图 例
1. 村委会
2. 古戏台
3. 祠堂
4. 风雨桥
5. 闲云居
6. 潇贺古道
7. 民宿酒店
8. 中心广场
9. 烤烟房
10. 规划住宅
11. 停车场

（a）岔山村总平面

（b）村口处的风雨桥

（c）传统民居大门

图2-3-32　富川县岔山村（来源：广西城乡规划设计研究院 提供）

的渠水则从1公里外引入，经泥土、岩石和草地涤荡，在村头（东北）的驿站内分水进村。驿站建于清光绪年间，除分水外，尚供驿马饮水及商人休息。村中尚有多处水井提供生活用水。

钟山县英家村，位于湘闽粤入桂水陆交汇处的溶蚀平原中，三面靠山，南面临水和田野，思勤江从村东经过，明初成圩，村落组团式布局，传统建筑以院落式为主。入村门楼、西北—东南走向的主街、古戏台、粤东会馆、古码头保存较好。英家村还是一座红色古村，1947年的英家起义在广西革命史上具有重要意义。

位于梅江河畔的容县杨梅村，是清末至民国时期形成的圩村，由400余米长、宽约3米的街道和两侧的骑楼式竹筒屋（面宽3～5米，进深20余米至70米不等）组成。靠江一侧的建筑每隔约百米设一条2米多的通道至码头，便于货运。村落平面似一片柳树叶般细长，使得圩村具有动感和变化。

相比之下，区域内北部圩村的街道较窄，渠水往往是街道空间的一个组成部分，建筑以院落式为主，山墙是装饰的重点，风雨桥、戏台、祠堂等公共建筑尤其如此；南部圩村多临河，街道相对较宽，街道少做渠水，骑楼建筑较为流行。街道呈缓和曲线形，赋予圩村活泼的气息，是其共同的特点。

（二）注重耕读的农业型村落

桂东、桂东南地区农业发达，其农业型村落呈以下特点：

第一，选址注重地理形势。村名体现人们对村落环境的喜爱及对美好未来的向往，如体现山水特点的富川县的秀山、秀水、福溪、凤溪、东山、东水、狮山、大莲塘，钟山县的大田、荷塘、玉坡、源头、同乐，八步区的浪水，兴业县的榜山，玉林市的石山坡、田尾等村以及体现良好寓意的八步区的仁化，钟山县的龙道，玉州区的高山、福西，兴业县的龙安，陆川县的长旺，岑溪市的云龙，平桂区的龙井，容县的珊萃等村。村落喜选址于安全屏障强的盆地、河谷等佳地，强调山环水绕，前景开阔，景观层次丰富，大部分村落还构筑围墙和炮楼，以加强村落安全（图2-3-33）。

选址道同而法变。钟山县荷塘村四周的石山就像盛开荷花的花瓣，村落就是那缀在盆地中的花蕊。海拔约百米的玉林市高山村选址于盆地中，布局取形七星（山）伴月（河湖），寓意"高山景行"。此外，河中之

（a）钟山县荷塘村状若盛开荷花的地形（来源：冯弦丰 摄）

（b）钟山县荷塘村局部（来源：覃卓 摄）

（c）藏风聚气得水的苍梧县料神村平面（红线内为李济深故居）（来源：谷歌地球）

图2-3-33 部分位于理想佳地的传统村落

（d）苍梧县料神村李济深故居前的蛇行人工渠水和方形池塘（来源：黎建明 摄）

（f）玉林市高山村鸟瞰（来源：陈东 摄）

（g）从东南方向看兴业县榜山村（来源：韦玉姣 摄）

图2-3-33 部分位于理想佳地的传统村落（续）

洲因物产丰饶，也常被选为宜居之地，长洲区泗洲村就是位于河洲上的传统村落。

第二，注重理水。村民利用河流、水库的天然水源，构筑与村落相适应的、平和稳定的人工水系，包括池塘、水井、渠水、人工河等。

大部分村落挖池塘和水井，如钟山县柿木园、荷塘、玉坡、大田，兴业县榜山等村以及绝大多数的客家村落。

有的村落筑渠引水，如富川县秀山村、大莲塘村等。

还有的村既挖塘又引渠水，如苍梧县料神村，利用山溪筑渠引水弯曲如蛇形流向村中（李济深故居），并

（e）玉林高山村七星伴月地形（来源：韦玉姣、罗超华根据谷歌地球绘）

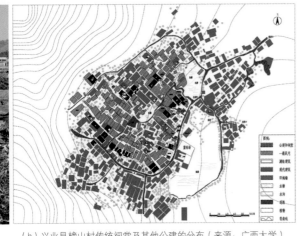

（h）兴业县榜山村传统祠堂及其他公建的分布（来源：广西大学）

包绕过村前。而富川县秀水村的人工水系规划则堪称广西农业型传统村落的典范。

秀水村，依山而建，古人用青石干砌河岸，构筑一条宽3～6米的人工河，自村西南绕至村东南，再转向东北，最后汇入南北流向的自然河道中。人工河水速和缓，河床浅，亲水性好，日常盥洗方便。此外，还利用丰沛的泉水，开池蓄水引流，构筑了纯净的饮用水池和游泳池；村域距离水源较远的，则沿路引1～2尺宽的渠水，随路而行。水系可方便生活和灌溉，结合绿化，丰富了村落的景观（图2-3-34）。但近年的水系改造硬化了堤岸，导致人工河的自然净化能力不如过去，水质变差。

实例表明，选址和水系规划对村落环境和长远发展至关重要。

第三，村民注重耕读传家，构建村落宗祠、私塾、学堂、戏台、文昌阁等建筑，以培养村民良好的素质，是汉族及汉化村落的普遍做法。富川县的秀水、深坡，兴业县的榜山、潭良、东山、大西、萝村等村有不同姓氏或支系的数个祠堂，以及私塾、学堂，玉林市高山村的祠堂更多达13个。通过在祠堂定期举行宗族活动、村民集体活动，教育村民，凝聚他们的情感和力量，促进村落的和谐发展。儿童在村内接受启蒙教育，加深了乡情。良好的自然环境熏陶和国民素质教育使桂东、桂东南地区人文荟萃、人才辈出。同时，村民集体修路、架桥、挖水井，发展生产，满足生活需要。

祠堂、风雨桥、戏台、景亭、庙宇等公共建筑的位置讲究，往往在村头、村中或村尾，无论如何，必在空气清新、环境优美之处，常位于池塘、河岸的重要位置，与山水情景相融，形成丰富多样的公共空间，富川县福溪村的马殷庙、跨溪而建的戏台和它们之间的广场就如此。青龙、回澜风雨桥则是富川很有特色的石拱券廊桥，集石拱券桥、亭、阁、廊桥于一身（图2-3-35）。

第四，客家村落广泛分布，客家民居类型丰富。

桂东南地区是广西最大的客家聚居区，其中南流江流域的客家人约占广西客家人总数的2/3以上，贵港市次之，桂东的梧州、贺州均有客家村落分布。这与清朝时地方政府招民开垦，吸引各省客家人移居有关。

桂东及桂东南地区的客家村落多始于明代以后，

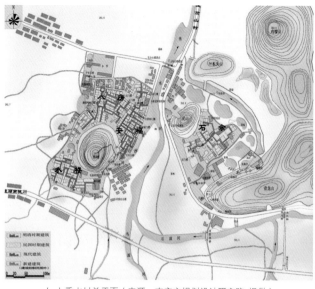

（a）秀水村总平面（来源：南宁市规划设计研究院 提供）

（b）秀水村的仙娘井古戏台（来源：李成华 摄）

（c）秀水村状元楼（来源：全峰梅 摄）

图2-3-34 富川县秀水村的水环境

（d）从东向西看秀水村全貌（来源：李成华　摄）

（a）福溪村村民在明代建的马殷庙和戏台之间的广场上进行新年舞龙

（b）富川县朝东镇油草村青龙风雨桥（建于明代）

（c）富川县朝东镇油沐村与沐笼村之间的回澜风雨桥（建于明代）

图2-3-35 富川县部分公共建筑和风雨桥（来源：李成华 摄）

建筑采用围屋形式，将宗祠设于围屋的核心或中轴线上，围屋前多挖池塘蓄水，泥土用于夯墙、制砖瓦。塘后为禾坪及建筑。总体上，客家民居具有围合、对称、向心、秩序、匀质和重防御等特点。其类型涵盖了堂横屋、围龙屋、围堡、围村等类型，规模不等，大致如下：

1. 堂横屋

堂横屋以纵列的堂屋（祠堂）为中心，两侧平行布置不同功用的横屋。贺州市八步区仁冲村委仁化村清代江氏围屋、北流市新圩村第五组围屋、昭平县新华村的围屋，属于堂横屋。

仁化村清末江氏围屋分北座和南座。其中，北座依山朝西（图2-3-36），主屋为四堂六横，屋前设接近半圆形的禾坪及其围墙，围墙的南北两端设院门。主体建筑高两层，最外围的两条横屋高一层。堂屋面阔五间，天井尺度宜人。建筑强调步步高的效果，堂屋的高度又比横屋略高，强化了中轴线的效果。横屋供村民居住，其天井比堂屋的院落小，但因前后天井之间的过厅敞开，因而横屋的采光和通风适宜。南座，规模小，但精美更胜。

（a）江氏围屋北座西面鸟瞰

（b）堂屋

（c）中轴线上的天井

图2-3-36　贺州市八步区仁化村江氏围屋北座（来源：马震宇　摄）

　　长旺村是一个清代客家村落，依山朝向西北。先民造田地数百亩，修筑后山的水库，开挖围屋前的月池和水塘及沟渠，共同组成蓄水和灌溉水系，并修建了8座堂横屋，现存7座。其中4座围屋是两两组合并共用一个月池，气势大，使用方便灵活。围屋多为三堂（五开间）四横，左右各设闸门出入，后龙山和围屋后部种植荔枝树。村民在此耕读，拥有较高品质的生活（图2-3-37）。

　　昭平县新华村的围屋，布置了2排共8个两堂两横，使用上更加灵活。

2. 围龙屋

　　围龙屋以堂横屋为主体，其后围以弧形的围屋。建

（a）陆川县长旺村局部鸟瞰（来源：宋建州 摄）

长旺村

（b）陆川县长旺村的围屋分布图（来源：根据谷歌地球绘）

图2-3-37　陆川县长旺村

筑多依山，用弧形的围屋将山梁围住。玉林市硃砂垌村、北流市塘岸村大屋肚组的围屋属此类。

硃砂垌村围龙屋（图2-3-38），建于清嘉庆年间，依山向西。屋呈三堂十横三围龙，堂屋前是禾坪及围墙，围屋面宽约110米，自禾坪至龙尾宽逾90米。禾坪前是84米×55米的月池，围屋有左、右护城河（右侧已填）及南、北两个瓮城式门楼。外墙高约6米，设6座炮楼和1座望楼，与月池并称"七星伴月"。由内而外第三列横屋及其围龙划分为套间单元，其余多为单间，南北两端各有水井一口，居住人口多时有近500人。

3. 围堡

围堡，是用坚固的外墙将若干建筑围护起来的围屋。堡墙内侧中部设跑马道，防御性较围楼强。博白县旺茂镇康宁城肚屯围堡属于典型。堡建于清乾隆三十七年（1772年），呈方形，外墙四角设炮楼，堡内并列两座堂横屋，分别为两堂两横和三堂两横，西座前有月池，两座门楼分列东西。堡墙内侧中部结合壁柱设置跑马道，既便于防御，又可增强墙体稳定性（图2-3-39）。

4. 围村

围村，用围墙将村落环绕的客家村落。由各式建筑物、构筑物以及外围炮楼、门楼、围墙等部分组成。大多数围村都是先有村后有围，如玉林市福绵区大楼村、博白县沙河镇礼安村城肚屯围村。

（a）玉林市玉州区硃砂垌村围龙屋鸟瞰（来源：徐洪涛 摄）

图2-3-38 硃砂垌村围龙屋

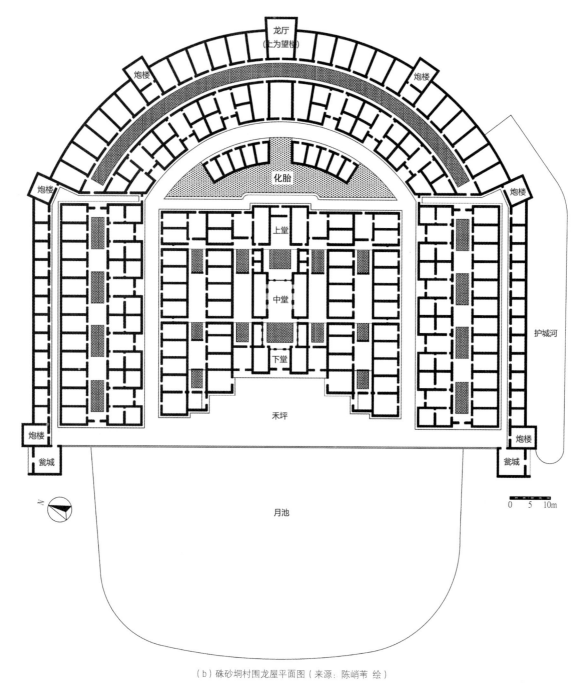

（b）硃砂垌村围龙屋平面图（来源：陈峭苇 绘）

图2-3-38　硃砂垌村围龙屋（续）

　　玉林市福绵区大楼村，有郑、黄、姚三个姓氏，先祖在明末至清初从福建莆田迁入。各姓氏围绕本族宗祠建围屋，朝向略有不同，村四周原来有围墙和炮楼。现存以姚氏围屋最具特色，围屋以姚氏宗祠（四堂）为中

心，呈梳式布局，院落式建筑，朝向西南，月池大，形似寿桃。

　　第五，村落规模宏大（图2-3-40）。

　　该区域的平原、盆地多，千人以上的村落多见，如

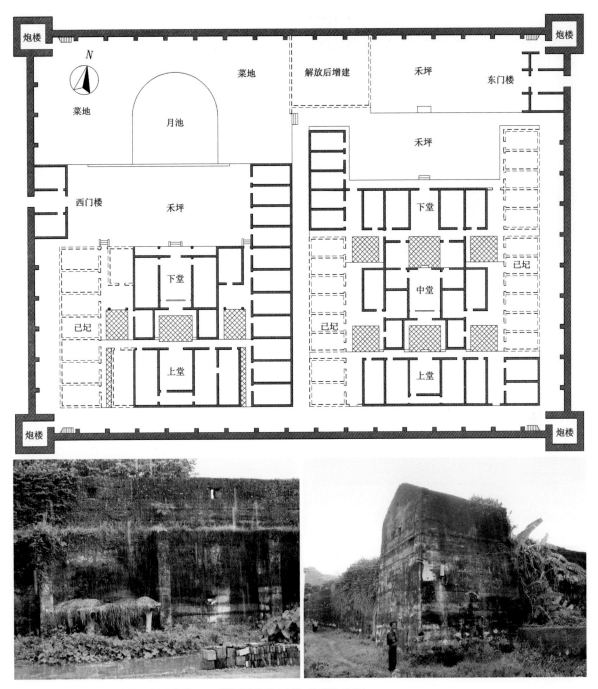

图2-3-39 博白县旺茂镇康宁城肚屯围堡平面图、围墙内和炮楼（来源：陈峭苇 提供）

玉林高山村全村人口有3600多人。类型上，既有苍梧县沙头镇大寨村这样的由几个相对分散的自然村组成的6000多人的行政村，也有同样人口规模的，像兴业县谭良村、东山村这样，因村落的各组团不断增长，最后连成建筑高度聚集的大村，其团块形态结构远比近似于梳式布局的八步区祉洞村（人口为2780人）复杂得多，承载的人口也更多。有的大村已经与城镇连成一片，成为城镇的一部分，拥有2860人的玉林市福绵镇

（a）与兴业县城相近的人口在3000~6000人的传统村落分布

（b）人口超过6000人的谭良村平面

（c）人口超过6000人的东山村平面

图2-3-40 村落形态呈团块布局的部分大型汉族村落（来源：韦玉姣根据谷歌地球绘）

福西村、拥有7200多人的兴业县城隍镇大西村就是如此。与城镇相近而经济活跃、文化底蕴深厚也是这些村落不断增长的重要原因。相比之下，客家村落以围屋为单位，布局相对疏朗，人口规模也相应较小。

第六，村落里中西文化交融的近代建筑。

从清末开始，西洋风渐起，桂东、桂东南地区受到的影响最大，中西合璧的建筑在城乡出现，如博白县大平坡水楼、松旺镇茂山村朱光故居、兴业县石山坡萧书绸宅等。而贺州市八步区保福村陶家大院则是欧化了的两堂两横的客家围屋。

博白县大平坡水楼（图2-3-41），建于20世纪10年代，立在方形池塘中，原依靠吊桥从南、北进入，这是当时预防鼠疫的创新建筑，它把客家围屋与水塘紧密结合，具有重防御的特点，且与欧式建筑风格相结合，富有特色。

总体上，桂东、桂东南地区的传统村落精彩纷呈，客家文化绚烂。

图2-3-41 博白县大平坡水楼（来源：梁明 摄）

第四节 内陆的丘陵聚落

在地理学上，丘陵是介于山地与平原之间的地貌类型，由连绵不断的低矮山丘组成，海拔一般在200米以上、500米以下，相对高度一般不超过200米。广西内陆丘陵，分布在云贵高原余脉与广东平原的过渡地带，占广西总面积的21.9%，其中，桂东、桂东南的较多，而在桂南的分布面积最广，往往集中连片，海拔100米左右的低丘陵较为普遍。北部的丘陵，土石夹杂，海拔在250~500米之间，主要分布在灵川县和兴安县。桂西北、桂北山地多，丘陵较少。

在聚落与地形的适应方面，丘陵比山地更适合人类生存。特别是在土壤肥沃、水源充沛的丘陵地带，在面临溪河的坡脚或和缓的丘陵上建村落，可较好地满足农林生产、生活并兼顾出行便利。因可耕土地有限，人们多以农林为主业，丘陵聚落的数量和规模普遍不如平原地区，城镇规模普遍较小。不过，桂南地区低矮的丘陵地带实与平原无异，因此，这些地方也常常出现大村，如灵山县绵延在几个低丘上的大芦村有5000人，马肚塘村也有800多人。

丘陵聚落的形态，主要分为线状、带状、放射状、梳式和组团式。

在民族村落方面，壮族、汉族村落占丘陵村落的绝大多数。从桂东北的桂林市，至中南部的南宁市，到桂中南的贵港市以东及以南的丘陵地带，呈现出以汉族桂柳人、壮族原住民、汉族白话人和汉族客家人为主的大致分布特点。

这些民族的村落差异明显，因而丘陵地区的传统村落将按这四个民族或民系展开。

一、丘陵地区的历史城镇

丘陵地区的传统城镇，以一批广西特色小镇为代表。小镇的人口规模为2.4万~10万人，以汉族为主，小镇往往依托于自身的农林、水果、茶叶、轻工、商贸、历史文化和自然景观优势，形成产业优势。广西丘陵地区的特色小镇包括：桂南以滑翔运动为特色的钦州市钦北区大寺镇、以机电产业为特色的灵山县陆屋镇、依托于天然红椎林形成红椎菌产业的钦州浦北县龙门镇；桂东南以陶瓷业为特色的北流市民安镇；桂东以六堡茶为特色的梧州市苍梧县六堡镇、以沙田柚为特色的容县自良镇等（图2-4-1）。

小镇的历史人文、自然风光和产业特色突出，在长期的发展中呈现出不同的个性，是富有活力的宜居之地。因为平地少，这些传统城镇往往围绕丘陵建造，城镇形成之初，大多采用建筑沿街道两侧布局的形式，建筑既是经营的场所，也是居民生活的地方，因而线性的街道和天地楼的组合是绝大部分小镇的生长模式，这在丘陵地区尤其明显，也是很有活力的一种形态。

二、桂东北丘陵地区以汉族为主的传统村落

桂东北丘陵地区的传统村落，海拔在270~500米之间，主要集中在桂林市灵川、兴安和灌阳县，它们位于石山或土石夹杂山岭的山脚处，靠近水源，如全州县两河镇鲁水村、兴安县白石乡水源头村（图2-4-2）、东河村委菜子岩村，以及灵川县的黄土塘、大桐木

龙门镇

（a）钦州市浦北县龙门镇平面（来源：根据谷歌地球绘）

（b）梧州市苍梧县六堡镇鸟瞰（来源：伍盛伟 摄）

图2-4-1 丘陵地区历史悠久的特色小镇

图2-4-2 兴安县白石乡水源头村（来源：廖清智 摄）

湾、大塘边、画眉弄，灌阳县的王道、勒塘村等。村建于明清，村民多自湘赣地区迁入，绝大部分为汉人，村落人口为100~1000人。

灌阳县文市镇王道村（图2-4-3），原名木老村，位于灌阳与全州交界的楚粤古道旁，其王姓先民于宋代因避难而由湖南迁入，希望能在此耕读，安身立命，可以像树木一样安然老去。

王道村选址于石山向丘陵过渡地带，依山朝向西南，取八卦之形，村落呈半圆形，利于防卫。村前的两口池塘，可防木火。后山的溶洞，被修筑成躲避兵灾的场所。建筑多为三开间一进天井合院式或单幢式，村中的清公祠堂，曾经是红七军指挥部的办公场所。村后山之北有水源自石洞中流出，先人筑水坝、沟渠引水，灌溉水田。

桂东北的传统建筑以砖瓦硬山搁檩的三间两廊一至三进院落（天井）式为主，巷道整齐，依坡地形成步步高的效果。墙体既有夯土的，也有用青砖、小石块、土坯砖砌筑的，或是以上两种材料的组合。

其中，全州县鲁水村（图2-4-4），原为明代湘桂道上的鲁塘堡，依山，前有水塘，平面近似圆形，形态与军事驻守的堡有关。村内有公祠、神祠、古亭等传统

建筑，水塘、门楼、公祠位于中轴线上。

该地区的居民有利用坡地种植银杏、桃李等传统，以补足生活。树木四季的色彩与建筑对比，形成了桂东北丘陵村落特有的景观，春、秋季节色彩鲜艳夺目。有不少传统村落都是旅游、摄影佳地，以灵川县海洋乡的名气最大，大桐木湾村是其中的代表。

三、桂中南丘陵地区壮族、汉族杂居区的传统村落

这些村落，海拔在100米左右，主要分布在南宁市的周边，包括壮族居多的南宁市江南区同新村木村坡、安平村那马坡、华南村那务坡，邕宁区那楼镇那良村那蒙坡、那楼镇镇龙社区那佃坡、中和乡中和社区孙头坡，以及以汉族居多的横县平朗乡笔山村等村，显示出了该地区丘陵地带以壮族为主的壮、汉文化相互融合的特点（图2-4-5）。

村落建在坡地上，坡脚是水田或池塘，既有像那马坡这样建在较宽阔的山坡上，建筑整齐连成片且朝向大致相同的，也有建在几个较小的坡面上的，像木村坡、那佃坡、笔山村等，建筑成组分布，角度随坡面而不同，各组相对分散。建筑以三开间单幢或天井合院建筑为主。其院落式建筑与汉族的基本相同，但是单幢三开间的建筑较为普遍。墙体材料多为黏土砖（青砖）、土坯砖。同时，丘陵地区的壮族传统村落虽受宗法制影响，但村落中却较少建祠堂，建筑也较为简单。横县笔山村有汉文化背景，建筑尺度较大，院落空间相对舒朗。

四、桂中南东部以东至桂南丘陵地区白话人的传统村落

从桂中南贵港以东至梧州、贺州，以南至玉林、钦

（a）王道村选址和半圆形布局

（b）从村北俯拍王道村

（c）古水坝

（d）古石板路和引水渠

（e）清代建筑门头装饰

图2-4-3　灌阳县文市镇王道村（来源：王定兵 摄）

图2-4-4　全州县鲁水村平面（来源：罗超华根据谷歌地球绘）

州、北海等市的广大地区，是汉族的聚居区，包括丘陵地区也如此。这里的汉族人民，按其语言可大致分为白话人和客家人，前者的村落类型、建筑风格更加丰富。

按功能，汉族白话人的村落类型主要分为两类：

（一）因航运或商贸发展形成的圩村

圩村位于丘陵地带的水、陆要道上，藤县天平镇新马村、象棋镇道家村属于前者，北流市平政镇岭峒村属

（a）南宁市那马坡平面（来源：谷歌地球）

（b）南宁市江南区木村坡平面（来源：谷歌地球）

（c）横县笔山村平面（来源：谷歌地球）

（d）笔山村花屋古建筑群（来源：葛凡钰 摄）

图2-4-5　南宁市丘陵地区村落

于后者。新马村和道家村的街道较短，这与其地处滨江丘陵地带，地势起伏且部分交易（如木材交易等）在河岸进行有关。建筑以院落式为主。其中，新马村的选址和布局颇具特色。

新马村，位于地形轮廓似展翅翱翔的鲲鹏的嘴部，与西北方向的平南县白马村（圩）隔江相望。村落背倚丘陵，三面被浔江包绕，东有赭石色的高大石山隔江来朝，江面宽阔，风光壮丽。新马村因是袁崇焕的故里而闻名，在民国时期曾出过两个县长。袁督师祖籍东莞，其父入桂经商，遂定居于此（墓葬于白马村）。新马村的规划按鲲鹏头嘴具象布局（图2-4-6）。

道家村则居北流江与泗罗河交汇口的西南角，位于

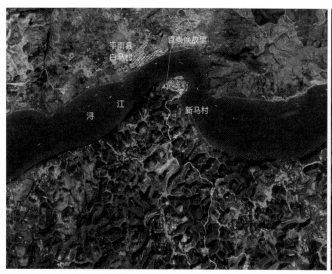

（a）藤县新马村位置图（来源：韦玉姣根据谷歌地球绘）

（b）新马村平面（来源：谷歌地球）

（c）从东北方俯瞰新马村（来源：程海燊 摄）

图2-4-6 梧州市藤县新马村

藤州城和容州城的水路中间，是古代内陆通往合浦港的水路驿站，有一定的商业聚集。

（二）重耕读的农业型村落

这类村落多选址于丘陵中邻近水源并且地势相对和缓的地带，如位于江河沿岸的贵港市平依屯，藤县东养村，蒙江镇龙腾村，岑溪市新城村，容县顶良村、四端村、中平村、儒地村、黎木村，平南县富藏村中团屯、罗泉村，桂平市中沙镇南乡村等。

形态上，大部分传统村落呈密集的团块状，少数村落为较为舒朗的梳式布局。结合筑屋、农业灌溉和景观挖塘蓄水，村落形成了自己的环境特色。临江的藤县东养村、容县四端村就颇为典型。而处在低矮小丘陵地带的村落，则以较小的组团散布在丘陵上，如平南市富藏村中团屯、容县罗江镇半月村、贵港市木梓镇回龙村，前者以出产优质沙田柚闻名。

建筑方面，大部分村落建有祠堂，以凝聚宗族。民居建筑多为三开间加两侧厢房或敞廊的院落式，也有三开间正房加两侧耳房及横屋的形式，后者的院落更加宽敞。容县四端村加厚堂（封凤子的故居）就是三堂（三开间加左、右耳房各一间）两横加上山脚月池的形式，

颇似客家围屋。这些都显示出了该地区汉族不同民系的建筑之间的相互影响。

平南市富藏村中团屯，建于清代，村落建在圆形土丘上，以院落建筑为单元进行组团，建筑朝向随地形而变化，村落形态呈圆形，与军事聚落的形态颇为相似，或与其建造者的军人背景有关（图2-4-7）。

贵港市桂平市中沙镇南乡村（图2-4-8），建于清代，位于大容山北麓的丘陵、盆地中，依山朝西面河，现有4300多人。村落以南乡河为界，以东是密集的院落（天井）式建筑群，以西是纯净的田野和山川。其中，尚德堂为三堂两横的形式，堂屋为三开间加两侧耳房，庭院舒朗，建筑高敞。民国初期，村中出现带有西洋风格的2～3层建筑。

贵港地区丘陵地带的传统村落，公共建筑以祠堂为主（图2-4-9）。

白话人对外来文化兼收并蓄的开放的特点，还反映在一批20世纪初建造的中西合璧的近代建筑上，这些建筑与传统村落相伴而立。其中：

谢鲁山庄，为旧桂系军政要员吕芋农于20世纪20年代建造，位于其家乡陆川县谢鲁村旁，意在营造一个可在动荡时局下读书的心安之处，名"树人书屋"。山

图2-4-7 平南市富藏村中团屯（来源：程海燊 摄）

（a）南乡村平面（来源：谷歌地球）

（b）尚德堂的堂屋檐廊

（c）尚德堂的堂屋和院落

图2-4-8 桂平市中沙镇南乡村（来源：杜振明 摄）

图2-4-9 平南县六陈镇胡村胤晋赵公祠（来源：程海燊 摄）

庄依山势，有廊、桥、池、石、屋等，建筑朴拙，反映出了岭南建筑的特点（图2-4-10）。

马晓军故居（1919~1928年建），坐落在容县松山镇慈堂村的一座小山丘下，形似客家围屋，朝向东南。

前院宽大，被围墙和居中的门楼、倒座、厢房和角楼（炮楼）围合。主体建筑三堂两横，高两层。前座为西式楼房，面阔十一间加两端的方形炮楼。后部建筑为中国传统院落建筑（两堂两横）。

096

图2-4-10 陆川县谢鲁山庄鸟瞰（来源：马震宇 摄）

韦云淞故居（1933年建），现为容县松山镇政府的办公地。建筑依山面河、朝向西南，形制似客家的两堂两横，主体建筑高两层，前横两端设三层高的方形炮楼。除建筑主入口的柱子和局部装饰西化以外，其余均采用中国传统形式。

夏威、夏国璋故居，位于容县松山镇沙田圩大中村的盆地中央，现存一栋三开间、高三层的建筑，其布局与传统建筑的三开间一明两暗相似。

马、韦、夏是新桂系的将领，以上建筑是他们返乡后建造的，建筑受西洋风的影响。

五、桂中南东部以东至桂南丘陵地区的客家围屋村落

客家人进入丘陵地带后，建围屋居住并进行耕读齐家。村落分布在南至钦州、北海，东至梧州、贺州的区域，以玉林博白县、贵港市港南区、钦州市灵山县为核心，海拔100～300米。村落均为农业型，以各式围屋和维持稻田的水系为基本特征，主要有以下类型：

（一）由一个堂横屋组成

村落由一个堂横屋组成的，或因人口较少，或因用地较为平阔。灵山县太平镇华屏岭村属于后者。

华屏岭村，位于灵山县西部。围屋选址于东西向绵长的丘陵潜入谷地之处，依丘陵面向谷地，南、西、北三面有丘陵拱卫，村民谓之山脉龙头地。两旁小溪绕过围屋，穿过田野后汇合于前方岭口。围屋由黄氏始建于1790年，坐东朝西略偏向西北，是三组三堂（堂屋高两层，侧堂前置两横）加十横的大型围屋，长近130

米，宽60多米，布局规整，四周用石头砌筑了高约4米、宽近1米的围墙，围屋前是宽大的月池。建筑为砖木结构的单层悬山顶或硬山顶，墙体用石块、墙砖或土坯砖砌筑，还有部分用夯土墙。除部分横屋和北面侧堂部分被改建、部分围墙被拆除外，围屋大部分保持原貌（图2-4-11）。

（二）由数个堂横屋单元组成

受地形所限，村落由相同或不同姓氏的数个堂横屋组成，或由一个堂横屋与其他形式的围屋组成，最为常见，以岑溪市石村更山组、灵山县佛子村委马肚塘村为典型。同类的还有博白县石龙村三甲田屯、浦北县长田村委余屋村。

石村更山组的梁氏围屋，建于清末民初，坐西朝

东，由中部的三堂两横（两横向前伸出，作为入口）及后来在两侧扩建的条横屋及其连接的前后炮楼组成，体现出了当时建筑重安全防卫的特点（图2-4-12）。

马肚塘村，有大规模的清朝客家围屋群，由6个堂横屋及前面的附属建筑组成。围屋由刘氏于清朝乾隆四十五年（1780年）开始建造。三多堂、两全堂、三才堂整齐并置于山脚，朝向西北，面对元宝状月池；四宝堂、五福堂、六彩堂依山往北发展。其堂横屋单元，占地约33米×37米，多为三堂两横，与传统民居的三开间主屋及左右厢房所构成的合院相比，空间更舒畅，采光和通风更好。建筑用夯土墙和青砖墙进行组合，土坯砖墙用石灰砂浆抹面加以保护。围屋气势宏大，与山水田林的色彩对比强烈（图2-4-13）。

而桂南钦州等地，村落中的公共建筑较多，除祠堂

图2-4-11 灵山县太平镇那马村委华屏岭村西面鸟瞰（来源：黄生 摄）

图2-4-12 岑溪市水汶镇石村更山组（左）、山化组（右）（来源：李赞 摄）

图2-4-13 自东北向西南鸟瞰灵山县马肚塘村客家围屋（来源：陆斌 摄）

外，有的村落还有书院。

浦北县小江镇平马村，建于清代，村民从闽粤赣交界处迁来。村西南有南流江支流——马江河流过，传统建筑以院落式为主，其中三堂（三开间）两横式的"大朗书院"，其尺度和精致程度远胜于民居，建筑风格轻快、明朗。书院位于村口，与前面的道路、广场、池塘共同组成了村落的公共空间（图2-4-14）。

（三）围楼

浦北县石冲镇坡子坪村委老城村、贵港市木梓镇回龙村的围屋属于围楼。

老城村香翰屏故居，是建于20世纪三四十年代的围楼式庄园，坐西朝东，主体建筑为两层的三堂两横，前面是宽大的广场，大门置于广场两侧，庄园左右为花园，方形围墙后部与后座平齐处置南、北炮楼，炮楼前

（a）浦北县小江镇平马村鸟瞰（来源：李海泉 摄）

（b）浦北县小江镇平马村书院鸟瞰（来源：李海泉 摄）

图2-4-14　浦北县小江镇平马村

有辅屋紧贴围墙，屋后是环绕菜园及花果园的围墙。该围楼空间舒朗，建筑讲究步步高和左右拱卫，对称中又有变化。现前座的两侧已被改建（图2-4-15）。

（四）围堡

丘陵地区的围堡，受地形限制较多，形状多不规则，但强调防御的初衷不变。

清代的贵港市东井塘村城肚屯、博白县大垌镇凤坪村龙江屯的围屋，是丘陵地区的典型围堡，前者空间舒朗，后者围墙高、炮楼多，防御性强。

凤坪村龙江屯有陈氏围屋，位于博白县南端，与广东省湛江市界毗邻，村民陈氏于清朝时迁入。围屋建于1908~1912年，坐北向南，围墙高8~10米，有6个炮楼，被称为城堡。堡东西长62.3米，南北宽68.8米，形状不规则，南墙居中设炮楼门。大门外的月

池，因后来修路等原因，被部分填平并一分为二。堡内中间为三进四座厅堂，两侧为天井式民居，均为砖木结构平房，建筑密集、道路狭小，居住的舒适性远不如城肚屯，但民国时期最多时有300人在堡中居住以躲避劫匪。如今村民都已搬出，城墙和6个炮楼保存完好。

总体上，广西丘陵地区的传统村落中，朝阳的村落居多，面向河流和田野。许多村落将建筑依山布置于岭脚处，一来可实现耕地面积最大化，二来方便上山砍柴狩猎，三是可形成步步高的效果，利于形成开阔的观景视野，建筑的采光和通风效果好。建筑方面，桂北的以合院为主，梳式布局，巷道狭窄，建筑较为密集；桂中南壮族以一进院建筑和三开间单幢为主，布局相对自由；桂东至桂南，有与桂北汉族相似的院落（天井）式，更多地是以堂横屋为主的客家围屋。

图2-4-15　由东北向西南看浦北县老城村香翰屏庄园（来源：韦寿清 摄）

第五节　内陆的山区聚落

地理学上，山地指的是海拔高度一般在500米以上，相对高度大于200米，起伏大，坡度陡，具有自己独特的生态环境的地形，包括低山、中山、高山、极高山。广西的山属于中低山，鉴于广西地形的特点，本文中的山区还包括与山紧密相连的或被山包围的丘陵、小河谷及河中之洲，它们的海拔甚至在200米左右，被群山包围，对外交通不便，经济模式趋同于山区，这是它们共同的特点。

广西是多山省份，因山区地形地貌多变，平地较少，生产和交通十分不便，山区的聚落形式以村寨为主，城镇分布稀疏。山区的村寨，因地理环境保护性强而保持其传统，这是广西山区传统村落数量较多的主要原因。它们分布在广西的西北部、北部、东北部、桂西南和桂中山区。

山区中的人民，很多是因为秦至明清时期的战争、灾荒或纠纷而迁入定居，有的甚至进入了高山中的怪险之地，过着世外生活，由此也形成了各种神奇的聚落景观（图2-5-1）。占广西传统村落总数的27%，共181个山区传统村落中，属于瑶族、侗族、苗族、汉族（含客家人）、壮族的分别有54个、33个、30个、29个、23个，其他还有毛南族、彝族及多民族聚居的村落。其中，瑶族、侗族、苗族的村落主要分布在广西的中部、北部和东北部山区；壮族村落主要分布在广西的西部、西北部和中部及偏北的山区；汉族的主要分布在桂西北至桂东和桂南山区，少数在桂西山区（表2-5-1）。

在聚落与地形的适应性方面，有水源和土地且地势和缓的山地及其环绕的丘陵地带是山区中的宜居之地，多被壮族、侗族等原住民和戍守屯田的守兵的后代占据。在山高坡陡的地带，有落难的瑶族、苗族、侗族、壮族、汉族等人民居住。在土山地区，人们开辟了梯田，筑沟渠将山顶水、山涧水引入田地和村内；在石山地区，农业以种植玉米等旱地作物为主，村民就地取材，采石伐木建楼，村落形态起伏错落。桂北和桂东北地区的土山地区村落，规模相对较大；桂西北和桂西石漠化地区的村落，缺水少地，人口规模较小。

山区聚落的形态，有分散式、线状、带状、团块式和组团式5种。分散式多见于高山汉族、苗族、瑶族村落；线状和带状的聚落多沿道路或沿河岸分布；团块式多见于山区盆地中的城镇，也可能出现在高山地带的村落中，因强调抱团式的防御，规模可大可小。因地形或其他原因形成的团块式村落，规模较大，多出现在的侗族地区。

从地理的角度，山区聚落又可分为高山型、山麓及谷地型。其中，山区中的瑶族传统村落绝大多数是高山型的，苗族的传统村落为二者兼而有之，侗族的传统村落则以后者为主，壮族的高山型传统村落较少。

从职能的角度，山区传统村落可分为军事据点型、圩村型和农业型。前者主要分布在边境线上，圩村则分布在水陆交通要道上。

山区的传统聚落，民族特色分明，以下按历史城镇和村落的地理类型展开。

一、山区的历史城镇

广西现代的山区县城镇和乡镇，主要由元明时期的土司治所地、一般州县驻地以及民国时期设立的乡镇、县城镇发展而来。地处边境或地理位置重要的地方，往往会发展为较大的城镇，如凭祥市就是一个经济充满活力的位于桂西边境山区溶蚀盆地的边境口岸城市，为县级市，由首府南宁市直辖。

（a）位于大瑶山深处的金秀县六巷乡瑶族朗冲屯（来源：莫名恐 摄）

（b）海拔1000余米的隆林各族自治县（高山汉）大花地村（来源：曾书奇 摄）

图2-5-1 山区聚落

地理上，广西的山区城镇选址大都位于山麓区的山间谷地，靠近河流或河流从城镇中间穿过。其中，县城镇为一县之中最重要、规模最大的镇，地理条件比乡镇优越，用地相对平缓、宽裕，用水充足，水陆交通相对便利。

广西的山区县城镇，典型的包括：百色市西林县八达镇、隆林各族自治县新洲镇、田林县乐里镇、凌云县泗城镇、那坡县城厢镇、乐业县同乐镇；河池市天峨县六排镇、南丹县城关镇、凤山县凤城镇、东兰县东兰镇、巴马瑶族自治县巴马镇；柳州市三江侗族自治县古

所属城市 （传统村落数量）	村落的民族属性	所属城市 （传统村落数量）	村落的民族属性
北海市（2个）	汉族（客家）2个	柳州市（58个）	多民族的古镇、圩村3个；壮族4个；苗族21个；侗苗2个；侗族24个；瑶族3个
防城港市（1个）	汉族（客家）1个	南宁市（3个）	壮族1个；汉族1个；瑶族1个
钦州市（2个）	汉族2个	贵港市（3个）	汉族2个；瑶族1个
崇左市（2个）	壮族2个（与边疆军事防御有关）	桂林市（52个）	壮族5个；汉瑶1个；汉族11个；瑶族19个；苗族6个；侗族9个；汉苗瑶1个
百色市（12个）	壮族6个；苗族2个；高山汉3个；彝族1个	贺州市（4个）	汉族4个
河池市（16个）	壮族4个；瑶族7个；毛南族4个；苗族1个	梧州市（5个）	汉族1个；瑶族4个
来宾市（21个）	瑶族20个；壮族1个		

宜镇、融水苗族自治县融水镇、融安县长安镇；桂林市龙胜各族自治县龙胜镇、资源县资源镇；来宾市金秀瑶族自治县金秀镇等。其中的德保县城关镇、那坡县城厢镇为古代镇安府治所地；凌云县泗城镇为明清时期桂西最大的土府——泗城府所在地。

一些乡镇聚落也因拥有独特的历史、文化、地域特征而受到关注。比如百色的平果县旧城镇，是元明时期旧城土州的所在地；桂林龙胜各族自治县龙脊镇，因管辖范围内旅游资源出众而出名，防城港市的那良镇则历史文化荟萃。

广西的山区城镇主要分为以下三种空间形态：带状形态、放射形态和组团形态。

带状城镇大多数是在条形谷地和岭脊部位形成的，地形地貌无水平分割或水平分割不明显，多为团块状聚落演化而来。建筑沿着山脚、河流两岸布局。但因地形的差异，城镇的格局各有特点。如田林县乐里镇、金秀县金秀镇的带状形态近似"一"字形；那坡县城厢镇因围绕山体布局，带状形态略呈分叉的"7"字带形；南丹县城关镇则为倒"S"形与团块状的组合（图2-5-2）。

放射形态的城镇一般呈三角形、指掌形或不规则的多角形，大多数是在原有的团块和带形结构的基础上，因周边某几个部位受到复杂地形的制约以及城镇用地沿多条交通线路扩展演化而来。百色市德保县城关镇就是一个放射形城镇（图2-5-2d）。

组团型城镇是山地中常见的中等规模以上的城镇类型。组团型城镇早期形态为组团分散布局，常因地形原因而由若干片相互分隔的建设用地构成，最终仍可能发展为密集的团块，典型的有凌云县泗城镇、隆林各族自治县新洲镇等。县行政中心、车站、集贸市场往往是县城镇的中心。

山区乡镇驻地沿河呈带状，常以长条状的集贸市场，以及与之连接的商住两用的天地楼所围合的街道空间为中心，如田东县江城镇、大化县都阳镇。

二、由边境线军事据点演变而来的山区传统村落

广西与越南山水相连，在很长的历史时期内都处于

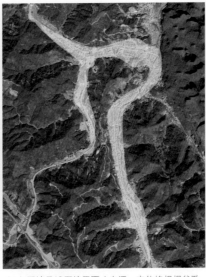
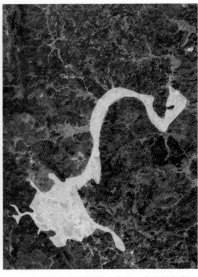

（a）田林县乐里镇平面（来源：李佳格根据谷歌地球绘） （b）那坡县城厢镇平面（来源：李佳格根据谷歌 （c）南丹县城关镇平面（来源：李佳格根据
地球绘） 谷歌地球绘）

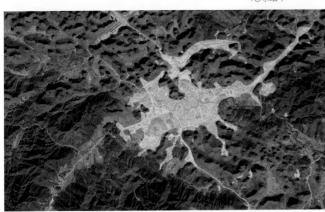

（d）德保县的城关镇平面（来源：李佳格根据谷歌地球绘） （e）田林县乐里镇鸟瞰（来源：史文强 摄）

（f）金秀县金秀镇鸟瞰（来源：李志龙 摄）

图2-5-2 广西部分山区城镇形态

有边无防的状态，在边境线上居住的壮族儿女是边疆的无名卫士。中法战争结束后，清政府在广西边境附近建设了一系列军事防御设施，为清末抗法胜利奠定了基础。今广西的壮族传统村落——凭祥市凭祥镇连城屯、龙州县上降乡里城村板色屯，都与清代的军事防御体系有关。前者位于清代广西前线军事基地和前敌指挥中心——大连城内，后者曾是清代用于防御的卫龙二大炮台（俗称大里城炮台）守军驻地。

连城屯所属的大连城位于凭祥市凭祥镇的北部，是通往龙州县及内地的交通要冲，是从1885～1896年，由广西提督苏元春率军民环绕连城屯所在的小盆地四周的山脊修筑的城墙、炮台、石垒，以及山间关隘和盆地中的一系列建筑物、构筑物所形成的一个稳固的防御之城。

大连城内平地曾建有提督衙门、演武厅、庆祝宫、练兵场、军械局、火药库、武圣宫（图2-5-3a）、财神庙、灶王庙、戏台以及日常服务的商号店铺等建筑群作为支撑，挖有福、禄、寿、喜共四口方井以满足用水需求。位于连城屯后山山腰的白玉洞，是军事指挥和军首长的"养心处"。连接炮台的地下通道，长1000多米，内设驻兵室、指挥室、会议室、蓄水池、弹药库等，有一条隐蔽的汲水地道，直通中越界河——平而河。

大连城与凭祥镇南的关隘——友谊关（图2-5-3b），形成南北犄角。友谊关原名镇南关，始建于明代，曾分别被法军和日军毁坏，现存建筑重建于1957年。在友谊关右辅山脚，有抗法殉国将士的"大清国万人坟"守护着祖国的南大门。关内有清政府设的"镇南关对汛分署"办公楼，又称法式楼（图2-5-3c）。

龙州县里城村板色屯，是左江右岸岜登山山麓上的一个小村，村后山上有光绪年间建的大里城炮台，村落建筑较为矮小，村民或多或少与炮台驻守有关。

（a）凭祥大连城两进院的武圣宫

（b）凭祥友谊关

（c）友谊关内的清代法式楼

图2-5-3　凭祥大连城及友谊关部分建筑（来源：凭祥市政府门户网）

图2-5-4 从西北往东南俯瞰隆安县龙妙村（来源：韦荣军 摄）

三、山区中的圩村

　　山区中的圩村，主要分布在桂北、桂东北地区，多由汉族入驻经商而形成，位于山区中地势较和缓的河口附近或外省入桂的陆路通道上，如融安县龙妙村、三江县和平村属于前者（图2-5-4～图2-5-6），灵川县长岗岭村属于后者。有的逐渐演变为以汉族为主体，汉、壮或汉、侗、壮等多民族聚居的村落，街道贯穿村落。

　　以汉族为主的龙妙村平面近似半圆形，与地形呼应，其主街呈"7"字形布于半圆之中，一段平行于河道，一段垂直于河道通往码头。街道建筑采用木构和夯

图2-5-5 隆安县龙妙村街道和建筑（来源：韦荣军 摄）

图2-5-6 三江县和平乡和平村（沿河）鸟瞰（来源：潘远泽 摄）

土墙结合的形式，一定程度上受当地壮族、侗族干阑建筑的影响。

三江县和平村街道两旁的建筑都是木构骑楼，街道空间适合商业发展。

同样有圩村色彩的金秀瑶族自治县金秀镇六段村六段屯，一条街道将两侧的竹筒屋建筑串联起来，其村民则主要由瑶族或瑶化的汉族人组成，建筑受瑶、汉文化影响明显。

灵川县长岗岭村位于桂湘陆路通道上，村中具有商业特征的线形街道空间不明显，显示其商业发展十分有限，建筑形式受湘地影响明显。

四、农林兼营的高山型传统村落

高山型村落所指的高山并非地理学上的高山，而是指山区中相对高差和坡度较大、交通困难，在人们的心目中难以到达的山地高处。广西山区传统村落中，这种类型的颇多，主要分布在桂西北和桂北省界周边及桂中山区，以苗族、瑶族村落居多，也有汉族、侗族、壮族或多民族杂居村落。居民多从广西内外迁徙而来，避居山地高处。

高山型村落的生产条件艰苦，山区地势陡峭，林木茂密，是自然保护性强、避灾避难的好地方，但也造成了生产、生活和交通不便。山区气候较复杂，不利于农业生产。山高坡陡，平地难寻，人们在封闭的山区开梯田、修水利，粮食生产基本满足生活的需要；村民还在山上种植茶油树或其他旱地作物，竹、杉树、松树种植也很普遍。前者用于补足食用，后者则是主要的建筑用材。此外，家庭饲养猪牛鸡鸭，在田里养鱼，农闲时，村民上山打猎以补足生活需要。男性几乎都是木匠高手，擅长建房等木工活，妇女则人人会织布、制衣、刺绣，村民依靠自己的双手，团结协作，在山区创造了富有自身特色的民族文化和建筑方式。

在石山地区，人们开采石头筑台基，利用木材建造干阑楼。

在土山地区，桂西北、桂北的高山型村落多建木构干阑，而在桂中地区的高山型村落，建筑多采用夯土墙与木构架相结合，色彩明亮。

在高山型村落中，各民族的村落区别还是相当明显的。如汉族楼居建筑与当地壮族的建筑区别不大，但更多的还是保持着木构地居或半楼半地，显示出较大的差异。以下按各民族村落展开：

（一）高山汉的传统村落

高山汉特指居住在山地高处的汉族，属于壮族聚居区及多民族杂居区中的少数派。其村落分布在与滇黔交界的隆林、西林、凤山、天峨、南丹等县的高山地带，依靠泉水和农林生存。壮族作为这些地区的优势民族，村寨建在山脚处。

高山汉村落规模较小，无祠堂，建筑采用三开间或五开间、悬山顶或歇山顶的木构地居或干阑楼居形式。

如凤山县平乐瑶族乡谋爱村社坡屯（图2-5-7），乐业县花坪镇龙坪屯、野猪坨屯、金竹坨屯，那坡县果竹屯等都是这样的高山汉村落。

隆林县的高山汉传统村落，其建筑多是五开间木构猫耳房地居或楼居，这些建筑的形式与当地的壮族干阑接近。猫耳房由三开间悬山顶建筑加两侧有不对称悬山顶的横屋组合而成，第五立面丰富（图2-5-8）。

（二）苗族的高山型传统村落

广西的苗族人口约43万人（截至2014年），仅次于壮族和瑶族，主要居住在融水、隆林、三江、龙胜四个自治县，其余则散居于资源、西林、融安、南丹、都安、环江、田林、来宾、那坡等县。广西共有苗族传统村落27个，其中融水、三江、龙胜分别有17个、4个、5个。

广西苗族具有悠久的历史、优良的传统和丰富多彩的民族文化。其历史上受历代反动统治者的征剿和镇压，宋代以后开始自湘黔赣进入广西，多避居在崇山峻岭之中，面对莽莽原始森林和毒蛇猛兽，用地狭促陡峭，由此形成了苗族传统村落最显著的环境特征。

广西的苗族大概分为四类。

一是以融水县、三江县为代表的中部方言区苗族，多来自黔东南、湘西地区，该地区环境相对闭塞，周围多为少数民族，历史上与汉族的交往少，风俗古朴。村落多建在高山上，海拔500～800米，建筑多是二至五开间、穿斗结构、悬山顶或歇山顶干阑建筑，形式趋同于侗族建筑，但公共建筑少。如融水县的乌英寨、元宝村、小桑村、锦洞村、枫木村（尚未列入传统村落），三江县的孟龙村、老巴村等，建筑和梯田形成了良好的景观（图2-5-9～图2-5-13）。

这些高山型村落位于高山上相对和缓的地带，选址依然强调藏风聚气、山环水抱，高山上的水系多是山溪和人工修筑的引水沟渠。

（a）海拔1100多米的凤山县谋爱村高山汉社坡屯（来源：蒲家勇 摄）

（b）高山汉社坡屯的干阑民居（来源：罗青麟 摄）

图2-5-7 高山汉社坡屯

（a）高山汉尾后屯的猫耳房地居

（b）尾后屯某高山汉民居的屋顶

图2-5-8 隆林县平流村高山汉尾后屯（未列入传统村落）（来源：韦玉姣 摄）

图2-5-9 融水县杆洞乡锦洞村一角
（来源：廖维 摄）

（a）融水县白云乡枫木村鸟瞰（来源：杨祥欣 摄）

图2-5-10 融水县枫木村

（b）枫木村的穿斗结构干阑建筑（来源：杨祥欣 摄）

图2-5-11　融水县杆洞村锦洞大寨（来源：廖维 摄）

图2-5-12　融水县杆洞乡高培村田洞屯（来源：郁良权 摄）

图2-5-13　三江侗族自治县良口乡苗族孟龙村（来源：杨忠平　摄）

二是以隆林县苗族为代表的西部方言区苗族，多自明代开始从黔西南迁入，支系多，且与汉族交往较多，民族文化缤纷。村落多位于石山或土石夹杂的山区高处，公共建筑少，民居多为三开间大叉手结构的悬山顶干阑，尺度较小（图2-5-14）。

三是居住在三江县北部，湘、黔、桂、交界地带的苗族，属于"草苗"支系。草苗的独特之处在于他们实为苗化的汉族，其祖籍江西，约在宋末经楚南迁至贵州黎平，逐渐苗化，后来迁到三江县。草苗的建筑受侗族影响较大。

四是龙胜、资源等地的苗族，来自于江西，经湖南进入，与周边的壮族、汉族交往密切，风俗与之相近。如龙胜县伟江乡新寨村老寨的建筑大多是五开间的干阑建筑，与当地的壮族传统建筑基本相同。

（三）瑶族的高山型传统村落

瑶族是我国南方的山地民族之一，历史上因不堪压迫而起义，遭受统治者镇压而向南迁居至海拔300～1000米之间的山区。广西的瑶族人口占全国瑶族人口的62%。在广西的81个县市中，有69个县市有瑶族人居住，主要聚居在都安、巴马、金秀、富川、大化、恭城等6个瑶族自治县，其余分散在贺州、凌云、田林、南丹、全州、龙胜、融水等市县。瑶族支系繁多，至中华人民共和国成立后部分支系结束了频繁迁徙、刀耕火种的游耕农业状态，定居山区，多与其他民族交错杂居。大分散、小聚居是瑶族分布的特点。

广西山区有瑶族传统村落55个，其中分布在河池市7个、来宾市金秀县20个、柳州市3个（融水2个、三江1个）、南宁市马山县1个、贵港市平南县1个、桂林市19个（临桂区1个、资源县1个、灵川1个、恭城3个、

（a）马弄寨大叉手干阑苗居1　　　　　　（b）马弄寨大叉手干阑苗居2　　　　　　（c）民居檐口瓜柱的雕饰受当地壮族影响

（d）位于石山之中的马弄苗寨全貌（未列入传统村落名录）

图2-5-14　桂西北隆林县德峨乡马弄苗寨（来源：曾书奇 摄）

龙胜县11个、全州县2个）、梧州市蒙山县4个。其中，绝大多数属于高山型。

瑶族的居住地域基本上是"入山唯恐不深、入林唯恐不密"的恶劣环境，交通困难，远离集市。与建筑多与汉族建筑无异的平地瑶（实为进入瑶族地区被瑶化的汉族）传统村落相比，山区的瑶族传统村落中公共建筑少，饮水依靠泉水和雨水，依民居建筑的特点，传统村落大致可分为三种：

一是以木构干阑建筑为主的山区传统村落（图2-5-15、图2-5-16），分布在桂西至桂西北的百色、河池、南宁以及桂北龙胜、三江、融水等地的山区。在石山地区，瑶族村落呈散点式分布在各弄场，小的村落只有几栋房子，如大化县七百弄乡歪线屯、弄昧寨等；规模大的则有一二百人。石山地区土地少，瑶民除旱地

（a）雅龙乡盘兔村板多布努瑶寨（2012年摄，现已经改造）

（b）瑶族穿斗结构干阑木楼（2014年摄）

图2-5-15　广西大化瑶族自治县石漠化山区的瑶族传统村落（来源：韦汉国 摄）

图2-5-16　七百弄乡弄呈村弄昧寨（来源：韦汉国 摄）

种植，尚需打猎与采集来补充生活。民居建在陡峭的石山坡上或弄场的山脚下，多为三至五开间，悬山顶或歇山顶，大叉手或穿斗结构，木条或竹席围合，并用石料干垒地基或部分墙体，与石山环境相适应。土山地区的瑶族村落规模略大，村民开辟梯田，以稻作及林业为主，建筑形式虽相似，但精致程度胜石山地区，这与其农林条件较好有关，如灵川县、龙胜县的瑶寨。

二是以土木建筑为主的高山型瑶族传统村落，主要分布在桂中、桂东地区的山区，以金秀瑶族自治县的村落最为典型，这里的瑶族传统村落由20～30栋组成，建筑多是三开间悬山顶，采用穿斗木构架与夯土或土坯墙相结合，既有楼居，也有地居（图2-5-17），如金秀县六巷乡古陈村（上、下）、门头村等，位于大瑶山深处朝阳的山坡上，黄土墙、灰瓦和高山、白云构成了仙山画卷。位于大瑶山北段的蒙山县的瑶族传统村落，建筑形式与金秀瑶族自治县的传统村落相似，如毛竹坪屯、联山村，建筑多采用土坯砖或夯土墙、悬山顶（图2-5-18）。黄墙、灰瓦和青山、蓝天、白云形成了神仙画境。

桂中、桂东山区的瑶族村落表现出了由干阑向砖木结构建筑过渡的特点。

三是由一条街道和两旁砖木结构的筒子楼组成的村落，金秀瑶族自治县金秀镇六段村六段屯属于这种类型，布局和建筑形式或受汉族圩村的影响。

（四）侗族的高山型传统村落

广西侗族六成以上分布在三江侗族自治县，其余分布在融水、龙胜等自治县，呈大聚居、小分散的特点。其传统村落有45个，分布于湘黔桂交界的山区，其中，在三江侗族自治县有22个（其中部分村落属于侗、苗杂居）、融水苗族自治县有4个（含2个侗、苗杂居村落）、龙胜各族自治县有9个。

侗族聚居区，群山迤逦、河流纵横，夹杂着丘陵、

（b）六巷乡下古陈村瑶族传统民居1

（c）六巷乡下古陈村瑶族传统民居2

（a）六巷乡朗冲村局部

图2-5-17　金秀瑶族自治县瑶族高山型传统村落和传统民居（来源：熊怀森 摄）

（b）毛竹平屯瑶族传统建筑

（c）蒙山县忠良乡瑶族传统建筑

（a）新圩乡瑶族六桂村毛竹平屯（2016年摄）

图2-5-18　蒙山县瑶族高山型传统村落和建筑（来源：莫名恐 摄）

盆地，由此形成了侗族传统村落的主要地理类型：高山型、山麓河谷型。

　　侗族的高山型传统村落主要分布在黔、桂交界处，先人从梧州、贵州迁来，以三江县高定村、林略村、高友村、塘水村归大屯、唐朝村、玉马村及融水县荣地村等为代表（图2-5-19～图2-5-21）。这些村落中的民族成分并不纯粹，如高定村以侗族为主，少数为苗族和其他民族。

（a）高定村鸟瞰（来源：覃海南 摄）

（b）高定村的萨坛庙（来源：韦玉姣 摄）

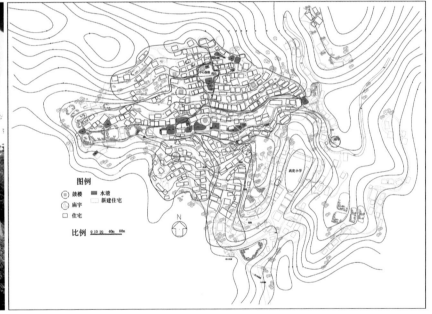

（c）高定村2007年总平面图（来源：韦玉姣根据广西大学2004级测绘图绘）

图2-5-19 三江县独峒乡高定村

侗族的传统村落以鼓楼、风雨桥等公共建筑多而闻名，村落建筑密集。高定村呈密集团块状布局，每个组团都建有鼓楼作为姓氏的象征，中心鼓楼和戏台为全村共有，萨坛庙建于村边。

（五）壮族的高山型传统村落

壮族的高山型传统村落主要分布在桂西南（属南壮区）、桂西北和桂北（属北壮区）地区，公共建筑较少，民居清晰地反映了南部壮族的大叉手结构干阑向北部壮

图2-5-20　三江县独峒乡林略村鸟瞰（来源：杨忠平　摄）

图2-5-21 三江县八江镇塘水村归大屯局部（来源：杨志斌摄）

族穿斗结构干阑的演化。

南壮区的传统村落，以那坡县达文屯和德保县那雷屯、渠海屯为代表，该地区的建筑普遍采用大叉手结构，少数采用穿斗结构。

北壮区的高山型传统村落，以龙胜县和平乡龙脊村、马海屯和西林县那岩屯等为典范。建筑多采用穿斗结构，大叉手结构偶见。

村落以小广场为公共中心，场地通常只有半个或一个篮球场大小，是歌会和集体活动的场所。入口或建有寨门、植风水树，或架起凉亭。开辟了梯田的村落，水系被精心安排来满足灌溉和生活需求，以龙脊村最为典型。

建筑方面，那坡县达文屯和周边的许多传统建筑都是三开间、大叉手结构、木骨泥墙、悬山顶的全干阑，面阔10米左右，进深13~15米，进深虽大，但是建筑因设有前檐廊而形成了轻巧的效果，建筑色彩丰富，大叉手结构形式古老，堪称南壮区干阑的典范（图2-5-22）。位于土山上的德保县那雷屯、渠海屯，建筑形式与达文屯基本相同，但是因采用了夯土山墙和半楼半地的干阑形式，厨房设在地面上，提高了防火效果（图2-5-23）。

北壮区的传统建筑显示出了与南壮区干阑的渊源关系。所处地区山高坡陡，进深受限，因而建筑往两侧发展，以满足生活的需要，因此，四开间、五开间的干阑多见，采用穿斗结构，屋顶发生了变化（图2-5-24）。其中，隆林县平流屯干阑的屋顶是悬山顶的组合，建筑被称为猫耳房或耍房（图2-5-25），而龙胜县的屋顶形式既有悬山顶，也有歇山顶。因冬季寒冷，建筑的围合较严密，不再像南壮区那样设前檐廊而显得轻巧，但建筑形态更丰富。

从北向南，由西向东，干阑建筑逐渐演化为砖木或夯土墙与木构相结合的形式，地居开始流行，建筑仍保持悬山顶单幢楼房，如融安县东起乡崖脚村铜板屯（图2-5-26）。

五、以农为主、兼营林业的山麓及河谷型传统村落

在地势开阔的山麓及河谷地带，多被处于优势地位的民族占据。

（一）山麓及河谷型的汉族传统村落

一是桂北、桂东北地区较开阔的山区河谷及山脚地带，以汉族村落为主。历史上这些汉人多从外省迁入，如灵川县迪塘村的先民在明末时从江西迁入，选址于山脚溪河畔建村，以务农为生，其建筑以硬山搁檩的院落式建筑为主（图2-5-27）。

二是桂中、桂东至北部湾滨海地区的山区汉族传统村落，客家多见，村落位于山区中的河谷、盆地。如防城港市大菉镇那厚村、合浦县璋嘉村委老屋村、黄泥秀村等，背山面水，良田和山坡环绕，围屋格局完整。

三是位于山区深处的丘陵地带的村落，对外交通不便，多是人民为避难而建，如桂东苍梧县大寨村。大寨村被一个圆环状的低山环绕，传说是黄巢起义中溃散的粤籍队伍潜到此处，部分与当地人融合，建筑采用院落式，村内有祠堂。

四是汉族进入少数民族地区，被本地化，但建筑上保守最核心的传统部分。

如位于山间盆地的三江县良口乡和里村、南寨村就是桂北侗族地区中汉族侗化的村落，村民于清代由江西迁入建村，各姓氏分别建三开间、一或二进院砖木结构、硬山搁檩的祠堂以凝聚宗族，并共同建造人和风雨桥、三王宫（图2-5-28），作为这个区域不同姓氏的汉族（被称为"六甲人"）定期举办庙会的场所。如今，村民说侗话，住偶数或三开间木楼，建鼓楼、戏台和风雨桥，村寨体现出了亦侗亦汉的特点，是侗、汉文化融合的结果。

（a）达文屯鸟瞰（来源：李朝兵摄于2008年，今已经全部改建）

（b）梁泰诚宅底层、二层和剖面（韦玉姣 绘）

（c）达文屯传统麻栏（来源：韦玉姣 摄）

图2-5-22 那坡县达文屯

图2-5-23 山顶上的德保县渠海屯（来源：韦玉姣 摄）

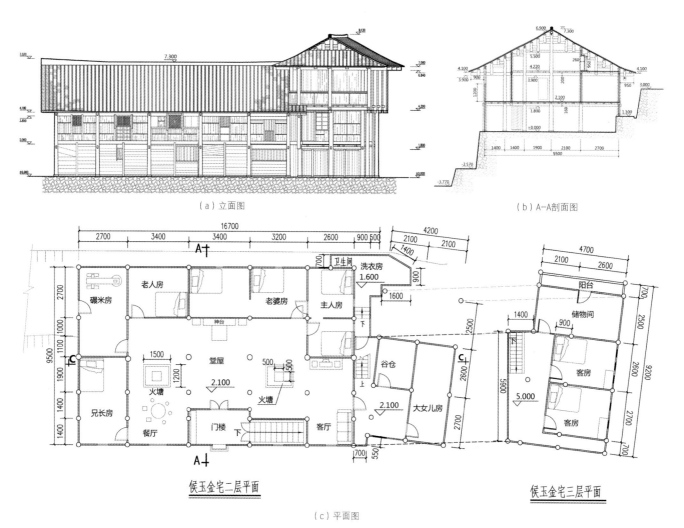

（a）立面图

（b）A-A剖面图

侯玉金宅二层平面

侯玉金宅三层平面

（c）平面图

图2-5-24 龙脊村清末侯玉金宅（来源：广西大学建筑学专业2008级测绘图）

图2-5-25　平流村平流屯的猫耳干阑（来源：韦玉姣 摄）

图2-5-26　融安县崖脚村铜板屯（来源：韦荣军 摄）

（a）迪塘村全景鸟瞰

（b）门楼

（c）民居

图2-5-27　灵川县迪塘村（来源：邓云波 摄）

图2-5-28　六甲人于清末在溪河口建造的人和桥、三王宫（来源：杨忠平 摄）

融水县拱洞乡平卯村，其先人是清代时由江西迁入的客家，村中建有多处炮楼，是客家传统建筑文化的遗存。村民虽然已经侗化，但村落的客家文化特征明显。

（二）壮、侗、苗、瑶的山麓及河谷型传统村落

大山深处的山麓及河谷，具有发展农业的便利条件，也因山区保护性强而使传统村落得以保存。壮、侗、苗、瑶等民族都有这类传统村落，其中以侗族的数量最多。

侗族的这类村落包括三江县的程阳村、平岩村、冠洞村、马胖村磨寨屯、座龙村、平流村、车寨村、岜团村、高迈村、八斗村及融水县的荣塘村归秀屯等。村落依傍溪河，水车往往是满足提水灌溉的措施，风雨桥是解决跨河交通的必要手段。水车、风雨桥和木楼民居、阁楼、戏台、梯田共同组成了村落景观，体现了农耕文化和侗族传统建筑文化的特色。

但是，这些村落也越来越多地受到公路、高压线路、现代建筑的影响，逐渐失去了其景观的独特性和完整性。

随着社会的发展，部分村落在保持农业的基础上，商业和旅游业也发展较好，如丹洲村、程阳村、平岩村、冠洞村等。

侗族聚族而居，传统村落以鼓楼及其广场为姓氏及村落的标志，祭祀空间和建筑主要是侗族特有的萨坛（庙），并建有众多的风雨桥、井亭、休息亭等公共建筑，以满足生产、交通、生活等要求，建筑造型丰富，穿斗结构运用纯熟，屋顶往往是悬山、歇山及攒尖的组合，建筑的标志性、类型的丰富度在各民族的传统村落中最为突出。

侗族的传统居住建筑为干阑木楼，多采用偶数开间、穿斗结构、悬山顶，并在建筑正面和侧面做一或二道披檐。

同时，侗族和当地被侗化的汉族之间也彼此影响：

一是部分侗族村落出现了具有汉族色彩的飞山庙，以纪念五代时期实行民族区域自治、接受政府教化的侗族首领杨再思，如三江县程阳八寨的飞山庙。

二是受汉族影响，侗寨开始出现三开间的干阑木楼，建筑布局有所变化。

不论如何，侗族的传统村落以及梯田、菜园、林野、山水共同构成了和谐美丽的生态家园，是展现侗族灿烂文化和高超建筑技艺的明珠（图2-5-29、图2-5-30）。

（a）座龙村和远处的风雨桥（来源：杨忠平 摄）

（b）座龙村的现代景观（来源：杨忠平 摄）

图2-5-29 座龙村

此外，在山区深处的山麓及河谷地带，还有一批苗族（图2-5-31、图2-5-32）、壮族传统村落以及少量的瑶族传统村落。这些村落和山川田林一起，构成了优美的风景画。

总体上看，广西山区的传统村落较好地保持了传统特色，村落选址因天材就地利，整体注重节地，建筑就地取材，形式结合自然地形，形成了丰富的形态，与美丽多姿的山川一起，展示了广西独特的自然和人文景观。

（a）岜团桥背水面（南面）　　　　　（b）西面畜行（下）和人行出入口（上，面南）　　　　　（c）东端北面人行和畜行出入口

图2-5-30　人畜分道的三江县岜团村风雨桥（清末建，全国重点文物保护单位）（来源：杨忠平 摄）

图2-5-31　融水县杆洞乡杆洞村（来源：郁良权 摄）

图2-5-32 融水县红水乡良陇村良陇屯(来源：郁良权 摄)

第 三 章

城镇聚落空间格局

第一节 城镇产生与发展概述

广西城镇的产生与发展有着悠久的历史，曾经出现类型和规模各异、数量众多的城市，包括行政管理型城市、工商业城市和军事型城镇。现有的大部分城镇都发祥于漫长的封建社会和民国时期。广西的北部、东部、中部、南部的平原盆地和西南边关地区的平原盆地，是开拓较早、经济和文化较为发达的区域，是城市最早发祥之地。

早在2000多年前，就有桂林、梧州、贵港、合浦（今属北海）、柳州等城市，今首府南宁市也有1600多年的历史。至今，广西有桂林、柳州、北海3个中国历史文化名城（图3-1-1）。大部分的地级市、区政府驻地的城镇，自建城迄今有千年以上的历史。如贵港市，自秦代起历为郡治、州治、府及县治驻地；河池市宜州区，自唐代以后，历为州治、府治及县治驻地。凭祥、龙州这样的陆地口岸兼军事防御型城市，也有1000多年到2000多年的历史，由清末广西提督苏元春

图3-1-1 柳江绕城的柳州市（中国历史文化名城）夜景（来源：贺肖华 摄；广西区党委宣传部 提供）

建造的凭祥大连城、友谊关和龙州小连城，是国家重点文物保护单位（图3-1-2）。

此外，尚有一大批平原盆地型的县城和镇具有古老的历史。如位于北流江北岸的容县县城，发祥于汉代，历为州治、郡治及县治的驻地，现存众多国家重点保护建筑；而凌云县泗城镇位于桂西山区中，曾是唐代至明清时期广西最大的羁縻州、土司府——泗城州、泗城府及凌云县城的驻地（图3-1-3）。

至今，广西有9个中国历史文化名镇，其中8个位于西江流域，有4个位于湘桂走廊上的漓江沿岸，自北向南分别为兴安县界首镇（图3-1-4）、灵川县大圩镇、阳朔县兴坪镇和福利镇，还有2个位于漓江下游的支流河岸，分别为恭城瑶族自治县恭城镇和昭平县黄姚镇。柳州市鹿寨县中渡镇位于柳江支流中渡河南岸，在很长的历史时期内属桂林府；贺州市贺街镇位于潇贺古道上，贺江与大宁河的汇合口。如今，因为秀丽的自然风光、悠久的人文历史，这些名镇的商业和旅游业都比较发达。

广西的中国历史文化名城、名镇的分布，显示出了广西的政治、经济和文化自北向南发展的历程。

（a）凭祥市鸟瞰（来源：庞立坚 摄）

（b）凭祥市清代大连城要塞（来源：庞立坚 摄）

图3-1-2　凭祥市

图3-1-3　凌云县泗城镇鸟瞰（来源：熊桂余 摄）

（a）界首镇平面图（来源：根据谷歌地球绘）

（b）界首古镇的街道

（c）由东北向西南俯瞰界首镇老街（街道两端都通往码头）

图3-1-4　兴安县界首镇（来源：蒋俊 摄）

第二节 府城格局

一、桂林府

（一）桂林城的选址

1. 邻近河川、水源充足

桂林城地面水资源丰富，漓江、桃花江绕城而过，给城市生活、农业灌溉、水运交通、军事防御等提供了充足的用水。此外，桂林城地下水位浅，利于打井，汲水方便。漓江、桃花江上游森林覆盖率高，中下游河床主要由砾石、砂石组成，泥质少且自净能力强，水质清澈，口感甘冽（图3-2-1）。

2. 土地肥沃、地势平坦

桂林的地形以峰林平原为主，地势基本平坦，地表石灰岩长期受溶蚀作用，堆积着厚约8～15米的红色黏土层，适于耕种，据明朝粮食产量记录即可知，桂北平原是当时岭南的主要粮食产地之一。较平坦的地势为桂林城的营建提供了方便，现存的古建筑以地居合院式为主，规整、方正。

3. 地势险要，易守难攻

桂林城处于湘桂走廊中部，唐代诗人白居易曾描述桂林为"东控海岭，右扼蛮荒"，唐萧昕则认为桂林"居五岭之表，控两粤之郊"，为连接中原与五岭的重要咽喉，因此，桂林历代都是兵家必争之地，其城池择址必为有天险可依之处。桂林城东有漓江护卫，北有铁封山、鹦鹉山、叠彩山、伏波山、独秀峰等山峦为层层屏

障，南面、西面有与漓江相连的阳江、沙湖、榕湖、桂湖等湖泊环绕，地势险要，易守难攻。

4. 凸岸建城，防止水患

桂林城在河流凸岸建城，既可避免城基被江水冲蚀掏空，又可避免洪水直接冲击城墙。桂林古城海拔多在148米以上（珠基），高于漓江警戒水位，现漓江警戒水位为145米（珠基）。据记载，桂林唯一一次洪水倒灌入城是在清光绪十一年（1885年）。与之相反，将城选址选在江河凹岸的广西南宁所受洪水灾害频繁，历史记载受洪水灌城之灾有十余次之多。[1]

（二）唐宋桂林城的空间格局

桂林城的建置始于西汉元鼎六年（公元前111年），但最早的筑城记载出现于南朝始安太守颜延之的诗句："未若独秀者，峨峨郛邑间"，其中"郛"字的意思就是外城，这透露出当时桂林已有城墙。由于桂林是连接西南、华南和中南的重要节点，至唐代，桂林已成为唐朝西南防御的重要节点，唐代任华[2]就曾在《桂州送苏侍御序》里写道："南临天池，东枕沧溟，西驰牂牁，北走洞庭"，表明其具有重要的政治、军事地位。同时，桂林也是防御安南的边防重地，因此，唐代对于防御重地和治权象征的桂林城郭的修筑，自然给予了高度的重视。

唐武德四年（公元621年），桂州总管李靖平定荆州、擒获萧铣之后，开始营建桂州城。唐城的子城以独秀峰南（今解放东路与正阳路交叉处）为中心，呈方

---

① 吴庆洲. 中国古代城市防洪研究[M]. 北京：中国建筑工业出版社，1995：198-200.
② 任华在唐肃宗时任秘书省校书郎、监察御史等职，还曾任桂州刺史参佐。

形，"周三里有十八步（每步为五尺），高一丈二尺"①，筑有四门，号曰"始安郡城"。按隋唐之制，子城内应无普通居民，仅为军事和行政用地。子城内道路为"丁"字形，府治居城北的中轴线上，轴线与漓江流向大体平行，布局较规整。唐晚期，曾经兴盛的唐朝走向衰败，朝廷内忧外患，安南、南诏对大唐国土虎视眈眈，因边防吃紧，唐大中年间（公元847～859年）蔡袭在子城外增筑"外城"，范围为今独秀峰北侧以南，阳桥以北，今中山路以东，漓江以西，周30里，高3丈2尺，城门8座，主要为居民区。随着人口和商业的发展，唐光启年间（公元885～887年），都督陈环又在外城的西北部修筑"夹城"，唐代莫休符言："从子城西北角二百步，北上抵伏波山绿江，南下抵子城逍遥楼，周回六七里，光启年中前政陈太保可环造三分之二，于是诸营展力，日役万人不时而就。"②由此可知，唐"夹城"周长六七里，大体由独秀峰北至叠彩山再到伏波山，主要是商业区，据莫休符《桂林风土记》里记载："增崇气色，殿若长城，南北行旅，皆集于此。"唐代桂州城历经3次修建后，范围扩大到由宝积山西麓沿今中山路南达杉湖北，东转漓江西岸沿河往北经伏波山至叠彩山南麓，面积约为1平方公里。

至宋代，全国分为十五路，桂州城（桂林）为广南西路治所。到狄青大将军平定侬智高起义后，桂州又成为广南西路经略安抚使"帅府"所在地。至南宋，宋高宗因为自己曾做过靖江军节度使和桂州牧，视桂林为潜邸，于绍兴三年（1133年）升其为靖江府，至此，桂林集桂州州治、广南西路帅府驻地和靖江府治所于一身，政治、军事地位日益重要，宋廷也越来越重视桂林城池的建设与管理。广南西路地处宋朝边陲，毗邻大理和越南李朝，在军事战略上有极其重要的地位和作

用，因此，桂林城依然是以防御为第一要务的城市，城池务必艰深，依然需借助漓江、古阳江、伏波山、铁封山、鹦鹉山等自然山川为其天险，而这又反过来制约着桂林城的扩展。因此，宋代桂林城基本是在唐城的基础上扩建而来，城池形态不可避免地随山川走向而蜿蜒曲折，不如北方城池规整。宋城第一次扩建是在至和元年（1054年），当时的安抚使余靖率军民由子城东南和东北将唐代的外城和夹城扩宽加固，"因天材，就地利"，以瓦石易土，历时三年半建成周6里、辟6门的桂林城，称新城，也叫外城。

宋理宗淳祐年间（1241～1252年），蒙古对南宋大举包围，其西路军队攻入四川，宝祐六年（1258年），蒙古军已由云南攻打至邕州附近，并一度进犯桂林。理宗遂急令广南制置使兼静江知府李曾伯"城筑关隘，训练民兵峒丁，申严防遏"③。景定元年（1260年），李曾伯去职，但修城工程依然继续，中经朱禩孙、赵与霖、胡颖三任经略使的努力推进，终于在咸淳八年（1272年）竣工。这是有宋一代最大规模的一次修筑，历时14年，经四任经略使方得完工，奠定了宋代桂林城的基本格局。此后，宋乾道至绍熙年间（1165～1194年），李浩、詹仪之和朱烯颜还有3次修城。

李曾伯修筑的静江府城范围由雪观（伏波山附近）沿河到马王山脚（今叠彩山木龙洞），至岑公祠（今木龙湖南岸），过桂岭达宝积山顶，修两道新城墙，长312丈，高2丈，面宽2丈，脚宽4丈5尺；在古南门西新修月城1座，并将伏波山自北而南至杉湖北岸的旧城重加修筑。朱禩孙由榕湖北沿今翊武路至宝积山新筑一道城墙与旧城连接，其时修筑的城墙既厚又高（面宽4丈，脚宽8丈，高3丈）。胡颖修筑的新城长400多丈。这样，经过14年，历经四任经略使的努力，将静江府

---

① 文为"周三十里十八步"，嘉靖本《广西通志》卷39及顾祖禹《读史方舆纪要》卷107皆为"周三里十八步"，据以校正。
② （唐）莫休符. 桂林风土记[M]. 北京：中华书局，1985：5.
③ 脱脱. 宋史. 卷44[M]. 北京：中华书局，1977：864.

图3-2-1 桂林山水图（来源：陆宇堃 摄）

城往北延伸至今观音阁，往西至今翊武路，南达榕湖和杉湖，东濒漓江，构成了依托于自然山水，南北长、东西窄的不规则城市空间格局，城内除主干道保留"十"字形外，其余街巷皆因地制宜，多随地形灵活变化。宋代城池到这时止，比唐城扩大了近一倍，面积约2平方公里，其中行政区位于独秀峰前东南一里之地；城北的叠彩山、宝积山、鹦鹉山、虞山一带是军事重地；城西（今桂林中学一带）是文庙、府学、书院等文教场所；商业集散地则在城东漓江沿岸和独秀峰后。

此外，这次扩建除了保留唐城城南和城西的护城河之外，还增强了桂林城西部和北部的防御，把隐山的西湖扩大了近4万平方米，并从虞山下开凿了一条朝宗渠，自虞山脚下皇泽湾开掘，绕城经老人山、骝马山等与古濠塘、西湖相通，转向东过朝宗门即东安门，经独秀峰至伏波山与漓江汇合，从此形成了东有漓江、南有榕杉湖、西有濠塘、北有朝宗渠的护城河体系，奠定了

桂林城"一水抱城流"的格局，沿袭至明清（图3-2-2）。

南宋之后，元代乜尔吉尼在宋静江府城的基础上，于至正十六年（1356年）对桂林城进行修葺，将宋代砖城墙改为石质墙体。至明代，随着城市人口的不断增长，桂林城池也不断向南拓展，延伸至今西门桥、南门桥、文昌桥一带。清代则基本沿用明代城池（图3-2-3）。

二、梧州府

（一）梧州城的选址

1. 河川交汇，水陆便利

梧州地处桂江、浔江、西江三江汇合之处，号称"八桂水上门户"，水路交通极为便捷（图3-2-4）。往北，可溯桂江至桂林，过灵渠出洞庭湖可达中原各地；往东，沿珠江干流西江而下，可达广州、香港、

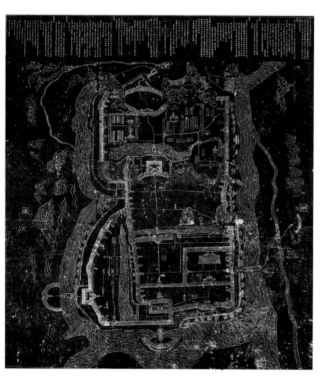

图3-2-2　静江府城池图（来源：网络）

图3-2-3　清道光年间桂林府城图（来源：《桂林府志》）

图3-2-4 梧州市老城区俯瞰（来源：谢小英 摄）

澳门，出海直至南洋；往西，溯浔江而上，经郁江支流左江、右江可达我国南宁、百色及越南，经黔江转红水河可抵云南、贵州；往南，溯浔江转北流江、南流江可达合浦、南洋。

陆路交通方面，早在秦朝末年就修建了从桂林经梧州至广州以及从梧州至贵港、崇左的驿道，使梧州很早就成了两广交通的咽喉之地。此后，历代都重视驿道的建设，修建了梧州通往省内各地的道路，四通八达的道路为梧州城商业的兴盛和城市的繁荣奠定了基础。

对此，《梧州府志》指出："梧州，粤西一大都会也。居五岭之中，开八桂门户。三江襟带，众水湾环，百粤咽喉，通衢四达；闲气凝结，人物繁兴。形胜甲于他郡。"[①]梧州得天独厚的水、陆交通，使梧州早在秦汉时期就成了岭南地区重要的内河港口城市、西江航运枢纽，成了广西最早的城市之一，至明清时期，更发展成为广西的经贸中心。

2. 两广咽喉，战略显要

古代王朝往往在水陆交通枢纽、要道上设治建城，除了方便信息和物资的传递、运输之外，还能控制这些重要的交通枢纽、要道，成为军事战略的重要节点。梧州的位置正如《苍梧县志》所言："梧郡据云山之阳，南溯浔，西通漓，顺流而下则通东粤端州，世称三江锁论鑰。古人量地势立城邑，实有取焉。"[②]扼两广水路交通之咽喉，地理位置非常险要，具有很高的政治、军事战略价值。因此，梧州一直是桂东地区府、郡治所所在地，至明清时期更一度成为两广地区的政治、军事中心，正是"以广东官军戍守梧州，非守梧州也，所以守广东之藩篱；湖南官军戍守广西省城，非守广西也，所以守广西之屏蔽。守广西而后广东可固，守藩篱而后门庭可安"[③]，具有极高的战略价值。

---

① 吴九龄. 梧州府志.
② 蒯光焕，李百龄. 苍梧县志.
③ （明）陈子龙. 皇明经世文编. 卷之三百议. 复梧镇班军疏.

3. 因山为险，水弓建城

桂江、浔江和西江把梧州分为河东、河西、河南三个部分：河南之地，面江背山，其北面是浔江和西江，受到两河河水的冲刷，河岸并不稳定，且地形复杂，也不开阔，给建城带来不少困难，在航运和军事控制上均不及河东和河西。河西一地，石英山、白鹤岗……众山林立，少平地，且位于桂江的凹岸（即西岸），因水力惯性作用而不断受到桂江水的冲刷，河岸易被淘蚀，也不宜建城。河东处于桂江、西江两河弯曲成弓形的内侧，不仅水流缓慢，少受冲击，而且不断有泥沙淤积成陆，不断拓宽平地，加之河东因是东北山峰余脉而形成了海拔高于24米的台地，相较于河西、河南更不易被洪水浸淹，即使遇上大洪水，居民也可以安全撤到附近的高地，因此成为修建梧州城池的不二之地。

此外，河东的东面和北面山岭环绕，如大云山、茶山、小茶山、阜民山、凤凰山、云盖山等，可为城池的天然屏障，既挡住了凛冽的北风，又成了梧州城池北面的天然城墙。可见，择河东是古代城市建设者因地制宜、精心选择、科学权衡的结果。

（二）明清梧州城的空间格局

梧州城位于河东，由于山多平地少，不能建方形城池，因此只能因地制宜，依托于山形水势进行建设。城池东、北面以茶山（今北山）、大云山（今白云山）天险为界，西、南面依西江、桂江走向而建，城池形态不可避免地随山川走向而蜿蜒曲折，呈不规则的形态。由于河东建城之处是东北山峰余脉形成的台地，因此，城内高程比城外高约4～6米，能避免一般洪水对城池的威胁，符合《管子·乘马》中"因天材，就地利，故城郭不必中规矩，道路不必中准绳"[1]的建设原则。

---

① （周）管仲. 管子释注[M]. 刘柯，等译. 哈尔滨：黑龙江人民出版社，2003：528.

明清梧州城内最重要的主干道为东西向的弯曲大街，连接东、西两城门，这也是明清梧州城的轴线。在此轴线中部偏西的位置是官署廨舍区，以此轴线为界，县署位于西北，府治则处于西南与县署相对，都司、经历、副总府等众多军政机构分立周围。明中期，两广总督府、总镇府、总兵府（简称三府）则位于城内高地的东北部，即今河东北山山麓下的东正路、东中路和建设路一带，与官署廨舍区分开的主要原因是三府规模过大，占地广，而城中官署用地紧张，无法提供如此规模的建设用地，只能另寻他处。而城中东北部为北山山麓，居民少，尚能为三府提供用地，于是三府便坐落在城中东北部。后来，三府移驻广东肇庆，原三府官署并没有改为府治县署办公之所，而是作其他官署之所。可见，在明代，城中偏西是官署用地的首选，把三府设立在东北部是不得已而为，实属权宜之计。此外，至清乾隆八年（1743年），梧州府副将朱武英将总督府位于旧城北门内的小校场改建为官邸区，即今金龙巷的前身，此后，很多官宦、巨贾都置业于此，成为清代梧州府的重要住宅区。金龙巷主巷道长约350米，清一色石板路面，若金龙一般蜿蜒至北山脚下。金龙巷现余清晚期至民国初期的民居建筑共22座，皆为地居合院式青砖硬山顶建筑，每座进深约13～20米，多用硬山搁檩的构架方式。正门用利于通风的趟栊门，明次间以板墙分隔，檐下挑梁、封檐板等亦遗存有少部分精美雕刻，部分屋脊有造型精致的灰塑（图3-2-5～图3-2-9）。

城东南区是梧州城的宗教区和文教区，在这里分布有苍梧县学、城隍庙、马王庙、吉祥寺等学校、寺庙机构。苍梧县学，建于宋元祐年间，原址在北门内，后由于占地狭小，于绍兴二十一年（1151年）迁至山川坛右。明成化年间，都御史韩雍把山川坛搬出城内，在原

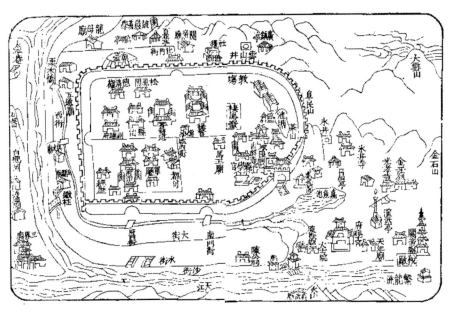

图3-2-5　清同治年间梧州府城图（来源：《梧州府志》）

图3-2-6　梧州金龙巷1（来源：谢小英　摄）

图3-2-7　梧州金龙巷2（来源：谢小英　摄）

图3-2-8　梧州维新里（来源：谢小英　摄）

图3-2-9　梧州维新里窗楣灰塑（来源：谢小英　摄）

址建县学，"合郡文庙而并之"，庙与县学"虽合而学仍分也"①。

梧州西南面为桂江和西江，沿岸建有众多渡口、码头，城内外西南一带很自然成了货物上落、旅客往来的必经之地，从而形成了繁华的商业街市，明代3个市场中的2个，即城南市、小市就分布其中。城南

---

① （清）吴九龄. 梧州府志. 卷六. 学校·苍梧县.

市、小市均位于驿前街，仅有府东市位于城中梧州府衙旁[1]。清代所增加的2个市场，即力木桥市、龙母庙头市也位于城外西南部，因此，城西成为主要的商业区。

明代梧州城居住区主要集中在城外的西部和南部，一共有十坊，仅有华岳坊（在南北街）在城中，其余九坊均在城外，如宣德坊位于南门外，阜民坊位于桂江浮桥南街，淳政坊在西南德政门外，通泰坊在西江门外[2]。清代在桂江西岸增加一坊，全城达十一坊，但依然集中于城外西部和南部。与明代相比，变化不大。由此可见，城外西部、南部为主要居民区，并与商业区重合。

官署廨舍区居城市中部和东北部，文教区位于城市东南部，居民区、商业区位于城西部及城外西部、南部的布局方式，一方面是方便居于城市中部的官署廨舍区就近管理商市和控制两江，且该地带地势略高，不至于每年遭受洪水，同时也尽量与"居中为尊""居中不偏""不正不威"的儒家思想保持一致；另一方面，将居住区和商业区置于桂江和西江沿岸的城市西部、南部，不但方便了港口的贸易、运输和市民的生活，而且对代表权力的官署廨舍区也有重要的护卫作用。

清光绪二十三年（1897年）梧州府开放为通商口岸，设立领事署和新海关。开埠后，外国轮船从香港、澳门直驶梧州，从此，西方的金融、航运、大宗商品交易和零售业进入梧州。梧州一改清晚期的经济衰颓之势，贸易空前繁盛，经济突飞猛进，享有"小香港"之誉。当时，梧州最兴旺的商业街道是九坊街、沙街、五坊街等。其中九坊街在城的西南，是银号、富商集中的地方。沙街在城南，濒临大江（西江），有米谷商、木材商等。五坊街的大宗交易是布匹、百货等。梧州"蔚为士商萃集之所，百货出入之枢，实为全省商业

之重心也"[3]。

由于航运业的带动、贸易的发展，梧州人口急剧增加，至1911年梧州宣布独立时，梧州城稠密的人口和密集的房屋已形成严重的城市问题，终在1924年引发了一场广西历史上最大的火灾，烧毁了全城房屋的70%。此后，时任广西绥靖办主任的黄绍竑决定依照李济深在1923年提出的方案于1927~1933年对梧州城进行全面改造：①拆除全部古城基；②改筑新式街道，参照广州街市及建筑的规格和模式加宽全市的街道，提高路面等级；③街道两侧商埠建筑建成骑楼式，作为人行通道和避雨设施。由此，揭开了梧州近代城市建设的序幕。此次改造扩宽了桂林路、四坊路、大中路、大西路、九坊路、五坊路、长沙路、大南路、小南路、竹安路、东大路、阜民路、河堤路等，扩建了9~15米的沥青马路，建成了骑楼商业街区。梧州当局还参照广州骑楼的政策和样式，制定了梧州骑楼的设计与建造章程。章程中明确规定，骑楼立面为3~4层，其中底层高达5米以上，以尽量避免洪水上二楼，骑楼二、三层开太平门以备汛期交通之用。此外，对骑楼的梁柱、地面的构造作了详细的规定，以保证建筑质量及统一整体的街道景观。沿河骑楼街道临街的墙、柱上皆安置铁环，以备汛期系舟、梯之用。梧州骑楼立面为三段式，底层前部为柱廊，柱廊面阔4米、进深4~4.5米，后为店铺空间。二层及以上为住宅，立面以窗为主，窗有矩形窗和拱券形窗两种，层与层间装饰线脚、灰塑、招牌灯。最上为女儿墙，女儿墙有山花加檐壁型、近似巴洛克的矮柱加弧线型、通透瓶柱型、朴实的水平实墙型等，使整个骑楼街区呈现出中西合璧或纯西式的连续立面造型（图3-2-10~图3-2-13）。

另外，比较具有代表性的近代民居建筑群是梧州的

① （明）谢君惠. 梧州府志. 卷二. 舆地志·墟市.
② （明）谢君惠. 梧州府志. 卷二. 舆地志·里社.
③ 赖彦于. 广西一览[M]. 桂林：广西人民出版社，2010.

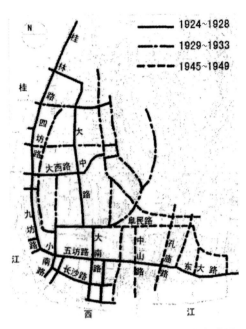

图3-2-10 梧州街道建设图（1924～1949年）（来源：《广西近代城市规划历史研究》）

图3-2-12 梧州骑楼景观1（来源：曾庆文 摄）

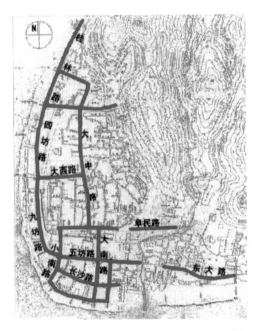

图3-2-11 梧州骑楼分布图（来源：根据《广西近代城市规划历史研究》改绘）

图3-2-13 梧州骑楼景观2（来源：曾庆文 摄）

维新里，维新里原名"合益街"，维新运动后改为维新里。维新里是清光绪年间梧州被辟为通商口岸后，当时梧州四大富商之一的合益产业股份有限公司总经理吕缉堂在府衙旌旗牌坊附近购地置业，并陆续吸引广东籍商人建宅世居所形成的一个受西方建筑文化影响的新型住宅区。维新里南北长200米，东西宽55米，现存建筑39

图3-2-14 梧州市龙母庙（来源：谢小英 摄）

座，多建于清末民初，均为砖混结构，建筑面阔6~22米，进深8~25米，屋内均有采光天井，楼高2~4层，约6~18米。维新里除了私人住宅，还包括原府衙驻地东一巷、天主教堂、圣心小学等体现梧州近代化过程的新类型建筑。维新里的建筑最大的特点就是体现了近代岭南建筑中西合璧的特色，如其正门是岭南常用的趟栊门，正门门楣高、门板厚，内设可滑动的趟栊，趟栊门外还有一道像两面窗扇的精美屏风门，有的门前两侧还安放石墩或石狮。其外墙门及窗楣多为半圆形拱券，其上多作灰雕，饰以花草或吉祥纹样等，窗则为色彩丰富的满洲窗。

此外，在梧州城外的东北部分布有大云山、云盖山、阜民山、凤凰山、金石山等诸多山峰，环境幽静，风景优美，是佛道修炼难得的宝地，因而成为梧州城最主要的宗教区。梧州著名的寺观多建立在城外东北部的深山中，如国公庙、药王庙、龙母庙（图3-2-14）、关帝庙、东岳庙、大雄寺、金莲庙、天妃宫、金宫等佛道场所林立其中[①]。梧州城外东南面为市民游乐

区，有八景之中的冰井泉香和鳄鱼漾月等风景名胜，诸多亭台楼阁（如朗吟亭、吕仙亭、准提阁等）点缀其中，为梧州城的居民提供了风景优美的休憩之所。

三、南宁府

（一）南宁城的选址

1. 邻近河川，交通便利

南宁地处广西壮族自治区南部偏西，地形是以邕江广大河谷为中心的盆地形态，这个盆地向东开口，南、北、西三面均为山地围绕，这给南宁古代的陆路交通带来了很大的不便，水路——邕江就成了南宁古城与外界交流的最便捷的通道。逆江而上通过左江可抵达越南，通过右江可到达云南，顺流而下经郁江进入西江，可与整个珠江流域的其他地区相连。临江建城，方便了航运交通，为城市日后的商贸发展奠定了基础。

---

① （清）王栋. 苍梧县志. 卷七. 建置志·坛庙.

2. 土地肥沃，农业发达

南宁古城坐落在南宁盆地之中，地貌以丘陵、盆地为主，平原面积较大，可耕地多。盆地中央成为各条河流集中的地点，右江从西北来，左江从西南来，良凤江从南来，心圩江从北来，组成向心水系。由于地势低平，河川众多，冲积层深厚，土地肥沃，灌溉便利，适合农、渔、养殖，保障了古城的日常生活，到了明清之后，农副产品更是南宁地区对外"出口"的大宗商品。

3. 山环水抱，利于防御

地理上，盆地周边层峦叠嶂，形成天然的屏障，利于军事防御，城市东北方向的昆仑关更是后来多起城市攻防战的焦点。临江建城，邕江水也就成了南宁城南边的护城河，形成了东、北、西有群山围护，南有大江环抱的防御格局。

4. 水源丰富，洪灾隐患

南宁城水资源丰富，主要河流有邕江和左、右江的下段，另有2级和3级支流20条，保证了南宁城用水的充足和物资运输的顺畅。但由于南宁城是在邕江凹岸临江建城，城基易受洪水的冲刷，这给南宁带来了较大的洪水隐患，历史上记载的洪灾次数远远多于在漓江凸岸建城的桂林（图3-2-15）。

（二）明清南宁城的空间格局

明清南宁城是在宋南宁城的基础上发展而来的，唐末南宁城毁于兵火，至北宋皇祐年间，在唐南宁城的西北部"五花岭"建宋城，"五花岭自望仙坡分支突起五堆昂伏，城内外脉络融结有如五花故名。"[1] "公署府治

图3-2-15　南宁市老城区俯瞰（来源：谢小英 摄）

在城之中稍南，周遭坦平至府后突起盈丈即五花岭之中脉也。"[2] "南宁府学在府北基址，凡五易，至宋迁城西。宝庆丙戌安抚使谢守明迁于城中五花岭。"[3]

明清南宁城内的建设就是在"宋城"格局上的拓展，宋城"子城"城墙拆除后，在原来的"子城"东面新建了南宁府衙建筑群，南宁府的东南角则修建了钟鼓楼，南宁府的北面为新迁来的宣化县衙，在宣化县衙的东面修建了县学和府学，县学和府学门前南北向的青云街直通钟鼓楼。

"宋城"中"子城"形成的南北轴线，在明清时期得到进一步强化，从宣化县署，经考棚街、城隍庙街、府前街、马草街、南门正街，到南门。明代在南宁城西北角建起了"最高台"，此处地势高爽，"最高台"成为具有城池防御、防洪作用的景观建筑，也是这条南北轴线向北的延续。

当时主要的政府部门，如南宁府、南宁卫、左江道、宣化县等，以及重要的军政设施——大军仓[4]都安排在城内近江的位置，除方便水路交通外，其所处位置相对城内其他地方地势较高，能较好地预防邕江洪灾引

① 金鉷. 广西通志（雍正十一年）[M]. 钱元昌，陆纶，纂. 南宁：广西人民出版社，2009.
② 方瑜. 南宁府志（嘉靖四十三年）[M]. 南宁：广西人民出版社，2008.
③ 林富修，黄佐. 广西通志（嘉靖十年）[M]. 南宁：广西人民出版社，2018.
④ 西门又名"仓西门"，因为"大军仓"建在此处而得名。

发的城市内涝浸泡。这些建筑群和街道形成了两条东西向轴线，分别是西门（又名"仓西门"）到东门、镇江门到钟鼓楼。西门到东门的轴线在"宋城"中已经存在，府学、县学、察院司的出现增强了这条原有的轴线，西门外新的商业区的出现是这条轴线向西的延伸，它对于南宁的城市建设也影响深远，一直持续到中华人民共和国成立前。镇江门到钟鼓楼的轴线在明代才形成，"花洲汛"、观音阁是这条轴线向东的延伸。南北向的轴线也有两条：一条是从南门往北，穿过钟鼓楼至北门，这是明清南宁城的南北主轴，这条轴线与明代形成的东西轴线相交处设南宁城的标志性建筑——钟鼓楼，再一次强调了这条轴线在城市格局中的地位，高大的钟鼓楼也成了明清南宁城天际线的制高点；另一条南北轴在南北主轴的西侧，与其大体平行，轴线与东西向

的两条轴线相交范围内[①]设南宁府署、南宁卫、左江道等军政机构（图3-2-16～图3-2-18）。

明清时期，社会较安定，南宁城的经济、贸易持续发展，城市人口持续增加，相应地，明清南宁城的范围也越过宋南宁城的城墙向南、向西不断扩大，其中向西突破仓西门，沿江扩展到龙溪（即今朝阳溪）入邕江处。此时，城内繁华的商业街有两处：一处位于钟鼓楼和护国寺一带，这一带是多条主路的交接处（石牌坊街、南门街、府前街），又是十字街，人流量大，因此商铺林立，商业兴盛。另一处商业中心位于仓西门大街和沙街（即今民生路西段和解放路南段）一带，因沿江码头日益繁忙，商业随着码头货运的发展，开始主要集中在沿江一侧，其后不断向北扩展，其范围包括今日的江北大道、当阳街、解放路、水街、人民西路、西

图3-2-16　明代南宁城空间轴线图（来源：《南宁府志》）

图3-2-17　清代南宁府空间轴线图（来源：《南宁府志》）

---

① 即今日中山路与民权路（当时民权路叫府前街）交界处。

图3-2-18　南宁明清城墙（来源：方一兵 摄）

成了兴盛的城西商业区。明万历三十年（1602年）开南门（现中山路、南环路交叉口），其后在南门外形成草鞋街（现中山路南段）、下廊街（原临江路，现江北大道一段）等。至清代，南宁城继续向东、向西拓展，向东扩展至今维新街，向西则跨过龙溪（朝阳溪），向今华西路、新阳路东段和北大路南段等地方发展，分别修建了北校场和多家客货递运站所。清晚期，随着南宁被开辟为通商口岸，南宁城继续向东、向南扩展，扩展范围南至广西军区后门一带，西至河堤，东至"唐城"旧城。清晚期，钟鼓楼周围的商贸区不复繁华，逐渐势微，而仓西门内外至沿江一带的商贸区迅速发展，逐渐兴旺，沿江码头十分繁忙，此区域的街巷或平行，或垂直于江岸，货物集散方便，各省商贾云集，商铺、会馆"见缝插针""遍地开花"，呈现出活跃的商业力量（图3-2-19、图3-2-20）。

关路等区域，这些区域内经营各种商品，因街成行、成市，有线行街、布行街、棉花街、盐行街、油行街、山货街、豆腐街、木行街、竹木街、打铁街、沙街等，形

明清南宁城的历史建筑及街区主要遗存在今"三街两巷"，其中"三街"指兴宁路、民生路、解放路，"两巷"指金狮巷、银狮巷，其范围包括朝阳路以西、民族大道以北、当阳街以东、新华街以南的围合区域和解放路沿街区域，以及市人民政府核定的延伸区域[①]。

图3-2-19　南宁粤东会馆（来源：邓家灿 摄）

图3-2-20　南宁新会书院（来源：谢小英 摄）

① 南宁市人民代表大会常务委员会. 南宁市历史街区保护管理条例[Z]. 2013.

"三街两巷"历经宋、元、明、清几个时期逐步发展而成，其间虽经朝代更迭、城市发展、道路易名等，但基本保持了原有的街巷肌理。金狮巷现为南宁市级文保单位[1]，与银狮巷平行，都是呈东西走向的狭长巷道，最窄处宽约2米。金狮巷、银狮巷所处地势高爽，风水景观理想，紧邻商业街，是富商、官员、名伶争相置业的富人区，其范围内曾有府署、武庙、乌龙寺、城隍庙等公共建筑，遗憾的是公共建筑已湮没于岁月，仅遗存为数不多的清末民居宅院。这些宅院多为地居合院式青砖建筑，面阔三间，采用插梁式或混合式木构架，硬山顶，富裕人家多为三进两院落，有的甚至为四进三院落等，建筑或多或少都有岭南特色的装饰，用料、做工都颇为考究，有些宅院则在民国时期改建成了当时流行的中西合璧样式（图3-2-21、图3-2-22）。另外，兴宁路[2]为南宁古城内连接南北的主干道，街内文房四宝店铺林立；民生路[3]为古城内东西向的主干道，是老南宁最繁华的商业街，有邕南旅馆、三和馆、大南戏院、海天饭店、万国酒家、新生园冰室、亨得利钟表店等老字号；解放路[4]是贯穿城西南北的要道，街巷内曾有黄溢诚大沙纸庄，李怡聚、关会源、仁合等烟丝庄，大盛祥、万利酱料杂货店以及最大的新广昌银号钱庄等。这些街道皆因狭窄不便通车而在1927~1934年进行拓宽改造，街道两侧低矮简陋的房屋也因不能适应经济的发展和展现首府的风采而被拆除，替换成仿照梧州街道模式和建筑规格的骑楼，以体现当时孙中山先生提出的《实业计划》的构想和新桂系的良好形象，从此，骑楼成为南宁市的又一代表性建筑类型（图3-2-23）。

南宁的骑楼设计大体参考梧州模式，但南宁在商铺改骑楼的过程中执行得并不如梧州坚决，除德邻

图3-2-21 南宁市金狮巷建筑群（来源：谢小英 摄）

图3-2-22 南宁市金狮巷民居（来源：谢小英 摄）

---

① 包括兴宁路西二里50号、52号、54号、56号、58号、60号、62号、64号、66号、68号建筑。
② 即明清时期的新西街、城隍庙街、考棚街，民国时期改为兴宁路。
③ 即仓西门大街。
④ 由沙街、巩阁街、鸡行头街、镇北街等组成，民国时期改称德邻路，中华人民共和国成立后改为解放路。

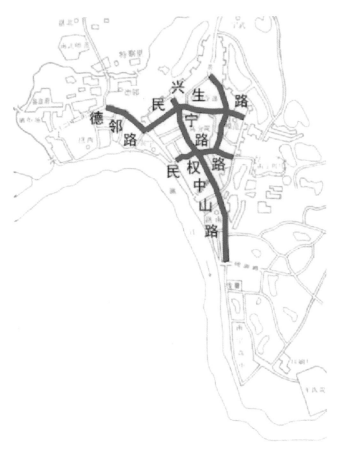

图3-2-23　南宁市骑楼分布图（来源：根据《南宁市志综合卷》中华民国32年的地图改绘）

路（今解放路）全部改建骑楼外，其他街道因很多商户的经济能力有限而未完全改建骑楼，有的甚至仅有几处改建骑楼（如仁爱路）。南宁的骑楼面阔窄（一般为一开间，少数为二至三开间）、进深大（可达10～30米），由前廊、功能用房、天井三部分组成，楼梯通常布置在天井处。立面高10～12米，通常为三段式，其中下段是供行人行走的柱廊，中段是以窗子、窗间墙、招牌为主的屋身，上段是形状各异、装饰性强的女儿墙或青瓦坡屋顶，每段皆以混枭线脚划分。结构上，骑楼前廊多用木横梁支撑，骑楼内部的木楼栅、檩条都搁置在青砖墙上。外墙有干粘石、涂色、拉毛等几种做法，总体较为朴实（图3-2-24、图3-2-25）。

此外，南宁开埠之前，邕江南岸只有亭子附近有圩市，其他地方并没有被开发，是村庄、农田、鱼塘等，因为地势相对北岸较低，成为南宁古城天然的泄洪区，有宏仁寺与三元阁隔江相对，构成了古邕州八景之一：弘仁晚钟。

图3-2-24　20世纪30年代民生兴宁路口（来源：网络）

图3-2-25　1933年的解放路（来源：网络）

第三节 县城格局

一、忻城县土司城

（一）地理位置

忻城土司城位于广西壮族自治区中部的来宾市忻城县，处于红水河的下游（图3-3-1）。忻城县城地处山区，以石山为主，主要经济来源为农业，较为封闭。居住的民族多为少数民族，有壮族、瑶族、汉族、苗族等，其中壮族占90%以上[①]。

（二）发展历史

忻城县于唐代贞观年间开始置县。中原王朝因忻城县地处偏远且少数民族民风迥异等原因而无法对其直接管控，于明朝弘治十年（1497年）设忻城正县为土县，属庆远府，并任命壮族首领莫保为土司，自此，忻城开始了莫氏土司世袭统治的历史，直到1925年"改土归流"，是广西"改土归流"最晚的县份。

在土司世袭期间，第八任土司莫镇威因统治需

图3-3-1 忻城土司城区位图（来源：银晓琼 绘）

① 忻城土司志2.

求，将原本位于板县（今忻城县宁江乡高塘村）的衙署迁至忻城县城中镇翠屏山北面，于明万历十年（1582年）营造了忻城土司城。后因土司族内斗争及农民起义，城内建筑曾两度毁建，现存衙署建筑群及一些府邸和庙宇建筑。

（三）土司城的选址

忻城土司城选址结合防御的需要，位于群山环抱之中，背靠翠屏山，利用陡峭的山麓作为防御的屏障。西边有独正山，东有石牛山，芝江环绕山脚而过，景致优美。翠屏山北面有一块宽阔平坦的空地，距离山北面约500米有泉水，可供生活、生产使用，是理想的建城之地（图3-3-2）。

土司城地处山区，交通闭塞，红水河是忻城县境内唯一可通航的河流，但离忻城土司城较远，因此，土司城的交通运输主要依靠古道和人力。明万历十年（1582年），土官莫镇威建立新城后，"复开崎岖险路，使羊肠之道尽变康庄"，为方便忻城的交通，开始修路建桥。

土司城的古道根据方位可分为东、西、北三个方向的道路。东是从忻城土司城城东至思练堡开辟的古道，连通了土司城到思练的交通，也是前往柳州的重要道路，并以思练堡作为起点，修建了三条连通附近各村落的道路，除此之外还有土司城到东北宜山里苗分县的古道。

西是从土司城西门往南，沿着彩江，经大宁里、龙归里、滴水峒、古万峒与迁江县相接。这条古道连通了滴水与长期与世隔绝的古万峒地区，便于土司管理。

北为忻城土司城北门往西边到永定土司城的道

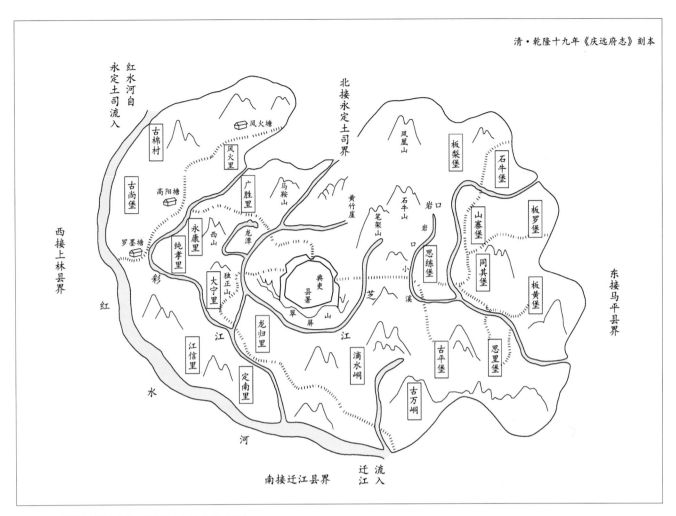

图3-3-2 忻城土县图（来源：清乾隆十九年《庆远府志》）

路，据雍正《广西通志》记载，官道为"西北大路由县城二十里至高阳站，二十里至风火塘，十里至黄扼，黄扼有道路五十里到永定土司"，到了永定土司城，有道路通往庆远府城，即官道在忻城土司城的西北角，经风火塘、高阳塘及罗墨塘。土官莫镇威征调土民开辟了从土司城北门到高阳塘的道路，与官道连接。中原王朝要控制忻城土司城必须经过永定土司城，忻城土司城偏僻的山区环境以及闭塞的交通为稳固土司统治打下了基础。

（四）土司城内格局及建筑设置

忻城土司城，原土垣周长45丈。于康熙二十一年（1682年），土知县莫宗昭建石墙，高5尺，厚1尺5寸，周长160丈（图3-3-3）。外围四周有石墙围筑，设有东门、西门和北门三个城门，现已不存①。

土司城城内的主要建筑是为统治者土司服务的各类建筑，包括衙署、府邸、庙宇等，以土司衙署为中心展开布置。城内的两座辕门将土司城划分为衙署区和城内区两个区域。辕门为衙署的外门，为5.8米高的拱形门

---

① （清乾隆）庆远府志.

图3-3-3 忻城土司城示意图（来源：银晓琼 绘）

洞状，左右各书写有"庆南要地""粤西边隅"字样。衙署区在土司城地势较高处，供土司办公及居住，主体建筑为坐南朝北的四进院落式建筑，在轴线上依次布置了照壁、大门、正堂、花廊、二堂、三堂、后宅，地势逐渐抬高（图3-3-4）。工匠将山北面的泉水开辟为官塘，与土司衙署正对，并在衙署东边设立了祠堂，与衙署相连，符合"君子将营宫室，先充祠堂于正寝之东"的礼制要求。

城内区主要功能为土司亲族的居住区。原本建有参军地、代理土司官邸、大夫第等建筑。在城东修建了道教三清观，根据记载，修筑时间和衙署一致。

城西设有阅兵场、练武场，供土司阅兵之用。土司拥有自己的土兵，平日种田，战时为兵，土兵在土司的带领下保护地方和土司安全，同时听从朝廷调度。土司城内比较特殊的一个建筑为汉典府（已毁），清朝廷为了削弱土司的权力，在忻城土县设汉典史辅政，实为监督土官。汉典史有自己的衙门，原址位于衙署的东北处，离衙署不远。

城内布置了一条主干道，东西横穿全城。主干道之间，有众多巷道连通，呈现出鱼骨的形状。整个土司城依山发展，呈窄长形，由于地形的限制，导致土司城形态与常见的方形或者圆形的古代城市形态不同。城内主

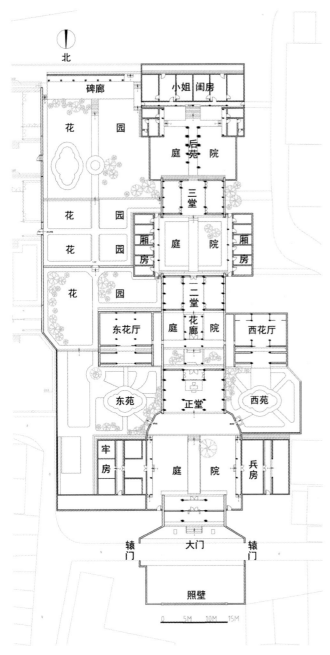

北

| 小姐 闺房 |
| 碑廊 |
| 花 园 |
| 后 苑 | 庭 院 |
| 三堂 |
| 庭 院 | 厢 房 | 厢 房 |
| 花 园 |
| 花 园 |
| 花 园 |
| 二堂 |
东花厅	庭 院	花 廊	西花厅
东苑	正堂	西苑
牢 房	庭 院	兵 房
辕门	大门	辕门
照壁

0　5M　10M　15M

图3-3-4　忻城土司城衙署平面图（来源：钟毓 绘）

要道路均可通向城外，而缺乏整体规划的外城可能就是依托于内城发展起来的，外城是土民的居住场所，分布着官田，王墓区位于城外西北部。

忻城土司城的壮族居民信鬼神，崇拜自然和祖先。土司城内有壮族多神崇拜的花婆庙，位于北门街右侧，

坐北向南，清乾隆十年（1745年）由土知县莫景隆始建，现已不存。康熙三十五年（1696年），在城内主要道路西宁街上修建了汉文化崇拜的关帝庙，乾隆十八年（1753年），土知县莫景隆重修。不同文化信仰的庙宇在土司城中的共存体现了土司统治下的汉壮文化交融。

（五）土司城的特点及发展

忻城土司城作为土司统治下的土县城与流官统治的县城相比，具有其特殊性，土司城城内的布局是围绕土司统治和生活活动展开的，主要为土司服务。与流官统治的县城相比，在布局上缺失了教化民众的部分。另一方面，土司城通过严格的等级秩序规定来突出土司的地位，如土司规定不准民房建得比土司衙门高，因而所有的民房屋只有2.5～3米，分布在城外，以茅草屋为主。

随着社会的进步、时代的发展，由于原本的土司城缺少公共设施及公众活动的区域，城内道路狭小，已经不能满足城市的发展需求，因此，忻城土司城在1959年冬的一次规划中首先改善了城区内的交通，将原土司城的道路拓宽，而后的两次规划调整中，拓宽了城的范围，根据现代县城的需求，增加了新的功能区，逐渐演变成了现代化的县城格局，原来的土司城作为现忻城县城中的景区保存下来，成为莫氏土司统治历史的见证（图3-3-5、图3-3-6）。

二、大新县土司城（养利古城）

（一）地理位置

养利古城位于广西壮族自治区崇左市大新县，邻近云贵高原，境内石山和泥山间隔，气候温暖多雨，利江绕县城而过，该地在古代位置偏僻，远离中央王朝的统治，是广西土司的聚集地，土司文化独树一帜（图3-3-7）。

图3-3-5　忻城土司城现状（来源：马震宇 摄）

图3-3-6　忻城土司衙署现状（来源：马震宇 摄）

图3-3-7　养利州城区位图（来源：银晓琼 绘）

（二）发展历史

北宋时期，今大新境内，设有养利、万承、太平、下雷、茗盈、恩城6个土司。到了元末明初，中央王朝为了控制该区域，在面积较大的太平土州和茗盈土

州分别增设了安平土州和全茗土州，削弱了原本土司的势力，使今大新县境内的土司达到8个之多。除了养利、恩城两州在明、清时被"改土归流"，其余六州的土司一直世袭到清末，中央王朝才委任弹压流官管理（图3-3-8）。

据清代《广西通志辑要》记载，八大土司统治过的辖区内只有四家土司建造了城池，分别是太平土州城、安平土州城、下雷土州城及后来流官接任的养利土州城。如今的大新县城所在地原是养利土司的州署所在地，养利土司的统治始于明洪武初期（1368年），于明宣德七年（1432年）改为流官统治，共统治该地区64年。养利土司改土归流较早，遗留的古迹并不多见，如今的大新县城是在流官接管养利州后所建州城的基础上发展而来的，因古城墙形似桃而得"桃城"之美称。

清康熙《养利州志》记载，养利古城始建于明弘

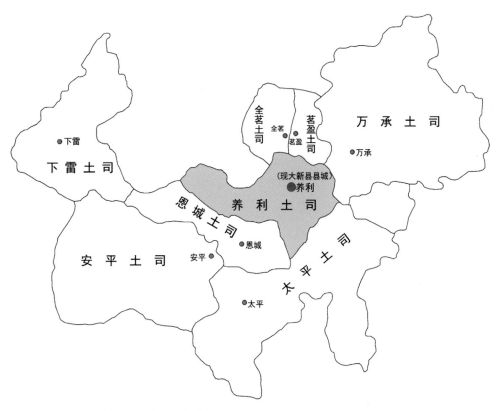

图3-3-8　大新县土司分布图（来源：银晓琼 绘）

治十四年（1501年），初为土城。万历十一年（1583年），因地处边疆的养利州周围的土司势力壮大，"养利若弹丸，环境皆土酋，不与各流州县相联络……而其怀虎噬之心，未尽忘也。"[1]因此，流官知州不得不重修养利城，重修后的养利城，石墙高1丈，厚8尺，周长379丈。城墙内外全部用石料砌置，中间填土，上面铺火砖。在外石墙上又加砌砖墙，设筑墙垛491个，共设置大小炮台5座。清康熙七年（1668年），洪水暴涨，城垣崩塌殆尽，清乾隆三十二年（1767年）再次重修。

（三）养利城的选址

养利城选址于两河环绕的小盆地上，占据得天独厚的优势。因境内有养山和利水而得名，有诗云："养山叠翠堪美景，利水流清正良图。"[2]盆地四周群山环抱，东有武阳山，南有古嵩山和胜奇山，北有帽山、龙慢山和榜冕山。除此之外，在州治北有灵波塘，与城内的石岩泉相通，是养利知州为了开垦灌田而人工开凿的水塘（图3-3-9）。

（四）养利古城的布局

明万历年间，基于防御需求修筑城墙的同时，在东、南、西、北四个方位修建了城门及门楼，在南门楼和西门楼之间开小西门，在小西门附近的城墙之下，依地势开有拱门，名曰"水洞"（即水闸门），

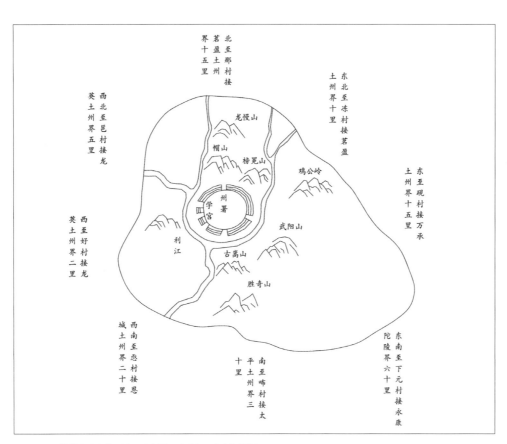

图3-3-9　养利古城山水环境图（来源：清《广西通志辑要》）

① （清康熙）养利州志.
② 大新县志[M]. 上海：上海古籍出版社，1989.

是供城内洪涝时泄洪之用。如今只剩下东、南、西三座城门楼和水闸门以及北楼附近的一段残墙，城门遗址东西合璧，多用拱券，尤其是南门，城楼造型别致，融合了后期修缮后的时代风格（图3-3-10~图3-3-15）。

养利州城以州署为中心，州署前有贯穿东、西城门的州前街，从州前街自东向西分出4条次干道，连接城内各主要建筑。州署前为石岩泉，泉水清甜甘润，建城的同时，为便于人们挑担提水，将泉拓宽，在周边用类似建城墙的条石垒砌成台阶。旧州署为原土司衙署，土司"改土归流"后依旧居住在城内。

城东有城隍庙（今县民族医院），与城同建，今已废。城西北有文庙，原在城北外0.5公里，建于明万历二十七年（1599年），后来知州刘梦龄将其迁入城内西面，今已废。西南为学社，由此可知养利州州府对教育的重视。关帝庙在城北民权街（今县饮食服务公司宿舍），与城同建，原有关羽、周仓、关平塑像。此外，城内还有居民民房。

图3-3-10 养利州南城门现状图（来源：廖春丽 摄）

图3-3-11 养利州南城门侧面现状图（来源：廖春丽 摄）

图3-3-12 养利州东城门现状图（来源：廖春丽 摄）

图3-3-13 养利州东城门背面现状图（来源：廖春丽 摄）

图3-3-14 养利州西城门现状图（来源：廖春丽 摄）

图3-3-15 养利州西城门背面现状图（来源：廖春丽 摄）

城外为农田和村落，山川坛在城外南面，历坛在城北，旁有教场，北帝庙（今公安局看守所）、社稷坛在城西南0.5公里，如今均已废（图3-3-16）。

（五）养利古城的特点

养利古城的特殊之处在于它作为一个流官管理的州城，却地处土司统治区的腹地，周围被各大土司城环绕，因此，防御需求尤显重要。养利州之所以成为大新地区八大土司州最早"改土归流"的区域，是因为养利州所处的中心位置优越，体现了中央王朝"改土归流"的决心。

总体来看，养利州州城的建筑配置符合正州州城的配置规格，有行政办公的衙署建筑，礼制教育的文庙、学宫以及宗教建筑，其中宗教建筑以中原汉文化崇拜为主。与完全由土司管控的城的不同之处在于流官管理的城更注重发展民生，以一方安宁为主，也更注重通过礼仪教化去统治群众。

三、富川县古明城

（一）地理环境

富川县古明城为明代修建的富川县县城，位于今富川县县城的东北部。富川县今属于广西贺州市，位于广西东部偏北，与湖南省比邻，与广东省封开县有水路和陆路通达，距离约200公里。

（二）历史沿革

根据史料记载，富川县在春秋战国时期，地属楚越交界之地；秦始皇三十三年（公元前214年），属南海郡；汉高祖三年（公元前204年），属南越国桂林郡；汉武帝元鼎六年（公元前111年），始建富川县城；唐、宋、元时期，地属广西贺州；明洪武十年（1377年）至清代，属平乐府。中华人民共和国成立后，于1950年成立富川县，属广西省平乐专区。1983年8月30日经国务院批准成立富川瑶族自治县，属贺州市（图3-3-17）。

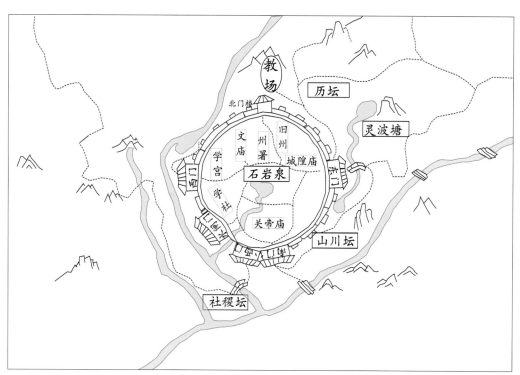

图3-3-16 养利州古城图（来源：清康熙《养利州志》）

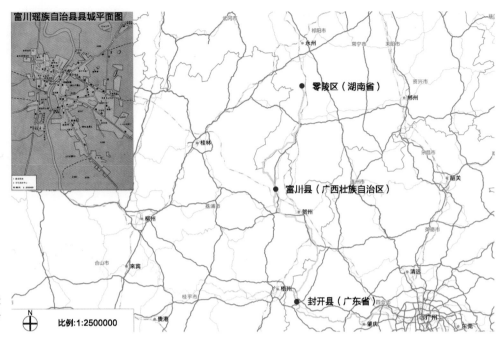

图3-3-17 富川县古明城区位示意
图（来源：陈悦根据《富川瑶族自治县
志》和高德地图改绘）

（三）城的选址

富川县城地处湘桂粤三省交界的都庞岭余脉的西屏山下，是古代中原从湖南通往两广地区的陆路通道枢纽，同时，富江河（古称"临水"）为县内最大的河流，也是主要航道，交通十分便利。清嘉庆《广西通志》载："临水可通巨舰。"

明富川县城巧妙利用自然山水形成天然防御屏障，并构筑城市景观。城北依蟠龙山余脉，西邻瞭高岭，富江自城北绕城东至城南，向南汇入龟石水库，城隔江与马鞍山和凤凰山相对。古人在富江西岸距南城门500米处建慈云寺瑞光塔，使之与南城门、瑞光塔以南800米处的案山形成景观轴线，并锁住向南流去的富江水，使富川县成为富裕之川。这样的规划为富川县的发展奠定了良好的基础，也是集山水人文于一身的明代富川古城的底气所在（图3-3-18）。

（四）城的形制和规模

富川古明城属县城。据清光绪《富川县志》记载，

富川古城于明洪武二十九年（1396年）从钟山镇迁徙于此建城池，始为土墙，明改为砖墙。整个古城东西宽500米，南北长600米，近似矩形。西北高，东南低，总面积为0.3平方公里。

（五）城的布局

清富川县城承明城，根据清光绪《富川县治》中的城池图，古城设东、西、南、北共四个门，因风水的需要，并不相对。城的中央设节孝祠、贺公祠、昭公祠，中央偏东建城隍庙，偏西设文昌阁，分别对着东、西门。城北为宫学、忠义祠、明伦堂。城西北为水塘和令公庙，可能是城内的公园景观区，城西南为县衙、仓廒、捕衙构成的行政区。行政区和南门之间有禹王宫、万寿宫、土神庙、常平仓。城东南有书院、考棚、药王庙、报恩寺、三界庙。

除上述公共建筑以外，可能就是居民宅舍。城内曾有"十三街、九井、四塘"之说：十三街，今统称为6条街，即迎恩街、福寿街、镇武街、岭头街、仁

图3-3-18 富川县古明城格局图（来源：韦玉姣根据谷歌地球绘）

上街、衙门街，街道两侧为居民住宅。九井，今存三井，仍供城内居民饮用。四塘，位于今富川高中南面（图3-3-19）。

富川古明城的特色体现在以下方面：

一是选址规划：

1）因借地形，结合地势和富江河道，提供水源和航运之便，促进地区商品流通和商品生产。

2）合理利用地形进行规划，取形于山环水抱，以富江河及四周群山为外环，建城壕、城墙、城门等，强化城防，保障古城安全。

3）分区明确。衙署区、学宫区、先贤祭祀区、书院考棚医疗区、景观绿化区等，分区明确，并通过大量

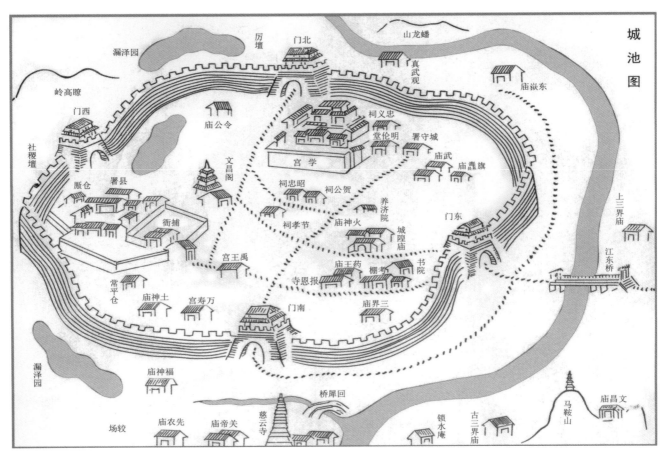

图3-3-19　清代富川县城池图（来源:《富川瑶族自治县志》）

的公共建筑来教化人民，使他们成为有知识、有信仰和有敬畏之心的人。

4）在景观营造上，城东、西门分别与城隍庙、文昌阁形成对景，南门与城守署形成对景，北门与文昌阁、万寿宫形成对景，衙署区与西门塘形成对景，整个古城又与城南外的慈云寺瑞光塔隔江相望，形成对景，具有很高的观赏性和人文景观价值。

二是城垣、城壕及城门的建造:

城墙周长2113米，墙高近6米，墙厚2.7米，有防御垛口909个（如今，原有的2113米城墙已基本被摧毁，保留下来的位于北面的城墙遗址长约320米，城垛也随之遭受严重破坏）。城墙建筑，始为夯土墙，继而改用青砖。城门皆为青方石砌筑，依"十"字形对称而设，东称升平、西称泰定（此门早闭，后被毁）、南称向日、北称迎恩。四城门均采用圆拱顶，城门高约6.5米，周长约51米。有中道门，高5.1米，宽4米，进深14.7米，各城门建有城楼，采用抬梁式木构架，重檐硬山顶。城墙和城门的构筑，形成了一个较为完整的防御城池。

城墙外有护城壕，城壕宽9.9米，深3.33米，城墙与城壕的双重防御形制使得富川古城成为一座易守难攻的军事堡垒古城。至今，大部分城壕已毁，西门护城壕现存局部。

（六）城的现状

古明城由于建城历史悠久，能保留至今的文物已为

（a）富川县古明城南城门现状　　　　　　　　　　　（b）慈云寺瑞光塔

图3-3-20　富川古名城的部分明代遗存（来源：李成华 摄）

数不多。从古建筑的角度讲，现存有城墙、城门、城门楼、祠堂、古戏台、庙宇、子精楼、塔亭寺庙等建筑（图3-3-20）。

从街道的角度讲，现存有街道、古井。

从市政设施的角度讲，现有池塘、排水道（表3-3-1）。

富川古城自明朝始建，经历了明朝、清朝、民国及中华人民共和国各个阶段，到目前已有六百多年的历史。几经更易，或拆，或改，或失修，至今，城墙已大部被毁。城内民宅依旧，有增无减，且富川高中、富川初中，富阳镇一小、富阳乡人民政府，以及富川人民医院等单位仍置入其中。现代化的建筑群体

富川县古明城古今建筑资源对比表　　　　　　　　　　　　　　　　　　表3-3-1

建筑名称	原建筑情况	现有建筑情况
四座城楼与城门	东门城楼（升平门）、南门城楼（向日门）、西门城楼（泰定门）、北门城楼（迎恩门）	东门城楼（升平门）、南门城楼（向日门）、北门城楼（迎恩门）
街道、古井、池塘、排水道	十三街、九井、四塘、四漏	五街（阳寿街、镇升街、仁义街、迎恩街、北门街）、三井（东门井、南门井）、二塘（其中一塘为西门塘）、一漏
城墙、垛口	城墙周长2113米，垛口909个	只剩北门城墙320米，垛口已毁
祠堂	毛氏祠堂、何氏祠堂、汪氏祠堂、李家祠堂	毛氏祠堂、何氏祠堂、汪氏祠堂、李家祠堂
古戏台	阳寿古戏台、仁义古戏台、北门古戏台	北门古戏台
庙宇	文庙、关岳庙、城隍庙	文庙、关岳庙
子精楼	庆远楼、仁义街上坊灯楼、仁义街下坊灯楼、镇武楼、三界神楼、迎恩武圣楼、新永街灯楼	庆远楼、仁义街上坊灯楼、仁义街下坊灯楼、镇武楼、三界神楼、迎恩武圣楼、新永街灯楼
塔亭、寺庙	龙云塔、文光塔、瑞光塔、文昌阁、文昌亭、慈云寺	瑞光塔、慈云寺

来源：富川县住房和城乡建设局提供

图3-3-21 丹洲古城鸟瞰（来源：网络）

逐步崛起，使幽幽古明城更添春色。1980年后，政府拨款，对南门、东门进行全面维修。现已列入县级文物保护单位。

四、丹洲古城

（一）历史沿革

丹洲古城现位于广西壮族自治区柳州市三江县南端的丹洲镇，距离柳州约120余公里。古城始建于明万历十九年（1591年），是明清时期怀远县城所在地，当时怀远县县治设于三江口（现老堡乡），后向南迁至丹阳镇（现丹洲），怀远县知事苏朝阳为防止少数民族滋扰，率领属下建立城池，即为如今的丹洲古城，又称怀远古城（图3-3-21、图3-3-22）。

图3-3-22 丹洲古城周围环境（来源：网络）

（二）丹洲古城的选址

1. 环境优美

丹洲古城位于三江县、融安县、融水县交界处的融江江心岛上，四面环水，岛上地势较为平坦，中部较周边的地势高，两岸山峦环伺，延绵不断。江心岛把融江江水分成两个水道，于是便有了民国《三江县志·名胜古迹篇》中描述的丹洲美景："四水环绕一洲，如玉带然"。丹洲常住人口约一千多人，居民世代以种植沙田柚为主，岛上随处可见沙田柚树，绿意盎然，也是当地的经济作物之一。

2. 利于防守

明代的丹洲是瑶人和壮人的地盘，民风彪悍，因不满中央政府的管理压制，时常占山为主，纷争不断，对于当时的丹洲城任职官员来说，是件非常危险的事，因此，丹洲古城非常注重防守。据明《殿粤要纂》记载，怀远县（现丹洲）以山川江流环抱为天险，知县建城在

岛中心，城外设置了五营防守，不仅有天然的护城河，还设置了兵营（图3-3-23）。如今，丹洲古城尚未建桥连接对岸，只能依靠船只往来交通，保留了原本古城的风貌。

3. 商业发达

独特的地理条件造就了独特的古城。丹洲古城地理位置独特，水路便利，向北可到达湖南、贵州，往南可到达广州、福建、江西，是东南地区通往西北地区的中转站，古时以江为路，因此，丹洲曾经是区域内政治、经济、文化的中心，东南各省过客聚集于此，使得丹洲古城的会馆建筑繁多，有广东会馆、湖南会馆、江西会馆、福建会馆等，无一不说明了该地曾经繁华的商业活动。

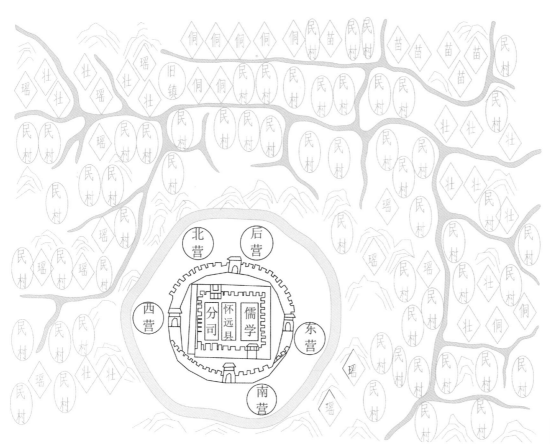

图3-3-23 丹洲古城图
（来源：明《殿粤要纂》）

（三）明代丹洲古城的规模及布局

1. 城墙及城门

民国《三江县志·建置·城池》记载，明城为方城，青砖石砌筑，周长共339丈，有墙垛，城墙厚4尺，共东、南、西、北四个城门，城门上有木构城楼，城墙上有马道（图3-3-24）。四个城门各有牌匾：东门名为欢雷，楼曰"就日"，当初选址时恰有雷声轰然而至，因此得名；南门名丹阳，楼曰"薰风"；西门名为新良，楼曰"太白"；北门名为治定，楼曰"向宸"，寓意丹洲在中央统治之下能安定发展[1]。

南门及北门设置了月城，每座月城宽十一五丈，高一丈五尺，城上用木材盖楼屋。除此之外，在外城用土夯筑土墙600丈，开四门，外城墙上有瞭望台，可以看出整个丹洲古城的建设符合明代的筑城标准，并且双层城墙具有很强的防御性，同时，由于古城位于江心岛，城墙也起到了很好的防水作用（图3-3-25）。

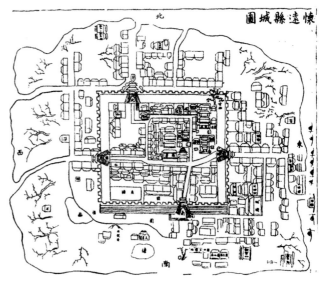

图3-3-24　怀远县城图（来源：广西三江发现的怀远古城图碑）

2. 城内外建筑

由明代《殿粤要纂》中的怀远县城图（丹洲古城）可以看出，明代的怀远县城（丹洲古城）里设置了怀远县署、守巡道分司、学宫这明代三大建筑体，但怀远县城（丹洲古城）的官式建筑不止于此，得益于怀远县知县苏朝阳对县城的建设极为重视，为国为民，不辞劳苦。

县衙署位于古城中央，中轴线上的主体建筑依次为大门、仪门、正堂、川堂及后厨。大门之东为仓库，共六间，西边为监狱，共三间。第二道门为仪门，还有东、西角门，第二进院落东为土地祠，西为寅宾馆，中间的甬道上有戒石亭。过了仪门后就为正堂，正堂往后

图3-3-25　丹洲古城北门及城楼（来源：网络）

为川堂、庭院及后厨，整体的县衙布局符合县衙的形制规定，设施完备，规模壮丽[2]。

守巡道分司位于县衙西，文庙在县治东，皆按规制来建设。城内道路交错有序，围绕衙署四周并连接东、西、南、北四门，交通便利。丹洲古城的祠庙建筑类型繁多，既有国家性祭祀祠庙，也有地方性的祠庙。城内的祠庙分布为：城隍庙在县治南，苏公祠在文

---

① （民国）三江县志·建置·城池.
② （民国）三江县志·建置·廨署.

庙右，小山庙在城北门内，是丹阳镇原有土神。城外的祠庙：社稷坛在县西半里；山川坛在县南门外，历坛在县南一里；三皇庙建于明朝后期，在城北门外，供奉三皇，以祈求天下一方平安（图3-3-26）。

（四）清代丹洲古城的规模及布局

由明入清，随着丹洲社会的稳定发展，南北货运通商往来密切，丹洲成为商贸的集散地。商贸的繁荣吸引外地人迁入丹洲定居，其中以福建商人居多，古城外东北方向至今留存有福建路，是当时福建商人的居住区和经商的聚集地。

也正是在明末清初，福建商人出资筹款建立了天后宫，因此又名福建会馆，按福建漳州天后宫妈祖庙的格局建设，会馆坐西朝东，南北有厢房，屋脊泥塑彩绘精美，色彩绚丽，檐口及梁皆有木雕，门额石刻匾"天后宫"下有题刻"闽粤一家"（图3-3-27、图3-3-28）。

年久失修后，外城的土墙逐渐坍塌荒废，原来的明县署也只剩茅草屋数间，后继任的怀远县知县先后增修。明代的典史署，旧址在县署左侧，荒废后，于康熙四十八年（1709年），在明守巡道分司署旧址改建典史署。文庙在清代也历经多次修缮。

清代丹洲的另一项建设活动为东门内的丹洲书院（图3-3-29），创办于清道光三年（1823年），坐西朝东，占地面积大，光绪三十四年（1908年），改为怀远县两等小学堂。丹洲书院中西合璧，入口为砖石砌筑，具有现代西式风格，内部有中式砖木结构的讲堂、图书馆、桃园、体育场等。国内知名学者费孝通先生就曾在此教书育人。

（五）丹洲古城现状

现丹洲古城除北面城墙及城楼较完整之外，东、西、南面城墙及城门皆坍塌或拆除。明、清时期所兴建的官署、文庙等建筑也仅剩遗址。会馆及坛庙建筑也受

图3-3-26 丹洲古城三皇庙（来源：网络）

图3-3-27 丹洲古城天后宫（来源：网络）

到了不同程度的破坏。目前保存下来的古建筑有福建会馆、北门楼、北段古城墙、东门、丹洲书院、三皇庙、古民居（图3-3-30）。其中东门及其城楼为现代原址修复，是上岛必经之门（图3-3-31）。

东门内有处名为"水池"的景点，内有水池。南

图3-3-28 丹洲古城天后宫屋顶装饰（来源：网络）

图3-3-29 丹洲古城丹洲书院（来源：网络）

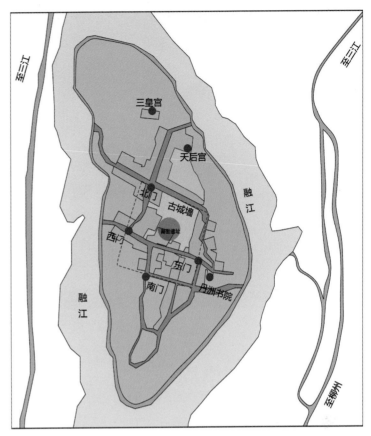

图3-3-30 丹洲古城现状分布图（来源：银晓琼 绘）

图3-3-31 丹洲古城东门及门楼（来源：网络）

门福建街原来也有修筑城墙时遗留下的水塘，用于城池、民居防火。东门的清代文庙旧址，现为"公共体育场"，民国时期改建。城内民居沿着街道布置，木构坡屋顶建筑古色古香（图3-3-32），丹洲古城以其古朴及独特的性格吸引了区内外游客前来游览，岛上旅游业发展态势良好。

图3-3-32　丹洲古城街道内景（来源：网络）

第四节　乡镇格局

一、黄姚古镇

（一）地理环境

黄姚古镇坐落于黄姚盆地正中，属典型喀斯特丘陵地貌区，周边山岭环绕，地势高低不平，东靠真武山和姚江，南隔江山，镇中有长宁河、小珠江等水道纵横交错，水体丰富，但是这些河道吃水较浅，河道狭窄，并不具备成为河港的条件。黄姚古镇山环水抱，尤其是姚江在此形成了"S"形水湾，形成了独特优越的"风水"格局（图3-4-1、图3-4-2）。

黄姚古镇属于亚热带季风气候区，冬冷夏热，四季分明，温暖多雨，年降水量多达1700毫米。

（二）历史沿革

黄姚古镇的形成经历了村落—圩市—集镇三个阶段。

宋代之前为壮、瑶等世居少数民族居住地，地广人稀，当地原住居民以农耕为主，并不形成聚落。

宋朝开宝年间，黄姚开始兴建，"黄姚"之名也于此时开始使用，但来源已经不可考。

明成化时期，南方少数民族数次起义，明政府驻军于此，并迁居大量移民垦荒。黄姚古镇隶属平乐府宁化里。

明中期至清晚期，大量福建人、广东人移民至黄姚古镇。

民国时期，设立黄姚区，隶属昭平县。

1958年，撤销黄姚区，成立黄姚人民公社。

（三）古镇选址

黄姚古镇位于广西贺州市昭平县东北部（图3-4-3）。

大量移民进入黄姚导致当地人口膨胀，但是该地区周边耕地质量不高，人口密集，外来人口居多，人

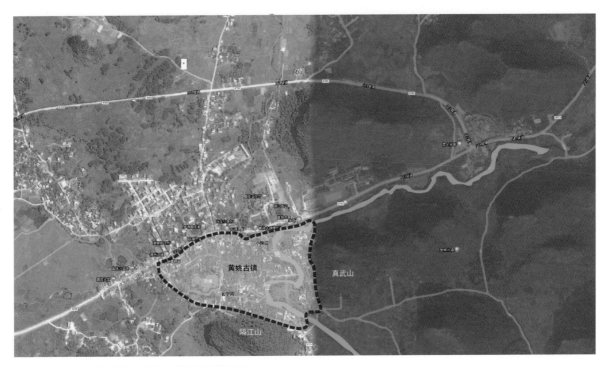

图3-4-1 黄姚古镇地貌特征（来源：邓璇根据谷歌地球绘）

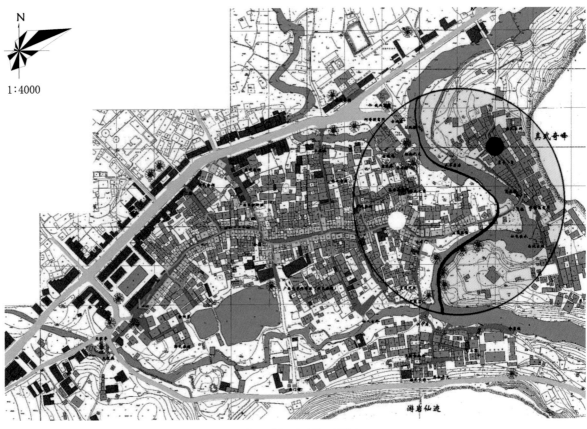

图3-4-2 黄姚古镇镇区九宫八卦太极图及街道空间走向（来源:《广西古建筑·上册》）

地矛盾突出，为了谋生，善于读书经商的福建、广东移民大量外出致仕或者经商，且黄姚古镇位于粤湘桂三省四县交界之处，虽然远离交通要道，但是周边没有其他集镇，客观上为行商提供了有利条件，古镇由此兴旺发达。受移民的汉文化影响，当地宗族思想较为牢固，读书致仕的风气也十分兴盛。

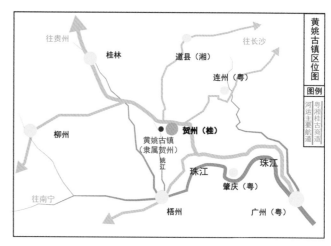

图3-4-3 黄姚古镇区位示意图（来源：邓璇 绘）

（四）古镇布局

黄姚古镇是当地居民在适应地理文化环境的基础上自然建造发展起来的，其街道布局受地势和当地移民文化的影响，形成了一条主街发散出多条街巷的枝状肌理（图3-4-4）。黄姚古镇街道上多铺以青石板，街道宽度与夹道店铺高度之比约为1∶2，形成了较为狭窄的街道尺度。

黄姚古镇的建筑布局具有比较明显的三个特点：①古镇同姓民居多以祠堂为中心修建并向外辐射，越靠近祠堂中心，该特征越明显；②当地居民多为明末清初躲避战乱而来的富裕人家，其建筑不论从单体设计还是整体布局而言，都具备较高的防御性能；③各个建筑组团各具功能，形成了明显的功能分区，如龙畔街、中兴街多为大户人家的活动区，安乐—金德—迎秀—连理—天然街为商业贸易区，姚江两岸的公共建筑为休闲娱乐区。

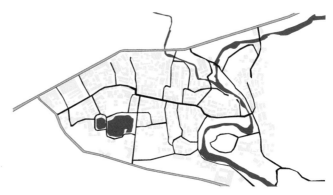

图3-4-4 黄姚古镇枝状街巷及建筑布局（来源：邓璇 绘）

（五）古镇现状

黄姚古镇的建筑多建于明清时期，主要为祠堂、民居、商铺和少数公共建筑（图3-4-5）。

建筑风格明显受广府文化区影响，呈现出典型的岭南汉族建筑特色。单体民居建筑的特点可以总结为"一井一龛，两进一厅堂，大门不开走侧廊"，建筑由山墙直接支撑横梁屋架。户与户之间以纵向排列的共墙相连，依横向排列的隔巷而建。古镇外围门楼与门楼之间有石墙相连，围合形成了黄姚古镇建筑群。为适应岭南

图3-4-5 黄姚古镇现状（来源：《广西古建筑·上册》）

炎热的气候，建筑物开小窗避暑，巷道之中能够形成巷道风，还兼具防御功能。

黄姚古镇的商业建筑同样受广府文化影响，呈现出

图3-4-6 大圩古镇地理环境特征（来源：邓璇根据谷歌地球绘）

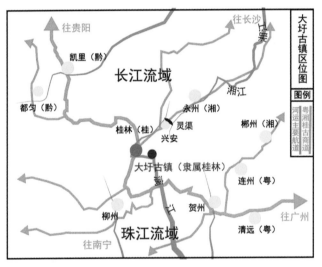

图3-4-7 大圩古镇区位图（来源：邓璇 绘）

典型的广府明清商铺的形态——屋檐外挑较为深远，以便遮阳遮雨，店铺侧山墙向外凸出，可防火且可以避免商业活动相互干扰。

二、大圩古镇

（一）地理环境

大圩古镇南邻漓江、磨盘山，西北靠父子岩，东面和北面为大片平地，是典型的"两山夹一江"喀斯特河谷地貌，周边有大量山脉（图3-4-6）。

大圩镇境域为亚热带季风气候区，夏热冬冷，日照充足，雨量丰沛。

（二）历史沿革

秦初，附近有人定居，为始安郡属地。

汉代，形成稳定的居民点。

宋朝初年（公元200年）立市，曾名长安市、芦田市。

明清时期，形成繁荣的商业城镇，正式命名为大圩市，隶属灵川县。

民国时期，形成八条大街。

（三）古镇选址

大圩镇位于桂林市东南18公里处，漓江中游，距灵川县城32公里（图3-4-7）。古镇交通四通八达，河流纵横，溪流遍布，桂梧公路、桂磨公路、桂兴公路、桂海公路、漓江纵贯镇境，是灵川东部陆路和桂林水路的交通枢纽。

大圩古镇地理位置优越，位于漓江黄金水道第一段和湘桂古商道上，交通物流发达，周边物产丰富，湘桂黔商人往来不绝。

（四）古镇布局

大圩古镇是典型的河港商业城镇，主要街道沿漓江江岸自然展开，沟通公路和水路，商品贸易来往和日常生活均围绕着街市延伸，先后形成了老圩街（生产上街）、地灵街（生产下街）、隆安街（光明街）、兴隆街（光明街）、塘坊街（民主街）、鼓楼街（解放街）、福星街（建设街）、泗瀛街（东方街）8条街道以及13个码头。民国后，随着运输工具的发展，大圩镇作为交通枢纽的地位不再，但是主要街巷空间仍然保留得比较好（图3-4-8）。

同珠江流域的许多商业街一样，大圩古镇沿江码头密布，码头一头探入河道中供船只停靠卸货，另一头直

图3-4-8 大圩古镇门楼与老街现状（来源：李桐 摄）

接深入街巷中，货物能够直接通达街巷（图3-4-9）。码头商铺作坊构成了街巷空间的主体，各种公共建筑则构成了街巷的景观节点。

大圩古镇的主要街道较为狭窄，街面基本为青石板铺就，除了修建年代较晚（民国初年）的泗瀛街宽约3.6米之外，其余主要街道宽度均为2米左右，街道两侧的店铺一般均为高5米，面宽3.7～4.4米左右的二层木构建筑，而在节点处则由较为高大的公共建筑围合而成一些较街面略宽的广场空间。

（五）古镇现状

古镇业态主要为商铺和客栈、饭馆、干粮糕点作坊等服务于商业活动的第三产业，以及桐油榨油厂等简单的手工业和工业。围绕主要业态，古镇主要建筑大多为二层底商住宅，青砖灰瓦，内有便于作业采光的天井，局部栏杆、窗棂、门扇、梁枋等处有雕花装饰。

泗瀛街建于民国年间，其建筑风貌略有不同，受广府文化影响，街上主要民居建筑为典型的骑楼建筑，房屋之间有封火山墙，街上还另外建有两道防匪盗的墙门，整体规划较为实用且注重防御功能。

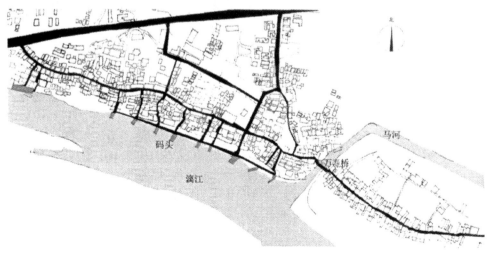

图3-4-9 大圩古镇主要街道以及码头
（来源：《广西古建筑·上册》）

大圩古镇文化开放、包容，全国各地不同民族、信仰的商贾、移民文化在此交融，与本地各世居民族和谐共处，形成了丰富多元的地域文化特征。大圩本地居民娱乐活动丰富，文化市场十分繁荣，因而建造了许多供公共生活和文化娱乐活动使用的较高大、华美的会馆、雨亭、寺庙、鼓楼、桥梁等公共建筑。

三、中渡古镇

（一）地理环境

中渡古镇坐落于广西四十八峉群山之间的盆地中央，属喀斯特地貌，地势起伏不定，水体丰富，耕地质量不高，建设用地较少。古镇西靠西眉山，洛江环绕古镇北、东两侧，西、南面则是人工开挖的护城河，护城河引洛江水，北入东出，与洛江一同将中渡古镇围护

其中，形成了山环水绕、易守难攻的守备型城镇格局（图3-4-10）。

中渡古镇地处桂北，为冬冷夏热的亚热带季风气候，降水充沛，四季较为分明。

（二）历史沿革

三国东吴甘露元年（西晋武帝泰始元年，公元265年），于今马安村长安屯设长安县。

南北朝时期，长安县更名为梁化县，隶属梁化郡。

隋开皇年间，更名为纯化县。

唐代改在今中渡古镇东北部白龙岩（今鹰山中学附近）设置洛容县。

宋代，洛容县迁至白龙岩东北部，即今中渡镇大兆村旧县屯。

元元统三年（1335年），都元帅韦颜镇压少数民族

图3-4-10 中渡古镇地理卫星地图（来源：邓璇根据谷歌地球绘）

起义，屯兵于此，设大岑、桐木、银洞三个关隘。

明万历四年（1576年），设置巡检司（属于军事系统，非行政系统）于平乐镇，即今中渡古镇。同时，将洛容县的县治由米峒（今中渡大兆村旧县屯）迁移到灵塘（今雒容镇）。中渡古镇现存防御体系即是当时基本形成的。

清康熙二十二年（1683年），洛容县改为雒容县。光绪年间，广西巡抚张鸣岐奏请清廷批准划永宁、永福、柳城、雒容和融县（今融安县）等州、县边界的四十八峒山区，设置军事管理区中渡抚民厅，指挥周边各级防务。"中渡"的名称开始使用。

民国元年（1912年）10月，政府撤销军事管理区中渡抚民厅，降设中渡县，县城设在中渡镇内，中渡古镇成为县级行政和军事中心。

1951年，中共广西省委和广西省人民政府提议，报请中央政府批准，原修仁县二区的三个乡与雒容、中渡、榴江三个县合并成立鹿寨县，县城设在鹿寨镇，隶属柳州专区。中渡镇降格成为镇一级的行政中心。

（三）古镇选址

中渡古镇位于广西柳州市鹿寨县西北，地处广西汉民族与少数民族聚居地的交汇之处，地势易守难攻，是一座亦兵亦农、能战能防的军事城堡（图3-4-11）。

（四）古镇布局

古城防御功能为先，古城中，碉楼、炮台、护城河、城墙、城门等都依仗天然的山体河流而建，形成外部防御系统，以"窄开间、厚墙、木栅门、密檩"为体系的私宅防御系统，也体现出很强的防卫性。古城以武圣庙为核心，居民尚武精神强烈，武备特色突出。

图3-4-11　中渡古镇区位图（来源：邓璇根据谷歌地球绘）

中渡古镇的主要道路以武圣庙为核心，东、西、南、北街和横街这五条街道延伸开来，形成轮辐状的整体空间格局，联系住宅组团的小巷则在主要道路之间纵横交错，内环街与外守备建筑形成了内外双环的格局（图3-4-12）。

中渡古镇耕地紧张，可用建设用地较少，加上武备建筑，极大地限制了城中建筑的布置，当地居民也随之形成了珍惜土地的思维，城中民居用地紧凑，开间小，进深大，街巷空间在交叉口处往往稍微放大，充分运用公共空间联系各户。

（五）古镇现状

民国末年至中华人民共和国成立后，随着民族矛盾逐渐淡化，中渡古镇作为武备机构的功能逐渐降低，而其作为洛江重要渡口的地位随之突出。目前，中渡古镇留存渡口7座，各具特色，其中大码头、中码头、飞机洞码头、北闸码头等仍是古镇居民最重要的公共活动空间（图3-4-13）。

城中建筑和景观也都围绕自然山水展开，风景优美，建筑取材因地制宜，人与自然和谐共处，形成了结合自然与人文景观的"中渡八景"。

北街
街道宽度：约6米
建筑层数：沿街建筑以一层为主，部分为两层
屋面形式：平、坡屋顶
街道高宽比（D/H）：0.5~1
总体感觉：较狭窄

西街
街道宽度：4~5米
建筑层数：沿街建筑多为一层
屋顶形式：以坡屋顶为主
街道高宽比（D/H）：1~1.5
总体感觉：较舒适
界面特征：建筑风貌较好

横街
街道宽度：约5米
建筑层数：沿街建筑以1层为主
屋面形式：以坡屋顶为主
街道高宽比（D/H）：0.5~1
总体感觉：较狭窄
界面特征：风貌较完整

东街
街道宽度：约5米，部分7米
建筑层数：沿街建筑以1层为主
屋面形式：以坡屋顶为主
街道高宽比（D/H）：0.5~1
总体感觉：较舒适
界面特征：建筑风貌较好

南街
街道宽度：约6米
建筑层数：沿街建筑1~3层
屋面形式：平、坡屋顶
街道高宽比（D/H）：0.3~1.5
总体感觉：较狭窄
界面特征：建筑立面混乱，高度变化较大

图3-4-12　中渡古镇街道空间分析图（来源：《广西古建筑·上册》）

图3-4-13　历史构筑物——护城河、古城墙、渡口、洛江桥（来源：《广西古建筑·上册》）

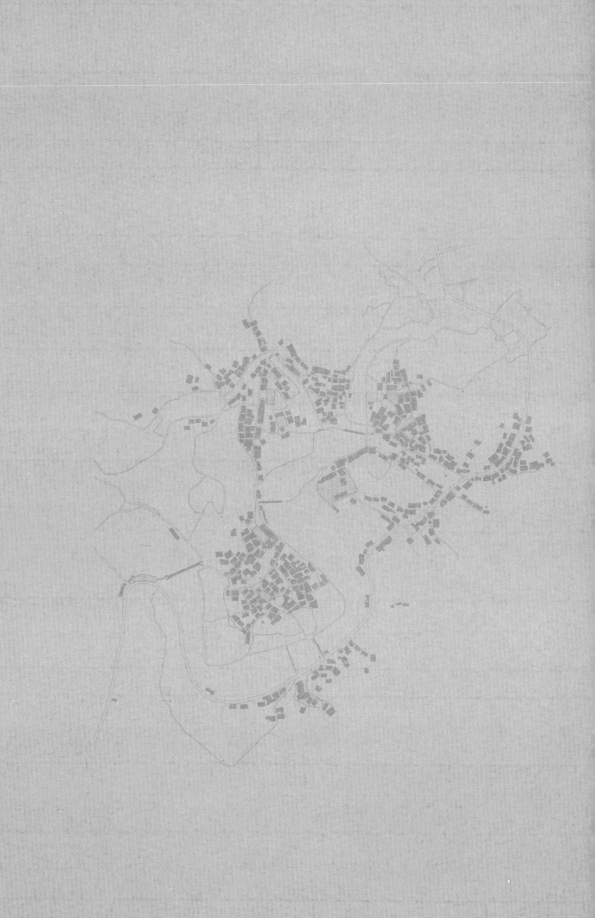

第一节　壮族村落空间格局

传统乡村聚落的发展受到所在地域的自然环境、历史文化、经济条件、民族风俗等多重因素的影响，并反映在村落的空间格局与整体风貌之上。作为多民族聚居地区，广西的乡村聚落呈现出与各民族文化性格相匹配的聚落类型与空间特征，形成了一批各具特色的传统村落。

广西各民族中，汉族人口最多，生产力先进，在封建社会处于统治地位，且自秦始皇统一岭南开始，在不同的历史时期，汉族因政治、军事、经济等原因，从中原、广东等地区经由湘桂走廊、潇贺古道与西江流域进入广西，在桂北、桂东及桂东南地区大量聚居。根据其民系属性，广西的汉族移民主要包括广府、客家和湘赣三个民系。不同类型的移民承载着原迁出地的文化特征，与原住族群相互作用，或融合，或同化，形成了广西汉族村落的多样性。

壮族作为广西人口最多的少数民族，其村落分布范围较广，平原、山区、河谷和山谷均有分布。苗、瑶、侗等其他少数民族，在争夺生产、生活资料的斗争中处于下风，只能迁至桂西、桂西北、桂北等地的山区中。聚居于山地和丘陵地区的少数民族，其建筑形式以干阑为主。由于稻田耕作的生产方式，少数民族乡村聚落的空间布局常呈现出依山傍水、顺应地形的散点半集中形态，并依据具体的山形水势，形成了高山聚落、丘陵河谷聚落、平原盆地聚落等类型。

相较于其他少数民族，壮族人口与聚落在广西地区分布较广泛，地形地貌上，涵盖了高山、丘陵、平原等地带，就文化分区而言，则跨越了少数民族文化本位的聚居区，少数民族与汉族文化的渗透、碰撞区以及汉族文化强势的汉化区，因此，其生活、生产方式与聚落空间形态尤为多样，聚落的类型与形态亦反映出了壮族与其他民族文化在不同层面、不同程度的交融与碰撞。

依据所处地域环境与建筑文化分区的不同，壮族传统村落大致可以分为桂北干阑、桂西干阑、桂中次生干阑以及桂东地居等类型（图4-1-1）。

（a）桂北干阑聚落——龙胜平安寨（来源：刘家汝 摄）

图4-1-1 壮族传统聚落类型

壮族传统村落广泛分布的桂北、桂西地区，以高山、丘陵、河谷地貌为主，自然条件相对恶劣，耕地面积有限，聚落空间格局主要受到自然条件的制约，表现出原始的居住智慧以及对自然环境的适应与妥协，从而呈现出以下特征：①顺应地形，布局紧凑、自由。以最大程度节约耕地为目标，干阑建筑布局密集、屋宇相连，多分布于陡坡之上，道路顺应等高线延伸。②无明确中心性，同姓同宗相连成片。由于民族文化与历史发展等原因，壮族没有完善的礼制文化和严格的宗法制度，因而聚落的选址和布局没有明确的中心性、轴线关系或等级秩序。同姓同宗的民居多成片区相邻居住，但分布区域之间并无明确的界限。③格局开放，防御性不

（b）桂西干阑聚落——隆林平流屯（来源：广西大学建筑学2015级 摄）

（c）桂中次生干阑聚落——上林古民寨（来源：韦滔春 摄）

（d）桂东地居聚落——阳朔朗梓村（来源：熊伟 摄）

强。防御性不突出，格局较为开放，聚落边界并不明确，根据用地条件与资源容量自由延伸扩展。这一类型的村落以桂北的龙胜龙脊村，桂西的那坡达文屯、隆林平流屯为典型实例。

在桂中平原河谷地区或者浅丘地带，地势相对平坦、开阔，建筑形式多为次生干阑或夯土合院，逐层排列，布局整饬，具有一定的秩序感，上林古民寨是此类型村落之代表。

桂东平原河谷地区，是最早也是最深刻地受到汉文化强势影响的区域，这一地区的壮族传统聚落形态与汉族传统聚落相近，在空间规划布局上受宗法观念、儒教礼制和风水文化的强烈影响与限制，并通过向心、中轴对称等空间组织结构与形态表现出来，有较明显的总体规划痕迹，呈现出比较规整有序的空间形态，例如阳朔朗梓村。

一、桂北壮族传统村落——龙胜龙脊村

（一）聚落概况

龙脊村位于广西壮族自治区桂林市龙胜县和平乡东部，距桂林约80公里。该地区平均海拔700~800米，坡度大多在26~35度之间，最大坡度达50度，是典型的"九山半水半分田"的山区地貌。龙脊村所处的地形地貌可概括为"两山夹一水"——"一水"，即从东北向西南穿过的金江河；"两山"，指的是金江河南岸的金竹山和西北岸的龙脊山。龙脊村就位于龙脊山的山腰处，海拔较高，夏热冬冷，潮湿多雨，林木繁茂，以单季稻种植为主要经济模式。

龙脊村素以梯田景观而闻名，是中国南方稻作梯田的典型代表。在龙脊片区，成片的梯田面积达70.1平方公里，环绕着龙脊古壮寨核心区的梯田面积就达10734亩，并且梯田的高差极大，层级很多，最多达1000余级。

村落包括廖家寨、侯家寨、平寨、平段寨、七星寨、岩背寨、岩湾寨、岩板寨八个寨子，其中，廖家寨、侯家寨、平寨、平段寨四个寨子构成村落主体，平寨和平段寨也合称为潘家寨。据族谱记载，廖、侯、潘三个姓氏在此居住已经有600余年，其祖先自明代从广西南丹和河池等地迁出，经柳州进入桂北永福、临桂、灵川、兴安地区，最后定居在龙脊。三个姓氏曾经为了争夺土地资源而发生矛盾，最终大家通过协商，和平共处，最典型的例证就是三鱼共首的村落标志，代表着三个姓氏的居民互信共存，齐心合力。

图4-1-2 龙脊村鸟瞰（来源：潘硕 摄）

（二）村落布局

聚落坐落于山脊之上，坐西北面东南，建筑朝向以东南为主，顺应等高线变化形成细微的差别。

村落边界由林木、溪流、梯田等自然要素界定。村寨最上方的山头是风水林，郁郁葱葱，既能保护水源，又能作为木材基地。村落西侧以溪流形成自然边界，溪流以东为密集的民居建筑群，以西则为人工梯田。这种农林用地围绕居住区域布局的模式，有利于实现水资源的最大限度利用，就近劳作，交通方便，同时形成了壮阔的梯田景观，体现了生产、生活与自然的完美结合。

同家族的住户常联排布局，便于相互照应，同时也形成了家族自身的势力区域。以廖家寨、侯家寨为中心，建筑最为密集，使得廖家与侯家几无界限。顺山脊向上、向下，建筑的排布则逐渐稀疏，地处最下端的潘家寨与中心区已相距较远（图4-1-2、图4-1-3）。

村中道路顺应地形，并跟随建筑的布局蜿蜒曲折。主要的纵向道路位于村落西侧，自上而下联系起各水平向平行于等高线的支路。横向的支路则平行于等高线延伸，通向村寨各户，形成树枝网络状的道路系统。龙脊村的纵横道路均由石板铺设而成，宽约1.5米，仅容两

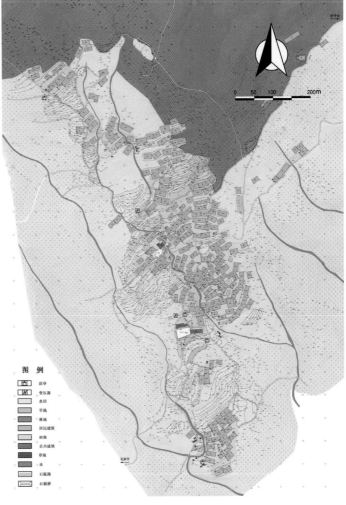

图4-1-3 龙脊村总平面图（来源：《龙胜各族自治县龙脊古壮寨梯田景区保护与旅游开发详细规划》）

人并行，以交通联系为主要功能，因狭窄陡峭而难以形成停留空间（图4-1-4）。

村落内部没有明显的核心空间，溪流两侧的空地、村口以及村中的闲置空地（例如村委会前的广场）成为村民户外活动的主要场所。各寨寨口均在溪流附近，凉亭、风雨桥等公共设施也设置于溪流周边，以方便在梯田中劳作的村民歇脚、纳凉。

（三）建筑特点

民居是龙脊村社会生活的重要载体，亦为当地社会制度、经济状况、生活方式的直接反映。龙脊十三寨的壮族以家长制父系家庭为基本单位，实行一夫一妻制。子女成家后分居另立小家庭，因此，每户规模均不大。由于山地陡峭且用地紧张，龙脊住宅选择了底层架空圈养牲畜、木柱落地支撑、上层居住的干阑民居形式，以最大程度减少挖方，适应地形变化，且满足生产、生活要求（图4-1-5）。

龙脊干阑多采用"前堂后室"的布局。底层架空，用于饲养牲畜与储物，且多作封闭处理。入户方式以正面侧入为主，因地制宜，灵活机动。主要功能用房均位于二层。堂屋与火塘连为一体，形成高大通透的前堂空间。室内空间轴线明确，火塘间位于堂屋两侧，西侧为老人使用，东侧为年轻人使用。两山面在用地条件许可的情况下多设披厦，披厦下部的梢间与前堂空间形成东西包围之势，梢间一般用以堆放杂物和设置牲畜灶台。堂屋正中后墙供奉牌位，牌位背后的房间一般作为谷仓使用，不住人，以示对神灵的尊敬，两侧的房间则为卧室（图4-1-6）。

由于高山地区冬季寒冷，建筑要兼顾采光和保暖，因而外窗较多，但无开敞门廊，而用三面围合、退堂处理的门楼替代。屋顶多有升起和起翘做法，形式优美的同时使雨水抛落更远，以更好地保护木构建筑的主体。坡屋顶、深挑檐，亦体现了该地区建筑营建技术之成熟。

图4-1-4 龙脊村道路（来源：刘家汝 摄）　　图4-1-5 龙脊村民居（来源：韦泡春 摄）

188

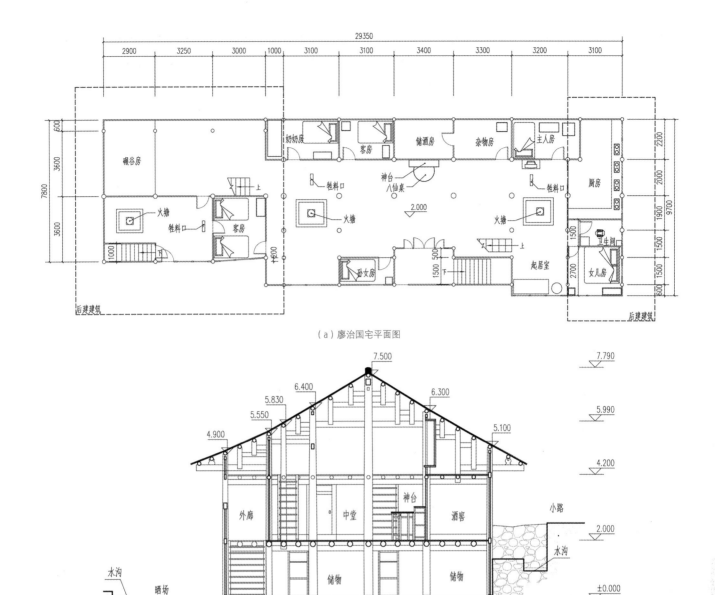

（a）廖治国宅平面图

（b）廖治国宅剖面图

图4-1-6 龙脊干阑测绘图（来源：广西大学建筑学2008级 绘）

二、桂西壮族传统村落——隆林平流屯

（一）聚落概况

平流屯位于桂西北的隆林各族自治县金钟山乡，地处滇黔桂三省（区）交界处，背靠国家级自然保护区金钟山林场。

据当地人介绍，村落始建于清末，梁氏村民最早迁入此地，随后为罗、龙两家族，现存6个姓氏，分别为：梁、罗、龙、王、韦、李。全屯共有99户486人，多为壮族，且以龙姓村民居多。

（二）村落布局

平流屯分为新、旧两个片区。旧屯坐北朝南，71座传统干阑坐落于地势陡峭的山地上，原有108户人家。随着生活水平的提高、生活观念与模式的更新，约在2000～2010年间，村民陆续到溪流对岸山脚较平缓处建造3～4层的砖混住宅。旧屯中仅存特困户4户15人居住，其余的传统干阑因通风良好，多作粮食储存和饲养牲畜之用。

村落原址坐落于半山腰上，后山种植油桐，周边山腰为旱地梯田，种植玉米、茶叶、砂糖橘等，山谷底部有蜿蜒的溪流自东向西穿过。溪流两岸较平缓肥沃的土地，是村落的水稻种植区域（图4-1-7）。

旧屯的整体形态呈现为沿曲折的等高线排布的自由散点状，干阑建筑规模相当，间距不等，朝向各异。由于地形变化较多，村落中并未形成清晰、系统的道路网络，而是顺应山势，于建筑之间自然地踏出小径，路面以泥土、碎石为主，无硬化铺装，宽度最窄处约0.7米，仅能供单人通行（图4-1-8）。

村落中公共建筑与空间匮乏。入村道路旁设有一座规模小且较为简陋的土地庙，祭祀活动主要在土地庙周边的台地上进行。水泥路旁还有茅草盖顶的凉亭一座，为近年新建，是村民休憩、乘凉之处。除此之外，便无其他固定的公共空间。若有大型公共活动需求，如三年一度的新年会，则会在耕地中搭建临时的戏台。

图4-1-7　平流屯全貌〔来源：曾书奇　摄〕

图4-1-8　平流屯总平面图（来源：广西大学建筑学2015级 绘）

（三）建筑特点

平流屯民居为典型的传统干阑建筑，面宽多为三至五开间，进深四至六间，以"前堂后室"为基本的平面形制。建于19世纪30年代的罗朝兴宅位于村落东南部，海拔较高处，周边地形陡峭，前后户之间以有2~3米高的陡坎断开。住宅坐西南朝东北，前方有一片相对开阔的场地，使入口得以垂直于正门设置。罗朝兴宅面宽五间，进深六间。首层层高较低，仅1.9米，用以堆放杂物，入户楼梯翻新为水泥台阶，与二层门楼相接，门楼作退堂处理。二层主要为居住空间，堂屋东侧布置火塘，尽端设卧室一间，西侧为较为开阔的公共空间。前堂后部居中设置三间杂物室，两侧为卧室。三层阁楼同样用于储存，通过简易的木梯连通上下。建筑构架采用穿斗结合大叉手的形式，因年代久远，房屋略有倾斜，又在外侧设斜撑加固。建筑屋顶以歇山顶为基础，于两侧侧间增加了呈"八"字形的瓦檐，檐口高约4米，总高约7~8米，因形似猫耳，而被称为"猫耳房"，是当地传统干阑所特有的构造形式，亦有利于改善室内的采光与通风效果（图4-1-9）。

三、桂中壮族传统村落——上林古民寨

（一）聚落概况

古民寨，又名鼓鸣寨，位于上林县巷贤镇长联村。寨始建于宋代，现有160户495人居住，以陈、韦、苏三姓为主，均为壮族。得益于交通不便、偏居深山、较为闭塞的原生态环境，鼓鸣寨成为广西现存保护最好、规模最大的壮族夯土传统村落。

（二）村落布局

村落地处大明山脉东麓，三面环山，正面邻古民水库，依山傍水，逐级而建。村后的山腰上种植了大面积的经济林，主要为竹子、八角、桉树和松树。村落西北还有水稻田，小水塘零星分布于村落周边与耕地、林地中。

村落中的建筑大部分为清代和民国时期修建。约120座老宅连片分布，57座夯土合院，其中44座状况良好，13座损毁严重。合院式民居沿着坡地逐层排列，排距相当，朝向一致，因此，村落的整体形态亦呈较为规整的面状。道路略呈网络结构，顺应地势，路面多以泥土、卵石、石块铺砌（图4-1-10）。

村落中现存的公共建筑与公共空间不多，仅有村落入口的水塘、叠石滩，民居组团间的小块平地、菜地，以及村落上方的风水林，并且这些公共空间多位于村落边缘，形态与面积不固定，围合感弱。村落中心有面积较大的晒坪，但因缺乏相应的标志性或功能性公共空间节点与活动设施，仅用于晾晒五谷、放置农具，较少有公共活动发生。据记载，古民寨上方山腰处曾有一座修建于北宋年间的狄青庙及一座修建于元太祖年间的观音

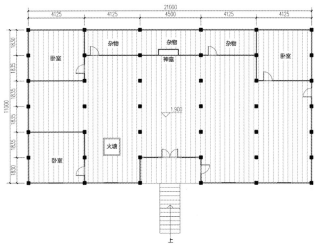

（a）罗朝兴宅二层平面图

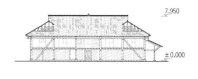

（b）罗朝兴宅正立面图

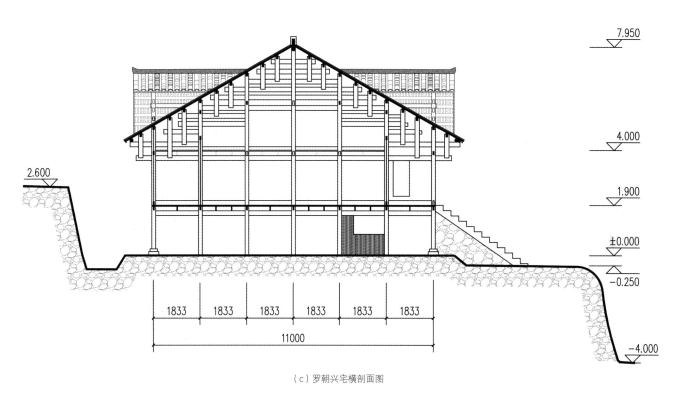

（c）罗朝兴宅横剖面图

图4-1-9 平流屯干阑民居（来源：广西大学建筑学2015级 绘）

图4-1-10 古民寨总平面图（来源：韦湿春 绘）

图例：
- 水体
- 民居
- 公共建筑
- 公共场地

0 20 40 80m

庙，但已于1940年被炮火摧毁。村民将庙中"江南第一神庙"的牌匾收藏起来，却又于"文化大革命"时期被损毁。与公路紧邻的古民小学为新建的多层混凝土建筑，与村落的传统风貌冲突较大。而清代学堂的旧址早已衰颓，小尖顶西式门楼在夯土建筑群中显得尤为独特（图4-1-11）。

（三）建筑特点

村落建筑多为面阔三间的两层夯土合院，以石料为地基，夯土泥墙，青瓦盖顶，内设天井。夯土墙体用当地砂石、黄泥舂成，受到生土建筑结构性能的限制，开窗较小，更显出墙体之厚重与体量之高大。夯土建筑的高大体量与鲜明色彩，在青山绿水的环境背景中格外醒目，但其斑驳的土壤质感，依然能让人感受到与自然环境的呼应与协调。

（a）古民寨全貌

（b）叠石滩

（c）古井

（d）古民小学旧址

图4-1-11 古民寨全貌与主要公共空间（来源：韦湿春 摄）

（四）发展变迁

地处山岭之间，交通不便、封闭原始的自然环境是古民寨保存完好的基础条件。很多村民曾打算推倒旧屋，在原址重建新居，但也因为需要花费大量交通、建材成本而放弃。夯土坚固、安全的特性，也使得建筑历经百年仍风韵犹存地保留至今。为了改变山村贫穷落后的面貌，2012年初，在市委、县委的支持和指导下，巷贤镇党委、政府通过招商引资，启动了鼓鸣寨养生旅游度假基地项目，并于2013年10月获得备案许可，同期开工建设。

古民寨的民俗民居示范点创建及旅游开发工作以"尊重传统文化和壮族传统风貌，因地制宜进行生态建设"为宗旨，以"因地制宜、政府主导、公司运作、群众参与"为原则，进行保护性开发。主要建设内容包括：生态移民新村、生态休闲设施、古村落保护和利用、旅游驿站、环湖公路、养生公寓、生态农业观光等。一方面，通过异地新建、整体搬迁，让村民搬离原本交通闭塞的老村庄。古民新村选址于进村公路旁，面积约110亩，包括住宅、商业配套及村委会、文化活动室、戏台、图书室、托儿所等公共服务配套设施。新村的设计延续了老村落黄墙灰瓦的传统风貌，布局严整，沿公路呈带状格局。另一方面，着手对原有村落进行保护性开发，在保护和传承传统格局、建筑形态的基础上，对古老民房进行修缮，用作展示中心、宾馆、休闲度假院落等，现已改造出一座民俗展示院落。基于原有的道路格局，修整与完善车行道、人行道、登山道及污水处理设施；对原来作为晒坪及堆放农具的宅间空地进行整理，营造出不同主题的活动广场；利用原有自然景观，建设有机农业示范田、果园、药物园、八角林、茶园、花卉展示园等。庙宇重建，水上世界、康娱中心等项目也在规划之中。此外，以展览的形式向游客呈现村落留存的具有壮族特色的生产工具、生活用品、民族服饰、乐器、手工艺品等传统物件，并鼓励、引导村民将民族语言、生产技艺、歌舞、节日活动、婚丧习俗等的呈现融入日常生活中，以活态展示的方式，延续民风、民俗，传承民族记忆，最终希望营造出多层次的适应现代生产生活、文化娱乐的人性化乡村综合体。

2015年5月29日，"鼓鸣寨国际学生夯土建筑设计竞赛"正式启动，邀请全球各大高校学生参赛，旨在寻求最适合的方案来保护和提升古村落及其夯土建筑群，使村落重新焕发生机，并深入挖掘当地的历史文化价值，使之成为中国传统村落可持发展的典范。竞赛得到了政府和相关院校的大力支持。来自世界各地的学生团队积极探索与挖掘村落的地域特色，提出了很多独特的、有创意的、可持续的解决方案。

鼓鸣寨的保护开发借鉴与吸取了许多传统村落的模式与经验，在各方面作出了很多大胆的尝试。其成效如何，传统村落风貌是否完整保存，新村与新居是否符合村民的生活需求，以及提供就业岗位，实现社会效益和经济效益的预期能否实现，值得期待与关注。

四、桂东壮族传统村落——阳朔朗梓村

（一）聚落概况

朗梓村位于桂林市阳朔县高田镇。据记载，村落始建于清顺治时期，至今已有350多年的历史。其始祖覃正尧，系广西宜山庆远人，原为明末农民起义军领袖李自成部下的一名战将，驻守北平，在一次清兵入关大败北平的战役中落荒而逃，路经朗梓，见此地土地肥沃，水秀山清，便举家安定下来，由于居家俭朴，勤奋劳作，至咸丰年间，覃氏家族人丁兴旺，家财富有。于是，请匠购料，扩建居所，逐步建成了如今的朗梓古建筑群。朗梓虽为壮族聚居村，但其建筑基本汉化，并在长期发展的过程中构建出了独特的聚落空间与文化。

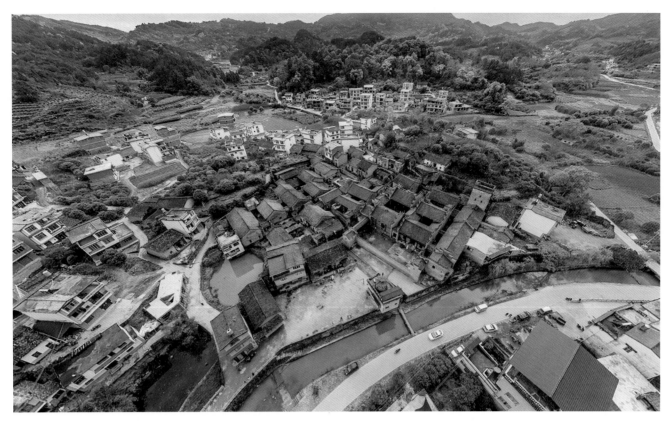

图4-1-12　朗梓村鸟瞰（来源：文明　摄）

（二）村落布局

朗梓村地处漓江沿岸的丘陵河谷地区，四面环山，自西南向东北的溪流绕村落西北面而过。

村落以覃家大院为核心展开，整体呈团块状布局。村前有晒坪，现也兼作运动场地使用。紧邻西北侧溪流，建有高达7米的寨墙，与村落西南侧高约30米的炮楼共同形成防御态势。村落中的道路网络以纵向为主，横路相对不明显。民居多为三开间两进或三进的宅院，坐南朝北，朝向一致，形成了相对规整的聚落肌理（图4-1-12）。

图4-1-13　瑞枝公祠（来源：韦浥春　摄）

（三）建筑特点

村落中的重要公共建筑是覃家大院东侧的瑞枝公祠（图4-1-13）和村落东南坡地上的老祠堂——覃家大院（图4-1-14）。覃家大院修建时间较早，为覃氏家族迁入此地时共同建造，规模略小，形制稍简，随着村落的扩张而逐渐为新建住宅所包围，因而形态上并不凸显。瑞枝公祠与覃家大院毗连，共同组成两路、两廊、

图4-1-14 覃家大院（来源：熊伟 摄）

一横屋的建筑组群，形成了村落的核心建筑群，并起到统领聚落整体空间格局之作用。瑞枝公祠为一座三路二进三开间的祠堂，中路依次布置门厅、正厅和后厅（已毁）。门厅与正厅所坐落的台基随地势逐层抬高，门厅台基高约1.2米，正厅又提高约0.4米。门厅面阔三间，

进深三间十三架，高约8米，正厅面阔三间，进深三间十五架，高约8.5米，均采用抬梁式木构架，马头墙式硬山顶（图4-1-15）。右路的三座衬祠高2层，这在祠堂建筑中较为少见，并且该组衬祠在门厅右侧通过镶嵌伸出的楼阁式暗房与炮楼连接，外墙上还设有枪眼，据此可推测，这一路衬祠在特殊时期应有防卫、宿兵之用。左路为若干段小天井形成的巷道，可直通后厅。覃家大院位于瑞枝公祠西北侧，由一座三进宅院和横屋组成，横屋与宅院之间同样以狭长的天井和巷道分隔。中路的前后天井开有侧门，与祠堂和横屋相联系。瑞枝公祠与覃家大院共享前院，院落宽敞，以围墙环绕，院墙西北侧设置院门与闸门，炮楼则分设于建筑群的东北、西南角（图4-1-16）。

整个建筑组群呈现出明显的防御性特征，河流与沿河修建的寨墙、寨门形成第一道防线。前院围墙高大而厚重，与朝向东北的闸门和朝向西北的院门形成瓮城和第二道防线。祠堂、宅院的大门以及层层叠叠的横屋坊门则构成第三道防线。分别位于东北角和西南角的炮楼消灭了观察死角，统率着整个建筑群乃至整个聚落的防御格局。

图4-1-15 瑞枝公祠与覃家大院山墙
（来源：韦浥春 摄）

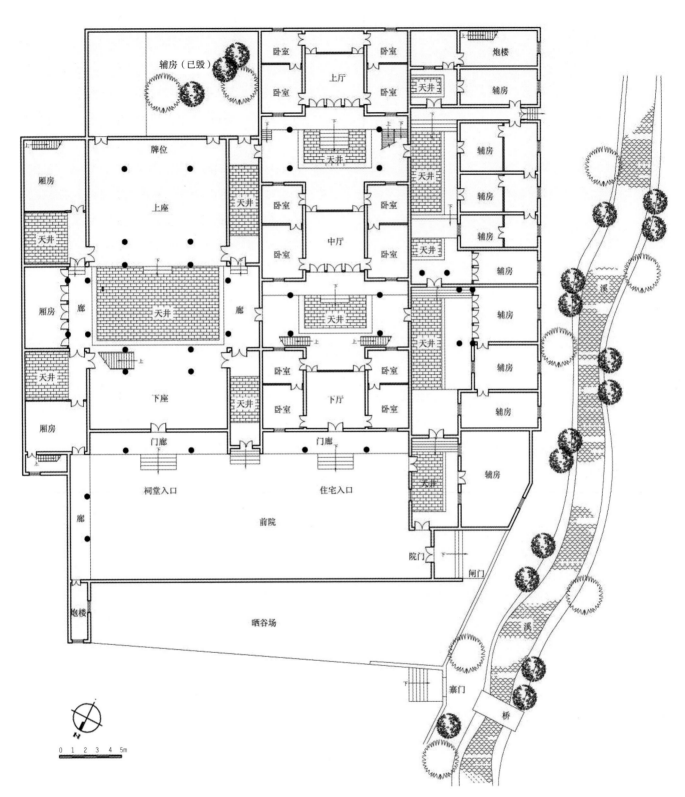

图4-1-16 瑞枝公祠与覃家大院平面图（来源：熊伟 绘）

第二节　侗族村落空间格局

广西侗族分布范围较小，集中在三江一带，以高山和丘陵地貌为主。在聚居区内，侗族属强势民族，聚落环境较苗、瑶等其他少数民族优越，故优先选择了河谷旁依山傍水的山谷或盆地（当地人称为"峒"或"垌"），作为聚落建设的首选基址。平坝型侗寨资源充足，利于扩展，易于形成向心围合的村落空间，山麓型侗寨受地势限制，向心性稍有减弱，依山形水势线性发展，空间层次变化更丰富。

与广西其他少数民族不同，在侗族聚落中，鼓楼、戏台与鼓楼坪组成的核心空间因影响着聚落空间组织而成为物质形态上明确的中心，同时，作为各层级社会组织集聚、商议、休闲娱乐和社会交往的场所而形成了民族认同的精神核心。侗族聚落由大小不同、围绕各自鼓楼的家族或房族组团组合而成，这些组团又以鼓楼为中心进行布局。可以说，侗族村落是侗族社会组织结构与空间格局的高度统一与物态表现。

一、三江平岩村

（一）聚落概况

三江县林溪乡平岩村，由平寨、岩寨、马安寨三个自然村组成，是"程阳八寨"的核心区域（图4-2-1），亦是广西侗族传统村落中规模较大，保护与发展较早的一处。平岩村拥有广西现存最为完好、规模最大的风雨桥——永济桥，并具有紧邻公路、靠近县城等区位优势以及保存较好、数量较多的侗族传统建筑、服装、歌舞、节庆等文化遗产，从而成为广西侗族传统村落的典型代表与重要的旅游景点。

（二）村落布局

地处丘陵河谷地区的平岩村，选址遵循了"负阴抱阳"的理想格局，林溪河自北向南蜿蜒而过，村落择河谷中平缓的坡地、坝子而建。马安寨为河流三面环绕，形成半岛；岩寨与平寨则背山面水，隔河相望。农田沿河岸展开，大大小小的堰塘点缀于干阑之间，坡地上种植杉树与茶树，聚落、建筑与山形水势、景观植被等形成了富有生气的互动。

各村寨组团的空间形态各异，马安寨、平寨为团块状，岩寨为河道与山体包夹，略呈带状，三个组团首尾相连，并且随着村落的发展、扩张，组团间的界线逐渐

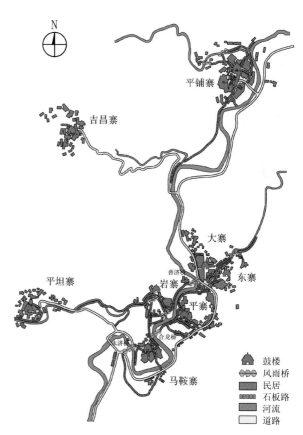

图4-2-1　"程阳八寨"空间布局（来源：《广西民居》）

198

图例：
■ 民居
▨ 水体
■ 重要公共建筑
▨ 新建公共建筑、商业街
▨ 公共场地

0 100 200 400(m)

N

图4-2-2 平岩村总平面图（来源：韦沲春 绘）

模糊，呈现出多核心、多层级的簇团村落结构，并最终形成了沿河岸高密度排布的组团状聚落群（图4-2-2、图4-2-3）。

村落边界由道路与河流、水塘、陡坎、田地、林木等自然要素所界定。风雨桥和寨门是村落出入口的重要标志，侗寨一般会在寨头、寨尾的水口设置风雨桥以"锁水锁财"，同时满足出行与休息的需要。永济桥（图4-2-4）、合龙桥即为马安寨首尾之地标，合龙桥为马安寨与岩寨之分界，岩寨与平寨则以林溪河划分。

村落内部公共空间类型丰富，且较为高大精美，主要包括：鼓楼、戏台、寨门、井亭等点状空间；河流、风雨桥、曲折蜿蜒的街道等线状空间，以及堰塘、鼓楼坪等面状空间。在各村落组团中，鼓楼、鼓楼坪、戏台围合出该组团的公共空间核心（图4-2-5），并以此为焦点向四周辐射出蜿蜒起伏、与民居穿插互动的巷道，使得道路系统呈现出一定的放射性特征。水塘、井亭依

图4-2-3 平岩村鸟瞰（来源：叶海林 摄）

图4-2-4　永济桥（来源：韦滉春 摄）

图4-2-5　马安寨核心公共空间（来源：叶海林 摄）

凭水体自由散布，穿插点缀于民居之间，丰富了空间的层次与韵律变化。核心空间、道路网络、分散的小节点，共同构成了有中心性、有标志性、有等级结构的公共空间体系。

灵活多变的丘陵河谷地貌制约了平岩村空间形态的形成与发展，同时也为村落空间的营造提供了丰富的要素与层次。较之其他少数民族，侗族具有更独特而突出的核心空间——鼓楼，对村落整体的空间营建、村落日常生活习惯产生了重要的影响。整个聚落在潜移默化中体现出一种同构的关系，从干阑空间形式、聚落空间结构到社会组织关系乃至侗族民族性格，均具有开放、团聚的特征，共同构成了独特的侗族村落空间格局与文化特质。

（三）建筑特点

村落中的木构干阑排布十分密集，其形制以横向6根木柱、纵向5根木柱的六榀五柱式为主，穿斗式木构架，悬山顶居多。建筑层数多为3层以上，入口与楼梯设于山面，二层设敞廊，作为迎客摆宴、休憩聊天、织布劳作的主要生活起居空间。敞廊面向檐面开放，体现

图4-2-6　平岩干阑式民居（来源：潘振皓 摄）

了侗族干阑与侗族人民开放、外向的性格特征。为躲避日晒、遮挡雨水，各层均增设披檐，形成层叠错落的优美造型（图4-2-6）。

近年来，为适应旅游业的发展，村落中新建了一批民宿、餐馆，多为四五层高的混凝土框架结构建筑。为保持村落风貌的和谐，新建建筑延续了底部通透架空、上层出挑、重檐坡顶等空间形式，并以杉木板饰面，大体上保持了较为古朴的面貌。

二、三江高友村

（一）聚落概况

三江侗族自治县林溪乡高友村，位于广西与湖南的交界线上，地处广西三江县北端，坪坦河最上游，是三江县境内长江流域洞庭湖水系最源头的寨子之一。全村500户2000人，侗族人口占99%，村内有潘、杨、吴、李、黄、韦、石、罗、陈、陆等10个姓氏，以潘姓和杨姓居多。全村共有水田1008亩，旱地335亩，林地4056亩，树林覆盖率为75%。高友寨始建于明万历十年（1582年），传说村寨先民潘氏为逃难从福建汀州府上杭县珠玑巷辗转广东嘉应州（梅县）而迁入广西柳州，再经融水迁到古宜大寨。高友寨开基始祖潘相金、潘相银、潘相发三兄弟于明万历十年（1582年）离开古宜到萨老湾落脚数年，后因耕地少，于万历二十年（1592年）迁至今高友寨寨门外的塘育，安居87年，清康熙十七年（1678年）最终迁到今高友寨居住，其后又有杨、吴、李等9姓陆续迁入，遂形成现有规模。

（二）村落布局

村寨在四面环山的山谷中（图4-2-7），分大寨、

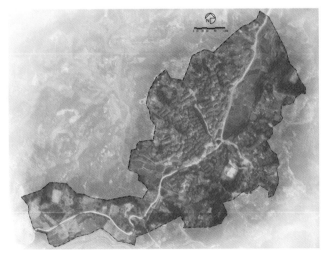

图4-2-7　高友寨鸟瞰（来源：谢小英 绘）

务文、冲木沙、牙上、墓旁、马烂、竹冲、寨脚、坳冲、双深、上溪、水坳等多个居住组团，其中大寨是建立最早的居住组团，后因人口繁衍及人口迁入，逐步向务文、冲木沙、牙上、墓旁、马烂、竹冲、寨脚、双深、坳冲、上溪、水坳等周边地带延伸居住空间，为方便指称，皆以居住组团所在位置的地形特点来命名，而道路、坡坎、田地、溪水就成了居住组团的天然边界。每个居住组团都非单一的姓氏，而是多个姓氏杂居，如最早的建筑最密集的"大寨"有潘、杨、吴等姓氏，"务文"有潘、杨、罗、吴等姓氏。因此，高友寨的居住区布局更多地展示了以"地缘"为核心的原则，也体现了他们在"血缘"上的开放性，即接受外人进入其居住组团的能力及朴素的民主精神。

早期的居住组团通常以中、小型鼓楼及芦笙坪（或晒谷坪）为核心布置，形成内核组团形式。居住组团中的居民利用鼓楼及芦笙坪议事、晒谷及举行包括红白喜事、吹芦笙、唱耶歌等活动在内的公共活动，如大寨有老鼓楼，务文、冲木沙有务文鼓楼，牙上有务牙鼓楼及老吉利鼓楼等。但后来扩展出的马烂、竹冲、寨脚、坳冲、双深、上溪、水坳等居住组团不再建鼓楼，有大事及公共活动大都到高友老鼓楼及福星鼓楼来商议或进行公共活动。此外，鼓楼通常较民居高大，或较民居精美、复杂，自然地成了每个组团的构图中心。因此，鼓楼是组团的构图中心和公共活动中心，对居住组团而言，具有化零为整、画龙点睛的作用。而向全部村民开放的公共大鼓楼——福星楼，则深刻地反映了侗族村寨虽然分组团居住，但其文化却具开放性的特点（图4-2-8）。

（三）建筑特点

高友寨中共有传统公共建筑三十余座，包括5座鼓楼、1座飞山庙、1座南岳庙、1座风雨桥、1座戏台、27座井亭及10个古墓群（图4-2-9）。除10个古墓群外，属于清代的建筑遗存就有5座，即飞山庙、高友

图4-2-8 高友寨全貌（来源：谢小英 摄）

图4-2-9 重要公共建筑历史环境要素分布图（来源：谢小英 绘）

老鼓楼、高友务牙鼓楼、高友务文鼓楼、南岳庙（图4-2-10）。除以上提及的公共建筑外，因经济的原因，一些公共信仰活动被安排在古民居内进行，如在现飞山庙前的一座老民居里，还供奉有黄、韦等姓氏迁入高友寨时带来的威远侯像（因此该宅也称为飞山庙），后因防火线的建设而遭拆除，现在防火线之南的一块空地上以砖木砌筑了一座新的小飞山庙。另外，在务牙鼓楼旁的一座百年民居里还供奉有保生大帝像，黄氏村民逢节

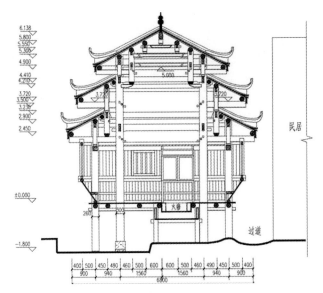

图4-2-10 上崖老鼓楼剖面图（来源：谢小英 绘）

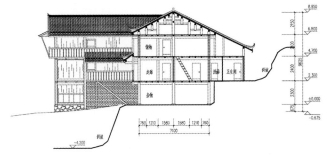

图4-2-11 潘干平宅剖面图（来源：谢小英 绘）

日都会到此祭拜。这些传承有序的公共建筑空间一方面体现了侗族人民对村寨整体空间构建的高度重视，另一方面因其间开展的公共活动，公共建筑成为凝结村民向心力、建立村寨公共秩序、营造民众认同感和归属感的重要场所，充分展现了侗寨特有的地域文化。

高友寨民居布局有致，风貌保持较好，均为悬山屋顶的木构干阑式建筑。民居皆以杉木为主要材料，穿斗式、斜梁式（早期较多，后期较少）为主要构架方式，小青瓦为主要屋面材料，木墙黛瓦的建筑随等高线排布，整体轮廓随山体错动，与周围的大山景致完美交融。高友木构干阑式民居一般有3层，传统上，一层用于堆放柴草、饲养牲畜、设置石碓（由于现在中、青年皆外出务工，因此民居一层大多不再饲养牲畜，而改为卫生间和洗澡房）；二层设置廊厅、火塘及老人卧室，是家庭成员就餐、劳动、宴客的日常起居之所；三层为年轻人的卧室；屋架层主要用于晾晒谷物、存储粮食及放置杂物（图4-2-11）。

为了方便晾晒衣物等，高友木构干阑式建筑自古喜欢在三层的向阳面设出挑半米的阳台，这一设置使其立面造型与三江县其他地方的木构干阑建筑略有不同，是

木构干阑民居谱系中特别的发展分支。此外，相邻两家若是兄弟，通常屋檐相接、二层楼板相连，每逢喜庆节日，人们欢聚于相通的廊厅，体现了"侗屋高高上云头，走遍全寨不下楼"的南侗民居的特有风貌。

三、三江车寨村平寨屯

（一）聚落概况

平寨屯是广西壮族自治区柳州市三江侗族自治县梅林乡西南部的一个传统侗族自然村，位于东经108°56′33.80″，北纬25°41′50.82″，海拔175米。平寨屯与梅林乡政府相距约5公里，与从江县相距约12公里，与三江侗族自治县县城相距约108公里。作为梅林乡车寨村所辖的4个自然屯之一（车寨村包括平寨、陡寨、寨明、相思），平寨屯共117户531人，侗族人口占99%。

（二）村落布局

平寨屯隶属车寨村，是"车江大坝"聚落上的一个重要聚点。"车江大坝"聚落是南侗地区首屈一指的大规模聚落群，村寨沿河陆续分布，共有8~9处，位于各聚落耕作田地的中心位置，各聚落间相距约1~2公里。其中平寨屯临溶江而建，为葫芦形半岛，地势较平坦。发源于贵州省独山县的溶江自西面从石碑村入境，在平寨屯迂回流转，三面环绕平寨屯，水面宽达近百米，按北京大学孙华教授对侗族村寨类型的划分，平寨

图4-2-12 平寨屯局部俯瞰
（来源：谢小英 摄）

屯属于典型的大河侧畔的侗族村寨（图4-2-12）。

目前，平寨屯一共有2个姓氏，即罗姓和石姓。罗姓和石姓以鼓楼及鼓楼前后的主干道为边界，分区域布置。早期，每个姓氏组团内又根据所属族群的不同，分成族群小组团居住，族群小组团间以巷道、坡坎为边界。后来随着人口的扩展，同一姓氏不同族的村民不再分区，逐渐混居在一起，但后期发展的民居皆有意识地围绕最初的族群小组团拓展，具有一定的层次感。无论罗姓还是石姓的组团式民居都围绕中心鼓楼布置，形成整体性强、具有内聚力的单核组团形式。此外，为了取水及交通方便，村落中建有多条垂直于等高线的石阶坡道，通往溶江边各大、小码头。这样，同标高的各户通过平行于等高线的横向巷道相联系，横巷最终都汇集到垂直于等高线的纵向通道，形成鱼骨状的道路网格。

平寨屯的公共建筑和构筑物除了1座鼓楼、1座戏台、7个码头外，最重要的是萨坛（图4-2-13、图4-2-14）。平寨屯一共有4座萨坛，含1个总萨坛和3个按姓氏祭拜的分萨坛，这是侗族村寨中较少见的。萨坛都是露天设置的（总萨坛因20世纪60年代被毁而重建在鼓楼内），以鹅卵石垒砌成圆形或近圆形，相对于鼓楼建筑而言，萨坛虽然物质实体性较弱，但更具有原始宗教的精神象征作用，是村民们心中最神圣的公共空间。

除了"萨"崇拜外，与平寨屯生活、劳作、交通息息相关的溶江河，也成为平寨屯村民的崇拜物之一，被赋予了深厚的文化内涵：水是从天上而来，到达人间

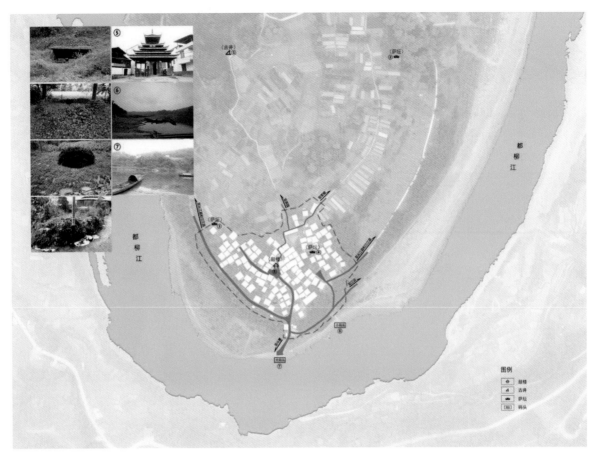

图4-2-13　重要公共建筑历史环境要素分布图（来源：谢小英 绘）

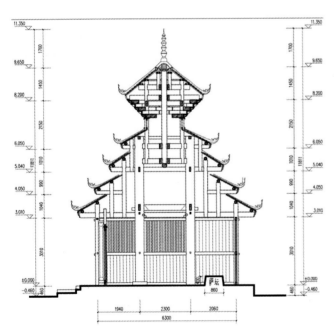

图4-2-14　平寨鼓楼剖面图（来源：谢小英 绘）

（溪水、井水），然后流到地下（溶江河），水在村民心中具有媒介的作用，是沟通与承载天、人、地、阴、阳的媒介。这种对溶江的信仰深刻地影响着平寨屯的民居。平寨屯民居除了台基是由河边的鹅卵石垒砌的外，其干阑民居二层空间的布局也与溶江河水关系紧密：他们以来水和去水方向决定房间的功能。火塘间位于来水的上方，是家庭生气的源泉；户主住火塘间旁卧室，以便于日常劳作；大儿子是家庭的主要支柱，要协助父母照顾弟妹的成长，要守住家业，因此住在靠近溶江河来水方向的一个房间，以期获得更大的能量；二儿子没有继承家业的期许，因此住在溶江河去水方向的房间（图4-2-15）。平寨屯的村民就以这样的居住方式来配合溶江水、配合大自然的大道，以求获得大自然的赐福。

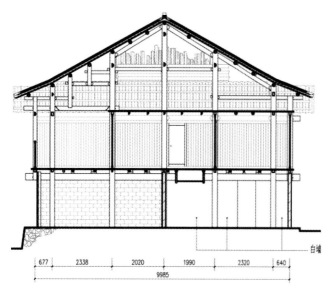

图4-2-15　22号民居剖面图（来源：谢小英 绘）

| 677 | 2338 | 2020 | 1990 | 2320 | 640 |

9985

白墙

平寨屯外部空间呈圈层式布局，即以村寨居民活动区为中心，向外扩展的第一层为农田种植、蔬菜种植区及河滩。村民们在第一圈层内，将邻近溶江河、易于取水的沃土辟为水田、菜地，在水田里养鱼，这是侗族人

的种植特色。河滩旁种植楠竹。楠竹的根茎会随着生长向四周蔓延扩散，纵横交错，对河岸有稳固土壤的作用，能有效地防止水土流失。另外，高大、坚韧的楠竹也为平寨屯村民提供了充足的建筑材料。

外扩第二层为林地区，一般种植杉树、枫树、油茶树、茶树。杉树、枫树、油茶树是传统种植树种，其中枫树主要用于风水林及村口景观的营造，有其特别的意义，杉木、油茶树则是重要的经济林，在以前是仅次于稻谷收入的主要经济来源。

这样，最终形成了具有鲜明的大河畔侗寨特色的"山—林—水—田—村"的空间格局，其中"山"用于遮蔽寒风和供山林、茶园生长；"林"用于涵养山体、水源和提供建筑用材；"水"用于饮用、灌溉、交通，"水"还冲积成小平原，从而形成田地；"田"用于生产粮食和蔬菜。以上这些为"村"提供了赖以生存的物质保障和空间保障，使"村"中民众的生计、自然生态环境得以持续发展。

第三节　苗族村落空间格局

广西的苗族多居住于山区，广泛分布于越城岭、九万大山、元宝山、金钟山等地区。广西苗族支系繁多，并在长期迁徙和不断发展的过程中形成了介乎于农耕文化与游牧文化之间，既耕且游的独特文化类型。广西的苗族聚落以干阑聚落为主要类型，其建筑形制受壮族和侗族影响较大，呈现出"近壮则壮""近侗则侗"的特点。芦笙坪则是苗族聚落空间与精神的核心。

一、融水高培村

（一）聚落概况

融水县杆洞乡高培村位于融水苗族自治县西北部，北接贵州省从江县，平均海拔约1000米，是融水县最边远、最偏僻的高寒山区聚落，也是杆洞乡最大的苗族聚落。高培村所在的山地区域以沙性土壤为主，土质疏松，保水性差，极易发生泥石流，再加上交通不便、产业规模小等原因，大多数村民收入极低、生活困难。高培村下辖大寨、田洞、归同、归朝、必耕读、乌羊、党翁、下乌惜、上乌惜、赵家塘10个自然屯，目前全村常住人口500多户，共2300余人，苗族人口占99%，有非物质文化遗产传承人（传统芦笙手艺师）1名。

大寨是高培村村委所在地，也是10个自然屯中人数最多、规模最大的一个。田洞屯紧邻大寨，共同形成了高培村的核心区域，也是村落传统风貌保持最为完整的部分（图4-3-1）。2016年，高培村大寨屯入选了第二批广西传统村落名录，2018年，高培村田洞屯入选了第三批广西传统村落名录，使得这个偏远而贫困的村落逐渐获得了各界的关注。2019年12月，高培村被评为第三批"中国少数民族特色村寨"。

（二）村落布局

大寨与田洞屯坐落于四面环山的洼地之中，其选址表现出对安全性的全面考量，避开了地势较低的山脚，选择在山腰修建房屋，以利于防洪排涝，避免因山区地势陡峭、土质疏松而导致的山体崩塌、滑坡等地质灾害，同时，又因建于山高坡陡的崖壁边而得名"陡寨"（图4-3-2、图4-3-3）。大寨由东侧与北侧的两个组团构成，田洞屯则从西南侧与大寨形成对望，三个组团围绕着山洼低处的平地呈环抱之势。谷底有溪流穿过，适于种植，于是便开垦为耕地，各居住组团之间亦见缝插针地开辟出小片的梯田或池塘，使得村落建筑与农地相互穿插、点缀，边界模糊，自然而和谐。

村落中道路崎岖、狭窄，坡度极大，以"之"字形迂回于建筑之间，因此安全事故频发。近年来，在定点扶贫单位的资助下，高培村对聚落内的道路进行了拓宽与硬化，增设了安全防护栏，使得村落内部的交通便利性得以提高。主干道多垂直或斜交于等高线，自村前的县道向高处发展，进而延伸出横向的入户支路，主路多以水泥铺设，宽约1.5～2米，支路则多为石板或砂石路面，仅可供一人通行，整体上呈不规则的网格状（图4-3-4）。

村落中的公共空间并不丰富。大寨与田洞屯的中部各有一个篮球场，大寨篮球场边上还新建了一座高培村公共活动中心，这便是村民聚会、节庆活动的场所。操场上并没有芦笙柱，但每逢年节，村民们还是聚集于此，进行村屯之间的芦笙比赛。大型的坡会，如正月十二的百鸟衣坡会，则会集中到杆洞乡政府所在地旁宽敞的田垌中举办。除此之外，村边的大树下、道路旁、干阑下的长凳都是村民们日常休憩、聊天之处。

图4-3-1　高培村大寨、田洞屯鸟瞰（来源：韦任宏 摄）

图4-3-2　2002年的高培大寨（来源：《融水苗族民居吊脚楼》）

图4-3-3　高培村局部风貌（来源：谢德明 摄）

图4-3-4　高培村道路（来源：谢德明 摄）

（三）建筑特点

高培村的民居为较典型的苗族干阑，正面多为四间或五间（含两侧披厦），山面多为三至四间，高3层。底层前部架空，后部落于台地之上。因地势陡峭，高培干阑的架空层层高较大，可达5米以上，中间铺设木板，分层使用。入户楼梯多设于山面，连接二层凹进的敞厅，敞厅后部为火塘间，卧室则设于厅堂两侧。受到地形的限制，建筑排列紧密，间距很小，但由于前后排建筑所在台地高差较大，加之架空层与敞厅的设置，保证了建筑的采光与通风，亦形成了较为通透、开放的整体立面特征（图4-3-5）。

二、融水吉曼屯

（一）聚落概况

吉曼屯位于融水苗族自治县安陲乡西北部，元宝山东麓。村落选址于靠近河谷的坡地上，东北高、西南低，河流从西南自山谷流过，将村落包裹于山水之中。

图4-3-5　高培干阑民居（来源：谢德明 摄）

据记载，明末清初，吉曼屯的先辈主要居住在安太乡培秀村，因原居住地人多地少，用地逐渐紧张，于清末迁入吉曼屯，定居繁衍，逐渐发展成如今的222户615余人的聚落。吉曼村民全部为苗族，其中梁姓村民占全村人口的80%以上，以水稻、蔬菜、茶油、杉木、毛竹、八角种植收入和劳务输出为主要经济来源。

图4-3-6　吉曼屯鸟瞰（来源:《融水苗族自治县安陲乡吉曼村吉曼屯传统村落保护发展规划》）

（二）村落布局

吉曼屯整体形态呈团块状，建筑布局较紧凑，大体上沿等高线分布，由北往南逐层拓展。村落周边是大片的梯田，村后、村东北则为风水林（图4-3-6）。通往安陲乡的县道自村落南侧横穿而过。村落主要道路垂直于等高线，通过台阶、坡道的设置，攀援而上，在不同的高度延伸出横向支路，连接各层台地上的住宅，整体上形成了树枝网络状的道路系统。由于坡度较陡、地形变化大，道路狭窄且弯曲，局部还出现了道路于建筑之下穿过的"过街楼"的形式。

寨门与芦笙坪是苗族聚落中重要的公共空间。因地形陡峭、道路蜿蜒、用地紧张，村落内部公共空间节点并不丰富，仅有几处古井、凉亭和少许绿地，公共空间只能设置于村落外围。寨门位于村落西南角，入寨公路旁，是村落交往的门面，是苗族人迎来送往的地方。吉曼屯的芦笙坪与坡场均位于村落东面的边缘区。芦笙坪

东西长31米，南北宽18米，南北两侧有4～5级阶梯状看台，是村内举行集会和娱乐活动的场地，平日里也常作为晒谷场使用（图4-3-7）。芦笙坪南侧的缓坡为坡场，并无明确边界，草木葱郁，节庆时方成为邻近村落共聚一堂的活动场所（图4-3-8）。因芦笙坪与坡场靠

图4-3-7　芦笙坪（来源:《融水苗族自治县安陲乡吉曼村吉曼屯传统村落保护发展规划》）

图4-3-8 坡场（来源：《融水苗族自治县安陲乡吉曼村吉曼屯传统村落保护发展规划》）

图4-3-9 吉曼屯民居（来源：《融水苗族自治县安陲乡吉曼村吉曼屯传统村落保护发展规划》）

近村口，更方便周围村寨居民在重大节日期间聚集于此，使聚落成了一定地域范围内的公共活动中心。

架，两山多设披檐，除正脊中央用瓦片叠置成花朵状之外，几乎不再有其他装饰（图4-3-9）。

（三）建筑特点

村落传统民居为木构干阑，顺应地形排布，大多坐北朝南，有底层全架空的，亦有半干阑的形式。首层设牲畜栏与杂物间，入口楼梯多平行于檐面，二层一侧设敞廊、火塘，另一侧以走廊连接南北两侧的卧室。走廊尽端有小爬梯可上三层储物阁楼。建筑采用穿斗木构

（四）民俗文化

吉曼屯是融水苗族一年一度的极具神秘色彩的"芒篙节"的发源地。相传当地苗族的祖先曾用古树雕刻出面具，披着芒篙藤制成的蓑衣，脸上涂抹黑灰扮成"芒篙"，成功抵御了盗贼山匪的侵扰，从此，"芒篙"便成为当地苗家所崇拜的神灵（图4-3-10）。每年农历

图4-3-10 芒篙与面具（来源：《融水苗族自治县安陲乡吉曼村吉曼屯传统村落保护发展规划》）

正月初七，广大的苗族同胞汇集到吉曼屯，与"芒篙"们共跳芦笙踩堂舞，以祈求好运降临。此外，还会有斗马、对歌等文娱活动。

三、隆林张家寨

（一）聚落概况

张家寨位于广西壮族自治区百色市西北部隆林各族自治县德峨乡的西南侧，距隆林县城37千米，海拔逾1600米，属云贵高原东南余脉，地势险峻、无平原的石山地区。全村仅有耕地172亩，经济来源以牲畜养殖为主，并依靠外出务工增加收入，故村落亦面临着严峻的"空心化"问题。

全寨目前共有48户183人，寨内居民主要为苗族中自称为"孟夏"的偏苗支系。在德峨乡居住的苗族以杨姓为主，当张姓家族迁徙至此时，举目无亲，又无同姓家庭势力保护，只好依山建寨，据险而居，在聚落选址上远离其他家族聚落，同时以险峻的石崖作为防御工事，以抵御外敌侵扰，从而形成了极具代表性的苗族高山型村落（图4-3-11）。

（二）村落布局

寨内建筑主要分布在山谷北侧的青石崖壁上，因坡度极大，可建设用地有限，故建筑只能紧靠山壁错落排布，形成了狭长弯曲的带状空间形态。张家寨本无寨门，亦无围墙，以石壁和林木作为天然的聚落边界。村中道路或为垂直于等高线的陡峭石阶，或为夹于台地与民居间的蜿蜒巷道。受到地形的限制，村落中并无开阔的公共空间，仅在地势稍微平缓处开辟出小块平地或在屋前用石块、石板架起晒坪，作晾晒、休憩之用（图4-3-12）。

（三）发展变迁

二十余年前，村落中的建筑集中于西北侧崖壁上的"上寨"区域，以局部石块垫平、局部架空的对山体坡度变化有更好适应性的半干阑式建筑为主，少量木构地居，青瓦悬山顶，少数在山面设有披檐。建筑基础与底部架空层多用石材砌筑，上部则为木材拼接或竹篾编织，材料原始、自然，仅在檐下瓜柱处稍加装饰处理，整体立面简洁朴素（图4-3-13、图4-3-14）。

然而，由于自然灾害，年久失修，生活需求逐步提

图4-3-11 张家寨全貌（来源：百色市乡村办 提供）

图4-3-12 张家寨局部鸟瞰（来源：百色市乡村办 提供）

图4-3-13 张家寨干阑民居（来源：梁汉 摄）

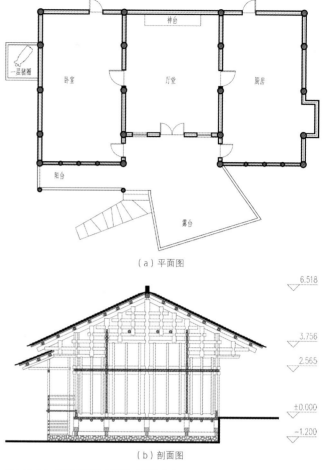

（a）平面图

（b）剖面图

图4-3-14 张宅测绘图（来源：梁汉 绘）

高，砖、混凝土等新型材料的引入等原因，近年来，村落中的传统干阑逐渐破败而被拆除改造为砖瓦房，并逐渐向东南侧相对平缓的旱地扩展，新建钢筋混凝土建筑，形成了"下寨"。聚落的传统空间格局、具有民族特色的质朴风貌遭受了不同程度的破坏。

2014年，张家寨新农村建设改造工程动工。在村落总体的空间形态层面，以新修通的过境公路为轴，平整出村口广场，在其北侧新建牌坊式寨门与游客服务中心、观景台等公共空间节点，形成旅游发展的新核心，同时拆除老村中的一些临时搭建的、质量较差的建筑、棚屋等，以增加村落中开敞的公共空间。此外，在村落东侧利用平坦的地势规划新居住区，作为村落发展预留用地和新农村示范点，公路南侧则充分利用山坡地形打造旅游服务带。对于村落建筑的改造，以"完善保护、修旧如旧"为原则，修缮保护类建筑、立面改造类建筑、新建建筑均延续了就地取材的传统，仍以木、竹为主要建材，辅以石块与少料水泥，使村落整体风貌协调统一，并与周边石山、树木融为一体。

第四节　瑶族村落空间格局

广西境内的瑶族人口占全国的三分之二，分布相对分散，支系也很多，主要可归纳为山地瑶与平地瑶两类，其文化特征与聚落空间形态的差异也非常大。

由于文化相对弱势，山地瑶长期生活在人烟稀少的崇山峻岭中。为防外族入侵，便于狩猎与采摘，选址于山崖、山顶或陡坡上，这也是瑶族先民最主要的聚居形式。因交通不便，资源稀缺，村落通常规模不大，发展缓慢，依山就势，布局自由分散，无明显的中心与轴线，更没有等级序列。除了作为民族标志、精神寄托与祭祀活动场所的盘王庙、聚会广场以及一些简朴的土地庙、禾仓之外，村落中的公共空间严重匮乏。住居以干阑式为主，就地取材，五六座干阑组成一个小型居住组团，若干组团之间再以树枝状道路相连，构成村落，街巷格局并不完整。灵川老寨村、新寨村，大化弄立屯、盘兔村，龙胜金坑大寨、黄洛瑶寨，金秀门头村、上下古陈村均为山地瑶传统村落的代表（图4-4-1）。

广西的平地瑶多分布于富川、恭城的汉族聚居区内。相对平缓的地形地貌与汉文化的强烈影响，使平地瑶村落与当地的汉族村落非常相似，或沿河谷带状发展，或以特定公共空间为核心簇团式发展，村落形态较规整。公共建筑的形式学习与借鉴了汉族，故而丰富了起来，庙宇、凉亭、戏台、门楼乃至防御性碉楼和宗族性的祠堂都出现在平地瑶村落中，祠堂也往往会成为村落空间的核心。道路结构相对整饬，内部巷道层次丰富，一些聚落出于提高防御性的考虑，还建有碉楼，聚落整体形态与汉族聚落无异。富川凤溪村，恭城红岩村、朗山村，均是平地瑶的典型案例（图4-4-2）。

（a）灵川老寨

（b）金坑大寨

（c）金秀六巷

（d）新寨盘王庙

图4-4-1　典型山地瑶聚落（来源：韦浥春 摄）

（a）富川凤溪	（b）恭城红岩

（c）恭城朗山	（d）瑶寨祠堂

图4-4-2　典型平地瑶聚落（来源：韦浥春 摄）

一、金秀六段屯

（一）聚落概况

六段屯坐落于大瑶山中部凹谷处，海拔约960米，三面环山，村落中部有小溪横穿而过，为典型的高山瑶寨。周边山脉海拔最高达1600米，林地面积广阔，农业产业结构以茶叶种植为主，还有少量的耕地分布在山谷溪流旁，但稻谷产量较低（图4-4-3）。全屯共有80多户人家，实住60余户，约240人，均为茶山瑶。茶山瑶，自称"拉咖"，据考证，金秀茶山瑶于宋代就进入了大瑶山地区，距今有约800年的历史，是最早进入大瑶山地区居住的瑶族支系，总人口约1万人。

（二）村落布局

村落规模很小，整体形态呈线状，主要由一条约300米的狭长街道构成。街道两侧建筑上方的坡地开辟出层层梯田，紧密地裹挟着狭长的村落，当地村民将这样的格局称为"五马回巢"（图4-4-4）。

图4-4-3　金秀六段屯卫星图（来源：谷歌地球）

图4-4-4　金秀六段屯鸟瞰（来源：张文豪 摄）

平行于等高线呈南北走向的街道是六段屯公共空间的主体，街道两侧民居依次紧密地排列，使得每家每户均可沿街而建，保证了享有公共空间的公平性（图4-4-5）。街道两端各有寨门1个，寨门与两侧民居高大、封闭的山墙形成了聚落的防御体系。村落中部还有一块镶嵌于民居墙上的石碑。该石碑立于1991年正月初一，六段屯全体村民以历史上的石碑为基础，结合当时的社会环境状况，议定了"六段村石碑条约"12条，并举行了立新石碑的仪式。在其后的一段时间内，六段屯新石碑在秩序维持方面起到了积极的作用，对于维护

图4-4-5　金秀六段屯街道（来源：韦浥春 摄）

图4-4-6　六段屯石碑（来源：韦湜春 摄）

村寨治安、保障村民财产安全有一定的意义，但由于新石碑委员会权威性不足，新石碑的实际效力未能得到普遍且长期有效地实施，使石碑组织逐渐形同虚设。尽管石碑制度已不再执行，但它作为一种传统文化与社会组织的载体早已深入民心、根深蒂固，并且在日常生活中还发挥着潜移默化的作用（图4-4-6）。

（三）建筑特点

村中民居最早修建于清道光至光绪年间，大部分为东西朝向的青瓦砖房，沿与等高线平行的道路两侧整齐排列。六段屯传统民居采用了狭长的平面格局，一般为二层，正面单开间，面宽仅4米，进深三跨，总进深约

为13~15米。首层为生活起居的主要空间，门厅、堂屋、仓库，各功能用房层层递进，门厅与堂屋之间设有狭小的卧室，亦被称为暗房，旧时曾用作储藏、分娩房。堂屋一侧摆放茶山瑶传统的月亮床，另一侧为火塘，中间作为客厅。二层主要为卧室，厅堂及暗房上方的屋架、阁楼则作为禾仓使用（图4-4-7）。

吊楼是茶山瑶民居中最为独特的构成部分，一般位于房屋大门两侧的屋檐之下，出挑于民居正立面上，其内侧还有一个木构的小房间。按旧时习俗，该房间一般住着成年的待嫁姑娘，当男青年看上了某位姑娘，便可到姑娘的吊楼下唱歌传情，若情投意合，姑娘就会拉着男青年爬上吊楼。吊楼作为未婚女子谈情说爱的专属空间，曾是茶山瑶独特的民俗文化的物态体现。但有关资料表明，大约在民国末期，这种风俗已逐渐消失。

房屋的前墙及外露的侧壁、后壁大多使用青砖砌筑，厚实坚硬；两家之间共用的山墙过去常用泥砖砌筑，如今亦逐步以砖墙加固。此类房屋几乎完全封闭，不开设窗户，亦不设置庭院，仅通过天窗和亮瓦采光、通风，因此室内光线不足，空气流通欠佳。

此外，装饰精美、雕龙画凤，也是茶山瑶传统民居的特征之一，大门、碉楼、神龛、月亮床均雕刻有象征吉祥、富贵的文字与图样。屋深、门多、墙高，反映出了六段屯民居的防御性特征，装饰精美则体现了茶山瑶相对优越的经济条件和在与汉、壮民族的交往中形成的审美文化。

二、富川福溪村

（一）聚落概况

福溪村位于广西贺州市富川瑶族自治县油沐乡西南部，距富川县城40公里，距贺州市100公里。福溪村地处黄沙岭中段山脚下，属丘陵地形。村落三面环山，数公里内没有其他村落，形成了"五马归巢"的自然景观

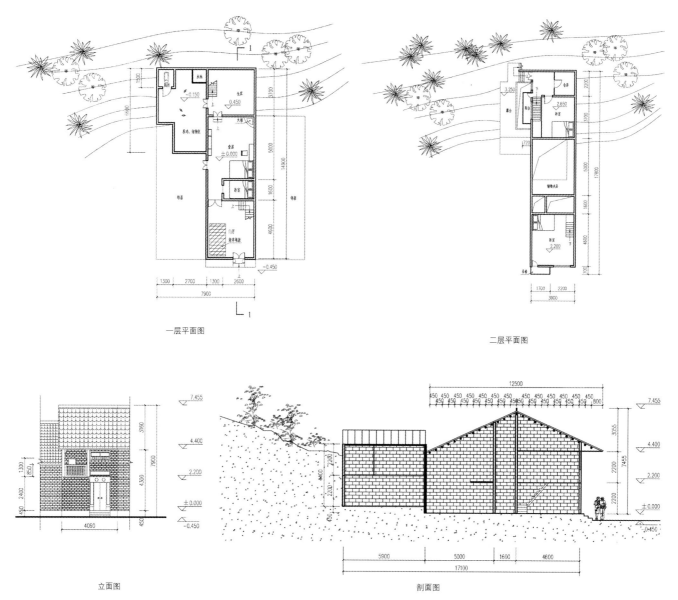

一层平面图

二层平面图

立面图

剖面图

图4-4-7 六段屯某茶山瑶民居（来源：廖宇航 绘）

格局。山上森林茂密，西南部是耕地，有一相对开阔的出口。沿山间小路可东达麦岭，西北通湖南的江永、道州。福溪村原名"沱溪"，据《福溪源流记》记述："其初地形凹凸高低不等，故名为沱溪。"又因村落东头常年喷涌出一股清泉，为村落提供了生活、生产用水，抚育了人民和土地，被村民改称为"福溪"。

福溪村所在的富川地区，自古以来便是瑶族聚居之

地。唐朝以后，周、蒋、何、陈四大家族先后迁入此地，随着历史的发展、时间的推移，与当地的瑶民和谐相处，相互融合，形成了瑶、汉融合的独特文化遗存。至今，全村约有360户1600余人。

福溪村坐东南朝西北，围绕福溪与福溪街布局，整体形态呈带状。村落大体上可分为村西北的休闲、娱乐、后勤区，村中部的商业区以及村东南的居住生

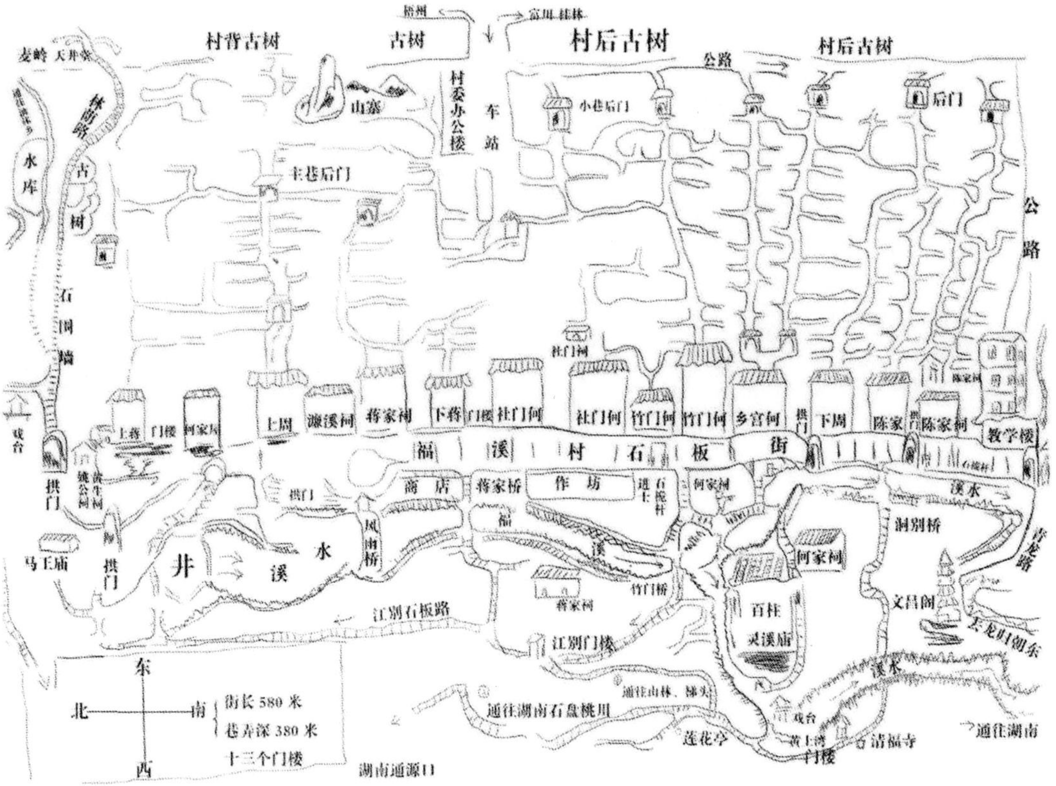

图4-4-8 福溪村总平面
示意图（来源：《广西富川
县福溪古村发展与初探》）

活区，空间体系层面，则以"一溪、二庙、三桥、四
祠、十三门楼、十五街巷"为主要构成要素，形成了
在顺应山形水势的同时，井然有序地拓展的村落格局
（图4-4-8、图4-4-9）。

（二）村落布局

村落外围本有石墙环绕，以防御匪盗、围护村寨，
但现已难觅踪影。村前是溪水环绕，道路蜿蜒，风雨桥
横跨水面，庙宇、戏台点缀两岸的惬意景致。跨过溪
水则为村落的核心区，长约1里、宽近2米的主街——
福溪街纵贯全村（图4-4-10）。街道两侧为商铺与作
坊，周、蒋、何、陈四大家族的祠堂按迁入定居的先后
顺序沿主街由北往南依次排列（图4-4-11）。面朝福
溪的一侧，设有各姓氏家族的门楼13座。门楼之内便
是村落的居住区，并且均为同一姓氏家族的民居。内部

图4-4-9 福溪村民居建筑群（来源：熊伟 摄）

巷道往靠山、风水林的方向延伸，其尽端还设有后门。
垂直于巷道延伸出了更为狭小的巷弄，串联起各户宅
院，形成错综复杂的街巷体系。福溪街上间或设有数座
形制略简、高度略低的门楼，是为分隔街区的防火门、
防御门。

图4-4-10　福溪街（来源：熊伟 摄）

图4-4-11　福溪河畔濂溪祠（来源：熊伟 摄）

（三）建筑特点

村落中的公共建筑数量较多且形式精美，据记载，福溪村曾有24座古戏台、24座庙宇和24座石花广场。现在保存完好的尚有古戏台、庙宇及风雨桥各3座。

灵溪庙是其中保存最完整、最宏大，亦最具地域、文化特色的一座庙宇。灵溪庙坐落于村西北，背临福溪，为颂扬与祭祀马殷而建，明永乐十一年（1413年）立庙祭神，明弘治十三年（1500年）正式落成。其后，在康熙、嘉庆年间均进行过修葺，同治年间又增建两侧的耳房和殿前的广场、戏台，遂成如今之规模。庙内因采用120余根贵重的格木大柱而得"百柱庙"之名。庙宇的梁架繁复而精美，是广西古建筑木构架中的杰出代表，既遗存了宋《营造法式》或江南地区的古老做法，也继承了岭南地区本土少数民族建筑中的常用手法，是少数民族建筑技艺与汉族建筑技艺相结合的经典案例（图4-4-12）。

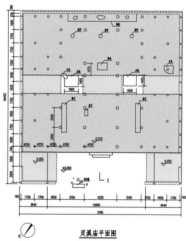

灵溪庙平面图

图4-4-12　福溪灵溪庙（来源：谢小英 绘）

村落中的13座门楼，既是区分各家族居住区与村落商业街、庙宇、祠堂、耕地及其他功能区域的节点，也是村民日常休憩、娱乐的场所，更是彰显家族荣耀与地位的象征。门楼形式各异，恢宏、宽敞且装饰精美，多为三开间，有的甚至采用了歇山顶。早期门楼设有可关启的门扇，与其后的巷道一起形成了村落的防御体系。如今的门楼则更多是完全开敞，其内部悬挂了大量功名牌匾，作为"过厅"般的交通节点和公共活动的空间（图4-4-13）。

因村落用地的局限，民居以三开间三合天井式为主。早期的住宅天井较小，主入口位于前天井的一侧，与纵向的巷弄连通。后期民居开门方向则比较灵活，可从山墙方向直接连通横向巷道，且天井尺度得以扩大，其周围空间得到充分使用。随着村落商业的发展，福溪街两侧的民居还出现了上宅下店的形式。

图4-4-13　门楼（来源：熊伟 摄）

建筑结构采用硬山搁檩，内部为穿斗木构架，外墙用红砖砌筑，正房两侧多为人字山墙，三角形墀头翘起，饰以灰塑。厢房或天井照壁则采用马头墙或一字墙。

第五节　汉族村落空间格局

一、广府式村落

广府聚落主要分布于梧州、玉林、钦州、贺州等桂东南地区，南宁、柳州、来宾亦受广府建筑文化影响较深，同时，广府建筑文化也顺着西江流域深入桂林、百色等地区。总体来说，这些地区属于广东广府文化的边缘区域，其建筑特点与粤中地区也有较大差异。

从聚落布局来看，水体、宗祠等的分布与规制和村落的风水意象仍具广府特色，略呈梳式布局，但却不似粤中聚落般严整规矩，同时，建筑体量亦较广府核心区高大，不仅有传统的"三间两廊"的住宅单元，更多是规模较大的宅院及其构成的聚落。其原因，一方面是远离广府文化核心区而导致了文化的变异，另一方面则得益于广西多变的地形地貌以及桂东地区土地肥沃，自然资源丰沛。村落拥有更大面积的土地，建筑单体的规模便较大，再顺应轻微起伏的地形，最终呈现出相对松弛的布局形态。

（一）玉林高山村

1. 聚落概况

高山村位于广西玉林市北面5公里处的大容山西南余脉的山坡上，海拔约100米。村落始建于明朝天顺年间（1460年），迄今500余年，村落选址背山面水，村南有清湾江顺流而下，周边还环绕着7座低丘，被称为"七星伴月"之态（图4-5-1）。明朝地理学家徐霞客曾

图4-5-1　高山村局部鸟瞰
（来源：凌萍 摄）

于1637年路经高山村，被其参天巨松、大榕树等自然景观和热情好客、无虞无诈的民风所吸引，并夜宿高山村。这段经历在其游记及《郁林州志》《广西史料》中均有记载。

村中居民有易、牟、陈、李、钟、马、朱七个姓氏，又以牟、陈、李三大姓氏宗族组成，其中以牟姓最多，占整个村落人口的90%。村中现有祠堂12座，牟姓祠堂有8座，陈氏3座，李氏1座。因此，村落的总体形态呈围绕不同层级的宗祠或支祠布置的多中心组团式布局，表现出顺应地形的梳式布局、以宗祠为核心有序发展、防御性强等特点。

2. 村落布局

高山村延续了广府的梳式布局模式，但并不过分强调规整方正。建筑顺应环境，根据组团分为坐西北向东南和坐西向东两种走向排列。村前设鱼塘，村后靠坡地，村中种植树木。梳式布局的主巷朝向池塘，南风或东南风顺着主巷进入村落，再通过支巷进入民居，形成良好的微气候环境。此外，村落街巷系统层次分明，方向明确，可达性良好。建筑组团交接处的开合处理形成了自然曲折、灵活多变的街巷空间节点（图4-5-2）。

高山村的宗祠体系非常完善，不仅宗祠数量多，还具有层次分明的等级关系，是村落宗族结构的物化体现。各姓氏或某一姓氏的各支系分别形成相对独立又相互照应的民居组团。各组团以宗祠为布局中心，宗祠的规模、形制是最高等级的，其他民居则以统一的朝向整齐有序地排列于宗祠两侧，形成纵横分明的道路网络和秩序感强、主从关系清晰的组团内部格局，呈现出一定的理性原则和规划痕迹。高山村现存宗祠12座，主要是牟氏、李氏、陈氏的宗祠。其中，牟氏尤其热衷于修建宗祠，各支系都修建有自己一房的宗祠，共8座，体现出了宗族的归属感与凝聚力。

在防御层面，高山村实行封闭式管理。为防范盗贼，村中修筑了围墙，并陆续兴建了5座闸门，围墙外侧种植刺竹或以水塘为天然屏障。村内每条巷道两端也设置小闸门，形成了由外至内、完整严密、多级层次的防御系统，聚落的围合感与封闭内向性得以增强。

陈源实祠
牟光烈祠
陈远扬祠
陈乐善祠
牟著存祠
牟致齐祠

李垂宪祠
牟敦叙祠
牟盛江祠

牟思成祠　牟绍德祠　牟华章祠

图4-5-2　高山村总平面示意图（来源：根据谷歌地球绘）

3. 建筑特点

高山村民居属于较典型的广府式三间两廊，以一进或两进的三合院居多（图4-5-3）。门户侧入，且多向阳，堂屋居中，两侧为辅助用房或通廊。用地充分或经济富足的人家则采用增加进深、扩大院落或加建横屋的方法来增大建筑面积。院落以沿纵深方向串联的方式进行组合，相邻建筑之间则以约2米宽的窄巷沟通。为适应岭南地区炎热多雨的气候特点，高山村民居墙体多采用外青砖、内泥砖的砌筑形式，强度较高的青砖有利于抵御风雨侵蚀，泥砖则具有较好的隔热保温效果。

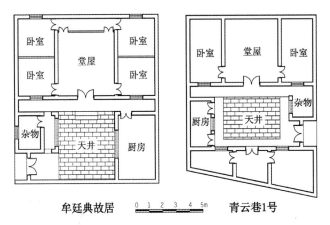

牟廷典故居　　0 1 2 3 4 5m　　青云巷1号

图4-5-3　高山村广府式三间两廊（来源：熊伟 绘）

（二）象州纳禄村

1. 聚落概况

象州县罗秀镇纳禄村的历史渊源有诸多说法，据考证，村落的兴建大约在明末清初。当时清军南下，世代受封于桂林的靖江王及其后裔感觉到王城不再是安定的居所，于是举家南移，想沿着桂江抵达广州，但船至梧州时听闻广州已被清军占领，他们只能分散开来，另外寻找新的落点。其中有一支队伍沿着西江、柳江、罗秀河溯流而上，进入被崇山峻岭环抱的象州罗秀地界，看到这里依山傍水、土地肥沃、风水奇佳，可以避开清军锋芒，偏安一隅，便在此处定居，繁衍生息。发展至今，全村约有226户1100人，为壮汉杂居村落。

2. 村落布局

纳禄村，位于罗秀河下游分岔环抱而形成的一块小盆地中。村落坐北朝南，罗秀河如"玉带缠腰"般环抱，形成"鱼跃龙门"的孤岛福地，村中的建筑群恰恰位于"鱼鳍"之上，村前为大片肥沃的耕地，因而也有"纳享东北古鹿山，禄受莲花好地场，村座背靠垫御枕；南朝礼教育才郎"之说（图4-5-4）。

纳禄村整体形态呈现规则的团块状布局，建筑均坐北朝南，多条平行布局的主巷与村落朝向一致，呈现出广府梳式布局的特点（图4-5-5）。

村中原有朱氏祠堂三座，现仅余一座，位于北侧组团西路首进，前后两座组成的院落。"大雅堂"本为村落中规模最大的一座祠堂，位于现存的两个民居组团之间。据说其内曾安放有四顶官员专用轿，配有"廻避、肃静"牌四块，另有八顶平轿，各种锣鼓乐器齐备，供喜事专用，偏房还设有"一味书香"书屋，专供族长及文人、贵宾品茶和研读诗书，但如今仅存断壁残垣，尚在修缮中。除此之外，村落中亦有村树、广场、水塘、井台等公共节点，但数量较少，没有特定的形式或位置，在村落整体空间体系中的作用并不十分显著。

据说村落中原有清代民居36座，后因战争的原因部分被损毁，现仅存24座，集中在村落的中部核心区，大致可分为南北两个组团。受到核心建筑群整饬布局的影响，村落周边新建的住宅亦沿规则的网络状道路展开，形成了方正严整的村落格局。

图4-5-4　象州纳禄村卫星图（来源：谷歌地球）

224

图4-5-5　纳禄村鸟瞰（来源：张文豪 摄）

3. 建筑特点

村落中心的24座老宅院均为典型的三间两廊模式，东侧廊开门与巷道或横屋相连，作为门房，西侧廊多用作厨房。三间两廊的宅院沿纵向串联形成前后贯通的院落组合。南侧组团为三路四进院落的布局，其中东侧两路均设有横屋，由此形成贯穿南北的3条主巷道，巷道内部还设有多道闸门。首进宅院在天井前加建门屋，形成四合天井式，大门设于正中。北侧的组团则为两路四进院落，两路院落之间夹以纵向巷道（图4-5-6~图4-5-8）。

图4-5-6　纳禄村传统民居建筑群（来源：张文豪 摄）

图4-5-7　纳禄村民居（来源：韦浥春 摄）

二、湘赣式村落

湘赣民系，主要分布于湖南洞庭湖以南、资水以东和江西的大部分地区。谭其骧《湖南人由来考》认为：今湖南人的祖先十分之九来自江苏、浙江、安徽、江西、福建，而江西又占其中的十分之九。定居于湖南、

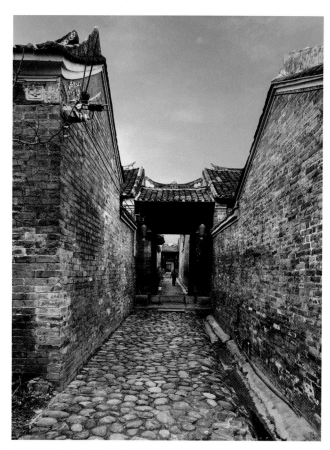

图4-5-8 纳禄村巷道（来源：韦浥春 摄）

江西的中原汉人，其口音受到古楚语的影响，逐步演变为古湘语，湘赣民系也得以形成。

桂东北地区居民多为湖南移民之后裔。自东汉以来就陆续有湖南人口移居全州等地。明代以后，大量的湖南军事或农业移民进入桂东北，对桂东北地区的经济、文化和社会发展产生了极其深远的影响，使这一地区成了"湖南人的势力范围"。

受到中原文化的直接影响，且江西本就是程朱理学的发源地，因此，以伦理道德为核心的儒家观念和儒家礼仪是湘赣民系最突出的文化特征。同时，湘赣民系地处"吴头楚尾"，既保存了中原文化的形态，又受到"楚"文化的深刻影响，体现出了一种多元并存的特征，总体上仍以北方中原儒家文化占主导。

相较于广府聚落的齐整规则，湘赣传统聚落散中有聚、乱中有序，是自由形态与几何形态的结合。道路交通以"横巷"为重，聚落组团的进深较小，建筑单体的形制与规模更多样。高低叠落的马头墙，则是湘赣聚落建筑风貌的突出特征。

（一）灌阳月岭村

1. 聚落概况

月岭村位于桂林市灌阳县城以北，是较典型的单宗族多中心组团式的湘赣聚落。全村现有470余户人家1500余人，全为唐姓。据《唐氏家谱》，该宗族始祖唐氏绍夫公于南宋理宗淳祐四年（1244年）为避兵祸从湖南永州零陵县湾复村迁入灌阳，繁衍至今已至第28代。清朝初年，唐氏家族日益兴盛，建房买地，大兴土木，村落格局逐步形成，至今仍保留了较为完整的传统建筑群。

2. 村落布局

村落选址于湖南和广西交界处山脉夹峙之中的一片丘陵平原地带，西靠栾角山，三面山岭护卫，东侧为农田，地势较平坦。西南侧的山形如犀牛横卧，状似抬头望月，故古时曾称"望月岭"，民国后方改称"月岭村"。受到山形水势的限制，村落整体呈现出顺应等高线发展的带状形态（图4-5-9）。

村口位于开敞的东面，有道路向东通往文市镇。道路南北两侧各有一座小山丘为阙，分别设有"催官塔"和"文锦塔"（现已不存）。在村口以北还建有文昌阁、步月亭和节孝坊，在满足风水需求的同时，成为村落入口空间的标志（图4-5-10）。

现存建筑以"翠德堂""宏远堂""继美堂""多福堂""文明堂""锡瑕堂"六大院堂为主，这是道光年间该村第14代后裔唐虞琮兼并了同族的土地后，为其六个儿子修建的。"六大院堂"毗邻而建，均以"后龙山"为靠山，但每组堂院的朝向与入口位置不尽相同，分别

图4-5-9　月岭村鸟瞰（来源：王定兵 摄）

图4-5-10　月岭村村口（来源：王定兵 摄）

面对岩头山、峒背山和马山，自然形成向内围合的格局。每一堂院组团的入口处多设有照壁、门楼，堂院内还设有水井、鱼塘、粮仓、祠堂、书房、戏台、花园等公共空间节点。每个堂院由少则八九座，多则十余座的独立房屋组成，其基本单元为一进一天井模式的宅院，沿各组团轴线纵向串联或横向并置，各单元之间以院落、巷道相隔，结构清晰。如今，六大院除宏远堂外，均保存较为完好，其中的多福堂规模较大，院落布局亦最为规整严谨（图4-5-11）。

从月岭村的公共空间形态来看，村落布局亦以祠堂为核心，但其规制和布局不如广府聚落般讲究、严整，祠堂的选址没有特定的要求，位于村前、村中或村后均可，在各组团中的位置亦不固定。月岭村的总祠就位于村口，长房（翠德堂）、五房（文明堂）的支祠分布在主要干道两旁，而四房（多福堂）的支祠则位于村落后山上。绍夫公祠（桂剧院），原为月岭村的总祠堂，是从事祭祀、家族议事等活动的公共场所，其内部至今保存了一座完好的戏台，并作为桂剧院一直在使用着，也

是"桂剧"这一历史文化传统民俗保存与
传承的物质载体（图4-5-12）。

水系是村落生产、生活的必要保障，
也是村落空间的重要构成要素。月岭村保
留了由井、塘、沟渠组成的较完整的水
系。村前的水渠由南向北汇入白驹岩，用
于村前农田的灌溉。同时，丰富的地下
水资源使得村落内部各大院均可设水井、
鱼塘或水池，满足了日常生活与防火用
水。除了六大院中的多处水井外，村南将
军庙边还有供全村使用的公井——上井。
此外，各大院均有排水设施，可及时将雨
污水排入村中两条主要沿路水沟，再流入
低洼处灌溉耕地或排入白驹岩地下河流入
灌江。

月岭村的空间布局与营建充分体现了
与自然环境的协调，对宗族制度的传承以
及构景手法的沿用，整体形态有序而不失
灵活。除此之外，村落的规划还体现出一
定的防御性特征。首先，村落选址三面环
抱，据险可守。其次，砌筑高墙，深挖壕
沟，设置大门，限定界域，村中道路狭窄
迂回，便于抵御外敌入侵。再次，各大堂
建筑周围砌筑高墙，设置多重院门，形成
了组团层次的防御态势。最后，于后山砌
筑暗道并连通岩洞，可供逃逸和躲藏。后
山顶建方形炮楼，居高临下，扼守要道，
统率聚落。

（二）灵川江头村

1. 聚落概况

江头村，位于桂林市灵川县青狮潭乡

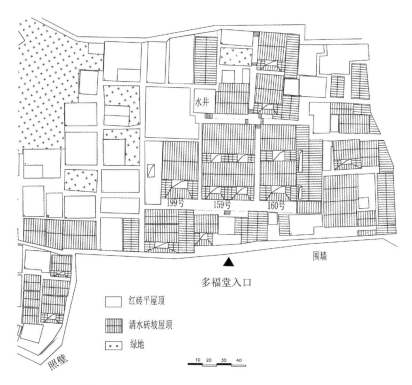

图4-5-11　月岭村多福堂总平面图（来源：熊伟 绘）

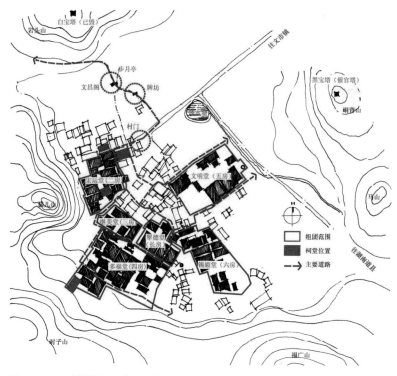

图4-5-12　月岭村总平面示意图（来源：熊伟 绘）

九屋镇甘棠江西畔，全村共183户，796人，90%以上的居民为周氏。据族谱记载，村落始建于明洪武戊申年（1368年），周氏家族祖籍湖南道州府营道县，始祖周秀旺是北宋著名理学家周敦颐的第十四代裔孙。

2. 村落布局

江头村选址讲究，所处地貌为山间溶蚀平原，群山环抱，溪流纵横，水资源丰富，土壤肥沃。村落三面环山，东面临水，村前河流蜿蜒南下，两岸相对平坦的土地被开辟成良田千顷。村后为林地、苗圃所环绕，

整个村落呈现出包裹于农林生产用地之中的圈层状态（图4-5-13）。村中新建的民居多向村后山林间扩展，以完整地保存与延续原有的农林用地格局。同时，村落水系的保存亦相当完好。在水口处设有牌坊、惜字炉，江边古树繁茂，有古井古桥，形成了良好的村落景观（图4-5-14）。

村落的公共建筑多分布于村落东侧护龙河以西（图4-5-15）。爱莲家祠是江头村最重要的公共建筑。作为周氏总祠的爱莲家祠，坐落于村落东南靠近村口处，坐西向东，是祠塾合一的代表，集敬祖、修身于一

图4-5-13　江头村卫星图（来源：谷歌地球）

图4-5-14 江头村鸟瞰（来源：赵浩森 摄）

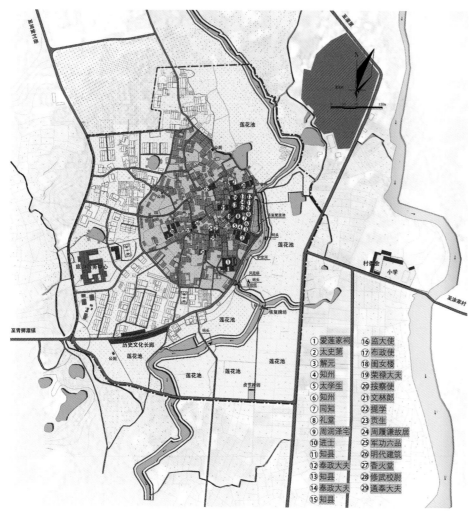

① 爱莲家祠
② 太史第
③ 解元
④ 知州
⑤ 太学生
⑥ 知州
⑦ 同知
⑧ 礼堂
⑨ 周润泽宅
⑩ 进士
⑪ 知县
⑫ 奉政大夫
⑬ 知县
⑭ 奉政大夫
⑮ 知县
⑯ 监大使
⑰ 布政使
⑱ 闺女楼
⑲ 荣禄大夫
⑳ 按察使
㉑ 文林郎
㉒ 提学
㉓ 贡生
㉔ 周履谦故居
㉕ 军功六品
㉖ 明代建筑
㉗ 香火堂
㉘ 修武校尉
㉙ 通奉大夫

图4-5-15 江头村建筑功能布局（来源：灵川县住建局 提供）

体。该祠始建于清光绪八年（1882年），现仅存一路两进五开间，是桂北地区唯一的一座五开间祠堂，其规制甚至超越了仪典中对庶民祠堂的规定。祠堂在东西中轴线上依次布局门厅（大门楼）、天井、中厅（兴宗门）、大天井、上厅（文渊楼）、半天井（图4-5-16）。其中文渊楼分为上、下两层，下层为寝堂，上层则是周氏子弟和附近生员读书的书塾。宗祠的柱、梁、枋均着黑色，象征淤泥；四壁、楼面、窗棂着以红色，象征莲花，与先祖周敦颐名文《爱莲说》相呼应。

3. 建筑特点

村落中保留有明晚期、清中晚期传统民居100余座，其中明代30余座，清代60余座（图4-5-17）。明代建筑损毁较为严重，现存的民居形制简单，面阔二至三间，均为单座单层，无天井，只设一个正门，两坡悬山顶、穿斗式结构，外墙为土坯砖砌筑，高约4米。房屋显得低矮、狭窄、阴暗。

清代的民居均为典型的多进合院式格局，呈网格状布局。其中位于村前、村中部的均为仕宦旧居，大门居

中或居一侧，入口内凹，设门斗，门额挂有"文魁""解元""贡士""进士""翰林"等牌匾。这些民居规模较大，装饰丰富，院落规整，格局清晰。村中后部的民居布局相对更为灵活，无明显的轴线和对位关系。尤其是在古井附近的巷道，呈"之"字形布局，曲折多变。邻巷建筑亦顺应地形布置，形态各异。江头村民居山墙形式丰富，人字墙、镬耳墙、马头墙均有，形成了丰富的村落界面形态。

（三）富川深坡村

1. 聚落概况

深坡村，又名深坡街，位于贺州市富川瑶族自治县葛坡镇，距富川县城17公里，曾是潇贺古道上的一处驿站，而后逐渐发展为繁荣的商业街。村落始建于宋绍定年间（1228~1233年），至今已有近800年历史，系始祖蒋士弘（宋嘉定年间进士）任桂林府通判，致仕回湘路过此地而定居。据《蒋氏宗谱》及《富川瑶族自治县县志》记载，深坡村曾出进士4人，举人9人，贡生

（a）爱莲家祠正立面（来源：陈映蕾 摄）

图4-5-16 爱莲家祠

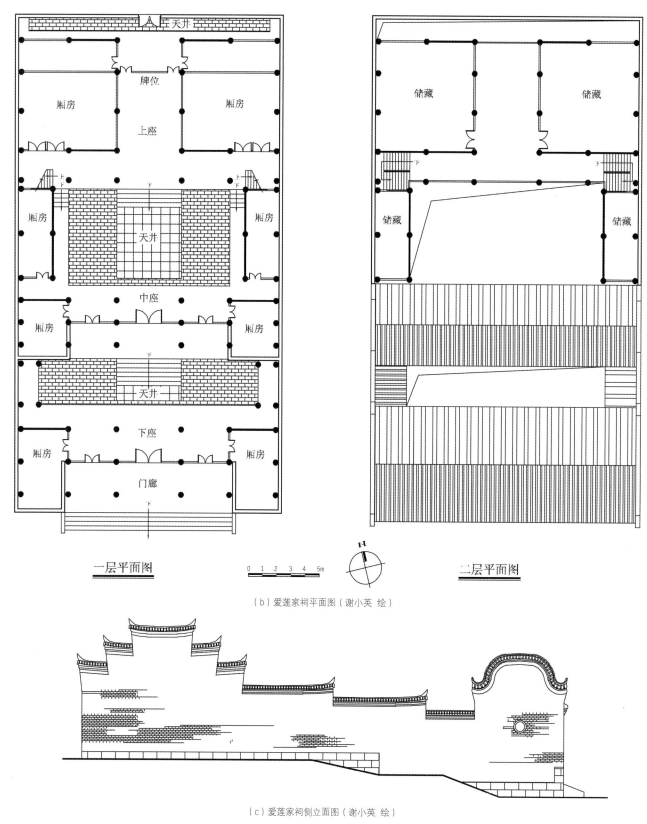

厢房　牌位　上座　厢房

厢房　天井　厢房

中座

天井

厢房　厢房

下座

门廊

一层平面图

0 1 2 3 4 5m

储藏　储藏

储藏　储藏

二层平面图

（b）爱莲家祠平面图（谢小英　绘）

（c）爱莲家祠侧立面图（谢小英　绘）

图4-5-16　爱莲家祠（续）

1. 礼堂（一层建筑）
2. 知县（两层建筑）
3. 大夫（两层建筑）
4. 知县（两层建筑）
5. 大夫（两层建筑）
6. 知县（两层建筑）
7. 进士（两层建筑）
8. 德高望重（两层建筑）
9. 同知（两层建筑）
10. 知州（一层建筑）
11. 知州（两层建筑）
12. 解元（两层建筑）
13. 知州（两层建筑）
14. 布政史（两层建筑）

图4-5-17　江头村主要民居总平面图（来源：谢小英 绘）

13人，有历代嘉封题匾数十块，蒋氏亦成为当地的名门望族。全村现有400余户1485人，除几户龟石水库搬迁移民户外，全为蒋姓。

2. 村落布局

深坡村背靠金丝猫山，面朝龙潭清水河，西南邻社公山，是山环水抱的理想择址（图4-5-18）。村中最早的祖屋紧靠金丝猫山脚而建，随后村落便遵循着由山脚向东南的建设方向与秩序拓展开来。随着潇贺古道沿线商品交换的日益繁荣，平行于等高线且顺应河流走向的商业主街逐渐成型，进而发展为以三镶街为主线、建筑沿主街两侧布局、6条巷道垂直于主街的空间格局，最终呈现出带状的聚落总体形态（图4-5-19）。近年来，随着生活水平的提高，村民在村落西北的公路沿线新建大量住宅，演变为如今的类十字团块状形态。

三镶石板街是村落的主要街道，呈东西走向（图4-5-20）。主街空间形态丰富，设置有多个收放有序的节点空间，包括三镶街首尾的2座大型门楼、巷道连接处的2座中型门楼和7座小型门楼。重重门楼、闸门与村内原有的三处炮楼共同形成了严密的防御体系。深坡村的公共建筑主要有驿站、庙宇、戏台、宗祠与书屋等（图4-5-21）。村中原有三座庙宇与一座戏台，在中华人民共和国成立后被作为"四旧"拆除。三座祠堂均建于清同治年间，蒋氏宗祠坐落于村落西南社公山脚下，玑公祠与澄公祠两座支祠则背靠金丝猫山而建。民居依据宗族关系形成若干居住组团，以玑公派与澄公派组团的规模最大，且仍保持着以各自支祠为中心、以门楼为分界的组团布局形态。此外，村中还有历代建立的

图4-5-18 深坡村卫星图（来源：谷歌地球）

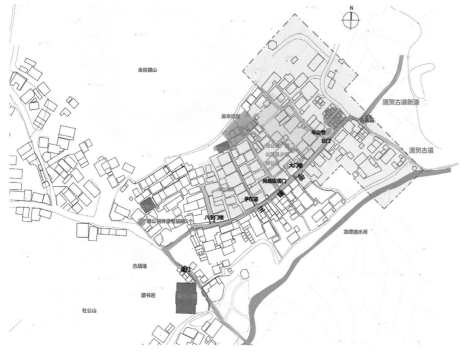

图4-5-19 深坡老村总平面图（来源：广西
大学建筑学2013级 绘）

图4-5-20 深坡街局部鸟瞰（来源：广西大学建筑学2013级 摄）

图4-5-21 深坡村古驿站（来源：广西大学建筑学2013级 摄）

书房13座，保留完好的尚有5座。位于村落西北口附近的恕堂书屋，与由庙宇改建而来的戏台相连，至今仍为村落的文娱活动中心。书屋为一进三开间，高两层，无中柱插梁式木构架，除二层楼板被拆除外，建筑各构件保存较为完好（图4-5-22）。书屋前院有正门、侧门各一扇，古时学子只能从侧门进入，正面隔板只有家中子弟考取功名后方可打开进入。书屋由例贡生蒋登云独资捐建，蒋登云号"恕堂"，书屋因此得名。恕堂先生看到本族子弟贫富不均，大多数贫家子弟不能接受教育，他深感不安，特捐出自己的田租、地租以兴建学堂。弥留之际，他还特地嘱咐他的侄子要将学堂、书屋基金等事项刻在石碑上，并强调"不得侵夺，不得变卖"，以保证学校的经费支持，充分体现了深坡村传承至今的耕读重教之风。

3. 建筑特点

深坡民居平面以"一明两暗"为基本单元，面阔三间，中间为堂屋，设有神台，神台后有楼梯通往二层，二层多用作储物。建筑总高度约7~8米，进深8米左右，面阔约12米。部分民居结合天井形成三合院（图4-5-23）。沿三镶街的民居兼作商业铺面，开间较小，设有便于售卖、灵活开启的木质门窗。

三、客家村落——贵港君子峒

客家民系亦形成于中原汉民族的南迁过程中。从西晋末年至明清的千余年间，因战乱、异族入侵、社会动荡等历史原因，客家先民经历了五次大规模迁移，相对于广府人，客家人进入岭南地区的时间较晚，平原与河流三角洲地区被广府人占据，客家人只能深入交通闭塞的山区，因而被称为"丘陵上的民族"。

客家人迁桂并形成规模是在明清时期客家第四次大规模迁徙期间，入桂原因主要为仕宦或躲避战乱，并大多来自广东、江西与福建。客家人强调聚族而居，与其他民系以村落的形式聚居不同，客家人的整个宗族若干家庭的几十人甚至几百人则习惯共同居住于同一门户之内，共享厅堂与"同一个屋顶"。相对恶劣的资源条件和地理环境使得客家人必须集约化地利用土地，选择紧凑的居住模式；为了抵御来自自然和人为的外来侵略，客家建筑也更为强调围合性与封闭性；由于地处封闭的山区，思乡情切，客家人更加注重礼制的传承，对祖先的崇拜比其他民系更为强烈，"祠宅合一"是基本的建筑空间构建模式；同时，自称"中原正统"，沿承传统"耕读传家"思想的客家人十分重视教育，屋前的月池其实就象征着学宫大门前的半圆水池——泮池。客家围

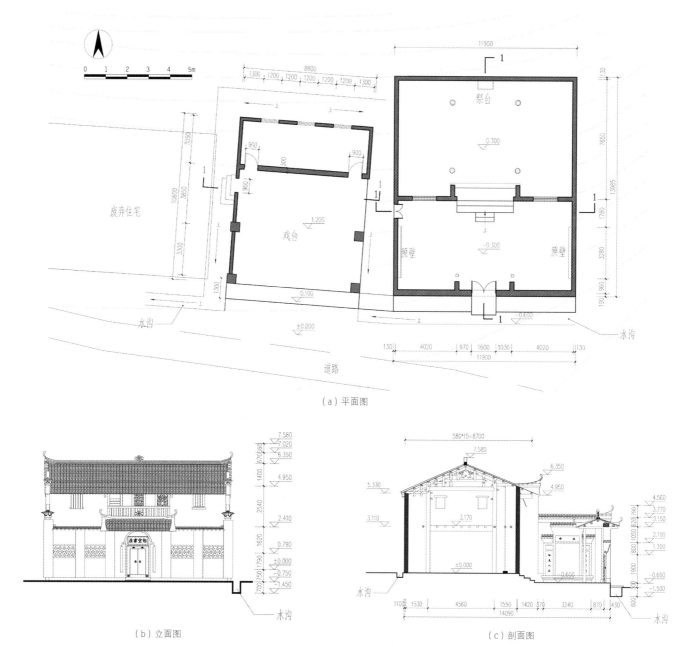

（a）平面图

（b）立面图

（c）剖面图

图4-5-22　恕堂书屋（来源：广西大学建筑学2013级 绘）

屋中的月池、禾坪、大门、厅堂、祖堂以及穿插于其间的内院、天井等严谨地布置在建筑的中轴线上，是客家文化完美的物化体现。

广西的客家聚落主要分布于玉林的博白县和陆川县以及贺州八步区和柳州柳江、来宾武宣等地区，在桂东汉族聚居区的山区中，也常见客家聚落。广西客家聚落的建筑形式主要是堂横屋，柳州凉水屯刘氏围屋和贺州八步江氏围屋是典型代表，另有少量围龙屋和围堡式围屋。

君子垌客家围屋群位于贵港市东南的木格镇云垌

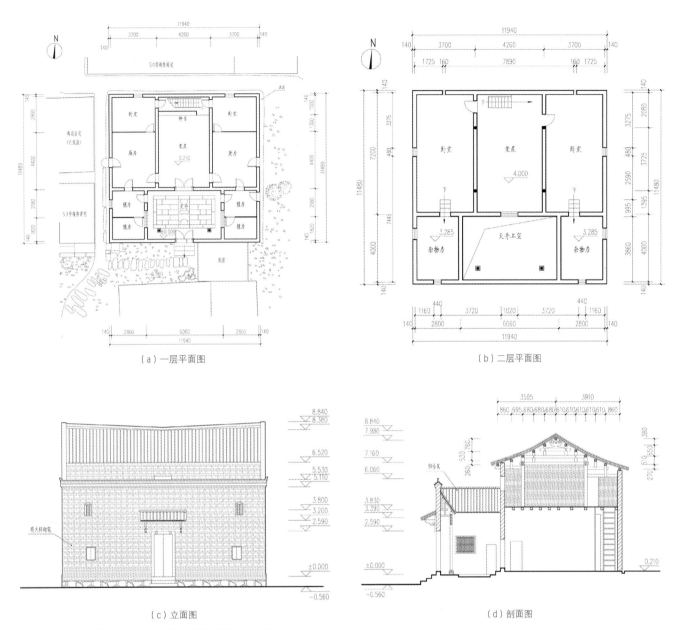

（a）一层平面图

（b）二层平面图

（c）立面图

（d）剖面图

图4-5-23　深坡村蒋尚光宅（来源：广西大学建筑学2013级　绘）

村，包括上垌、大垌、云龙、里那、石板5个客家村屯，地处广西郁江平原，南邻龙肩山，地形南高北低，村落四周为平整开阔的田垌，向北偏东远眺微伏的六里山峦，发源于武思江的两条水渠自西向东贯穿田垌而过。

围屋群由段心围、济昌城、茂华城、隆记城、元隆城、云龙围、桅杆城、畅记城、达记城、同记城、盈记城、显记城、谷坡城等19座客家围屋城组成，单座面积为2500～4950平方米，分布范围达6平方公里，是广西最大的客家围屋群，也是一处十分奇特罕见的客家人

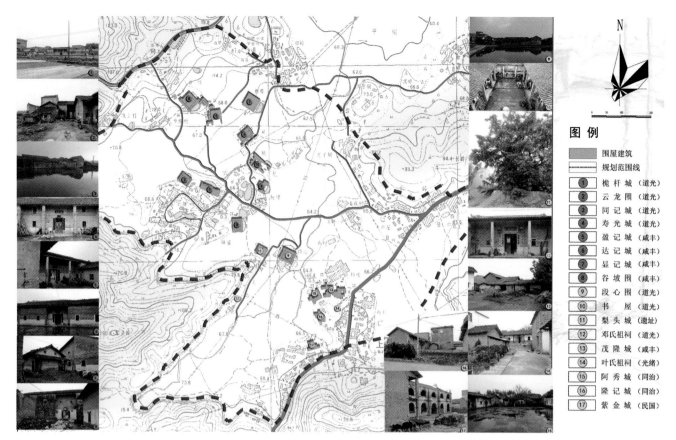

图4-5-24　君子垌围屋分布图（来源：广西大学城规2009级 绘）

图例

	围屋建筑
	规划范围围线
①	桅杆城（道光）
②	云龙围（道光）
③	同记城（道光）
④	寿光城（道光）
⑤	盈记城（咸丰）
⑥	达记城（咸丰）
⑦	显记城（咸丰）
⑧	谷坡围（咸丰）
⑨	段心围（道光）
⑩	书　屋（道光）
⑪	梨头城（遗址）
⑫	邓氏祖祠（道光）
⑬	茂隆城（咸丰）
⑭	叶氏祖祠（光绪）
⑮	阿秀城（同治）
⑯	隆记城（同治）
⑰	紫金城（民国）

文聚落景观（图4-5-24）。据《贵县志》记载，清乾隆年间，从广东迁入的客家黎氏建成"段心围"，邓氏建成"云龙围"，是该地区建造时间最早的两座围屋。17座占地4亩至40多亩不等的四角方城（黎氏7座、邓氏8座、叶氏2座）建于清咸丰年间。围城依山傍水、田宅相间、高墙厚门，集家、祠、城于一体，规模宏大，设计精美，文化底蕴深厚，历史悠久，原生态状况保持较好，交通便利（图4-5-25）。

各姓氏围屋以宗祠为核心形成组团，黎氏的围屋群组围绕黎氏宗祠布局，宗祠靠山，各围城散开形成半月向心格局。邓氏围屋组团亦然，其围合方向与黎氏相反，整体上形成两手合围的空间形态。19座围城围绕宗祠形成6个组团，突破了传统的"一围一聚落"模式，表现出"大姓氏家族围绕宗祠形成组团状结构"的

布局形态特征。

段心围与桅杆城是其中保存较完好且别具特色的两座围屋。

段心围坐落于君子垌平坦开阔的田野中间，将广阔的田垌分为两段，故称"段心围"，也叫"犁头城"。段心围为清朝附贡生邓逢元于清咸丰四年（1854年）建造，是君子垌客家围屋中建造得最早的围屋之一（图4-5-26）。整座围屋坐南向北，建筑面积为3000多平方米，二进五开间。正屋前30米外是半月形的池塘，有围墙隔开；后面是一幢2层楼的客厅，东、西两侧各有2列横屋，与四角方楼组成方城。围屋四面是用灰砂夯实的80厘米厚的厚重围墙。围屋前面东、西两侧各开一大门。东门较窄，平时不开，外有壕沟护城；西门较宽，为平时家人出入的门户。门设3层，外层是坚

图4-5-25 君子垌围屋群鸟瞰（来源：玉潘亮 摄）

图4-5-26 段心围（来源：谢小英 摄）

硬的横式圆形条木大拖门，客家人称为"拖弄"，装有隐蔽的暗锁；中层为厚实的木板门扇，里面是竖式原木"弄子"。关上东、西两扇大门，围屋俨然就是一座城堡。围屋前面池塘边的围墙上有4个直径约30厘米的"炮眼"一字摆开，后方与东、西两侧墙上亦遍布"枪眼"。如发生匪贼扰乱，只要关上两个大门，挂上土炮，备好枪械，匪徒就不敢靠近了。围屋生活设施齐全，有磨坊，随时可以加工大米，有水井，保证人们的生活用水，还有能蒸30斤米饭的大饭甑。即使围屋关闭半月，里面的居民也能饮食无忧。由于历史的原因，现在的段心围从内部被分成南北两部分，互不相通，分别住着不同的人家，这和客家内聚互通的性格完全不符。邓逢元的后代多在段心围四周建起新楼，围屋人去屋空，许多砖瓦已经破旧脱落，屋门前的半月形水塘已被泥土填平，整座围屋显得苍老，缺少生气和灵气。

　　桅杆城，又名畅记城。民间之所以称之为"桅杆城"，是因为清宣统年间客家人黎庚杨才学过人，考取拔贡，地方官府为了褒奖其杰出表现，特拨出专款，在拔贡者所在城座的月牙池塘前，筑建两条别的城所没有的桅杆，杆高4丈，古代官吏过此地，文官须下轿，武官须下马，以示敬意。桅杆城属于粤桂地区常见的长形的四方城围城形态，具有四方城外部及内部结构变化多端的特点，分新城（也称畅记城）和旧城，祠堂分别采用"二进二横式"和"三进三横式"两种格局，围屋以宗祠为中轴，不断向两边扩展出横屋

图4-5-27　桅杆城鸟瞰（来源：赵林 摄）

（图4-5-27）。该城是君子峒保留得比较完整的围屋之一，整座围屋用青砖青瓦砌成，方形四角楼，门前为半月形水塘（图4-5-28）。围城分三道门来进行防御，外城墙墙门是入城的第一道门；第二道门是围屋屋门，门框是用坚固的青石条雕刻成形的，门分为三层，第一层是几条粗大的圆柱从上方石孔直插到门框下方的石窝，形成栏栅，第二层是粗圆木制成的拖笼从一边向另一边横向拖拉开关，第三层是从内侧完成操作的对开的加厚板门；祠堂大门是第三道门，打开它，除了厅堂，就是客家人的房或厢了。桅杆城中路的祠堂和两侧的厢房都保留得很好。主体结构为砖木抬梁结构，屋檐精雕细刻、飞檐翘角；板墙外壁、厅堂内壁沿墙均绘有长幅壁画，内容为麒麟送子、飞禽奔马、竹木花草等精美图案。

图4-5-28　桅杆城（来源：玉潘亮 摄）

第一节　公共空间

一、少数民族聚落公共空间

以宗族关系组合起来的少数民族聚落，都拥有以族为单位或以村寨为单位的公共财产，如树林、田地、鱼塘、鼓楼、桥梁、凉亭、粮仓、寨门等。在接受汉文化较多的壮族聚落中，还设有宗族祠堂，其聚落结构亦与汉族无异。聚落的公共财产，除了满足生产生活必需、维系宗族关系之外，还是聚落的精神象征和特色鲜明的民族符号。这些公共建筑既有偏重于居民的精神寄托和祭祀功能的宫庙，也有偏重于聚落集会、娱乐和生产生活的鼓楼、风雨桥、谷仓等。

（一）宫、庙

作为精神寄托，庙宇在以多神崇拜为主的少数民族地区分布极广，形式各异。

土地庙在少数民族传统村落中最为常见，各地、各族村落中均有较多分布。土地神之所以得到少数民族的普遍敬畏，源于农耕族群对土地的崇拜。由于神格不高，属基层信仰，土地庙大多形制简单，小则三两石块垒筑，大则木构、砖砌小棚。庙中多无神像，唯用红纸书写"土地公之位"，贴于墙上以供祭拜，相关的祭祀活动于庙旁空地进行。土地庙常位于村口大树下或风水林中，有镇邪、护寨之意味。逢年过节或遇重大危难事件，必到庙中跪拜求签。集体祭祀则每年一小祭，三年一大祭。开春作"春祈"，求风调雨顺，人畜平安；秋收需"还愿"，谢土地公之厚赐。

壮族的莫一大王庙，侗族的萨坛，瑶族的盘王庙，此外还有飞山宫、伏波庙、马殷庙等诸多地方信仰体系中的祭祀性祠庙，均是广西地区较为常见的具有民族性、地域性特征的庙宇建筑。莫一大王、飞山圣公和盘王都是各族神话传说中，对氏族部落的生死存亡与繁荣发展作出重要贡献的英雄人物，因而被神化为地方保护神或各族的祖先与精神领袖。此类庙宇建筑的规模形制常根据民族、地域、供奉对象而有所区别，这也是质朴的英雄崇拜的物化表现（图5-1-1）。

广西少数民族传统村落中，庙宇类公共建筑的形式与尺度多与民居协调一致。龙胜龙脊村莫一大王庙，面阔两开间、进深一开间，为单层木构建筑。檐面为木屏风山面用墙，片石堆砌加固，无论开间尺寸、模数、结构还是立面形式、材质，均与当地传统民居无异。低调的体量，较偏僻的选址，使这类公共建筑并不醒目突出，这也是广西少数民族传统村落庙宇建筑的普遍形式与特征（图5-1-2）。

三江良口和里乡三王宫，是少数民族村落庙宇建筑中规模较大、特色鲜明的一座，位于和里、南寨双溪合流处的小山包上，北接人和桥（图5-1-3）。此宫建于明隆庆六年（1572年），用以祭拜古夜郎国竹氏三父子，亦是侗族村民演戏酬神以及开展其他民俗活动的场所，先后经历了清乾隆、道光、同治年间的三次大修，2012年又再次整体修葺。建筑中轴线上由南至北依次布置庙门、戏台、前院（兼作看台）、仪门、后院、庙堂（东、西两座并置），各主体建筑因山就势，逐层升高，为充分利用地形的典型代表，而东、西对称并置的两座庙堂共用墙体，在现存古建筑中亦较罕见。

三王宫的空间格局、形制、装饰彩绘具有汉族建筑之特征，又充分运用干阑建筑底层架空的方式解决了地形高差、空间错落等问题，局部梁架的处理延续了侗族公共建筑的传统做法，极具民族与地域特色。

（a）土地庙

（b）莫一大王庙

（c）飞山宫

（d）伏波庙

图5-1-1　典型少数民族庙宇建筑（来源：韦泡春　摄）

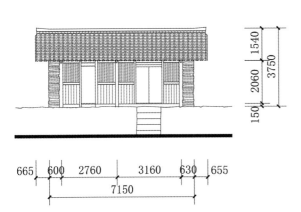

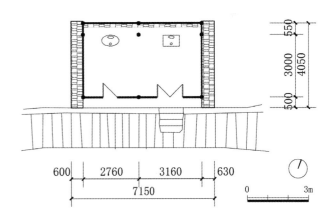

图5-1-2　龙胜龙脊村莫一大王庙（来源：韦泡春　绘）

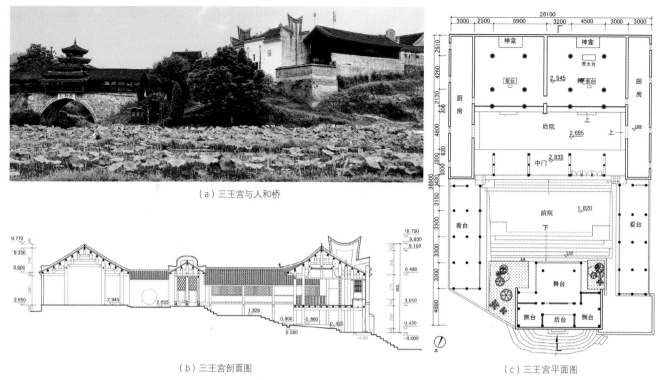

(a) 三王宫与人和桥

(b) 三王宫剖面图

(c) 三王宫平面图

图5-1-3 和里乡三王宫（来源：广西大学建筑学2010级测绘）

（二）鼓楼

鼓楼是侗族村落的标志，古谚语云"有寨必有楼，有河流必有桥"，足见鼓楼之于侗寨的非凡意义。早在原始社会时期，已有氏族或部落商议要事的"堂卡"或"堂瓦"，"堂"指大伙，"瓦"为说话，大伙说话之地，是为鼓楼之雏形。原始鼓楼形式也非常简朴，或为遮风避雨的大树，或是简易搭建的与民居类似的公房，随着社会的发展、村落的扩张、建造技艺的不断精进，才愈发高大精巧起来。桂西北三江、龙胜的侗族村落中分布着数量众多的鼓楼，一些规模较大的村落甚至拥有六七座鼓楼，靠近侗族聚居区的一些苗族村落中，也建有鼓楼。这些鼓楼的形式与尺度各异，即使在同一村落中，其选址与建造的方式也不尽相同，但都具有空间与精神上的凝聚力（图5-1-4）。

广西侗族传统村落中的鼓楼可分为塔式与阁式两类。塔式鼓楼形似古塔，较为挺拔，在视觉上与周边建筑形成对比，平面上则多为方形，对称、规整、严谨。马胖鼓楼是三江地区规模最宏大、造型最雄伟、结构最严谨的传统塔式鼓楼，高10.5米，宽11米，面积约132平方米，为广西鼓楼中面积之冠。长、宽、高比例较为接近，因而形成了稳定、敦厚的外部造型。室内中心处布置火塘，上方逐层内收的木构体系营造出高大深远的神圣感。大厅坐落于河畔高地上，与密集的干阑建筑群通过宽阔的广场与道路稍作间隔的布局方式，使得马胖鼓楼的视觉焦点与核心空间的形象更为凸显（图5-1-5）。

与塔式鼓楼相比，阁式鼓楼规模较小，小至十余平方米，如皇朝寨小鼓楼。朴实的造型和近人尺度与干阑式民居相似，协调、融洽，平面形态与选址布局上更为自由、灵活。林溪葛亮寨小鼓楼为典型的阁式鼓楼，面阔三间，进深四架，穿斗与抬梁混合的木结构。与民居相区别的是局部升起的屋面，利于排烟、通风、传递鼓

图5-1-4 鼓楼与修建倡议书（来源：韦泅春 摄）

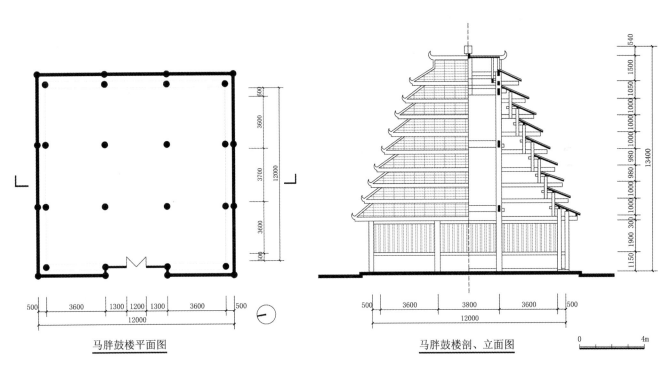

马胖鼓楼平面图

马胖鼓楼剖、立面图

图5-1-5 马胖鼓楼（来源：韦泅春 绘）

声，更从造型上提示出其特殊的功能与意义。小鼓楼选址靠近村口，与寨门和民居围合出一块形状不规则的小型广场，空间布局灵活，尺度亲切宜人（图5-1-6）。

（三）风雨桥

广西少数民族传统村落多傍水而居，桥梁因而成为必不可少的交通枢纽，"有河必有桥"。风雨桥多以青石为墩，杉木铺面，青瓦盖顶，有廊亭、栏杆、长凳，为来往村民提供遮蔽风雨、休憩之所。广西许多少数民族村落中都有风雨桥，其中侗族因建筑技艺最高，其桥梁亦格外气势雄浑而又精美雅致，尤以程阳风雨桥为代表。其他少数民族的风雨桥则从实用出发，造型简朴，且数量不多，通常也称为"凉桥"，在三江、龙胜一带与侗族杂居或邻近的相对富裕的壮族、苗族村落中较多见（图5-1-7）。

侗族风雨桥的造型是侗族干阑建筑的再现，创造性地结合了亭与廊的空间元素，桥亭形似鼓楼，挺拔向上，桥廊则强调横向线条的层叠与延伸，与干阑民居呼应。由石块垒砌的六角形桥墩，悬臂简支梁结构的桥跨，榫卯嵌套、梁柱交叠形成的桥面和屋架，依附于结构灵活设置的栏杆与坐凳，共同形成了牢固、稳定的整体。风雨桥的线性空间形态与间隔出现的桥亭空间节点，模数化的木构件及其规律性重复，形成了点、线结合，有节奏、有韵律的空间序列。

坐落于三江县林溪乡平岩村口的程阳永济桥，全长77.76米，桥廊宽3.75米，顶高11.52米，"两台三墩四孔，五座五重檐塔阁式桥亭与十九间桥廊"，雄浑精美，是广西地区最大的风雨桥。桥亭分别采用重檐六角攒尖顶、重檐攒尖顶与重檐歇山顶三种基本的鼓楼屋顶形式，既有对比、起伏，又有对称和韵律，和而不同（图5-1-8）。

在河道狭窄处，则多选择较小规模的简化的桥梁形式。如坐落于平岩村中的岩寨万寿桥，仅十余米长，无

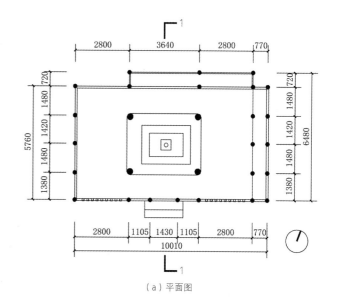

（a）平面图

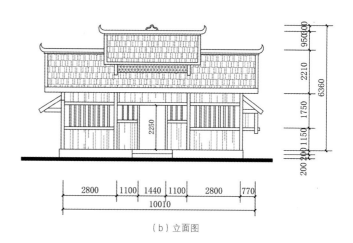

（b）立面图

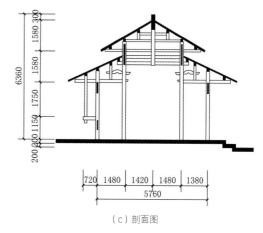

（c）剖面图

图5-1-6 三江林溪亮寨鼓楼（来源：韦泡春 绘）

| （a）地灵风雨桥（侗族） | （b）金车风雨桥（壮族） | （c）金坑风雨桥（瑶族） |

图5-1-7　典型风雨桥（来源：韦湉春 摄）

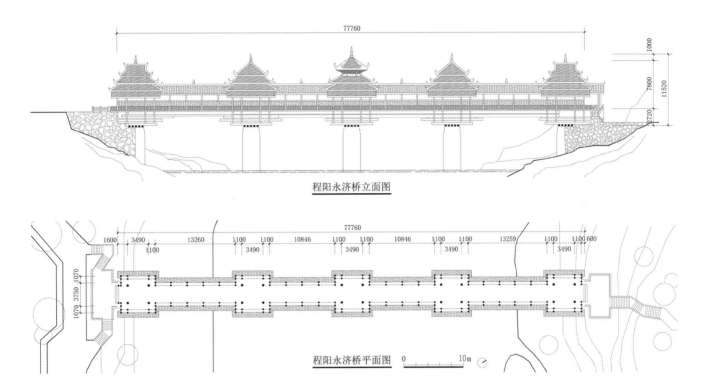

程阳永济桥立面图

程阳永济桥平面图　0 ————— 10m

图5-1-8　程阳永济桥（来源：改绘自《桂北民间建筑》）

桥墩，屋顶局部抬高，形成重檐，以活跃造型，形式与尺度接近于周边民居，甚至在空间上相互联系，形成引导、连续的步行公共空间（图5-1-9）。

壮族风雨桥较之于侗族风雨桥，规模小，且造型简朴，多跨于山涧小溪上，长约10米，宽2～3米，桥廊形式与侗族相近，但无桥亭。如龙胜枫木风雨桥，抬梁式木构架，悬山顶，柱间设有栏杆、坐凳，自然朴实，无多余装饰（图5-1-10）。

（四）戏台

戏台是乡村建筑中最具娱乐性质的场所。但少数民族的表演具有与劳动息息相关、不需要特定表演空间、非观赏性戏剧等特点，因此大多不设固定戏台，自然而然地发生于临时建筑、田间地头、山边路上。清至民国以后，侗戏、壮剧、苗戏、师公戏等观演性少数民族戏剧才陆续出现，较为固定的观演空间便随之形成。遗存至今的广西少数民族戏台多为侗族戏台，常与鼓楼、鼓

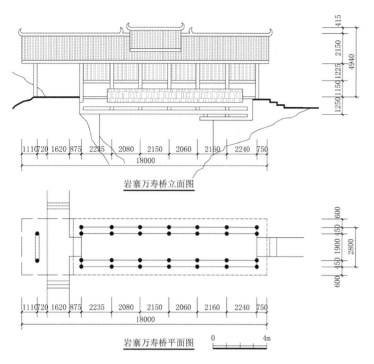

图5-1-9 岩寨万寿桥（来源：韦泡春 绘）

图5-1-10 龙胜枫木风雨桥（来源：韦泡春 绘）

楼坪、观景长廊等一并形成侗族聚落的核心公共空间群（图5-1-11）。

侗族戏台一般面阔三间、进深三间，但其开间、进深的尺寸都比汉族戏台大近一倍，这与侗族小群体合唱表演"耶歌"的习惯有关。构架一般为穿斗式，屋顶一般用歇山顶。个别侗族戏台采用更为隆重的楼阁形式，屋顶层叠而上，以八角攒尖顶结束，挺拔而隆重，如程

阳平铺寨戏台。

程阳平铺寨戏台的选址尤为独特。出于防火的需求，平铺寨整体呈"田"字形布局，其中有宽约20米的两条防火隔离带横纵交叉，将村落划分为四块居住组团。戏台恰位于防火间隔带十字交叉处，无论是地理位置还是视觉感受，均是村落之核心。平铺戏台借鉴鼓楼的造型元素，三层重檐上叠置八角攒尖顶，形式独

图5-1-11 三江冠小侗寨戏台与景观长廊（来源：韦泡春 摄）

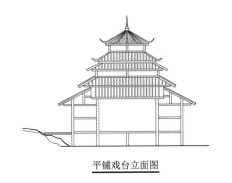

图5-1-12 平铺戏台（来源：韦湿春 绘）

平铺戏台立面图 平铺戏台平面图

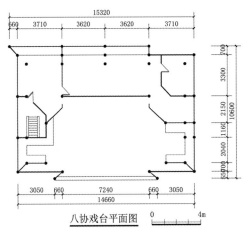

图5-1-13 八协戏台（来源：韦湿春 绘）

八协戏台立面图 八协戏台平面图

特，其空间与视线的焦点地位更甚于东、西两侧的鼓楼（图5-1-12）。

八协戏台，亦称庆云台，与鼓楼、武庙依次坐落于整个村落的中轴线上，共同界定与营造出村落的核心公共空间。戏台规模较大，高11米，总面积约330平方米，共设有3层。储藏室设于地下层，首层类似于鼓楼，兼具休憩、集会之功能，二层为演出空间。戏台采用单檐歇山顶，镜框式台口，通过底部的干阑式架空处理极好地适应了陡峭不平的地形，整体造型沉稳、雄浑，亦不失精美的装饰与醒目的色彩（图5-1-13）。

（五）寨门

寨门，顾名思义，是村落的主要出入口，表征空间序列开端的神圣空间。其坐落因地制宜，或于坡地、田野、密林处，与自然要素结合为天然的村落边界，或于地势险要处，与垒石围墙连接于一体，具有一定的防御性。除了防范匪患，寨门还被视为阻挡邪恶鬼妖入侵的关口，是村民精神、心理上的安全线，因此其选址、朝向、动工时辰都是村落的集体要事。随着村落的扩张，防御性需求减退，日积月累的损毁导致许多村落的寨门已不复存在，仅存的一些寨门也仅作为装饰、界定的仪式空间（图5-1-14）。

侗族的寨门数量、形式均较多，规模较大的村落还设有多座寨门，如三江高定寨原有4座寨门，芭团寨亦有4座。侗族寨门多为木构，有内设座椅或储藏空间的楼阁式、简洁精致的门阙式以及高大雄浑的牌楼式。

平岩村岩寨寨门为楼阁式，首层架空为出入口，二层以上整体造型似小型的塔式鼓楼，并有简易的连廊通

（a）龙胜龙脊石寨门

（b）金秀瑶寨夯土寨门

（c）三江高定寨门

（d）三江座龙寨门

图5-1-14　典型寨门（来源：韦浥春 摄）

向相邻建筑（图5-1-15a）。

　　亮寨寨门为典型的门阙式，体量较楼阁式的岩寨寨门小，简洁、清晰的对称格局，立面装饰丰富、色彩鲜艳（图5-1-15b）。

　　八协寨门则为门阙式与楼阁式的结合，并运用了与八协鼓楼相似的斗栱叠顶的装饰手法，造型独特、精美，加强了村落公共建筑的整体性（图5-1-15c）。

（六）凉亭、井亭

　　广西山地分布广泛，且山高路陡，日照强烈，村民上山下山、耕田劳作，非常辛苦，因此，素有在村寨周边通往田间的通道旁修建凉亭的风俗。其位置以方便往来劳作的村民使用为宜，多靠近村寨的山坳、道路交叉口或田间地头，视野、景观足够开阔处，也有建于村落内部的。亭的结构形式均较为简单，仅供遮风避雨、歇

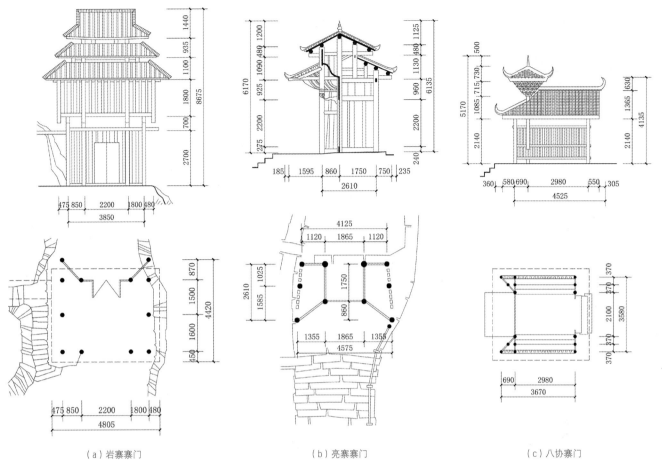

（a）岩寨寨门 （b）亮寨寨门 （c）八协寨门

图5-1-15 侗族寨门举例（来源：韦湜春 绘）

息乘凉。修建凉亭被视作热心公益、尊老敬贤、积德行善之举，因而其建设往往得到村民的慷慨解囊，献工献料，体现与象征着村寨的团结、家族的和睦。

凉亭建筑形式简朴，平面方正整齐，面积多在10平方米以内，由四、六或八根立柱卯接穿枋木搭建，双斜坡瓦顶或草顶，四面开敞，用木板依凭立柱搭设为坐凳。不同民族、不同地区的凉亭形式大致相同，只是在细部构件、局部装饰上略有不同，从而反映出一定的民族风格。

马胖凉亭位于村落中几条道路交汇之处，面水通风，适宜纳凉歇息。双开间、悬山顶的凉亭架空于溪流之上，利用吊柱悬空获得较宽敞的空间，利用移柱的方式设八字门，形成欢迎之势，形式简洁、体量宜人，与周边民居和自然要素和谐（图5-1-16）。

龙脊平寨凉亭属当地规模较大者，面阔五间，宽7.7米，进深3米，重檐顶，形似歇山。四面设围栏，内外两层立柱之间架板设凳。凉亭坐落于村口的半圆形空地一侧，与村树相对而设，其上为新建的龙脊生态博物馆，共同形成了平寨与廖家寨交界处的活动中心（图5-1-17）。

广西拥有丰富的地下水资源，村寨里常有多处井泉，作为饮用水和部分生活用水的来源。水井、泉眼的数量往往与村落规模成正比，并且多分布于村边、河岸边，利用石头砌筑矮墙，形成井台空间，便于洗衣、洗菜；又或是点缀于居住区内的街巷交汇、转弯处，借助民居墙面围合成半封闭式的空间。为了保证水质清洁，

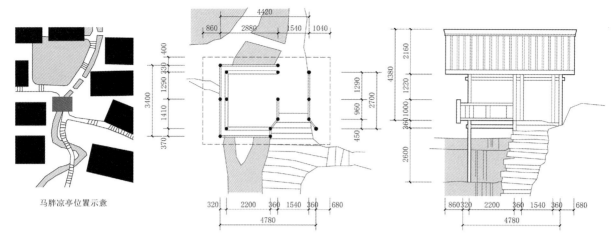

马胖凉亭位置示意

图5-1-16 马胖凉亭（来源：韦滠春 绘）

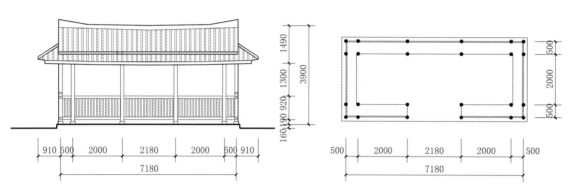

图5-1-17 龙脊平寨凉亭（来源：韦滠春 绘）

通常在井泉上修建通透开敞的井亭。各族、各地村落的井亭形式各异，简繁兼有。亭内常备水瓢、椅凳，可取水亦可乘凉、歇脚。取水、劳作的过程中酝酿着多样的社交活动，因而成为村民聚会、娱乐的公共活动空间。井亭也多由村民捐资献工献料，同样表征着村落的团结和睦（图5-1-18）。

（七）祠

祠堂是宗族或家族的凝聚核心与精神象征，尤其在封建礼制思想主导的汉族传统村落中，祠堂是必不可少的礼制建筑。由于较早、较深刻地受到汉文化的强势影响，加之根深蒂固的、淳朴的祖先崇拜，少数民族住居的堂屋亦多设有神位与祖先牌位，尤其在土司治所所在地域，以及与汉族密切杂居的桂东地区少数民族传统村落中，多设有一座甚至多座祠堂，其形制与汉式接近，家族围绕祠堂聚居，进而影响到村落空间的整体规划，如阳朔龙潭、朗梓和金秀龙腾屯。祠堂不仅是祭拜祖先的重要空间，还是定族规、立族谱，议事、办学等集体公共活动的场所，发挥着维系血缘共同体，强化认同感与凝聚力的物质与精神功能（图5-1-19）。

金秀龙腾古村位于广西壮族自治区来宾市金秀瑶族自治县西北部，是目前桂中地区保存最完整、规模最大的明清壮族村落。龙腾古祠始建于1792年，历时约13年建成，原位于古村的第一排正中，面对开阔的村前广

图5-1-18 凉亭、井亭与井亭边的集会（来源：韦浥春 摄）

（a）朗梓村瑞枝公祠（来源：韦浥春 摄）　　　　（b）龙腾村春台梁公祠（来源：来宾县住建局 提供）

图5-1-19 壮族村落中的祠堂

场，是全村最高大的建筑物。其余突出祠堂的民居，据村中长辈描述，均为礼制弱化的封建社会末期修建的。随着村落的扩张，村前广场周边建起新居，宗祠所在之处逐渐成为村落形态的中心。祠堂主体建筑为三进大厅中间夹以两个天井。第一进为门厅，设前檐廊，悬挂"春台梁公祠"牌匾，廊前有六边形截面石柱一对，石质柱础虽无雕饰，但层次堆叠、略有收分，为较典型的广府式做法。一、二进大厅间设有天井，两侧设回廊和厢房，二进厅堂开敞，中部无墙。二、三进之间亦设天井、回廊和厢房。第三进祖厅采用沉式梁架，梁枋上有

雕刻精美的花纹图样。三进大厅高度依次抬升，且其山墙形式各异，分别为人字山墙、马头墙、镬耳墙，从而烘托出第三进祖厅之高大。

（八）村树

村树是传统村落必不可少的景观要素，许多村落中都保留有多棵远高于普通民居的古木、大树，它在村民心中占据重要地位。在苗族村落中，树木因被认为具有灵性而加以崇拜，成为族群蓬勃发展的象征，并且是村落精神的核心。巨大的树冠具有归属感和安全感，成为

图5-1-20 田头苗寨古榕（来源：韦泡春 摄）

村民日常交往、聊天乘凉的天然公共场所（图5-1-20）。村树还常常与祠堂、村庙、井台、寨门等结合，成为村落中最为稳定的核心空间要素。村落风水林中最高大古老的树下通常还是少数民族祭拜神灵的场所，自然崇拜与风水观念均在此得到寄托。

（九）广场、鼓楼坪、芦笙坪、坡场

面状空间是村民举办大型集体性、纪念性、宗教性活动的场地。传统村落中的面状公共空间主要有：广场（鼓楼坪、芦笙坪、坡场）、公共绿地、体育活动场地、堰塘、停车场等。广西少数民族传统村落中的面状公共空间，常因地形地貌复杂多变，而导致形状不规则，依据自然要素或建筑限定范围，时有倾斜起伏，面积亦受到限制，但却对调节建筑密度、丰富空间层次起到重要作用，是少数民族外向型的社交活动不可或缺的聚集性公共空间。

就功能而言，广西传统村落中的广场主要有入口广场、集会广场、生活广场、交通广场等形式。

入口广场、生活广场、交通广场多是从生产生活、交通功能出发而自然形成的，是因地制宜、利用剩余空间的结果，在布局、形态与尺度上，常表现出极大的随机性与多样性，占地面积大小不一，形状灵活自由，边界模糊不清（图5-1-21）。

鼓楼坪、芦笙坪、坡场，是宗族性的公共集会空间，由于使用功能、场地面积、精神意义的需求，其选址的考量则较为周全。

鼓楼坪为侗族村落中鼓楼前的活动场地，通常由风水先生在鼓楼选址时一起确定其方位，并留出足够开阔、平整的场地以保证其形状尽可能方正、实用。在一些高山丘陵地区的侗族村落中，难寻开阔地带，则采取将鼓楼局部架空让出鼓楼坪的巧妙方法，确保实现这一公共场地的营造。在一些富裕村落，村民精心地以卵石铺地和民族纹样来强调鼓楼坪作为村落"户外客厅"的重要地位。除了日常的社交休闲，节庆时的集会、祭祀、庆典之外，在农忙、秋收之际，鼓楼坪还承担着晾晒谷物的生产性功能。

与鼓楼坪相似，芦笙坪亦为苗族村落空间与精神的核心。通常每个村落设有一处小芦笙坪，几个同姓或联姻村落共用一处中等规模的芦笙坪，地缘性的、服饰方言相同的苗族聚居区又共享一处大型芦笙坪。平日里，各个村、寨、屯的歌舞活动均在各自村落内部的小芦笙坪进行，节庆、坡会时，各村寨的居民、芦笙队都会聚集到大型芦笙场举行活动。也可以说，芦笙坪的大小是与其中的文化活动的盛大程度成正比的。坡场在功能、规模与使用方式上均与芦笙坪相近，最为独特的是：坡场在平日里就是村民种植、放养牲畜、林木葱葱的自然场地，感受不到公共活动的热闹气氛；而到了跳坡节、歌会等重大节日，周边村寨的居民纷纷盛装出席，来到坡场，吹芦笙、表演歌舞、爬坡竿，草地被熙攘的人群踏平，坡场成了欢乐的游乐场。

（十）堰塘

少数民族对水格外依赖与亲近，"有居住必有水源"。除了傍水而居，还多于村落内部开挖水塘，蓄水

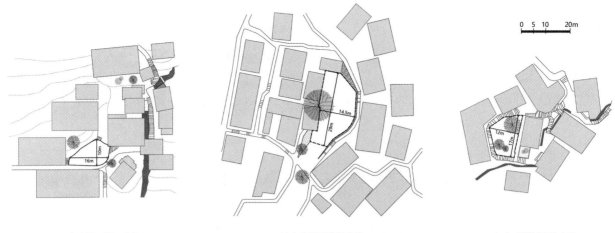

（a）龙脊村西村口广场　　　　　　　（b）金竹寨歌舞广场　　　　　　　（c）龙脊村交通广场

（d）鼓楼坪

（e）芦笙坪

（f）坡场

图5-1-21　广西少数民族传统村落典型广场空间（来源：韦浥春 绘）

防火、养鱼或塑造为乘凉休憩的景观空间。村落内往往修建有几个大水塘，一些住居边上也深挖一个小水塘，便于就近取水。依山而建的房屋，小水塘往往修建在比房顶稍高的地方，以便居高临下地取水扑火。穿插、点缀于村落中的堰塘（图5-1-22），使局部空间具有聚合感，营造出了独特的水景观效果，有效调整了村落建筑的疏密、层次，更增添了生活氛围与情趣，成为人们乐于亲近、发生活动的场所。

图5-1-22 高定寨堰塘与民居（来源：韦洹春 摄）

（十一）与居住混合的田地

少数民族传统村落的建造较少受到规划的限制，因而呈现出建筑松散布局的特征。为了有效利用村落空间、增加耕地面积，村民充分利用房前屋后的边角空间、紧邻建筑群的村落边缘区开辟出小型的田地、菜地、果园，形成了田地与住居错杂、混搭的空间效果。于其中劳作，更容易与往来村民发生社交活动，交流生产、闲话家常（图5-1-23）。

二、汉族聚落公共空间

祠堂与书塾，是汉族聚落最为重要的公共建筑，在布局上，通常延续"左祖右社"的古制，布置在村落的左侧，反映了汉族祖先崇拜的思想观念。同时，祠堂和私塾也是汉族聚落中宣扬教化思想的重要场所，祠堂"承前"而书塾"启后"，"承前启后、继往开来"。

图5-1-23 龙胜大寨田地与干阑穿插混合布局（来源：刘家汝 摄）

（一）祠堂

宗族祠堂是汉族聚落的一个重要的社会与历史现象。受制于封建礼制，祠堂仍只是"家祠"，而非"宗祠"。明嘉靖十五年（1536年）礼部尚书夏言上《令臣民得祭始祖立家庙疏》，曰："臣民不得祭其始祖、先祖，而庙制亦未有定制，天下之为孝子慈孙者，尚有未尽申之情……乞诏天下臣民冬至日得祭始祖……乞诏天下臣工立家庙。"夏疏突破了朱熹在《家礼》中制定的祠堂规制，进行了民间祭祖礼制改革，才有了"联宗立庙"的习俗。

民间宗祠的解禁改变了汉族聚落的面貌和总体格局，以宗祠、支祠为核心的聚落形态成为汉族村落最为突出的特征之一。祠堂则成为各姓氏奉祀其祖先神位、举行重大仪式、处理宗族事务、执行族规家法、教育本族子弟的重要场所。

祠堂一般位于聚落的最前列或中心。前者多见于珠三角地区梳式布局的广府村落，祠堂建在全村的最前列，面对半月形水塘，其余民居的前檐口均不得超出祠堂，高度也必须比祠堂低，以体现宗祠在整个村落中的地位，广西的广府式聚落也有此类布局者。湘赣式村落中，祠堂也是聚落的中心，但规制和布局没有广府那么讲究，现存桂北的湘赣式村落中，祠堂居于村前、村中和村后山的都有，如月岭村的总祠位于村口，大房、五房的支祠分布在主要干道两旁，而四房的支祠则位于整个村落的后山上。兴安水源头的秦家大院村落体系则较为清晰，其宗祠位于聚落的正中央，前后均为居住民房，很明显没有广府式祠堂那种必须位列前排的要求，且祠堂规模和内部屋架及装修与一般民宅无异。广西客家的堂横式聚落是祠宅合一的模式，祠堂一般位于中轴线上多进厅堂的最后一进，进深最大，高度也最高，统率整个建筑群。在客家的围堡式聚落中，常由多组堂横屋组成，祠堂则布置在中轴线正中的第一座内。

祠堂一般为中轴对称布局，沿中轴线方向由天井和院落组织两进或三进大厅。入口第一进为门厅，中进为"享堂"，也叫大堂、正厅等，是宗族长老们的议事之地和族人聚会、祭祖之处，后进为"寝堂"，奉祀祖先神位，非族中重要人物不得入内。由大门至最后一进，地面逐渐升高，既增加了宗祠的威仪，明确了空间的等级，又将不同功能的空间简单且灵活地加以分隔，形成了连续的视觉界面。广府式的祠堂，大门前均有高大的凹门廊，在主体建筑两旁一般对称性地附设有厢房，以供奉祖宗神位以外的其他崇拜对象，这一点与广西湘赣建筑文化区的祠堂殊为不同。

梅溪公祠是湘赣式祠堂中较大的一座（图5-1-24），是全州梅塘村纪念赵氏始祖的宗祠。该祠建于清嘉庆二年（1797年），坐西朝东而面向梅池，三进两天井构成，比较有特点的是前天井以雨搭为中心，分为两个小天井，小天井中依靠当地得天独厚的地理条件，形成两口天然水井。寝堂前的天井两旁有较长的廊道，已经具有庭院的特征。

恭城豸游村的周氏宗祠（图5-1-25），为广府式祠堂。整个祠堂长32米、宽14米、高5米多，前有宽敞的前院与高大的照壁，主体建筑为两进大厅中间夹以天井，通过天井两侧雨廊的月门可通往两边的厢房和厨房。寝堂上空以穹隆式的藻井作重点装饰。

（二）书塾

书塾为家族聘请老师管教族中学童的场所。汉族多重视教育，书塾的建设也就显得十分重要，按照书塾的位置，可被分为与宗祠合建和独立建造两种。

江头村爱莲家祠是祠塾合一的代表，集敬祖、修身于一体，前文已有阐述。清乾隆时期，朝廷对南方宗族势力的膨胀有所顾忌，认为"合族祠易于缔结地缘关系，发展为民间组织，朝廷例当有禁"。而限制宗族势

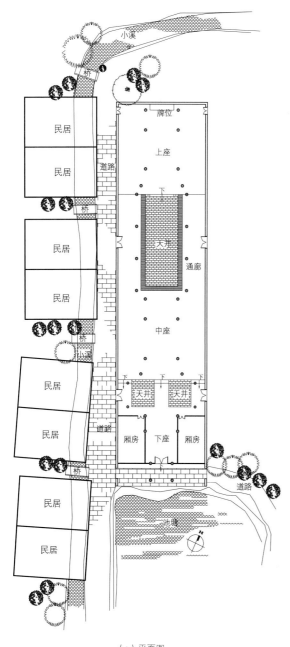

（a）平面图

图5-1-24 全州梅溪公祠（来源：熊伟 绘）

（b）梅溪公祠鸟瞰

（c）风水塘前的梅溪公祠

（d）祠堂内的院落

力扩展的手段之一就是限制宗祠的建设，为了应付这一情况，许多宗族分支就将建祠堂改为修书塾，这就更加促进了祠塾合一的发展。如月岭村的大书房，位于整个月岭村后，现余存大门和最后一进大厅（图5-1-26），实则为该村的四房支祠。

（三）戏台

汉族戏台在戏曲诞生之前便已存在，最初用于歌舞娱神，多以神庙、寺庙戏台的形式出现。至元明，中国戏曲成熟、繁盛后，佛寺、道观反而放弃了戏台，戏台则主要在民间世俗化的祠庙中发展，既具有祭祀的功

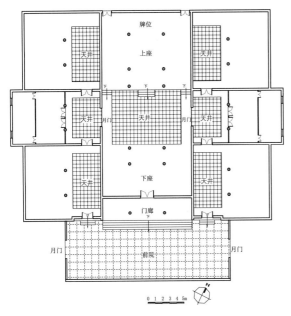

图5-1-25　恭城豸游村周氏宗祠（来源：熊伟 绘）

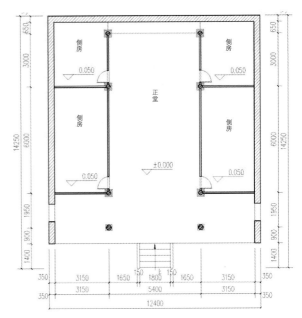

图5-1-26　灌阳月岭村大书房平面图（来源：广西大学建筑学2003级 绘）

能，也兼具道德教化的作用。

广西汉族戏台多建于明清时期，其酬报的神灵除了城隍、关帝属官方祠庙崇拜体系之外，其余皆属世俗化民间祠庙，随后才渐渐发展出行会戏台、万年台等形式。从功能上看，大致可分为四个类型：庙宇戏台、宗祠戏台、行会戏台与万年台。其中，庙宇戏台是广西古戏台中数量最多、最主要的类型。汉族戏台一般面阔三间、进深两间，后加面阔三间、进深一间的扮演房，通过勾连搭的方式集合为一个整体，谓之"集中式"。但也有个别戏台采用亭式，即扮演房与戏台同在一个屋檐下，只是用木板隔出后台（进深一间的扮演房）。桂北的汉族戏台常在扮演房次间前设小前廊来安置乐队，或于戏台南侧设小副台安置乐队。

广西钟山县公安镇大田村水口灵祠戏台位于钟山县公安镇大田村南，建于清光绪四年（1878年）。戏台坐西朝东，略微偏北，与其东侧27米处的水口庙正殿相对。该戏台为三面观单层全伸出式戏台，平面呈凸字形，面阔三间，进深两间。戏台总高约10.5米，台口相对较高。台基为石质，其上雕刻精美的龙、麒麟、福禄寿三星纹样。此外，在扮演房次间前设小前廊，在前台南侧有矮石柱与石梁，搭木板可形成伴奏台。戏台为穿斗式木构架，金柱间设喇叭花形藻井，戏台四周挑檐部分都设素平天花。屋顶为重檐歇山顶，翼角起翘采用子角梁的方法。屋顶正脊上设宝珠、鳌鱼。扮演房面阔三间，进深一间，由于戏台明间向扮演房内凸进，且后金柱与后檐柱凸进尺度不一，形成了类似八字墙的背景。扮演房采用马头墙式硬山顶，山墙前墀头部分有浅浮雕灰塑花草（图5-1-27）。

七星庙建于广西富川瑶族自治县凤溪村村后山坡上，由正殿与戏台两座建筑组成，正殿坐北朝南，戏台与之相对。该戏台为三面观单层全伸出式戏台，平面呈矩形。戏台面阔三间、进深两间，总高约7.3米，台口较低。戏台为穿斗式木构架，金柱间设平板天花，四周挑檐部分不做天花或卷棚，直接暴露屋架，但在前后檐柱的挑檐枋端头做垂花柱以增添装饰。此外，檐枋下以及转角穿枋下都用雀替或花牙子来装饰。屋顶为单檐歇山顶，翼角起翘采用子角梁的方法。屋顶正脊上设宝葫芦，两侧为鳌鱼。扮演房为硬山顶，面阔三间，宽同戏

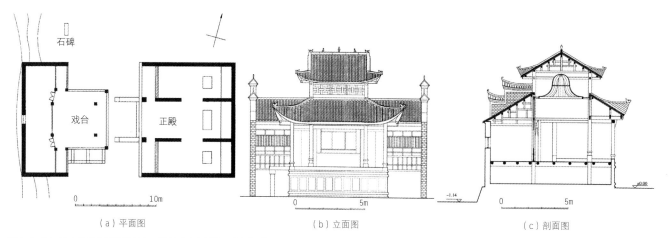

石碑

戏台　　正殿

0　　　　　10m

（a）平面图

0　　　　5m

（b）立面图

-1.14

0　　　　5m

±0.00

（c）剖面图

图5-1-27　钟山县公安镇大田村水口灵祠戏台（来源：谢小英 绘）

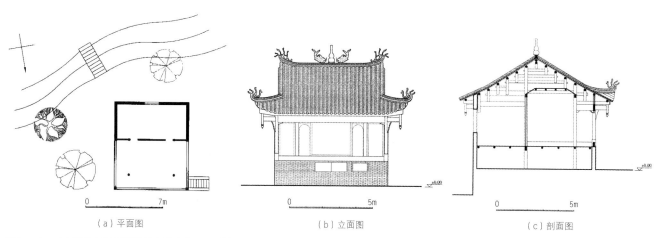

0　　　　7m

（a）平面图

0　　　　5m

±0.00

（b）立面图

0　　　　5m

±0.00

（c）剖面图

图5-1-28　富川瑶族自治县凤溪村七星庙（来源：谢小英 绘）

台，进深一间（图5-1-28）。

（四）牌坊与门楼

大部分的广西汉族聚落都有入口的门楼，起到防御和标志族群的作用。牌坊也多位于村口，和门楼一起形成聚落空间的第一层次。

月岭村的节孝坊，与步月亭、文昌阁一起构成了入村的第一道空间序列（图5-1-29）。节孝坊为该村仕宦的唐景涛奉旨为养母史氏所竖立，清道光帝为这块牌坊亲书"孝义可风，艰贞足式"八字，取其前四个字命名为"孝义可风"牌坊。牌坊高10.2米，长13.6米，跨

图5-1-29　灌阳月岭村入口空间（来源：熊伟 摄）

图5-1-30 钟山玉坡村"恩荣石牌坊"（来源：熊伟 摄） 图5-1-31 荔浦银龙寨寨门（来源：熊伟 摄） 图5-1-32 富川福溪村门楼（来源：熊伟 摄）

度为11米，为四柱三间四楼式仿木结构。该坊造型庄重，设计精美，榫卯相接，错落参差，栉风沐雨，浑然一体。

钟山玉坡村的"恩荣石牌坊"（图5-1-30）则建于清乾隆十七年（1752年），是该村廖世德应考中举荣任河南省光山县知事时，以纪念先祖廖肃在明万历丁酉年考取进士仕宦而建，同时也纪念自己考中举人，以此光耀门庭，激励后人努力读书。

门楼是村寨真正的门户所在，具有防御和体现村寨形象的双重作用，也是体现村民归属感的关口。村民们的婚丧嫁娶等重大事件，游村之时都必须通过门楼才算真正完成。规模较大的村落一般都会在东、南、西、北各面设置门楼，通常以南面或东面的门楼为主（图5-1-31）。村内各个里坊也会有相应的坊门，如富川福溪村，除了主门楼外，不同姓氏的宗族都有属于自己的门楼（图5-1-32）。

第二节 防御空间

自我防卫是生物的本能，传统聚落布局的安全防御功能古已有之。从原始社会开始，人们为了躲避野兽的攻击和避免其他部落的骚扰，保证自身的生存，便开始营造具有防御功能的聚落环境。防御意识作为一种心理积淀，长期影响着中国传统聚落的选址与空间布局。无论是出于实质性的防御，还是精神性的心理安慰，都已成为以聚居为核心的传统聚落固有的基本特质。

一、少数民族聚落的防御性

广西少数民族聚落的选址布局普遍考虑防御功

能。聚落大多背山面水，山与水构成天然的屏障。

壮族自古以来就是生活在广西大地上的本土民族，曾经广泛地分布于广西的各个地理区域，人口数量也在很长一段历史时期内占据绝对优势。从民族个性上来说，壮族崇尚自然、开放，喜山乐水。这也反映在其聚落格局上，不拘泥于形式，最大程度上做到了与自然有机融合。因此，壮族传统聚落的防御特点并不突出，多以自然地形为屏障与界域，在适宜的地段自由发展，边界性不强，村落的延伸与扩展更多地是从自然条件与生产格局出发。

在传统壮族村寨的入口处，多设有寨门作为内外分界的标志和出入村寨的主要通道。寨门是一种具有防御功能的建筑类型，与石砌围墙一起起到防御匪患的作用，此外也有阻挡妖魔鬼怪的神性意义。村寨建立之初，一般都设有多座寨门，随着岁月的流逝，寨门的防御意义逐渐消退，原有的或毁或拆，与之连接的围墙基本上难觅踪影。现今存留的多为单独的寨门，成为村寨的标志，对地域的界定作用取代防御成为其主要功能（图5-2-1a）。

侗族聚落一般选址于丘陵、高山地区。侗族的自然村常以"寨"相称，即四周有栅栏或围墙的村庄或营垒，具有明显的防卫性质。侗寨不仅有四周的山峦为屏障，还有土石砌筑的围墙与宅门，且往往只有一条山路可出入聚落，形成了良好的防御效果。侗族聚落的核心

建筑——鼓楼，虽然并非纯粹意义上的防御建筑，不能作为战斗时抵抗与反击的壁垒，但在战事连绵的历史时期，亦具有击鼓报警、聚众抗敌的军事防御作用（图5-2-1b）。

作为弱势族群的苗、瑶等少数民族，为了抵御外族的侵略，选择了闭塞的山谷隘口，在易守难攻的地方修建村落，还多设有寨门、巷门、门楼、炮楼、碉楼等防御性建筑，村落的封闭性、防御性均较强（图5-2-1c、图5-2-1d）。在一些平地瑶聚落中，为了抵抗土匪，维护村落利益，在村落中心建立碉楼或炮楼，其体量高耸，墙厚窗少，易守难攻，形成了村落的制高点与防御性核心。

（a）金竹寨门

（c）古砦门楼

（d）朗梓炮楼

（b）高定鼓楼

图5-2-1　广西少数民族传统村落中的防御空间（来源：熊伟 摄）

二、汉族聚落的防御性

汉族聚落的血缘性聚居的特点导致其内敛与封闭性，防御意识作为一种心理积淀以"潜意识"的形式左右着汉族聚落的形态与空间布局。"住防合一"早已成为汉族传统聚落的一个主要特征。特别是汉族移民由中原进入岭南地区，人烟稀少，生存环境相对恶劣，为了抵御猛兽和匪盗的袭击，聚落的防御性就显得尤为重要，因此，早期广西汉族聚落的防御性体现在针对自然界和盗匪以及原住居民方面。到了清中期和后期，由于广东与广西之间的不平等商品交换和广东人口大量地向广西迁移，引起了广西社会矛盾的深化，特别是由于人口增加而显得耕地不足，人地矛盾突出。晚入广西的客家人与原住民和广府等"土人"在土地、水利、风水等问题上产生纠纷，导致土客械斗。与此同时，在广东的土客械斗中战败的数以十万计的客家人出于避祸的需要，或被清政府强行遣送，成批向广西迁移，进一步加深了广西的人地矛盾，加剧了广西境内的土客之争。因此，广西汉族聚落的防御性在后期主要体现在不同民系和族系之间。

从空间格局上看，聚落的防御是全方位和多层次的。我国古代以平面作战为主，聚落御敌之建构层次也依此规律大体呈水平向展开，由外向内分为四级：护城河（壕沟）—寨墙—街巷—住户单元。护城河是第一道防线，由于其宽度通常仅为4～5米，且普遍不深，因此其防御作用有限。起到防御作用的是紧邻护城河修建的第二道防线——寨墙，寨墙一般由厚实的石材或卵石、夯土及青砖修筑，客家围堡的夯土围墙以泥土、石灰拌以糯米浆混合，可厚达1米，十分坚固（图5-2-2）。在寨墙大门处，有些村落会修建瓮城（图5-2-3）以加强重点区域的防守。街巷是防御的第三层次。基于对礼制秩序的强调，聚落的道路系统往往呈规则的如"日""田""王"形或鱼骨状几何形骨架，端正方整、经纬分明，体现出理性精神，结合街巷中丁字路口的处理、尽端小巷的安排等，构成了丰富多变的景观与迷离莫测的气氛，客观上形成了"迷路系统"。同时，基于对"里坊制度"的承袭，门楼、过街楼、坊门的设置也加强了街巷的防御性。住户单元是最后的防御阵地。在民居中，户门的防御性最为关键，如广府民居的大门一般采用趟栊门和厚重的实木平开门组合成双重

图5-2-2　客家围城城墙（来源：熊伟　摄）

图5-2-3　玉林硃砂峒围龙屋瓮城（来源：熊伟　摄）

图5-2-4 合浦曲樟围城马道（来源：　图5-2-5 合浦曲樟客家围城（来源：熊伟 摄）
熊伟 摄）

保护构造，既可适应湿热的气候，又可满足防御性的要求。大部分的汉族民居对外尽量不开窗，或仅在两侧山墙上设置高窗，窗洞口面积较小，以减少被攻击的可能。最后，在聚落防御的宏观控制上，炮楼起到了重要作用。广西汉族聚居的村寨一般都设有一个至数个炮楼，在高耸的炮楼上可鸟瞰全局，有些炮楼竟有5层二十余米高。炮楼之间可通过围墙上的马道相连（图5-2-4），以保证战时互相联系。

在"土客械斗"中，客家人以其团结悍勇而闻名，客家聚落则以防御性成为重要的建筑特点。北海合浦曲樟的客家围城（图5-2-5）分为新围、旧围两部分，内部均为典型的客家堂横屋，在外修建坚固的夯土围墙和四角的炮楼，防御特征突出。阳朔朗梓村的覃家大院（图5-2-6），由一座两进祠堂、一座三进宅院及横屋组成，坐东南朝西北，位于山坡上。周围小河流经，与沿河修建的寨墙、寨门形成第一道防线。前院围墙高大而厚重，与朝向东北的闸门和朝向西北的院门形成瓮城和第二道防线。祠堂、宅院的大门以及层层叠叠的横屋坊门则构成第三道防线。分别位于东北角和西南角的炮楼消灭了观察死角，统率整个大院的防御格局。

（a）阳朔朗梓村覃家大院鸟瞰　　　　　　　　　　　　（b）从河边看朗梓覃家大院

图5-2-6 阳朔朗梓村覃家大院（来源：熊伟 绘）

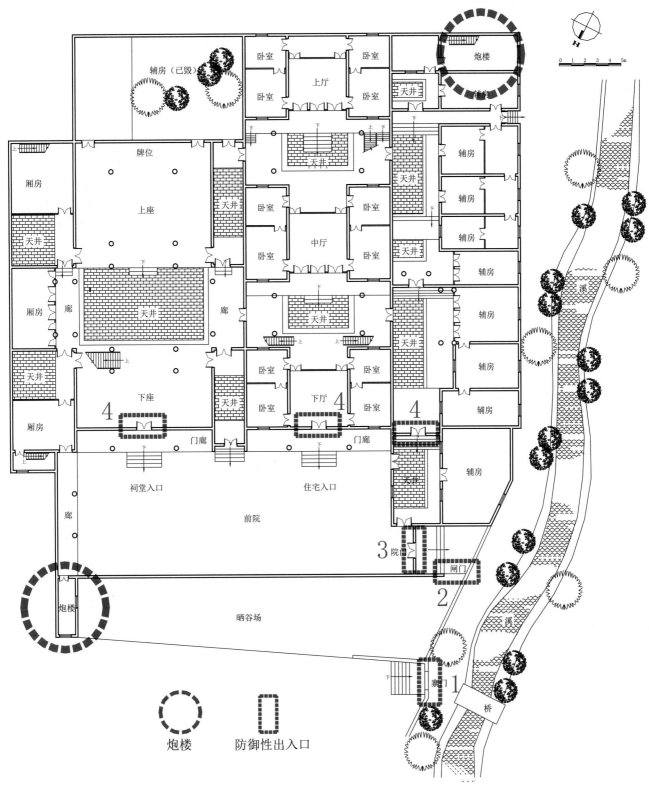

辅房（已毁）

卧室　上厅　卧室

天井

炮楼

辅房

牌位

厢房

上座

天井

辅房

辅房

天井

卧室　中厅　卧室

辅房

溪

厢房

廊

天井

天井

卧室　　卧室

天井

辅房

天井

厢房

天井

卧室　卧室

廊

天井

辅房

溪

4　下座

天井

4　下厅

4

辅房

门廊

下厅

门廊

天井

祠堂入口

住宅入口

廊

前院

3　院门

闸门

炮楼

2

晒谷场

溪

寨门

1

桥

炮楼　　　防御性出入口

（c）阳朔朗梓村覃家大院平面图及防御性分析

图5-2-6　阳朔朗梓村覃家大院（来源：熊伟 绘）（续）

第三节　居住空间

一、少数民族民居基本类型与组合

（一）基本功能构成元素

百越民族的干阑式建筑，由于不同民族的生活习惯、经济技术发展程度和受汉民族文化影响的程度不同，在平面功能的布局和建筑装饰造型上会有差别，但干阑式建筑的基本功能元素是相同的，空间组合方式亦有相似之处。

干阑式建筑的竖向功能分区由底部圈养牲畜和位于顶部用于仓储的生活辅助空间，中部以火塘、堂屋和卧室为主的生活起居空间以及联系上下的楼梯、廊道等交通空间叠加构成。

1. 生活起居：火塘、堂屋与卧室

1）火塘

在已发掘的原始社会穴居遗址中，火塘就是原始人类生活空间的中心，当时起居生活的一切都是围绕着火塘展开的。从地面的火坑到架空的火塘，可能是居住建筑发展史上一个划时代的转换。在解决了架空生活面上的用火问题之后，人们得以摆脱地面居住的束缚，创造出离地居住的方式，这种转换为人们应付恶劣的生活环境提供了必要条件。

火塘的首要功用是煮食，但对于经济条件和文化发展落后的地区内缺乏有效御寒手段的人们来说，火塘的采暖作用亦尤为重要。到清代晚期，西南少数民族民居中的火塘仍然是家中炊事、取暖甚至休憩的中心。直至现代，百越民族的社交活动比如会客、聚餐、家庭成员的聊天都是围绕着火塘进行的。在对广西少数民族村落的田野调查中发现，很多桂北山区的家庭在寒冷的冬季仍将老人卧榻置于火塘边以抵御寒流。

火塘与人们的温饱产生直接联系，在某种意义上它就是家庭的代表。在百越地区，成年的儿女和父母分家，若无财力和土地新建房屋，就在老屋增设一个火塘，如果有几个成年兄弟则有可能分设几个火塘，一个火塘就代表一个家庭，与家族、家庭有关的礼仪活动也围绕火塘展开，比如在搬进新屋之前，要举行简单的接火种仪式，即需要从旧屋的火塘里引一把火，点燃新房子火塘里的火，意为本家烟火不断。同时，在使用火塘时也有诸多禁忌：禁止用脚踩踏火塘上的三脚架以及灶台，小孩不能往火塘里小便，烧柴火时必须小的一端先进火塘，否者会导致产妇难产等，诸多禁忌都显示出火塘与家族的兴盛、子孙的兴旺关系密切，人们将对火塘的依赖转化为一种原始崇拜。

广西百越民族地区的火塘绝大部分都是贴地建造，不高出地面（图5-3-1a），四周的凳子都是20厘米左右高的矮脚凳。吃饭时，在上面架一矮桌，便可围炉进餐。火塘的上方，在阁楼底板之下吊一竹匾，俗称"禾炕"，上面搁置腊肉等熏制食品，底部也可悬挂各种器具和食物。"禾炕"的顶部是火塘间的屋顶，并未用木板封隔，而是在梁架上搁细竹竿，上铺竹席，龙胜地区称之为"帮"，"主要存放禾把，旨在将晾晒的禾把再用烟熏干，避免受潮和生虫；另外，竹棍之间的缝隙便于火塘产生的烟雾和热空气上升，通过阁楼层至山墙面排走，形成循环通风排烟系统"（图5-3-1b）。有意思的是同处百越地区的高山汉族，同样住在构造相似的干阑建筑内，其火塘就是高出地面尺许（图5-3-1c），便于坐在凳子上进餐，究其原因，应该与汉族较早使用家具，告别席居生活有关。

2）堂屋

汉族文化以儒家礼制为本，以堂屋为中心和轴线安

（a）百越民族贴地式火塘（来源：熊伟 摄）

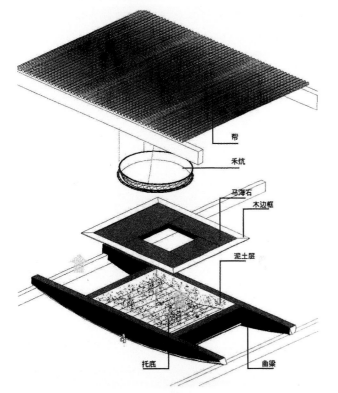

帮

禾炕

马海石

木边框

泥土层

托底

曲梁

（b）火塘构造（来源：熊伟 绘）

（c）汉族火塘（来源：《西南民居》）

图5-3-1 火塘

排居住空间则是封建宗法制度在建筑上的反映，也成了汉族民居的基本特点。堂屋作为汉族住宅的核心，反映出来的是尊卑有别、长幼有序的道德伦理观念，既是起居空间，又是家族议事会客、婚嫁丧葬、祭祀祖先等仪式举行的场所。

百越民族的干阑民居内也有祭祀祖先的场所，一般都与火塘有关。灵位陈设也较为简单，一个木墩或板凳就是"神台"，在上面钉上一节竹筒插香烛，摆上一盏油灯，就是祖灵神灵之位了。或者将装有火塘灰的陶罐放置在火塘旁，插上香烛，也表明祖先仍然和自己生活在一起。随着汉文化的影响，汉族式的堂屋也进入了百越民族的干阑民居中。大多数情况下，堂屋并非全封闭，而是将敞廊局部扩大成三面围合的空间，正中的后墙中上部设置有称之为"香火"的神龛，神龛正中贴红纸，书有自己的祖宗、本地神灵的名讳，如莫一大王、岑大将军、花婆等，正中则书写"天地君亲师"，这是受汉族儒家文化的家国观念影响的体现（图5-3-2）。

图5-3-2 壮族干阑堂屋（来源：熊伟 摄）

在一些边远山区，汉文化影响较弱的地区，民居中只拜祖先而无"天地君亲师"牌位。

可以说，有无堂屋或堂屋配置是否完善以及堂屋在居室中的重要性成为判断该地区受汉族文化影响强弱的标志。广西百越诸族中，侗族民居的堂屋不甚明显，壮族民居则有着明确的堂屋设置，苗、瑶两族分布较散，位于高山地区的民居基本没有堂屋的痕迹，平原地区与汉族接触较多，堂屋在住宅中则占有重要的地位。

3）卧室

百越民族普遍不讲究卧室的通风、采光等物理环境，面积也很小，通常以能放下一张床为标准，低矮闷热的屋顶阁楼在居住空间不足的情况下也会被开辟为卧室。同时，在卧室位置的分配上，并未体现出类似汉族那么严格的长幼等级制度。

2. 生活辅助：架空层、晒排与粮仓、厨房

1）架空层

架空层是干阑民居最具特点的空间，也是这类型建筑之所以称为"干阑"的原因。架空层普遍不高，多为1.8~2米，满足人员进出的基本要求即可，其最主要的功能是圈养牛、猪、鸡、鸭等牲畜，相应的饲料、煮食用具和场所也分布在畜棚附近。米碾、米舂、锄头、镰刀等农用工具和柴火等杂物也在架空层有专用空间堆放。同时，酿酒、织布等小作坊往往也位于架空层内。卫生间通常也设置在靠近畜棚的架空层内，很多地区将卫生间和牲畜的粪便池与沼气利用设备结合起来，做到了能源利用的循环。但由于架空层卫生条件普遍较差，受现代居住文化影响，近年新修建的干阑式民居多将卫生间布置在二层起居空间内，外墙部分用砖墙砌筑以利于防潮。老式干阑建筑也有针对卫生间的改造，通常也是在原有卧室后用砖或混凝土砌块等防水建材向外扩建。

2）晒排与粮仓

与地居民族直接在地面设置禾晒与晒场不同，架空的晒排是百越民族农耕生产必不可少的辅助空间，它通常位于住宅正面或者向阳的两侧，与生活起居空间连通，位置以不遮挡入户楼梯为准。底部通常以木柱、石柱支撑，也有利用宅前大树作为支架者。上部则覆以密排竹篾，为避免作物下漏，垫之以竹席（图5-3-3a、b）。龙州板梯村的晒排颇具设计意趣，由于木质、竹质的支撑物容易朽坏，当地壮族利用本地的岩石垒砌桥拱状晒台，上部晒谷物，下部仍可储物（图5-3-3c）。

（a）从房间出挑的晒台（来源：《广西民居》）

（b）下部有支撑的晒台（来源：熊伟 摄）

（c）石砌晒台（来源：熊伟 摄）

图5-3-3 晒台

亦有将晒排做成活动式的，"下装滑轮和滑竿，后边加绑绳索，需要晒谷物时，就拉动绳索，将晒排拉出屋檐外；若遇下雨或晚间，只需拉动绳索，整个晒排就沿着滑竿进入室内"。晒排通常用来晾晒谷物和辣椒等农作物，玉米则一般结成串直接挂在通风的门梁、房梁上，所以在以玉米、红薯、土豆等作物为主的桂西石山地区，干阑式民居鲜见晒排的设置。

由于底部架空层多潮湿，二层又是主要的生活起居空间，晾晒好的谷物一般都存储在位于屋顶阁楼的粮仓内，粮仓的壁板拆卸方便，易于粮食搬运，讲究的人家还设有榫卯巧妙的木质仓门锁。为了防止粮食霉变，屋顶山面一般不做外墙板封闭，以利于通风，同时也有利于屋面下热空气的排出。

3）厨房

虽然火塘与木质的楼板有较好的隔绝措施，但因用火不当而导致房屋焚毁并殃及全村的情况屡见不鲜。同时，在火塘处煮食确实烟熏火燎，污染室内空气且不利于节能。在这样的前提下，专用的厨房在部分百越民族地区出现，政府则在推行寨火改造的同时推广沼气等清洁能源和节能灶的使用。据了解，沼气池所产生的能源可完全满足普通人家煮食和照明之用。为了防火，厨房一般都在原有房屋外用水泥砖或红砖扩建。即便如此，一般的家庭都保留有原有的火塘间，这固然有文化习俗不易改变的原因，从另外一个角度来看，火塘间里那种家人围坐烤火聊天的其乐融融的家庭氛围不是在现代化的厨房和餐厅中所能找到的。

3. 交通空间：楼梯与廊道

1）楼梯

楼梯可分为两种：一种是由地面层通向二层起居室的入户主楼梯，另一种是进入阁楼和其他辅助空间的次要楼梯。前者根据其在建筑中的位置又分为山面楼梯和檐面楼梯两种，侗族干阑民居的入户楼梯多位于山面，而壮族多位于檐面。出于风水上的考虑，楼梯步数一律为9级或11级的单数，每级高度约为6寸许，这样可以保证底层的高度在1.9～2.0米，满足底层的功能需求。楼梯一般都为木质，宽窄不等，由踏板夹在两侧的梯梁中构成，一般不设踢面。有的梯梁做成微微下弯的弧形，踏板也顺着弧形安装，美观实用（图5-3-4a）。

对于侗族和桂北地区的壮族来说，二层以上的空间使用频率较高，因此室内楼梯成为常设梯而有固定的梯井。其他地区的干阑式民居由于阁楼空间通常只是用于储藏，一般都不设固定楼梯，有些活动楼梯甚至仅仅就是在一根圆木上用斧开凿出踏步齿而成（图5-3-4b）。

2）廊道

廊道是连接楼梯和室内的过渡空间，也是起居的前导空间，百越民族的开放性特征在透空的廊道空间上得到充分体现，也是区别于汉族民居的典型之处（图5-3-5）。廊道通常为一个柱距的进深，在邻室外的一面设有坐凳供休息，特别是一些使用木骨泥墙和夯土墙的民居，开窗面积很小，室内采光较差，白天亦不具备较好的能见度，因此，家中老人、小孩多喜欢在通廊上闲坐和嬉戏，在这里也方便和邻家进行交流和互动；通廊还是晾晒衣物和常用农具的存放场所，与晒排结合就成了晒谷场；外人来访，也可利用通廊待客。

（a）主要入户楼梯　　　　　　（b）室内简易楼梯

图5-3-4　百越干阑的楼梯（来源：熊伟　摄）

图5-3-5 聚会和待客的场所——敞廊（来源：熊伟 摄）

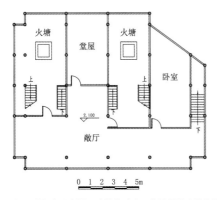

（a）三江马胖杨宅（来源：改绘自《广西传统民族建筑实录》）

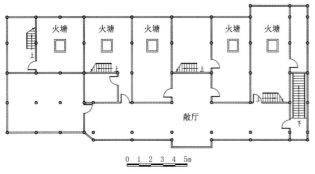

（b）三江冠峒杨宅（来源：韦玉姣 绘）

图5-3-6 侗族干阑串联式空间组合

（二）侗族民居基本空间类型及其组合

广西百越诸民族中，侗族偏居于与湖南、贵州交接的桂北一隅，受汉文化影响较少。从平面空间布局的角度来说，山面设门的入口方式、开敞的亦廊亦厅的前廊空间、独立的火塘间、偶数的房屋开间等都显示出了百越原生干阑的特点。同时，侗族的木构技术也最为发达，房屋层数多在三层以上，对空间的利用也十分充分。

侗族民居的室内布局常以敞廊过渡。敞廊是公共开放的空间，也可衔接火塘间、卧室等私密空间。根据敞廊、火塘间、卧室这三个基本生活空间联系方式的不同，可将侗居的空间组合分为串联式和并联式两种。

1. 串联式

串联式是指居室空间为敞廊—火塘间—卧室的串联关系。这种模式的干阑住宅通常为两个以上亲缘关系较近的家庭合居，一个火塘就代表一个家庭，敞廊为各家庭所共用，而每个家庭都有属于自己的火塘间和卧室，它们之间呈嵌套式布局，火塘间成为敞廊和卧室之间的中转枢纽。如三江马胖杨宅（图5-3-6a）与三江冠峒杨宅（图5-3-6b），对外只有一部入户楼梯，但各个火塘间内部都设有通向架空层和三层卧室、仓库的楼梯。

2. 并联式

如果一座干阑内部没有分家，干阑内部所有空间都属于私产，则不必坚持一定要经过火塘间才能到达卧室，敞廊、火塘间、卧室之间是一种并联关系，如龙胜平等乡广南寨蒙宅（图5-3-7）等。很多情况下，兄弟分家，但由于经济情况无力新建房屋，会将原有干阑在内部用有效手段隔绝，将敞廊、火塘间、卧室等空间分为两套，两部入户楼梯也位于不同的山面，内部各空间的联系也和并联式一样。如三江高定寨吴运红、吴妙堂两兄弟的联宅（图5-3-8），在中间将原有干阑一分为二，入户楼梯分别位于东面与西北面，且因吴运红一家

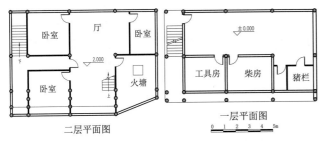

图5-3-7 龙胜平等乡广南寨蒙宅（来源：改绘自《广西传统民族建筑实录》）

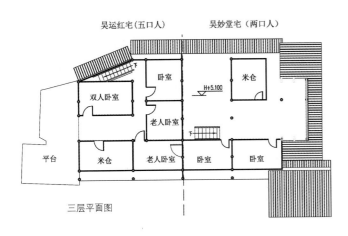

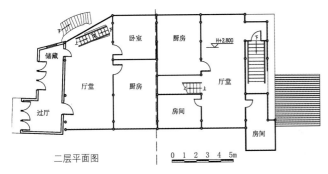

图5-3-8 三江高定寨吴氏兄弟宅（来源：广西大学建筑学2000级 绘）

有五口人，原有部分不敷使用，故对原宅西侧部分进行加建。

原生的侗族干阑，敞廊向外的一面是没有隔断的，有些地区为了冬季保暖，会使用可拆卸的隔板，夏季还是完全向外开敞的，通透性很好。玻璃成为廉价的建材以后，敞廊檐面普遍安装平开玻璃窗，既能满足采光要求，也可防风保暖，这自然是生活水平提高的象征，也喻示了侗民心理从开放开始走向封闭。

（三）壮族民居基本空间类型及其组合

现存的壮族干阑式建筑也体现出较强烈的汉文化影响，如宅门均设在檐面，居室也有较明确的明间意象，同时堂屋在室内空间布局中亦占有支配性地位。这些特点既是壮族干阑汉化的例证，也是壮族干阑区别于其他民族的典型特征。

堂屋一般深两到三个柱跨，4~7米不等，为了增加进深，一些地区还将堂屋后墙向后推90厘米左右形成凹入的空间，更加强调了神台的重要性。堂屋通常通高两层直达屋顶，后墙摆放神案和八仙桌。神案上放置贡品、香炉等祭拜设施，与上部的神龛构成了整个民居中最为华丽和神圣的部分，体现了神灵和祖先的崇高地位。为方便采光，堂屋正上方的屋顶通常设置有数片明瓦，从明瓦洒下的光线也仿佛成为凡人和祖先及神明沟通的桥梁。

卧室、火塘等生活空间，都是围绕堂屋展开，可大致分为"前堂后室"与"一明两暗"两种类型。

1. 前堂后室

前堂后室的布局是指前部为起居接待空间，后部为寝卧空间的空间格局，是广西少数民族乃至我国西南地区和东南亚地区居住建筑最为常见的布局形式。前堂后室中的"堂"，在不同民族的干阑建筑中可以理解为火塘、客厅、堂屋等，比如侗族干阑的"前堂"在大部分的情况下就是以敞廊为主的客厅，火塘间和卧室嵌套成为"后室"。滇西傣族住宅的"前堂"是客厅与火塘，"后室"为卧室。壮族干阑的"前堂"则是以堂屋为中心，火塘、客厅、堂屋三者的混合体。

通常情况下，堂屋位于中央的明间，火塘分布于两侧，堂屋与火塘之间没有明显的分割。如果只有一个火塘，则按照东面为尊的习惯布置在堂屋的东侧，如遇分家出现多个火塘，则由年轻人使用东面的火塘，按照当地老人的说法是："年轻人住东边象征朝阳，老人住西边象征夕阳。"足见对年轻人的爱护和希冀。火塘在房屋进深方向位于中柱与前金柱之间，与堂屋的中心空间在一个水平线上。堂屋空间高大，位于中心，火塘间低矮，位于两侧，整个"前堂"空间虽然没有分隔，但层次丰富，主次明确。

卧室一般都位于后部。龙脊地区的干阑较大，一般都是五开间以上，所以后部空间足够卧室使用，在家庭人口较多的情况下，左右梢间也会布置卧室。桂西地区经济欠发达，如达文屯，干阑普遍都是三开间，后部空间不敷卧室使用，则会压缩火塘间，在前檐部分隔出卧室。关于家庭成员对卧室的分配，壮族一般秉承老人和已婚者住后面，小孩与青少年住前面的宗旨。堂屋正中后面的一间卧室，有特殊意义，有的地区是居住家中的男性老人，是一种父权思想的体现；有的地区则并不讲究，男女老人都可以住；桂北地区则认为位于神牌之后的空间不适合住人，而是用作储藏空间。前檐的卧室通风较好，视野开阔，又多位于南面而光线充足，适合发育中的青少年居住。壮民们也认为"阳"气十足的青少年自然不适合住在带有"阴"气的神台附近，以免"阴阳相冲"。前堂后室的布局实例如西林那岩王万福宅、那坡达文屯黄日兰宅等（图5-3-9）。

2. 一明两暗

"一明两暗"是汉族民居最为常见的类型，"一明"指的是中间的厅堂，"两暗"是分列于厅堂两侧的卧室。厅堂朝外开启大门为"明"，卧室门开向厅堂则为"暗"。"一明两暗"是壮族干阑中受到汉文化影响最深的民居类型。火塘间在家庭中的地位亦不显得那么重要，炊事用火和采暖用火开始分离，意味着文明的进步。虽然居室的空间都围绕堂屋这一单核心布局，但火塘这种原始家庭的象征仍然对住宅的功能分布有所影响，根据火塘在家庭中的重要性程度的不同，"一明两暗"类型的壮族干阑可从以下两个方面进行讨论：

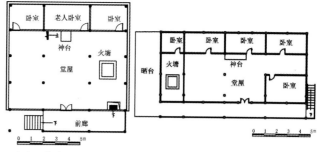

（a）那坡达文屯黄日兰宅　　　　（b）西林那岩王万福宅

图5-3-9　广西壮族传统民居前堂后室布局典例（来源：广西大学建筑学2006级 绘）

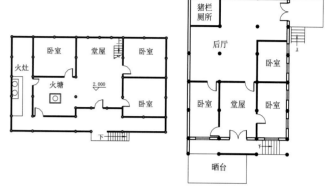

图5-3-10　西林马蚌岑宅（来源：熊伟 绘）　　　图5-3-11　龙州某宅（来源：改绘自《广西传统民族建筑实录》）

（1）火塘位于前部单侧。这一类型的"一明两暗"，厅堂通常占据通进深，两侧为卧室或储藏室，火塘间则位于一侧的第一进空间，这说明火塘间在居室中仍占有一定地位，冬季烤火取暖和家人聚会是其主要用途，煮食的功能被专用的厨房取代，如西林马蚌岑宅（图5-3-10）。

（2）火塘与厨房位于后部。火塘间的重要性被进一步削弱，甚至完全被厨房取代。房屋的功能呈现前后分区的特点，前部为生活起居，后部为辅助杂物，因此，前部的堂屋进深通常为两柱跨左右，较浅，后部的厨房设有后门通向后院（图5-3-11）。

二、汉族民居基本类型与组合

（一）汉族民居的基本类型

广西汉族民居以天井式地居建筑为主。天井式地居建筑的院落，好似从建筑中掏出来的一样。通常厅堂面临天井的门扇打开，或不设门，天井进而与民居厅堂连为一体，满足建筑内部采光、通风和排水之用。天井成为建筑的附属空间，被一栋建筑内四面（或者三面）的不同房间所围，这些房间的屋顶连接在一起，从空中俯瞰，犹如向天敞开的一个井口，故而名之"天井"。这样，以明间的堂屋和堂屋前的天井为中心，与围合在两旁的廊屋或厢房一起，被称为"一进"。南方天井式民居的平面形制，就是以"进"为基本单位，多进纵横连接，形成多种平面格局，并通过明确的轴线系统体现宗法礼制。

在建筑平面形态上，广西汉族民居以大家庭聚族而居为基本居住方式，建筑群体通过庭院或天井进行横向和纵向的组合，相比壮、侗等民族，其宗族关系在建筑组合的联系上显得更为紧密。每一建筑单元都以堂屋为核心，轴线关系明确。以礼制为核心的汉族文化强调"尊卑有序""居中为尊"，于是以堂屋为中心的中轴对称方式和通过堂屋组织室内空间秩序成为礼制思想物化的最好体现。与百越族群的居住习惯不同，居住者的各项活动在围合成院的多座房屋中完成，同时出于防御性和生活习惯的考虑，居住单元的空间呈现向内开敞而对外封闭的形态。

广西汉族民居又可以具体分为湘赣式、广府式、客家式三种。

（二）广西湘赣式民居

1. 基本平面类型

从平面上说，"间"是我国传统民居的基本单位。一间不敷使用，双开间又中柱当心，不符合传统审美心理，也不好用。为了进一步分清主次，就形成了"一明两暗"三开间的基本类型，民间亦有"一、二不上数，最小三起始"的说法。另外，在封建等级制度甚严的古代，统治者们针对宅第制度有严格的规定，如明代，"洪武二十六年定制，庶民庐舍不过三间五架，不许用斗栱、饰彩色。三十五年复申禁饬，不许造九五间数，房屋虽至一二十所，随其物力，但不许过三间。正统十二年令稍变通之，庶民房屋架多而间少者，不在禁限。"受制于等级限制，"一明两暗"三开间的平面形制，成为广大乡村最为基本的居住模式。单纯的"一明两暗"三开间很难满足聚族而居的要求，因此，在"一明两暗"的基础上，以合院或天井作为中介，进行纵横的组合，连接成一个复杂的平面整体以容纳所有族系成员。出于对气候的适应，合院多用于北方，而天井则流行于南方。

湘赣式民居是典型的南方天井式民居。余英在《中国东南系建筑区系类型研究》中总结了湘赣式民居的平面类型，如图5-3-12所示。郭谦在其著述中也将湘赣式民居的基本型分为"三合天井型"的"天井堂庑""天井堂厢"和"四合天井型"以及"中庭型"等。

根据我们对广西湘赣民系的主要分布区域——桂东北地区的调研结果，广西的湘赣式民居中绝少有"中庭型"与"天井堂庑型"，"天井堂厢"和"四合天井"是最为常见的平面类型，大型的宅院也主要以这种类型组合而成。根据一进建筑中天井的个数，我们将广西湘赣式民居的基本平面分为一进一天井和一进双天井两种。

1）一进一天井型

桂林全州锦堂村的陆为志宅（图5-3-13）即是这种一进一天井型在广大桂东北农村的代表。围绕天井布置了正堂、厢房和正房等五个房间，在正堂后设有后堂，开门通向后正房。为了加大后堂和后正房的进深，后墙向后方平移，与后檐柱之间形成60厘米左右的距离，在屋面坡度相同的情况下，屋后的檐口较低，这样就形成了"前高后低"的传统格局。该宅有大门两座，分设于天井后正堂轩廊的左右两侧，分别通向外部巷道。另有小门两座，开在左右两个后正房上。这样就形

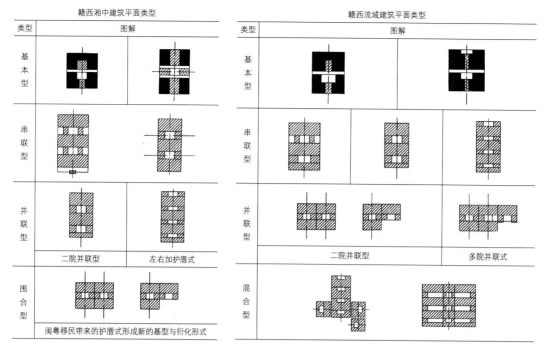

图5-3-12 湘赣式建筑平面类型总结（来源：《中国东南系建筑区系类型研究》）

赣西湘中建筑平面类型

类型	图解	
基本型		
串联型		
并联型	二院并联型	左右加护厝式
围合型	闽粤移民带来的护厝式形成新的基型与衍化形式	

赣西流域建筑平面类型

类型	图解		
基本型			
串联型			
并联型	二院并联型		多院并联式
混合型			

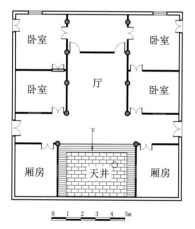

图5-3-13 全州锦堂村陆为志宅（来源：熊伟 绘）

成了该区域典型的"四门一天井"格局。由于大门没有开在正面，天井空间完整，面向正堂的天井照壁成为装饰的重点。在调研中发现，厨房的设置似乎不是湘赣式民居平面功能考虑的重点，对于其位置的安排也没有特别的讲究，厢房、正房、后堂都可以进行炊事活动。由于兄弟分居，陆为志宅中有两个厨房，分别位于左、右正房。厕所在宅内也没有设置，与牲畜圈一起布置在不远的池塘边。

2）一进双（三）天井型

同样以天井和堂屋作为空间组织的中心，与广西的广府式民居相比，广西的湘赣式民居普遍重视后堂与后正房的设置，这是这两种民居在平面布局上较大的一个区别。后堂和后正房是住户内眷起居活动和操持家务的主要空间，但一进一天井的模式很难解决后堂和后正房的采光问题，同时也对住宅内部通风不利，所以有些民居在一进一天井的基础上将后墙继续往后平移，在后堂贴近后墙处增设一窄长的天井，以改善后堂采光通风条件，同时建筑后檐的雨水也落入自家天井，满足"肥水不流外人田"的心理。这样，就形成了一进双天井的模式。

江头村的43号宅（图5-3-14），在天井前后设有两座建筑，分别由正堂、倒堂、厢廊、上正屋、下正屋、后堂和后正屋构成。为了留出宽敞的倒堂，大门在

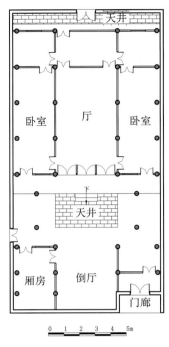
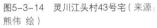

图5-3-14　灵川江头村43号宅（来源：熊伟 绘）

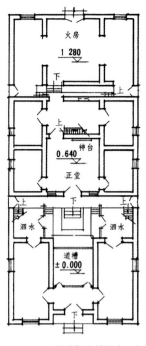

图5-3-15　恭城朗山村周宅（来源：《广西传统民族建筑实录》）

正面的左侧开启并内凹，形成广府式的门廊。正中天井的两侧没有设置厢房而代以厢廊，倒堂未设大门，直接面向天井敞开，这都使得天井周围的空间开阔而富于变化。正堂大门采用"六扇门"的格局，满足进深较大的正堂的采光要求。正中天井的右侧开侧门通向村内巷道。正堂后设后堂与后正房，面向狭长的后天井采光，在后天井的正中设有一后门与街巷相通。

广西湘赣式民居的后堂及后天井系统的规模，比江西民居来得小，通常只有左右两间后房和进深三步架约2.5米的后堂，天井则狭窄通长，两旁不设厢房。由于规模较小，兄弟分家后，居住空间更显局促，在调研中发现，大部分的后天井上空被封闭，隔断为房间使用。

恭城朗山村是瑶族聚居村，但民居建筑基本全部汉化，具有湘赣式民居的特点。该村的民宅均为"四合天井型"的模式（图5-3-15），门屋的一座较深而天井空间显窄。与汉族地区不同的是，朗山民居将厨房和杂物房独立出来，设置在后天井的后方。

后天井由于进深很浅，也被称为半天井。半天井并非都位于后堂，如全州香花村蒋光景宅（图5-3-16）。该宅为"四合天井型"，两个大门也为相对侧开，上下两座建筑围绕天井布置，总共有13个房间。在下座倒厅后有一通长的半天井，为满足下房的采光、通风之用，这一实例较为特殊，概为主人有特别要求导致，这也说明传统民居并非墨守成规，工匠在实际操作中多有自己的构思创造。无论位于建筑的前还是后，半天井确实都起到了对中央主天井采光和通风的必要补充作用。

如将半天井同时设于建筑前后，则会产生一进三天井的情况。位于湘桂古商道上的灵川熊村18号宅（图5-3-17），原主人为医生，整个建筑的上下两座分插在三个天井中间，下座应为主人接待病人和会客的场所，因此面向商街在前天井正中开大门，前天井在此除了采光、通风的作用外，还能隔绝繁华街道的噪声，对稳定患者情绪和增添客厅情趣亦有帮助。上座则为家人日常起居的空间，同样设置半天井。这样，由中央的主天井统率，前后两个半天井各司其职，内外功能分区明确。

2. 基本平面的组合

1）纵横多进式组合

一进一天井和一进双天井的基本单元进行纵向的复制和排列组合，就能构成多进的平面，满足较大规模家庭聚居的要求。如兴安水源头村秦家大院茂兴堂（图5-3-18），由两进加一座门屋构成，最后一进的后堂和后天井均较宽。同一大院的爱日堂则规模较小，仅为两进且无门屋和后天井。

全州锡爵村的民居则采用另外一种方式拼接。如53号宅（图5-3-19），三进建筑横向拼接，左右两进将轴线旋转90度而朝向中心一进，中心一进不对外开

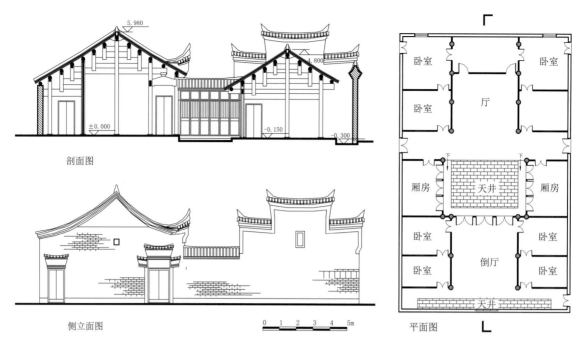

剖面图

侧立面图

0 1 2 3 4 5m

平面图

卧室　卧室

厅

卧室　卧室

厢房　天井　厢房

卧室　卧室

倒厅

卧室　卧室

天井

图5-3-16 全州香花村蒋光景宅（来源：熊伟 绘）

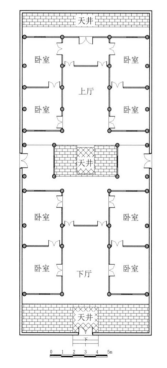

天井

卧室　卧室

上厅

卧室　卧室

天井

卧室　卧室

卧室　卧室

下厅

天井

0 1 2 3 4 5m

图5-3-17 灵川熊村18号宅（来源：熊伟 绘）

秦家大院茂兴堂平面图　　0 1 2 3 4 5m　　秦家大院爱日堂平面图

图5-3-18 兴安水源头村秦家大院民居（来源：熊伟 绘）

门，从旁边两进出入，门楼按"以左为尊"的原则设在左边一进，是建筑群体的总出入口。旁边两进朝向中心拱卫且中间一进独设后天井，这都凸显了对原居住在中心一进的主人的尊崇，但明显牺牲了左右两进建筑物的朝向。该村的69号宅（图5-3-20）则对纵横两种叠加方式都有使用。纵向叠加后，前一进的后正房会被后一

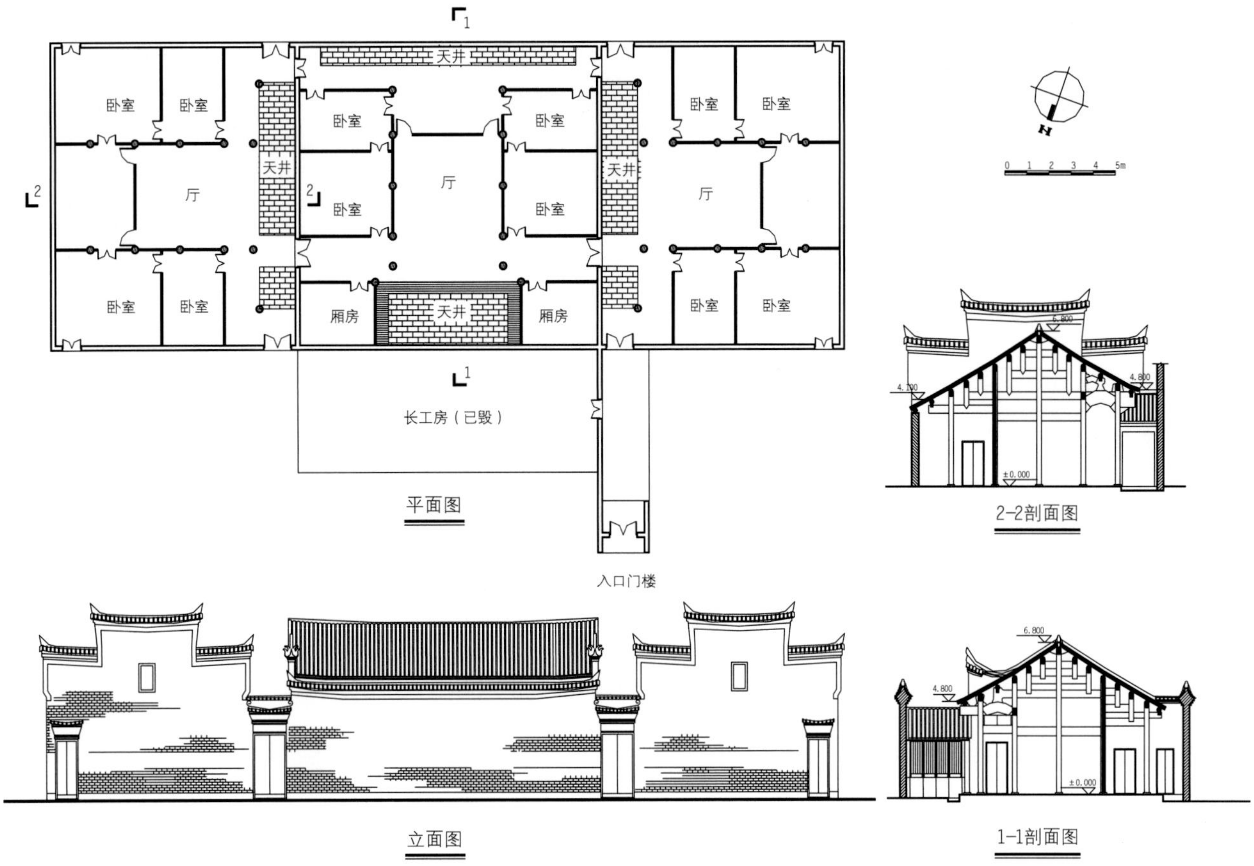

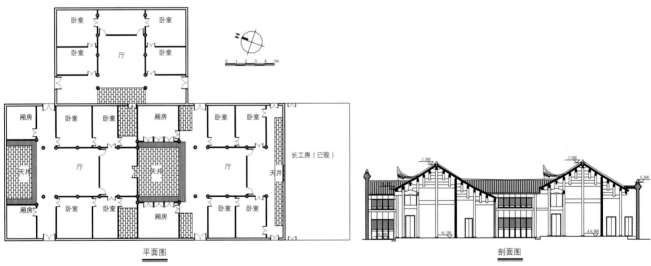

图5-3-19 全州锡爵村53号宅（来源：熊伟 绘）

图5-3-20 全州锡爵村69号宅（来源：熊伟 绘）

进的厢房遮挡而无法采光，因此，后一进的厢房通常面宽较窄或干脆取消而代之以厢廊。在69号宅中，我们看到了另一种做法，就是在前一进的后正房处隔出一个

小天井，同时也可通过这一天井和右边侧进相联系。

灵川长岗岭村莫府大院（图5-3-21），在三进建筑纵向叠加形成一个单元的基础上，再横向将三个单元组

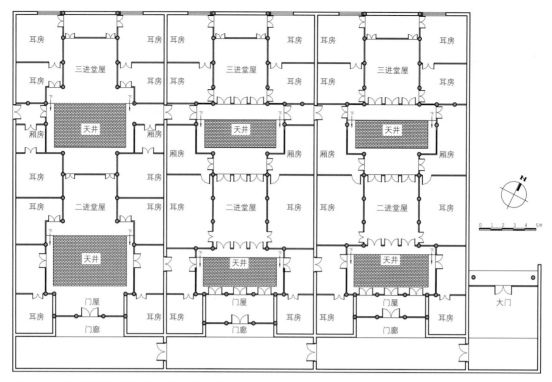

图5-3-21 灵川长岗岭村莫府大院（来源：熊伟 绘）

合，构成了大家族聚居的平面空间。相邻的两个单元在前后天井都设门相通，山墙亦共用分享。灵川江头村的民居组合方式（图5-3-22）亦属此种类型，但开放性更强，特别是厢房普遍被取消，天井被直接串联起来，有如街巷。建筑群之间的横向联系比强调中轴层次的纵向联系明显得多，体现出了江头村更加注重小单位家庭建设的特点。

2）护厝式组合

单进建筑纵横向的组合，可满足主要房间的居住要求，但厨房、杂物房、牲畜圈及长工房等仍无法在"进"屋中安排，于是"横"屋应运而生。横屋亦被称为"护厝""护屋""排屋"，是纵向组合的联排式长条形房屋，也是日常生活居住系统的辅助性建筑，位于核心建筑的两侧呈左右烘托之势。据余英的研究，"这种模式的护屋，一方面可能是西周岐山凤雏遗址中'厢房'形式的变体，另一方面也可能是受东南地区排屋民

居的影响"。这一影响在闽粤地区尤甚，而江西的"护厝"模式则是受到明末清初闽粤移民的影响，同时，护厝模式多分布在山区和移民通道尽端的"边缘区"。广西的汉族民居，特别是大中型的府第，无论是广府式还是湘赣式，普遍带有"护厝"。

阳朔龙潭村53号宅（图5-3-23）由前后两进组成，每一进都在东、西两面设置了辅房，西面的辅房为典型的横屋模式，通过"厝巷"与主体连通。两进建筑均朝西开大门，在横屋处隔出一间做门斗，形成双重大门的格局，空间层次丰富，也可更好地将主体建筑与附属建筑隔开。

灵川长岗岭村的卫守副府（图5-3-24a），主体建筑为四进，位于中央，左侧为横屋，右侧为花厅（已毁）。中央的核心部分宽15米，深达50米。通过高大的九级台阶到达第一进门屋，门屋的明间被柱分为三间，使得整个建筑看起来有五间的感觉。第二进的堂屋最为

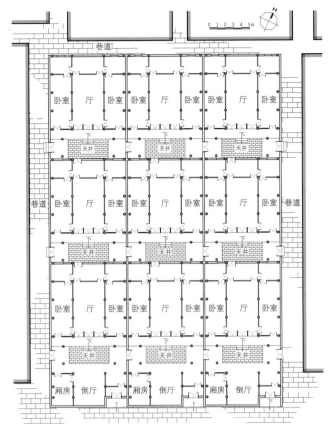

图5-3-22 灵川江头村民居组合（来源：熊伟 绘）

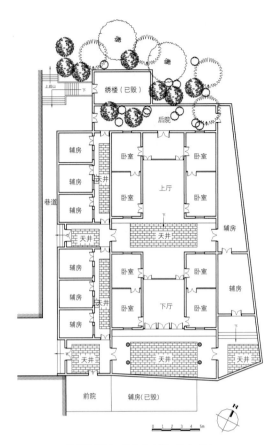

图5-3-23 阳朔龙潭村53号宅（来源：赵冶 绘）

宽大，其天井也比其余天井大一倍有余，堂屋前的轩廊立有四根粗大的檐柱，并采用抬梁式屋架，这都显示出了该进堂屋的豪华和重要性，应是主人的主要待客之所。第三、第四进是起居生活和拜祭祖先的场所，设有后天井。左侧的横屋与主体之间隔以"厝巷"式的纵向天井，并设有直通屋外晒场的大门。横屋与主体建筑的天井均可相通，方便联系。同村的别驾第（图5-3-24b）则除了纵向的横屋外，还设有后横屋。

（三）广西广府式民居

1. 街屋——骑楼

街屋即集市、城镇地区位于街道两旁的商住两用的民宅。无论何种民系的建筑，都有街屋的存在。但广府人善于经商，广西的大小集镇都有他们的身影，因此，广府式的街屋，特别是民国时期骑楼类型的街屋对广西城镇民居的形态起到了决定性的影响，值得进行详细的探讨。

1）街屋

广府地区街屋和骑楼的原形应该是竹筒屋。竹筒屋大多为单开间民居，在广东地区则被称为"直头屋"。其平面特点在于每户面宽较窄，常为4米左右，进深则视地形长短而定，通常短则7～8米，长则12～20米。平面布局犹如一节节竹子，故称为"竹筒屋"。关于广东"竹筒屋"的形成，陆琦先生认为："粤中地区人多地少，地价昂贵，尤其城镇居民住宅用地只能向纵深发展。同时，当地气候炎热潮湿，竹筒屋的通风、采光、排水、交通可以依靠开敞的厅堂和天井、廊道得到解决。"

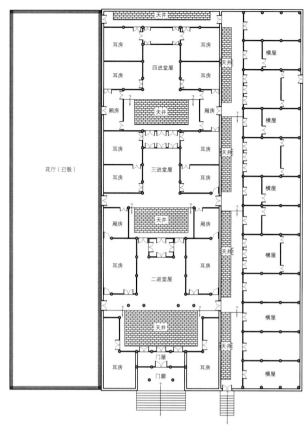

（a）长岗岭村卫守副府平面图

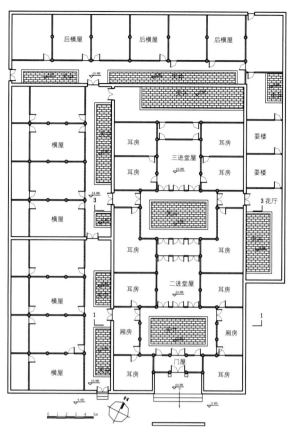

（b）长岗岭村别驾第平面图

图5-3-24　灵川长岗岭村民居（来源：熊伟 绘）

广西乡村基本没有竹筒屋，城镇里则屡见不鲜。如龙州中山村的旧街，位于左江旁，交通便利使其在清朝成为周边居民互市的集镇。整条街道分为三段，被规划成鱼形，鱼头朝向江面（图5-3-25）。街屋围绕着两个梭形广场布置，因此每间街屋的正面较窄而背面稍宽，呈扇形，这种用地划分方式，除了为了形成"鱼"这一形态外，风水学说中"内阔外狭者名为蟹穴屋，则丰衣足食"的说法应对其有较大影响。该村街屋均有20～30米深，因此设有一到两个天井，前店而后宅，有些为前店后坊，居住在阁楼。

2）骑楼

古代的街屋多为一层，普遍不高，而城镇的发展导致用地紧张，为了提高容积率，老式的街屋必须进行改造，缩小开间、加高层数是必要的手段。骑楼这种特殊的街屋应运而生，并以其适应南方气候要求、节省用地、可满足商住功能的优点在广东流行开来。

粤商入桂，将骑楼带入广西。从清末至民国，以骑楼为特征的集镇沿西江河道遍布桂南沿海、桂东、桂东南等经济发达地区。原有老式街屋或拆或改，都以骑楼模式建设。如南宁下楞村，南邻左江，清末民初时期前来经商的广东商人在该村修建骑楼，当地居民纷纷仿建，平面开间一般为4～5米，进深为20～50米，靠江的骑楼一直延伸到江边自家小码头。

2. 三间两廊

与湘赣式民居的"三合天井式"一样，"三间两廊"

图5-3-25　龙州上金乡鲤鱼街　　　　　　（a）卫星地图（来源：谷歌地球）　　　　　　　　　　　（b）鸟瞰（来源：熊伟 摄）

也由"一明两暗"加以天井和两侧的厢房构成，在广府地区，这样的"三合天井式"民居被称为"三间两廊"。所谓三间，即明间的厅堂和两侧次间的居室，两侧厢房为廊，一般右廊开门与街道相通，为门房，左廊则多用作厨房。三间两廊的模式在粤中农村广为流行，是广府式民居建筑的基本形制。粤中地区由于人口密度较大，且封建社会后期广府地区较早接纳了西方资本主义的商品经济意识，大家庭普遍解体，儿子成年即分家，核心家庭成为社会的基层细胞。因此，粤中地区的三间两廊多居住单个家庭，其单元规模比湘赣式民居的三合天井式要小，有些地区天井的深度甚至只有1米左右，更像是堂屋里采光用的天窗，正堂当然也就无需对天井设门。粤中地区的三间两廊通常只有四间房，而湘赣式民居的三合天井一般都有六到七间居室，适合三代同堂。

广西的广府式民居，聚落的结构也多不像梳式布局那么严整，空间的发散性也表现得相当明显。大多数聚落不再采用梳式布局，而是采用了更为适应自然环境的布置方式。因而，与粤中典型聚落相比，广西广府民系聚落的布局更为自由，空间的处理和组织也更加灵活。作为聚落基本单位的三间两廊，其规模也显得较大，如金秀龙腾屯92号宅（图5-3-26），为两兄弟联宅，前后两进三间两廊均侧面朝东开门，与大门隔天井相对的是厨房，正堂前有较深的凹入式门斗，这样，两侧的卧室得以朝门斗开窗采光。由于进深较大，两侧间可以分为四个房间，据该村长者介绍，东南角的一间为长子专用，老人则多住在靠近神台的左右两间。

三间两廊在天井前加建前屋，就构成了四合天井式，这样的模式更加适合农具、杂物较多的农村地区。如同是龙腾屯的40号宅（图5-3-27），在天井前设置有门屋，大门开在正中，两侧除了厢房外还有两间杂物房。

在四合天井的基础上横向添加辅助性房屋，则能满足更多加工、储藏和居住等方面的功能需求。如大芦村

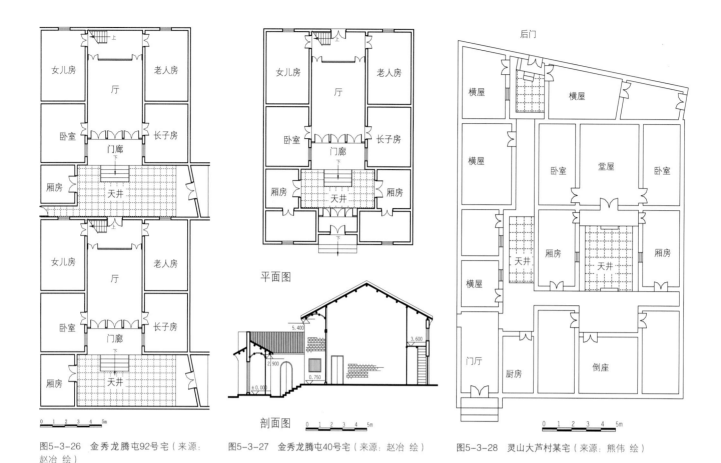

平面图

剖面图

图5-3-26 金秀龙腾屯92号宅（来源：赵冶 绘）

图5-3-27 金秀龙腾屯40号宅（来源：赵冶 绘）

图5-3-28 灵山大芦村某宅（来源：熊伟 绘）

某宅（图5-3-28），在主体四合天井东、南两侧安排了辅房和两个天井，宅院的前、后门都开在辅房上，避免了对核心居住区域的干扰。

3. 大型宅院府第

1）多开间式

三间两廊式的平面布局虽然广为流传，但满足不了富商巨贾和大户人家的需要，因此，在清末礼制松弛、禁令松懈之后，多开间平面的民居多了起来。开间的增加势必会带来采光和通风的问题。一种办法是加宽天井，但这样处理会使得空间狭长而尺度不尽如人意，所以更多是增加采光天井的个数来改善居住条件。

如玉林庞村的163号宅（图5-3-29），虽然开间增加到五间，但仍然沿用上文提到的方式，在卧室前加

设天井，整个宅院的天井数达到了九个之多。同村的147号宅（图5-3-30）为三进七开间，前两进为门厅、客厅、佣人和客人的卧室，后进为家人起居场所，整座宅院的宽度达到28米，是所见广西汉族民居中开间数最多者。如果仅采用在卧室前加设天井这一种手法则会显得过于单调，因此，中间的两个主天井被扩至三间的宽度，局部居室前的小天井也被合二为一形成中型天井。

2）多进护厝式

正如余英所述，带护屋的大宅第多分布在山区和移民通道尽端的"边缘区"，广西的广府式府第多设有横屋。

贺州是广西客家聚居较密集的地区，该区域的广府式民居也多受到客家居住模式的影响。如桂岭镇的陶家

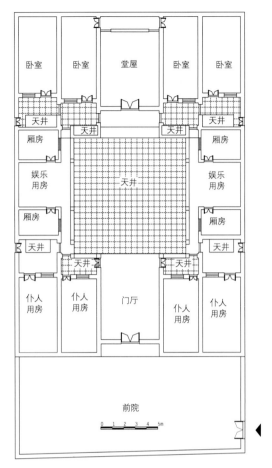

图5-3-29 玉林庞村163号宅（来源：广西大学建筑学2000级 绘）

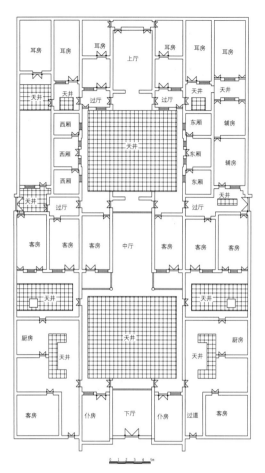

图5-3-30 玉林庞村147号宅（来源：广西大学建筑学2000级 绘）

大院（图5-3-31、图5-3-32），该院由东西两侧长达70米的横屋夹着两组主体建筑组成。全院由南至北分为三部分：南部为宽阔的前院，东面横屋上开口形成整个内院的大门；中部是三进堂屋，中厅和上厅的进深很大，气氛森严，中轴线上除了上厅的厢房外没有开门者，日常居住和其他的使用房间都朝两侧的厝巷开门，因此，堂屋的空间显得十分纯净，疑似为祭祀的祠堂；北部为后院，中轴线上是主人的住屋，原为五层，现已毁。

金秀龙腾屯的梁书科宅（图5-3-33），也是设有横屋的三进宅第，所不同的是，分属三兄弟的主体三进建筑并非紧贴相连，而是通过每两进之间的巷道相连，这使得每进宅第都拥有前后大门和门廊等建筑空间，显示

出封建社会后期大家族趋向解体而更加重视单个家庭的完整性。

（四）广西客家式民居

余英等人认为："客家民居建筑的平面布局大致有两种模式：一、在闽南、粤东普遍的'护厝式'基础上，将祖堂后部以半圆形的排屋围合起来形成围龙屋；二、以排屋围合成方形、圆形或异形内院，内院中通常为'三合'或'四合'型祖堂系统……实际上，从布局模式上来看……客家民居的基本核心单元仍然是'三合天井型'和'四合中庭型'两种模式。"广西的客家建筑中，较少见到"三合天井型"，大部分都是"四合中

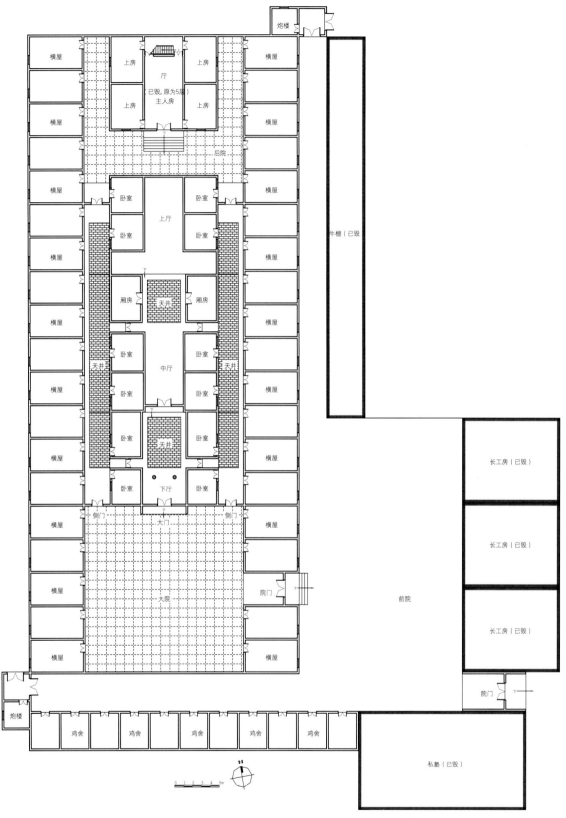

图5-3-31 贺州桂岭镇陶家大院平面图（来源：熊伟 绘）

（a）陶家大院外院

（b）陶家大院内院

图5-3-32　贺州桂岭镇陶家大院（来源：熊伟 摄）

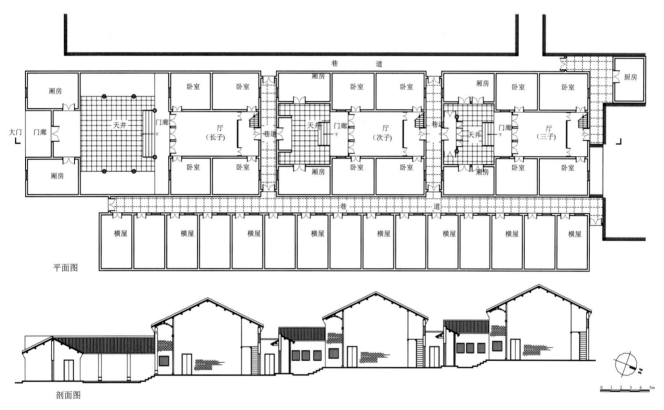

平面图

剖面图

图5-3-33　金秀龙腾屯梁书科宅（来源：赵冶 绘）

庭型"的堂横屋模式，其余的如围龙屋、围堡式均是在堂横屋模式的基础上发展起来的。

1. 堂横屋

特殊的聚居模式和强烈的家族观念使客家人形成了"大公小私"的生存哲学，"明堂暗屋"的建房理念深入客家人心，因此非常重视厅堂的建设。中轴线上的厅堂分别被称作"祖堂"（上厅）、"中堂"（官厅）、"下堂"（下厅、轿厅），为家族共有的厅堂，开敞明快，面积很大。两侧横屋为以住屋为主体的生活居住部分，除了"从厝厅""花厅"等厅堂，其余房间均为卧室或杂物房，并被平均分配到各户。这样，堂屋和横屋就形成了以祠堂为主体的礼制厅堂和以横屋为主体的居住生活空间两套性质不同的空间系统。客家民居前一般都设有禾坪与半月池，对于以农耕为主且聚居密度较高的客家人，禾坪起到晒谷打场和集散人流的作用。半月池则提供消防和日常用水，且形似书院前的泮池，寄托了客家人"耕读传家"的理想。

堂横屋是广西客家建筑中最为常见的类型，也是其他类型客家建筑的基本组成单位。最小规模的堂横屋为两堂两横，两堂式的布局，门堂与祖堂遥相呼应，空间变化不大，两旁横屋的居住空间的私密性也不是很强，但整体空间的内聚合向心性得到强调。

在两堂两横的基础上纵向增加堂屋或横向加设横屋就会形成两堂四横、三堂六横等类型。柳州凉水屯的刘氏围屋则为三堂两横（图5-3-34）。大门前有柱廊，形成凹门廊，门厅左右两侧设耳房面向门廊开窗采光。中厅为三开间开敞式布局，两侧的房间很深，被称为"长房"，是主人的卧室。正中的屏门没有采用通常的平开方式，而是类似于中悬方式上下旋转开启，这样，打开

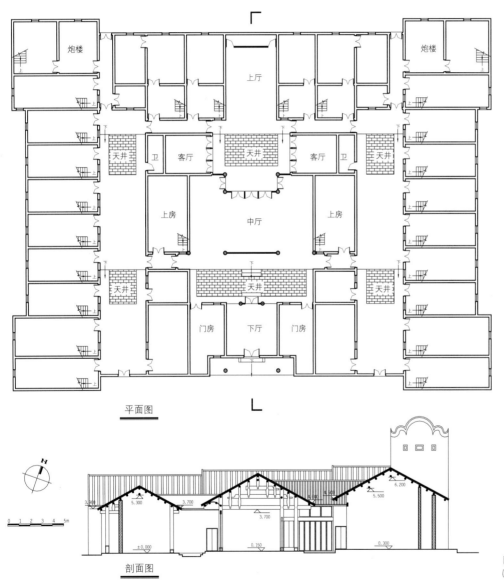

图5-3-34　柳州凉水屯刘氏围屋
（来源：熊伟 绘）

时还可以成为谷物的晒台。第三进为祖堂，客厅则位于祖堂前方的天井两侧。横屋对称设在两侧，每一排横屋的最后一进都有高起的炮楼。

贺州莲塘镇江氏围屋（图5-3-35），是广西现存堂横屋中保存得最好的。建于清乾隆末年的江氏围屋为四堂六横，总面宽达到87米。主屋前设宽阔的半圆形禾坪，满足客家农耕为主的生产要求。禾坪被2米高的围墙包围起来，在其南北两侧设有院门，其中南侧的一个为主门。四进堂屋被三个天井相隔，形成四暗三明的主空间序列，从入口的门厅开始，每进堂屋都抬高一级踏步，约10厘米，堂屋的层高又相应递增1米，因此，到祖堂一进，其屋脊的檩条高度已达到将近9米，加上进

深比其他厅堂多出1米，祖堂地位的重要性在这一空间序列的烘托下得以充分体现。两侧的横屋则通过三条横向次轴线上的通道与堂屋相连，由于客家的横屋是主要的生活起居空间，因此，其空间比其他汉族建筑的横屋空间更加宽敞舒适，"厝巷"空间扩大后形成三个天井和面向天井开敞的大厅，通透明亮，生活气氛浓厚。主次轴线上的厅堂、天井空间层次丰富又互相渗透，连廊纵横交错，余味无穷。主体部分的四堂四横均为两层，最外围的两条横屋高一层，是牲畜圈养之处。

2. 围龙屋

围龙屋是在堂横屋的基础上在后半部增加半圆形的

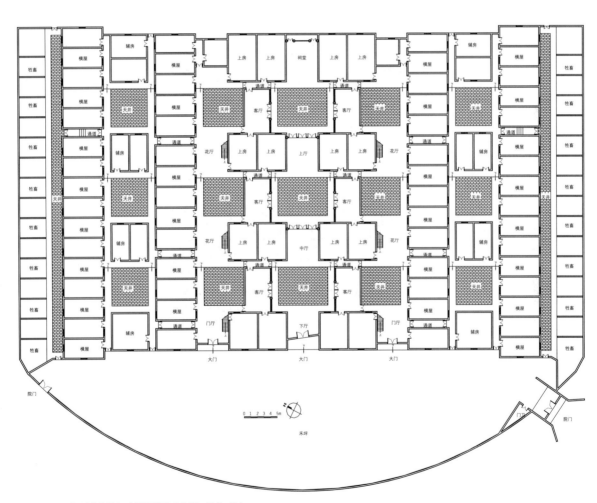

图5-3-35 贺州莲塘镇江氏围屋平面（来源：熊伟 绘）

杂物屋和"化胎"形成的，有学者认为围龙屋的这种平面布局与中原地区原始村屋的圆形布局有关。余英则认为，围龙屋的围龙与流行于东南地区的"椅子坟"后的弧形防水坟圈的功能相似，原为排水沟和卵石砌筑的墙垄以阻挡山坡上排下的雨水，后发展成为半圆形的连排围屋。围龙屋以自后半部向前呈缓坡式降低的半圆形围屋包裹中部方形的堂横屋，再与前方的半月池形成"天圆地方"的图式，体现了客家人对天人合一、阴阳调和的风水理念的追求。

广西现存的围龙屋较少，典型的有玉林硃砂垌和金玉庄两处（图5-3-36）。硃砂垌围龙屋位于玉林市玉州区内，由祖籍广东梅州的黄正昌建于清乾隆时期，黄正昌于乾隆、嘉庆、道光三朝为官，官至五品，死后，道光赐"奉直大夫"，故该宅亦称为"大夫第"。硃砂垌围龙屋坐东北向西南，背靠山坡，依势而建，围屋门前正对风胫岭的园岭，是为朝山，左有高庙岭龙形高起，右有陈屋背狮岭围护。整个围屋占地182000多平方米，以祠堂为中心呈三堂十横布局，两道围龙由西南向东北依地势高起，祠堂后部的正中隆起为化胎。西南面为与建筑主体同宽，直径100米的巨大的半月池。该围垅屋的防御性特点十分突出，仅设有南北两个出入口，且都设有瓮城。以最外围横屋围墙构成的城墙厚将近1米，高6米，墙体上遍布枪眼。沿着马蹄形的围墙均匀分布着7座炮楼，名曰"七星伴月"。南部围墙外由于地势较低，设有护城河。围内各巷设有栅门，户户楼上楼下相通，巷巷相连，全寨相通。内沿城墙搭盖瓦房，用于防止强盗等搭梯攻城，能防能守。为防围困，围内还曾设置多处粮仓，左右两边大巷内亦各有防困水井一口。金玉庄距硃砂垌3公里左右，是由分家出去的黄氏同族人模仿硃砂垌所建。

3. 围堡

围堡式的客家围屋，中间部分仍为基本的堂横式布局，四周或三边围以附属用房和围墙，角部设置炮楼，防御性较强。潘安在《客家聚居建筑研究》中总结了客家建筑的防卫体系的外墙抵御手段、内部组织结构和生活供给系统三个层次：外墙抵御手段的重点在于大门的防卫措施、墙体构造、火力的组织配合及檐口的处理等；内部组织结构则为房间使用功能的布局及临时交通枢纽的运转；生活供给系统则解决了水源、食物和污物排除等几个问题。围堡式的围屋由于其更为重视防御，因此，这三个层次的防卫体系体现得较为鲜明。

昭平樟木林的围堡式围屋（图5-3-37），当地人称为"石城围""石城寨""田洋围屋""田洋寨"等。围屋始建者为叶纪华、叶纪珍兄弟，他们在清嘉庆年间自广东揭西迁至广西樟木林，至道光年间，以广东先祖居宅的构造建造了这座围堡。该围堡坐东向西，背靠海拔800米以上的连绵群山，总长90多米，宽60多米，占地面积5500多平方米（图5-3-38）。由于围屋部分损毁，该平面图为结合村民描述绘制，力图反映原貌。

围屋的主体部分是两排共九座两堂两横的堂横屋，每一座基本都是"上五下五"的布局。其中第一排面对大门正中的一座为祠堂，四面由围墙、辅房包围，东面一排的基本单元为"三合天井"式，其余南、北、西面均为排屋。西面中轴对称设置三个入口，正中者为大门。后部东面原有两个炮楼，现已毁。外围墙上的窗户为后开，原来为完全封闭，设有枪眼。整座围屋以中轴线为界，左边划分给兄长叶纪华及其族系，右边划分给弟弟叶纪珍及其族系。从现存的状况来看，左边的面积稍大，房屋也较多，右边的局部房间则使用了青砖砌筑，装修也更为讲究，印证了村民"纪华公多子、纪珍公多财"的说法。围屋前有较大的禾坪，但无明显水系。据当地老人介绍，屋前原有名为马河的小河，但由于河流改道，现距离围屋已有一里。

客家人的聚居模式对周边其他汉人有较大影响，如贺州桂岭于氏"四方营"（图5-3-39）就是模仿客家的

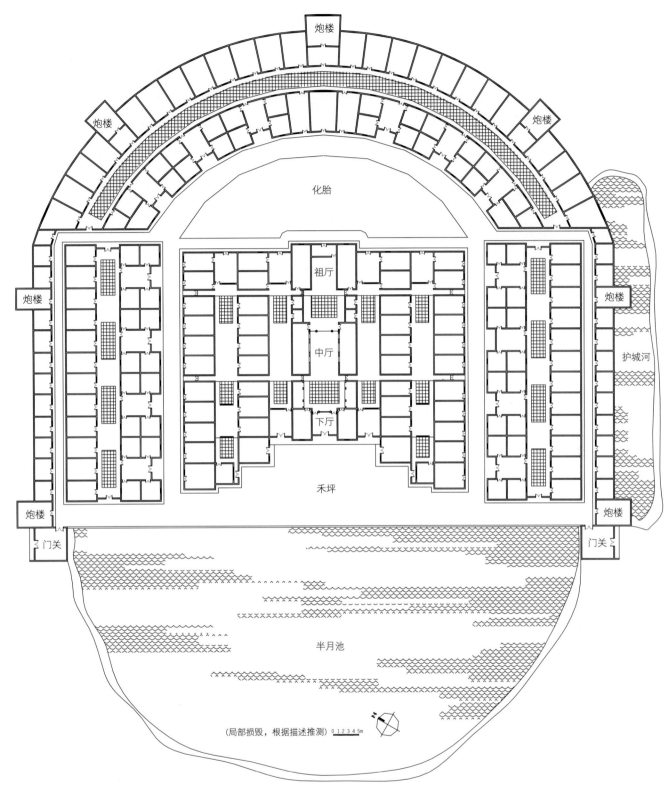

炮楼

炮楼

炮楼

化胎

炮楼

祖厅

炮楼

护城河

中厅

下厅

炮楼

炮楼

门关

禾坪

门关

半月池

（局部损毁，根据描述推测）0 1 2 3 4 5m

图5-3-36 玉林硃砂峒围龙屋（来源：熊伟 绘）

图5-3-37 昭平樟木林"石城围"鸟瞰（来源：熊伟 摄）

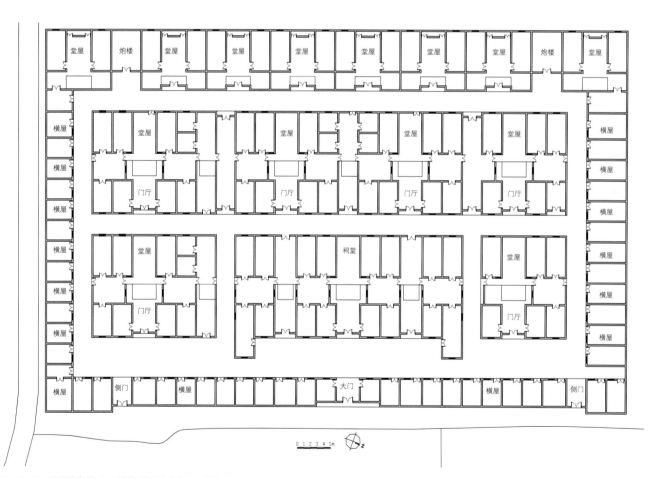

图5-3-38 昭平樟木林"石城围"平面图（来源：熊伟 绘）

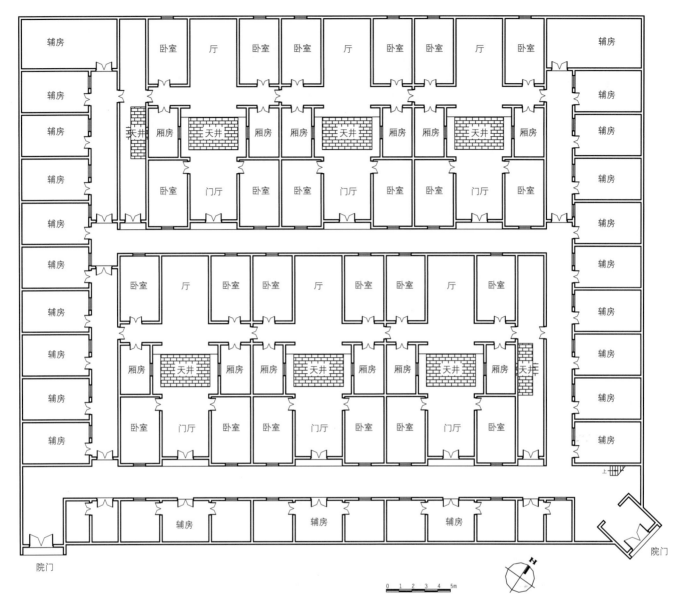

图5-3-39 贺州桂岭于氏"四方营"平面图（来源：熊伟 绘）

围堡所建。"四方营"建于清末，南北朝向，总面宽约50米，深40米，主体为六座"四合天井"式的堂横屋分前后两排布局，东、西、南面由辅房围墙围合。南面两角设置门楼，东侧为主门楼，略转一角度朝向屋前水池。围屋边上曾建有瞭望、防御之用的炮楼，现已毁。宗祠亦为私塾，紧贴围墙，位于围屋外。

第一节　传统聚落保护实践与探索概况

广西传统聚落保护起步较早，在21世纪初期就已经开始，但仅保持在对历史文化名城的保护上。1961年，第一批全国重点文物保护单位中出现了广西贵港桂平市的金田起义遗址，它的立法保护正式拉开了广西传统聚落保护的序幕。至2019年2月底，广西拥有桂林、北海和柳州等3个中国历史文化名城，有9个中国历史文化名镇、29个中国历史文化名村、275个中国传统村落。这些传统聚落涵盖12个世居民族，分布在山区、丘陵、平原、滨江、滨海等多种地形地貌中，具有院落地居和干阑等十多种建筑形态。这些传统聚落蕴含了广西悠久的历史文化、精湛的建筑技艺，对当今城乡规划建设产生了深远的影响。

传统聚落随着社会和时代而更新和发展。在保护中发展，在发展中保护，这是广西传统聚落保护的理念。具体方式为：在保持传统特色的前提下，按照城市、镇、村落的发展要求，遵循有效保护、合理利用、加强管理的原则，梳理了主要的历史史迹，进行了相关的名城、名镇和传统村落的保护规划。在实际的保护和发展建设中，主要有三种模式：一是政府主导规划和建设，二是政府主导规划设计和公共设施建设，村民在规划和相关导则的指引下进行民居更新，三是政府主导规划设计和制定保护导则，村民进行村落自主更新。历史文化名城、名镇的保护与更新多采用第一种模式，传统村落的保护与更新多采用第二种，第三种模式属少数。以下分别按名城、名镇、名村或传统村落三种类型介绍广西的保护方法。

第二节　中国历史文化名城——桂林

在千余年的发展中，悠久的城市文化融合于秀美的自然环境之中，逐渐形成了桂林极富特色的城市模式——"山—水—城（镇、村）"互相穿插，互相融合（图6-2-1～图6-2-3）。桂林的山，其特点是奇峰兀起、秀丽奇特。"桂林岩穴奇，石刻穷秘诡"是桂林山景的又一世界。桂林之水并非大江大湖，有人称赞它不仅有"山清、水秀、洞奇、石美"之绝，而且有"深潭、险滩、流泉"之胜。然更佳妙处在于桂林的山—水，是大自然巧于因借的园林大手笔，是宏大的、全方位的、气势磅礴的风景画长卷。桂林之美，更有城镇建筑群为之点缀。桂林城位于三江交汇处，一城揽有三

江之美与湖山之胜。如果城市建筑是画，那么它就是画框。像桂林这样汇山—水—城为一体，城市美与自然美相结合，融自然景观与人文景观为大宗者，全世界绝无仅有。这就是我所理解的桂林的城市模式，这也是我们所应研究、继承、加强和发展的城市模式。吴良镛先生1987年1月在桂林市详细规划评审会上如是说。

得天独厚的自然地貌以及地理区位对桂林的城市形态格局的形成起到了关键的作用，并与之共同构成了桂林古城历史环境发育生长的客观条件。另一方面，桂林古城的繁荣兴旺也与历史上丰富多彩的人文因素有着紧密的联系。

图6-2-1 靖江王城和独秀峰（来源：
《桂林市生态修复、城市修补总体规划
（2017）》）

图6-2-2 两江四湖景区（来源：《桂
林风景园林》）

图6-2-3 桂林"山—水—城"城景
（来源：《桂林风景园林》）

一、桂林城市历史环境的保护与更新

桂林因其悠久的历史而成为国际历史文化名城，更因其人文文化、自然山水文化及生态环境文化而成为世界上众多游客的聚集地。1963年，桂林市第一批自治区级文物保护单位公布，标志着桂林古城保护的正式开启（表6-2-1）。在过去很长一段时期，桂林的旅游资源开发只强调宣传桂林山水，着力于"三山两洞一水"的营造，忽略了历史文化名城的建设，直到1982年被公布为"历史文化名城"之后，才开始重视桂林的历史文化。2013年，桂林秀峰区主持开展的东西巷保护性修缮工程正式启动，2016年完成并开放，这是桂林历史文化保护历程中的重要节点。2017年桂林被列为"城市双修"试点城市，开启了新时期的保护工作。桂林名城保护经历了从文物保护单位（简称"文保"）到历史文化名城（简称"名城"），再至世界遗产保护的全过程（简称"世界遗产"）。

保护规划与实践历程   表6-2-1

保护时期	时间	保护状况
"文保"阶段	1963年	明代木龙洞石塔、桂林王城等成为桂林市第一批自治区级文物保护单位
	1964年	规划确定为中国式的风景游览城市
	1980年	扩建了七星岩、芦笛岩等自然景区，重建了靖江王府、古南门等人文景点
	1981年	重建中山纪念塔和仰止亭
"名城"阶段	1982年	国务院公布桂林为全国首批24座历史文化名城之一，指出："桂林历史上是广西政治、文化中心和军事重镇。"漓江成为第一批国家级重点风景名胜区
	1985年	国务院明确指出："桂林市是我国重点风景游览城市和历史文化名城……不仅要保护山水，文物等景物本身，而且要重视其环境景观的保护。"制定《桂林历史文化名城保护规划》并实施
	1987年	通过《关于加强桂林历史文化名城的整体保护议案的决议》，制定实施《文物保护法》的具体办法
	1988年	灵渠成为桂林首个全国重点文物保护单位。吴良镛先生提出桂林"山—水—城（镇、村）"的城市模式
	1989年	通过《桂林市贯彻〈文物保护法〉的实施办法》，提出用整体保护思想对待名城保护与建设问题
	1998年	桂林"撤地建市"
	1999年	开放甑皮岩古人类洞穴遗址、李宗仁官邸、八路军桂林办事处旧址、桂海碑林、桂林博物馆；整修靖江王城、靖江王陵；修建虞山公园、华夏之光历史文化广场、木龙湖仿宋古城
	2002年	两江四湖通航
	2006年	桂剧、彩调和广西文场进入国家非物质文化遗产名录；成立桂林市非物质文化遗产保护局际联席会议办公室和《桂林市非物质文化遗产代表作名录》及推荐申报《自治区非物质文化遗产代表作名录》评审小组；出台《桂林市城市风貌设计导则》等；推出历史文化专项游线
	2007年	广西提出"保护漓江，发展临桂，再造一个新桂林"的战略决策。桂林市漓江景区成为国家AAAAA级旅游景区
	2008年	保护靖江王陵，扩设桂林大剧院、桂林碑林，扩建甑皮岩保护遗址、八路军驻桂林办事处纪念馆，兴建历史文化博览城，完成《桂林历史文化名城保护规划》（2008）的编制
	2009年	桂林按照"保护山水城，建设园林城，发展生态城"的规划理念实施五大工程，成为国家旅游综合改革试验区城市，提出"保护山水城、建设园林城、发展生态城、开发旅游城"的新理念
	2011年	靖江王府与王陵被列入第一批国家考古遗址公园建设（立项）名单
	2013年	成为国际旅游胜地；清代东西巷的保护性修缮工程开启
"世界遗产"阶段	2014年	作为"中国南方喀斯特"，成为世界遗产
	2016年	清代东西巷保护性修缮工程完成并开放
	2017年	成为"城市双修"试点城市；完成《桂林市生态修复、城市修补总体规划》（2017年）编制并实施
	2018年	灵渠列入第五届《世界灌溉工程遗产名录》

（来源：根据《历史文化保护与城市转型发展——以桂林市为例》《桂林古城历史环境构成与保护之初探》《论桂林历史文化名城的主要特色和整体保护》《城市修补视野下历史文化街区保护开发模式研究——以桂林正阳东西巷为例》等绘制）

（一）保护与发展战略

在桂林市旅游开发早期，旅游开发为顺应市场需求，以山水景观为主。桂林市政府确立了"文化立市"的城市发展战略，与此同时，桂林市正努力建设成为国际旅游胜地，文化成为桂林市旅游转型升级的重要引擎。今天的桂林正努力建设成为环境友好、文化繁荣、经济发达、社会和谐的国际旅游胜地、国家历史文化名城和生态山水名市（表6-2-2）。

各时期规划与建设发展战略　　　　　　　　　　　　　　　　　　表6-2-2

名称	"文保"阶段	"名城"阶段	"世界遗产"阶段
定位	住宿舒适、交通方便、服务设施完善、市容整洁、环境卫生、风景优美，轻工业发达的中国式的风景游览城市	传统商业步行街区、城墙文化休闲带和靖江王府文化活动与展示区	世界一流的旅游目的地、全国生态文明建设示范区、全国旅游创新发展先行区、区域性文化旅游中心和国际交流的重要平台
保护规划原则	在提及工业城市、旅游城市或是现代化城市的同时，均未忽略"桂林山水甲天下"的自然资源优势，然而始终未提及桂林的历史文化	处理好城市布局、风格、面貌等，既要有利于城市的发展，又要保持其历史文化名城的风貌特色	保护文化与自然遗产的真实性和完整性，强化文化保护和传承，坚持在保护中开发，新建各类建筑物要与城市自然及文化景观协调，体现地方特色
保护和更新途径	用整体保护思想对待历史文化名城保护与建设问题	保护好历史城区内重要的历史轴线、街巷和视线通廊；延续桂林独特的城景关系，调整历史城区内的用地功能；建议对严重阻挡景观视线和背景山体的建筑，占据城墙或直接与古城门、古城墙搭接的建筑，以及其他严重破坏环境风貌的建筑予以拆除	丰富以"三山两洞"为中心，以"两江四湖"为纽带的整体山水景观；加强靖江王城、王陵保护力度，推进广西师范大学王城校区的搬迁；完善城区步行游览体系

（来源：根据《论桂林历史文化名城的主要特色和整体保护》《桂林古城历史环境构成与保护之初探》《桂林国际旅游胜地旅游发展与环境保护交互耦合研究》等绘制）

（二）历史文化资源整合

在桂林名城保护这三个重要阶段中，建设规模从"历史文化名城"约3.36平方公里的保护和建设范围扩大到国际旅游胜地866.36平方公里的范围；用地从桂林历史城区范围扩大到整个桂林市行政辖区（表6-2-3），但核心保护区的规模和范围基本不改变。

各时期资源定量评价　　　　　　　　　　　　　　　　　　表6-2-3

名称	"名城"阶段	"世界遗产"阶段
范围（图6-2-4）	主体部分总面积1159.4平方公里，其中桂林城区部分12.4平方公里，南起斗鸡山、北至虞山大桥的漓江沿岸（中心城区以两侧滨江道路为界）	临桂县临桂镇、会仙镇、四塘乡、中庸乡、五通镇、两江镇、永福县苏桥镇的行政辖区范围以及象山区的部分行政辖区范围，建设用地规模为71.5平方公里
评价依据	风景名胜区规划规范	旅游资源评价
资源类型	6大类21中类141处风景单元，其中桂林市区56处。自然景观包括地景、水景2大类6中类42处风景单元；人文景观包括园景、建筑、胜迹3大类7中类13处风景单元	自然资源包括3个主类、3个亚类、4个基本类型、7个单体；人文资源包括3个主类、10个亚类、16个基本类型、22个单体
评价结果	特级风景单元20处、一级28处、二级39处、三级32处、四级22处。其中桂林名城41处，特级景点9处，一级13处，二级11处、三级6处、四级2处	中心城区特品级（五级）1处，优良级（五级、四级、三级）近40处。在资源影响力方面，具有世界性影响力的旅游资源有6个（包括区域国际级），具有国内影响力的有20个，最低程度为区内影响力，共26个

名称	"名城"阶段	"世界遗产"阶段
综合评价	突出表现为以岩溶地貌景观、石灰岩山地植被为代表的科学价值;以甑皮岩和宝积岩、灵渠、摩崖石刻、摩崖造像、山水诗和山水画为代表的文化价值;以桂林山水形象美、色彩美、意境美为代表的美学价值。具备成为世界自然文化遗产的条件	自然资源以河道和湿地等特色水体景观为主,覆盖面积较广;人文资源分布相对分散,拥有李宗仁故居、五通古墓群等一批品质相对较高、独具特色的遗址遗迹
景源特征	以岩溶景观为主体,并且具有悠久的历史文化积淀。其中以桂林历史文化名城为中心的峰林平原地区,体现了中国传统的山水文化特色	水域风光资源丰富,包括桃花江、古桂柳运河、会仙湿地等特色河流景观
景观价值高	桂林市部分,有伏波山、穿山、叠彩山、象鼻山、芦笛岩、独秀峰、桂海碑林、七星岩	会仙湿地将桂林山水独特的"山、水、人、田"风貌加以结合呈现

(来源:根据《桂林漓江风景名胜区总体规划(2006—2025)》《桂林世界旅游城概念规划(2011—2030)》等绘制)

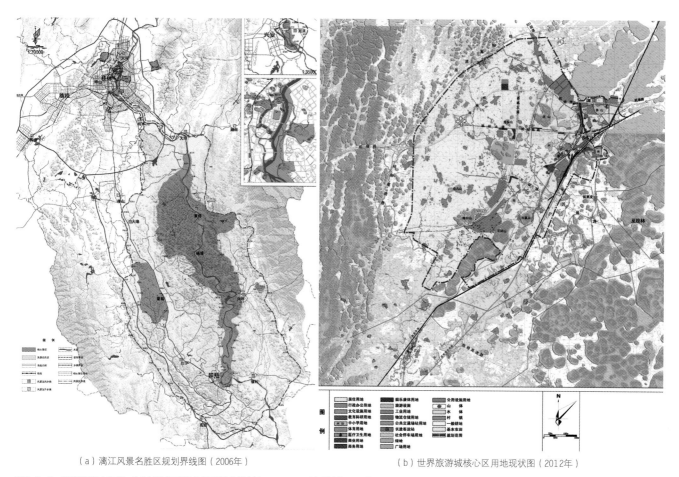

(a)漓江风景名胜区规划界线图(2006年)　　　　　(b)世界旅游城核心区用地现状图(2012年)

图6-2-4　规划范围〔来源:《桂林漓江风景名胜区总体规划(2006—2025)》《桂林世界旅游城概念规划(2011—2030年)》〕

(三)保护区划定

对比各时期保护情况可知(表6-2-4),桂林名城的保护理念从保护与开发建设相结合,转向保护优先、开发服从保护的原则。但对历史文化名城的保护,无论是"名城"还是"世界遗产",这一点是一致的。

名称	"名城"阶段	"世界遗产"阶段
保护分区	分为王府保护区、建设控制地带	中心城区划分为历史城区、漓江名城景区和名城保护控制区
划定核心保护区（图6-2-5）	中心城核心保护区以东面漓江、南面桃花江、西面桂湖及北面铁封、鹦鹉二山划定的范围为界限	历史城区范围以宋朝桂林府城范围为基础，包括以漓江、桃花江、榕湖、杉湖、桂湖、木龙湖（两江四湖）围合的地区，以及铁封山、鹦鹉山、象鼻山、伏龙洲
保护与利用策略	整体布局上，东西南北基本形成了方圆数百里的文物古迹分布网络。保护好这些名山，不仅是保护桂林风景，也保护了桂林两千多年来的历史遗产，还有两千余件石刻也大多在山上	正阳路东巷—靖江王府—八角塘地区和榕湖北路—古南门地区两个历史地段划为历史文化街区。对历史城区内的建筑高度提出控制要求；不符合控制要求的建筑物（构筑物），应逐步进行整治、改造或拆除；减少新建筑对历史景观风貌的影响和破坏
保护措施	文物保护单位以公布的保护范围和建设控制地带为准；历史建筑以周边建筑物用地边界线为准；建设控制地带以保护范围以外30米范围为准；风貌协调区一般按建设控制地带以外30米范围进行控制。文物保护的重点放在历史环境、视觉环境和文物尺度空间环境的保护上。主要的名山都位于旧城区中，高度均在30~120米之间，是登临览城的制高点；桂林的水面也不宽，漓江平均约200米，桃花江仅30~60米，因此，桂林的城市空间尺度和建筑的高度、体量受到严格的控制	中心城区分为文物保护单位、历史建筑、建设控制地带、风貌协调区进行保护。文物保护单位59处。将历史城区内现有的12处具有较高的历史、科学和艺术价值的建筑确定为保护建筑，并应按文物保护单位的保护方法进行保护；历史建筑以周边建筑物用地边界线为准，确定保护范围；建设控制地带以保护范围以外30米范围为准；风貌协调区按建设控制地带以外30米范围进行控制

（来源：根据《桂林古城历史环境构成与保护之初探》《桂林市城市总体规划（2010—2020）》等绘制）

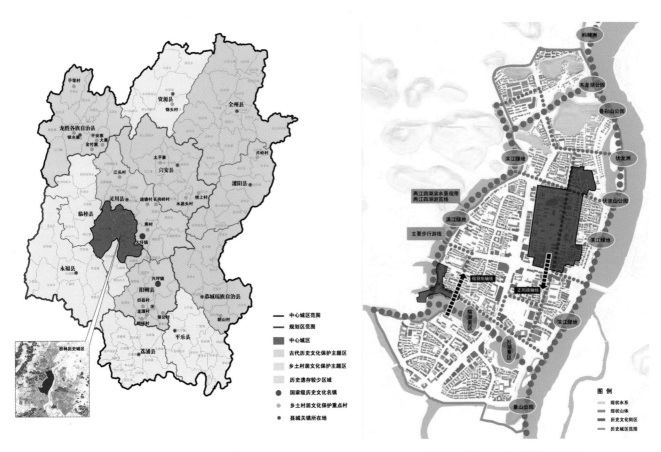

（a）历史文化名城规划（1985年）　　　　　　　（b）古城风貌区资源分布图（2017年）

图6-2-5 保护区划定（来源：《桂林历史文化名城保护规划》（1985年）、《桂林市旅游慢行绿道系统规划（2016—3035）》）

图6-2-6　古南门城墙（来源：李桐 摄）

（四）历史文化名城的保护和利用

历史上，桂林经历了明末清初孔有德火烧靖江王府及1944年日军侵入火烧桂林的两次严重破坏。在1949年的调查中发现，原先的城市建筑已不足记载前的百分之一；中华人民共和国成立后，桂林相继拆除南门桥至市人民医院东、解放桥北至伏波山、宝积山北麓至机床厂西门和宝积山西麓沿翊武路、西城脚至西门桥的城墙，仅存宋代古南门、东镇门、宝积山城墙，鹦鹉山、铁封山至叠彩山城墙，藏兵洞、翊武路城墙以及明代靖江王城（图6-2-6）；逐渐开辟了七星公园、芦笛岩、叠彩山、伏波山和象鼻山等旅游景点；培育出了漓江、龙脊、两江四湖、"印象·刘三姐"等一批世界级景区

和旅游文化产品；完成了东西巷保护性修缮工程等项目，推出了王城历史文化休闲游。

发展到"名城"阶段，全市已有AAAA级以上景区25处。2011年接待游客2788万人次，实现旅游总收入218.3亿元，其中入境游客164.4万人次，位居全国前十名。至"世界遗产"阶段，桂林旅游接待人数突破1亿人次，旅游消费突破千亿大关，入境过夜游客增长率突破10%，旅游产业对经济增长的贡献率突破50%。但无论是"文物保护单位""历史文化名城"，还是"世界遗产"，对历史城区和历史建筑的保护和利用从未改变（表6-2-5）。

各时期保护和利用措施　　　　　　　　　　　　　　　　　　　表6-2-5

名称	"文保"阶段	"名城"阶段	"世界遗产"阶段
城市形态格局	"千峰环野立，一水抱城流"	"千峰环立、百水映城""四湖二江、一环两轴、九峰一中心"（表6-2-9）	"千峰环野，四水抱城。三廊通景，多团塑心。湖塘缀绿，王城揽秀。小街曲径，巧筑伏瓴"（图6-2-8）
保护和利用措施	①从景观更新的角度，划定最佳欣赏范围（图6-2-7），控制山下建筑屋面（第五立面），重新寻找已失去的屋顶的韵律，保护对水面欣赏的最佳效果，保护水边的绿树丛，如河滩、绿洲、水边礁石、蹬道的保护等 ②从建筑更新的角度（表6-2-6），桂林城市建筑模式的特点在于建筑是水平式的，塔楼建筑无几，建筑平面以院落为基础，屋顶变化富有韵律，建筑色彩是"宁静的""隐退的"，不与山川争艳	①保护传统轴线山—水—城的通视；东西巷历史地段保护的重点包括1条历史轴线，即靖江王府—正阳路—象山轴线，3条重要视线通廊，即独秀峰—象山、独秀峰—穿山、独秀峰—七星岩 ②将历史城区土地使用功能转换为居住、旅游和商业服务为主；降低历史城区的人口密度、建筑密度和重要视线通廊的建筑高度	①强化和保护"山水相依"廊道区域；传承文脉，包括王城历史街区、东镇路特色街区、古南门—榕荫路历史街区；重点修补历史要素，打造"桂林·静江府城"历史文化核心区 ②延续保护山—水—城格局，对于不同区域的建筑形体风貌因地制宜地进行管控和引导，重点在于城市建筑高度管控（图6-2-9、图6-2-10）、色彩风貌管控 ③修补城市交通功能，完善城市道路网络；打造特色旅游线路，完善旅游慢行绿道；公共服务及旅游服务设施修补（图6-2-11～图6-2-13）

（来源：根据《桂林的城市模式与保护对象》《桂林历史文化名城的性质与整体保护》《桂林市生态修复、城市修补总体规划（2017）》等绘制）

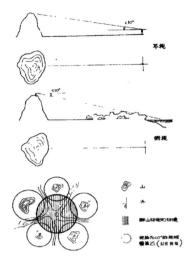

图6-2-7 桂林"山—水—城（镇、村）"模式划定最佳观赏范围的分析
（来源：《桂林的城市模式与保护对象》）

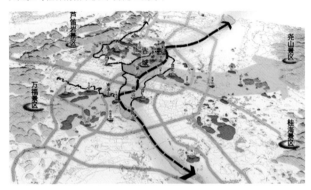

图6-2-8 桂林整体景观风貌格局（来源：《桂林市生态修复、城市修补总体规划（2017）》）

图6-2-9 桂林市历史城区建筑高度控制分区图（来源：《桂林市生态修复、城市修补总体规划（2017）》）

建筑综合分析表　　　　　　　　　　　　　　　　　表6-2-6

破坏风景的建筑例子	较为成功的例子	经验教训
1. 建筑过高	不超过4~5层者	重视选址，选址应注意控制高度，规划视线走廊
2. 体量过大（bulky），如文华饭店	体量不大者； 体量不大但分块者	在设计中，注意体量的调节，即使大建筑也可以设计成分块的组合，必要的大体量建筑亦在建筑设计中化整为零，化大为小
3. 造型生硬（积木式），轮廓线死板，如"火车"式、"炮楼"式	多层次的建筑：掌握好前后的层次、高低的层次，高出一般层数的建筑有丰富的轮廓线	城市设计与建筑设计中予以注意：特别贴近风景区的建筑，其体量宜小，注意尺度与轮廓线，尽可能采用一些坡顶，它的色彩与轮廓线易与山形协调。在一些关键地区的建筑，更要求有丰富的立面、体形和轮廓线
4. 处理山、水环境关系，逼近水面的建筑有倒影会显得更高，空间的距离更近，如榕湖上的三幢新楼，比在其他地方更显突出	与山水保持不同程度的距离，邻近水的建筑宜轻巧，分层次	在城市设计中，应注意控制在江边、湖塘边随意安放的建筑，必要的近水建筑的体量要适当，与水边要保持一定距离
5. 色彩过艳，如橙红、喇嘛黄等反光强烈、非常耀眼，夺去了山光水色	色彩含蓄，以青绿色彩为主	总的色彩应含蓄，以表现建筑物的使用性质，可以在底层、入口或不影响山水景观的立面使用鲜明的色彩

（来源：《桂林的城市模式与保护对象》）

图6-2-10 桂林中心城区建筑高度规划图（来源:《桂林市生态修复、城市修补总体规划（2017）》）

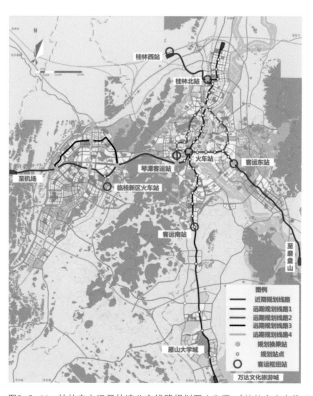

图6-2-11 桂林市大运量快速公交线路规划图（来源:《桂林市生态修复、城市修补总体规划（2017）》）

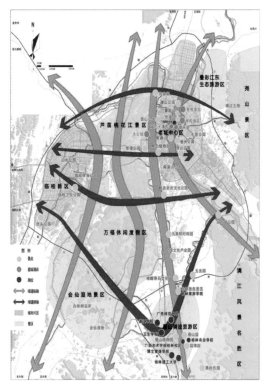

图6-2-12 绿道系统结构图（来源:《桂林市生态修复、城市修补总体规划（2017）》）

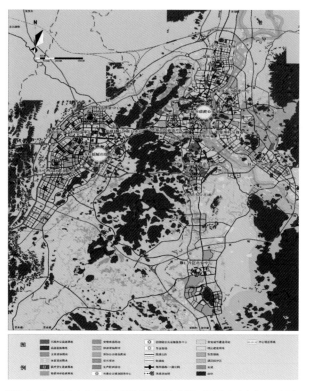

图6-2-13 桂林市公共服务设施规划图（来源:《桂林市生态修复、城市修补总体规划（2017）》）

图6-2-14　漓江秀色〔来源:《桂林风景园林》〕

（五）名城保护中的生态保护——保护山水城，建设园林城，发展生态城

"桂林山水甲天下"，而桂林山水的核心就是漓江（图6-2-14）。多年来，桂林市按照"保护山水城，建设园林城，发展生态城"的城市规划理念，以保护漓江为主线、以"两江四湖"工程为龙头，彰显了山水园林生态城市的新优势。1973年，邓小平同志来到漓江边，当看到江水因污染而由清转黑时说："如果不把漓江治理好，即使工农业生产发展再快，市政建设搞得再好，那也是功不抵过啊！"1986年，邓小平同志再次游览漓江，正值枯水季节（表6-2-7），他说："乘船游江是桂林旅游的一项重要活动，现在乘的都是比较大的船，是不是可以改一改，不一定乘大船，也可以乘帆板船。"2次讲话点明了2个要点：一是保护漓江自然风景的重要性；二是发展旅游要符合自然规律。自1982年漓江成为第一批国家级重点风景名胜区始，主要经历了

不同目标流量条件下多年平均需补水量及需补水天数　　　　表6-2-7

断面	目标流量/（m³/s）	日保证率/%	月保证率/%	需补水量/亿m³	需补水天数/d
桂林水文站	30	80	60	1.01	93
	45	60	33	2.49	144
	60	50	26	3.42	172
	70	46	18	5.87	203
	80	40	11	7.63	219

（来源:《加强漓江水资源保护，维护桂林山水世界遗产》）

2004年、2008年、2013年的3次规划，漓江从"中国十大风景名胜"、国家AAAAA级旅游景区，发展成为全球最美河流。桂林因而拥有了从"全国优秀园林绿化先进城市"到"国家园林城市""国家环保模范城市""全国绿化模范城市""中国十大魅力城市""全球最适宜居住的城市"，直至"中国南方喀斯特"世界自然遗产等荣誉。

多年来，中央、自治区、桂林市各级政府多次投入巨额资金对漓江进行了多轮综合治理，但直到今天，漓江流域的水污染问题依然比较突出。2017年，桂林被列为"城市双修"试点城市，开始了新一轮的生态修复工作（图6-2-15～图6-2-20）。

（六）名城保护中的旅游发展——保护漓江，发展临桂，再造一个新桂林

桂林是一座积累了几千年丰富的历史文化景观的

旅游名城，旅游业的蓬勃发展给桂林的经济带来了飞跃，但同时也加大了旧城区的环境负荷，出现了与山争高、与名胜争地、与古迹争辉的突出矛盾。有学者（1994）也指出，桂林的自身发展，已经逐渐与环境产生矛盾，由过去侵占风景的破坏变成了现在对风景形象的破坏。

2007年，自治区党委提出"保护漓江，发展临桂，再造一个新桂林"的战略决策，为解决桂林城市发展和保护漓江之间的矛盾找到了金钥匙。跳出依附漓江、以漓江为中轴沿江发展城市的思维定势，在城西10公里处开辟临桂新区。2009年，国务院颁布《关于进一步促进广西经济社会发展的若干意见》（国发〔2009〕42号），提出要建设桂林国家旅游综合改革试验区，将桂林打造成为国际旅游胜地。桂林成为国务院批准的全国首个以城市为单位建设国家旅游综合改革试验区的城市。国家发改委又确定桂林市等37个区域成为国

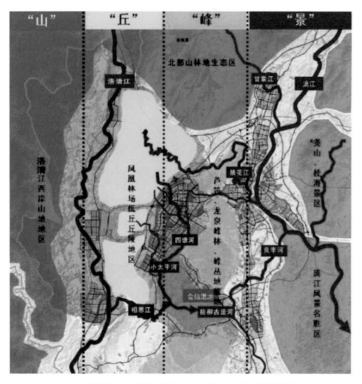

图6-2-15　生态系统结构图（来源：《桂林市生态修复、城市修补总体规划（2017）》）

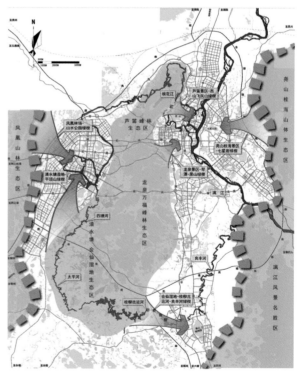

图6-2-16　桂林生态格局图（来源：《桂林市生态修复、城市修补总体规划（2017）》）

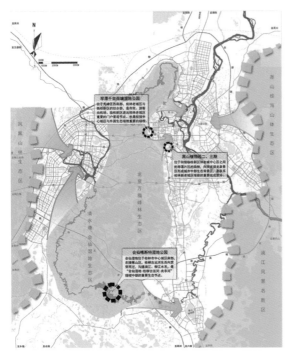

图6-2-17 桂林市重要生态修复节点示意图（来源：《桂林市生态修复、城市修补总体规划（2017）》）

图6-2-18 绿地系统结构图（来源：《桂林市生态修复、城市修补总体规划（2017）》）

图6-2-19 桂林市生态修复、城市修补重点项目分布图（来源：《桂林市生态修复、城市修补总体规划（2017）》）

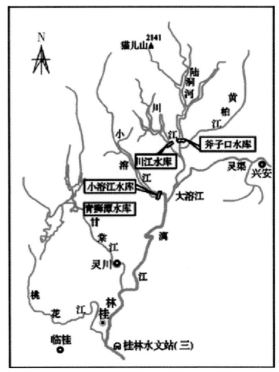

图6-2-20 漓江上游水库分布图（来源：《加强漓江水资源保护，维护桂林山水世界遗产》）

家服务业综合改革试点区域。桂林市将这"两大改革"作为重中之重编入"十二五"规划。广西壮族自治区人民政府编制了《桂林国际旅游胜地建设发展规划纲要》（图6-2-21~图6-2-24），2012年获得国务院的批准并实施（图6-2-25），这是国家发改委批复的第一个地级市规划纲要，也是全国第一个旅游专项规划，是国家给予桂林旅游发展力度最大的支持，标志着桂林旅游发展上升为国家战略。在此战略指导下，桂林得以成功地从"国际性风景旅游城市"升级为"国际旅游胜地"。

（a）一山百丘千峰立、三江九河六水流（来源：《桂林风景园林》）

（b）水系规划图（来源：《桂林世界旅游城概念规划（2011—2030）》）

图6-2-21 "千峰环立、百水映城"的山水特色

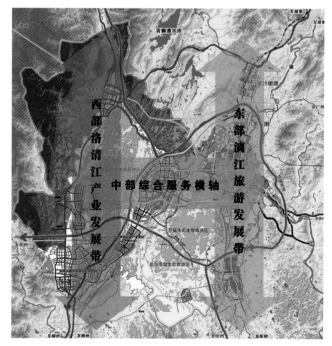

图6-2-22 区域空间结构规划图（来源：《桂林世界旅游城概念规划（2011—2030）》）

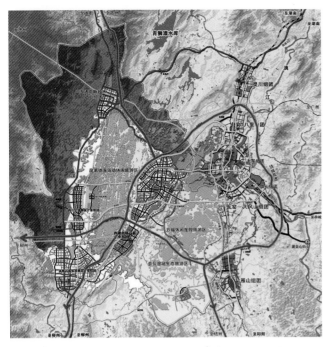

图6-2-23 综合交通规划图（来源:《桂林世界旅游城概念规划（2011—2030）》）

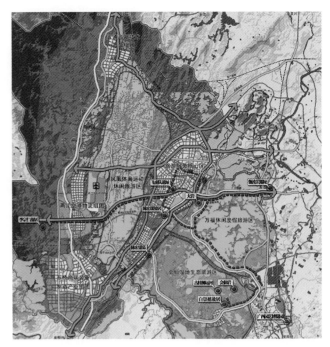

图6-2-24 生态游道规划图（来源:《桂林世界旅游城概念规划（2011—2030）》）

1. 基础设施

2. 公共服务设施

图6-2-25 实施照片（来源:《桂林世界旅游城概念规划（2011—2030）》）

3. 生活配套服务

4. 环境提升特色

图6-2-25　实施照片（来源：《桂林世界旅游城概念规划（2011—2030）》）（续）

二、重要的保护利用实践

（一）桂林"两江四湖"规划建设实践

"桂林山水甲天下"，自然环境特征对桂林城市的特色起了决定性的作用。桂林的漓江、桃花江、小东江川流于城的东西，世世代代哺育着桂林人民，又是桂林历史文化的策源地。桂林市"两江四湖"工程的开发正在从滨水区资源消耗性利用转向资源保护和合理持续利用的发展模式。

1. "两江四湖"的形成

桂林中心城的护城河水系发展与城市总体形态紧密相关，其独特的环城水系有着悠久的历史。桂林城市水系主要指市区范围内唐宋以来的城防水系、水利工程的遗存，被称为桂林的"两江四湖"。其中，中心区诸内湖城壕水系是桂林历史地段型水系的核心部分，是桂林历代重要的军事防卫设施所在地。如今，"两江四湖"工程已形成长达7.33公里环绕桂林城区的完整水系（表6-2-8），构成了一条串联全城的自然文化风景带，被誉为"东方威尼斯"。

2. 桂林"两江四湖"工程

在桂林市历次城市总体规划方案编制中，古城水系的恢复一直是主要的构思之一。真正彻底实施的是1999年以老城区水系改造和沿岸绿化景观建设为主导的桂林环城水系规划。规划采用了东南大学等提出的"两江四湖，一环两轴，九峰一中心"的城市空间结构，吸取了其他方案中关于生态绿岛和南方水乡的构思。如今"两江四湖"水系已经成为桂林城区旅游的热点，其所还原的城市空间结构、"山水城"核心区域外围有历史含义的生态景观边界，对桂林历史文化名城的保护和发展具有重要的意义，是保护山水城、建设园林城、发展生态城、开发旅游城的工程措施（表6-2-9）。

建设阶段	时代	建设时间或发展状况
环城水系	唐	南面以榕湖和杉湖,西面以桂湖,东以漓江形成环城水系;桃花江与隐山西湖、榕湖、杉湖相通,可泛舟游览
	宋	开凿"朝宋渠"和伏波山南渠,将三江连接,形成"一水抱城流"
护城河水系	明	筑坝引桃花江东流直抵象鼻山北,起护城作用;榕湖、杉湖和濠塘变成内湖;之后"朝宋渠"和伏波山南渠逐渐被毁
"两江四湖"工程	1982年	成为国家级历史文化名城。"六五"期间,开凿6.1公里明渠暗道,上接桂湖,经榕湖、杉湖下通漓江的引水入湖工程
	1987年	提出桂林城要进行一次突破性的东西扩展,将三江沿岸组成环城滨江风光带,拓为环城水上游览公园
	1998年	桂林"撤地建市",新的桂林市政府提出建设桂林市环城水系的构想,即"两江四湖"工程,并举办设计方案国际征集发布会
	1999年	完成《桂林城市中心区环城水系规划设计》编制并正式启动
	2002年	"两江四湖"竣工并正式通航,夜游"两江四湖"成为桂林旅游市场的新品牌代表
	2005年	总体规划确定了"两江四湖三楔"的城市与山水环境的关系
"两江四湖"二期工程	2009年	提出"两江四湖"二期工程
	2015年	"两江四湖"二期工程建设,形构两江四湖二环水系

(来源:根据《论桂林历史文化名城的主要特色和整体保护》《历史地段型水系规划保护思路探讨——以桂林市"两江四湖"历史水系整治规划为例》《浅析桂林"两江四湖"景观保护开发对济南"泉城申遗"的借鉴意义》等绘制)

规划建设措施与实施情况   表6-2-9

名称	"两江四湖"工程阶段	"两江四湖"二期工程阶段
规划定位	以建设国际著名优质风景旅游城市为目标,维护"桂林山水甲天下"的声誉,成为集中体现桂林历史文化和山水景观特色的旅游接待和服务中心	"两江四湖"二期水系属于人工开挖水系(图6-2-29),沟通桃花江与内湖水系(图6-2-30),未来将构建两江四湖二环水系
规划思路	自然观、历史观、发展观	旧城更新及疏解(图6-2-31)
规划目标	以水系开放空间为媒介的"山水城一体"的独特环境景观形态与城市形象	沿山体与水系之间的公园绿地改造,打造"山—水—城"融合的城市形态(图6-2-32)
规划策略	调整使用功能、完善空间布局;压缩建设规模,扩大旅游环境容量;人车分流,完善交通网络;挖掘历史文化底蕴,延续发展古城格局;建构水系整体环境,强化城市景观地方特色	优化用地布局,提升城市景观;修复城市生态,水体整治,改善生态功能;打造桂林城市新水系格局
水系环境	桂林山水的景观意象是峰秀体小,水静影清,规划强调依其山水之形,合乎山水之势,顺其自然,恰如其分,巧于因借,精在体宜,对水系两岸原有建筑与景观进行修整和改造	生态修复措施:治理水环境,打造区域最美水系;建设堤岸,创造多样化观景空间;涵养水源植被,保持生物多样性
水系格局	形成"二江四湖、一环两轴、九峰一中心"整体空间结构,其中"四湖"指铁佛塘木龙湖景区(图6-2-26、图6-2-27)、桂湖景区、榕湖景区、杉湖景区;二江指漓江、桃花江	构建"两江四湖二环"新水系格局,即"两江四湖"环城水系—桃花江—临桂新区环城水系—太平河—桂柳古运河—良丰河—漓江水上游览线路,形成联系临桂、雁山、老城三大组团的大环城水系(图6-2-33)
景观绿地规划	桂林是典型的"园中城"布局形态,"景在城中,城在景中"(图6-2-28)。景园环境规划要求城中的每一处小品、雕塑、路面铺设、驳岸形式以及植物配置、种植方式等都要经过城市设计,将城区环境园林化	形成"两带、一点"的绿地系统。"两带",即桃花江滨水绿带,新水系滨水绿带;"一点",即滨水景观节点(小山脚处)及周边绿地景观节点

(来源:根据《千峰环野立、一水抱城流——桂林城市中心区环城水系规划设计》《浅析桂林"两江四湖"景观保护开发对济南"泉城申遗"的借鉴意义》《桂林市两江四湖景区清秀山段控制性详细规划》等绘制)

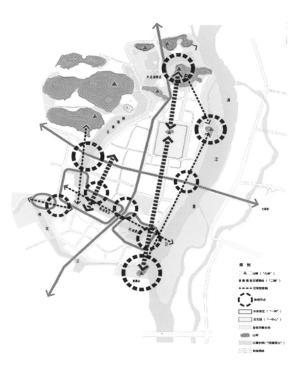

图6-2-26 景观体系分析图（来源：《千峰环野立、一水抱城流——桂林城市中心区环城水系规划设计》）

图6-2-28 景观绿地规划总平面图（来源：《千峰环野立、一水抱城流——桂林城市中心区环城水系规划设计》）

图6-2-27 木龙湖景区整治后景观（来源：《桂林风景园林》）

开挖水系建成前：   开挖水系建成后：

图6-2-29 水系开挖前后对比图（2019年）（来源：《桂林市两江四湖景区清秀山段控制性详细规划（2015）》）

图6-2-30 两江四湖景区清秀山段水系景观（2019年）（来源：《桂林市两江四湖景区清秀山段控制性详细规划（2015）》）

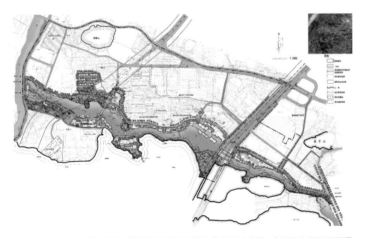

图6-2-31 两江四湖二期工程桃花江连通水系水街方案（来源：《桂林市两江四湖景区清秀山段控制性详细规划（2015）》）

图6-2-32 "山—水—城"城市形态（来源：《桂林市两江四湖景区清秀山段控制性详细规划（2015）》）

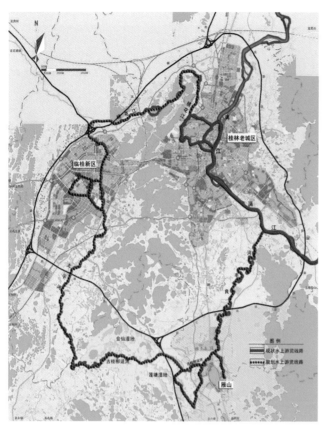

图6-2-33 大环城水系（来源：《桂林市两江四湖景区清秀山段控制性详细规划（2015）》）

（二）桂林王城的保护利用实践

1. 桂林王城的形成

王城历经历史的沧桑变化，由唐宋的文人骚客到明清的藩王故地，再到民国市井街巷与抗战督府，皆留下了丰富的历史遗存。独秀峰下南朝颜延之读书岩、南宋王正功"桂林山水甲天下"的诗词石刻、明朝宗室的题跋、藩王的城郭、明清的城墙、清代的贡院、民国的省府等皆位于其内，明清街巷与民居、民国公馆、抗战名人府邸、作坊店铺等也都分布在其城墙外围。

桂林历代为县、郡、州、府治所。桂林自汉朝元升六年（公元111年）设始安郡，郡治在桂林，到明朝设桂林府，中心城几乎原封不动地在靖江王府内。桂林王城，历史上是桂林文化名城的中心，一度是广西政治、经济、文化的中心所在地，又是明靖江王府之府邸，孙中山北伐的总指挥部。纵观桂林王城的历史，有着两条非常清晰的主线，一条是地方政治中心；一条是地方文化教育中心（表6-2-10）。"在一块方寸之地能保持如

桂林王城建设历程 　　　　　　　　　　　　　　　　表6-2-10

建设阶段	名称	建设时间或建设内容
地方政治中心	始安府治	三国东吴甘露元年（公元265年）为始安郡、始安县治所
	唐桂州府治、广西第一所府学、北宋桂州府治	唐武德五年（公元622年），独秀峰南侧修筑"衙城"，叠彩山—独秀峰—鼻山古城轴线出现
	静江府治	南宋时为广西行中书省静江路静江府治所
	靖江王府邸	明洪武五年（1372年）始建，叠彩山—靖江王府—象山古城轴线成型，成为城市主轴（图6-2-35a）
	孔有德定南王府邸	清顺治七年（1650年），孔有德被清朝封为定南王
地方文化教育中心	广西乡试贡院	清顺治十四年（1657年），在王府旧址上建
	广西乡试贡院	康熙二十年（1681年），复为广西贡院
地方政治中心	广西谘议局	光绪二十九年（1903年），后有几座学堂进驻
	广西都督府	宣统三年（1911年）改为广西都督府
	广西省参议院	1911年辛亥革命，改为广西省参议院，并继续兼作学校

建设阶段	名称	建设时间或建设内容
地方政治中心	孙中山总统行辕和北伐大本营	1921年，孙中山先生组织北伐，曾驻跸王城，在王城内设总统行辕和北伐大本营。民国初年，先后作为第二师范学校、模范小学、第三高级中学、甲种工业校址
	中山公园	1925年，开辟为中山公园
	民国广西省政府	1936年，中华民国广西省政府由南宁回迁桂林
	民国广西省政府，李宗仁、白崇禧大本营	1945年，在王城内重建广西省政府，直至中华人民共和国成立，这里是桂系领袖李宗仁、白崇禧的大本营
地方文化教育中心	广西军政大学校址	1949年底，军政大学进驻；1950年，桂林作为省级政治中心的使命结束，叠彩山—靖江王府—象山古城轴线弱化（图6-2-35b）
	广西师范学院校址	1952年院系调整，改为广西师范学院（1983年改为广西师范大学）校址
	区级文物保护单位	1963年，桂林王城被列为第一批广西的自治区级文物保护单位
	全国重点文物保护单位	1996年，靖江王府与王陵一起被公布为第四批全国重点文物保护单位
	国家AAAA级旅游景区	2009年列为国家AAAA级旅游景区
	国家考古遗址公园	2010年，靖江王府与王陵被列入第一批国家考古遗址公园建设（立项）名单
	国家AAAAA级旅游景区	2012年以"桂林独秀峰、王城景区"的名称列为国家AAAAA级旅游景区

（来源：根据《论桂林历史文化名城的主要特色和整体保护》《明靖江王城与桂林历史文化旅游建设——桂林历史文化旅游系列研究之三》等绘制）

此连续不断的历史文化，不仅为桂林唯一，在广西乃至全国也不多见。"（图6-2-34）

2. 桂林王城的保护和利用

靖江王府是我国现存格局最完整的明代藩王府，也是桂林历史文化名城中占地最大的国家级文物保护单位。

2008年起，老城区主体范围内进行了"特色街区"城市设计（图6-2-36a），目的在于保护山水空间和历史遗产的同时，提升城市功能和现代服务产业，塑造街区活力空间。2016年，桂林市开始进行靖江王府片区历史文化旅游休闲街区的改造（图6-2-36b），由靖江王府、逍遥楼及周边街巷组团建成繁华街区，包括东华路、东西巷、凤北路、贡后巷、和平巷、王城路、中华路、中山中路及周边片区等，目的在于保护与活化利用王城及其历史街区，重现桂林历史文化经典（表6-2-11）。

（a）靖江王城

（b）承运宫

图6-2-34　王城景区（来源：《桂林市王城历史文化旅游休闲街区保护与活化利用规划（2016）》《桂林风景园林》）

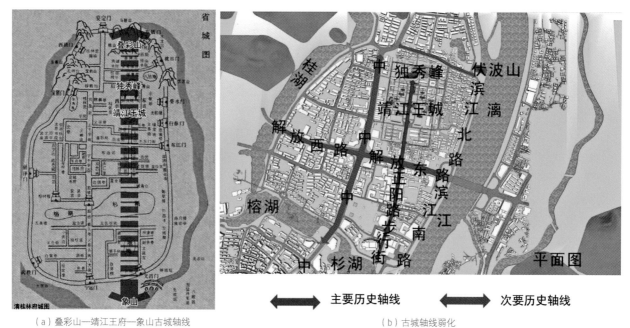

（a）叠彩山—靖江王府—象山古城轴线

（b）古城轴线弱化

主要历史轴线 次要历史轴线

图6-2-35 叠彩山—靖江王府—象山轴线（来源：《桂林市靖江王府片区历史文化旅游休闲街区商业业态规划》）

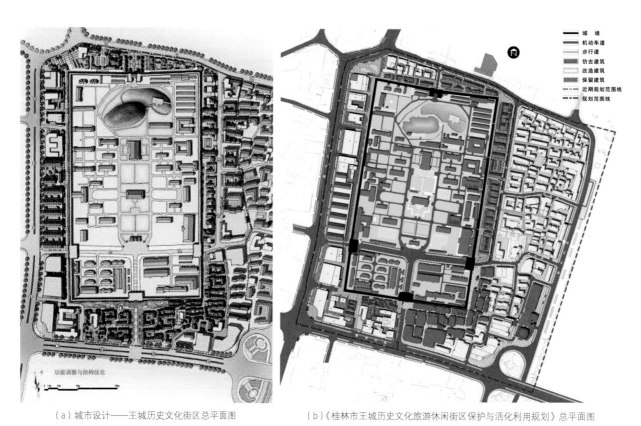

（a）城市设计——王城历史文化街区总平面图

（b）《桂林市王城历史文化旅游休闲街区保护与活化利用规划》总平面图

图6-2-36 桂林王城及周边街区规划（来源：《桂林市王城历史文化旅游休闲街区保护与活化利用规划（2016）》）

名称	"名城"阶段	"世界遗产"阶段
规划定位	结合桂林山水文化，展现桂林深厚的历史、人文底蕴，丰富桂林城市文化内涵；将文物保护与教育产业、旅游产业相结合，和谐共存，共同发展	作为桂林历史文化名城的重要组成部分，以传统居住、传统商业、文化体验、休闲旅游等主要功能为基础，体现时代发展的多元文化复合型历史风貌区（图6-2-37）
保护分区划定	分为文物保护区、建设控制地带（图6-2-38a），文物保护区以王府城墙墙基为基线，外延16米范围内	分为王城保护区、古城墙保护区、建设控制区和风貌协调区（图6-2-38b）。王城保护区即靖江王城本体（含城墙）范围；古城墙保护区，东、西、北侧以城墙地表墙基为基线，外延16米范围内，南侧至正阳路东、西巷道路中线
保护和利用措施	①文物保护区坚持"准拆不准建"原则，不得在内部进行新的与文物保护和展示无关的建设项目，不得随意移动、更换、拆除或损毁现有文物；现有建筑物、构筑物、电线电缆不得影响或破坏文物环境景观 ②建设控制地带分为2类：Ⅰ类，执行"只拆不建"原则；翻修、重建传统民居，不得改变原状；改造和重建项目，建筑以2层为主，总高度不得超过12米。Ⅱ类，严格控制建筑体量，不得使用琉璃瓦；建筑高度不得超过18米，靠近靖江王府一侧的建筑高度不超过12米；建筑色彩以灰白色为主；现有建筑维持现有高度和形式	①王城与古城墙保护区土地划定为"文物古迹用地"，按照国家《文物保护法》执行；要求同"名城"的文物保护区 ②建设控制区和风貌协调区要求分别对应"名城"的Ⅰ类、Ⅱ类要求执行 ③保护王城历史文化街区的总体城市格局，保护物质文化遗产、非物质文化遗产；制定街道活化控制指引，对主要景观界面进行引导控制；形成八大功能片区，"两轴、一带、四区、多节点"的景观风貌结构（图6-2-39～图6-2-47）

（来源：根据《桂林市王城历史文化旅游休闲街区保护与活化利用规划（2016）》等绘制）

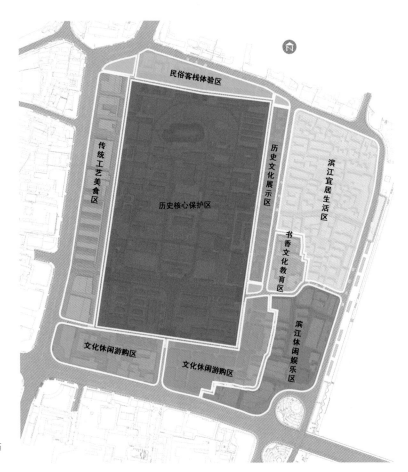

图6-2-37　桂林王城规划功能分区图（来源：《桂林市王城历史文化旅游休闲街区保护与活化利用规划（2016）》）

（a）《桂林靖江王府保护规划》（2008年）中保护区划分图　　　　　　　　　　　　　　（b）王城街区保护区划分图

图6-2-38　桂林王城发展战略分析（来源：《桂林市王城历史文化旅游休闲街区保护与活化利用规划（2016）》）

图例

▨		城墙
▨		王城保护区
▨		古城墙保护区
▨		建设控制区
▨		风貌协调区

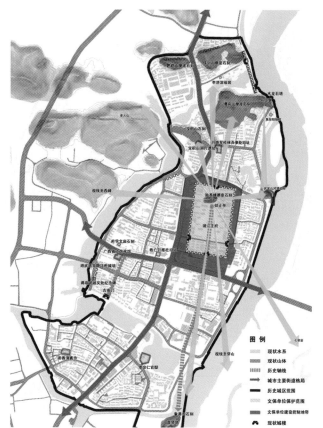

图例
- 现状水系
- 现状山体
- 历史轴线
- 城市主要街道格局
- 历史城区范围
- 文保单位保护范围
- 文保单位建设控制地带
- 现状城楼

图6-2-40　历史轴线保护指引示意（来源：《桂林市王城历史文化旅游休闲街区保护与活化利用规划（2016）》）

图6-2-39　总体格局保护指引示意（来源：《桂林市王城历史文化旅游休闲街区保护与活化利用规划（2016）》）

图6-2-41 文化传承策划示意（来源:《桂林市王城历史文化旅游休闲街区保护与活化利用规划（2016）》）

图6-2-42 重点街区活化指引示意（来源:《桂林市王城历史文化旅游休闲街区保护与活化利用规划（2016）》）

图6-2-43 中山路、解放东路、滨江路、凤北路、中华路、东华路段、中山路整体立面改造指引（来源:《桂林市王城历史文化旅游休闲街区保护与活化利用规划（2016）》）

图6-2-44 街巷疏通规划（来源：《桂林市王城历史文化旅游休闲街区保护与活化利用规划（2016）》）

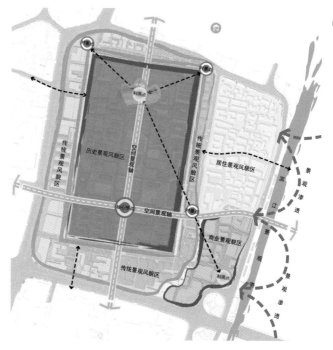

图6-2-45 景观风貌指引示意（来源：《桂林市王城历史文化旅游休闲街区保护与活化利用规划（2016）》）

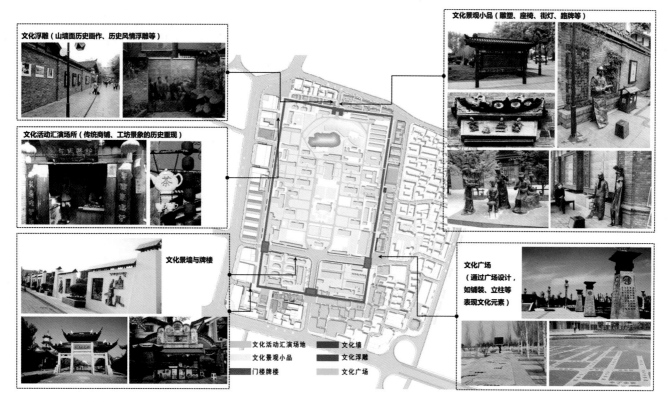

图6-2-46 非物质文化元素展示空间规划示意（来源：《桂林市王城历史文化旅游休闲街区保护与活化利用规划（2016）》）

图6-2-47 西巷及相邻片区、东西巷、王城路—东华路、和平巷及周边片区、东华门东巷片区、凤北路、东华路、和平巷及周边片区、中华路改造（2019年）（来源：《桂林市王城历史文化旅游休闲街区保护与活化利用规划（2016）》）

第三节 中国历史文化名镇——黄姚古镇

　　有诗云："黄姚名迹胜万古，姚溪曲映碧山树，风景天然物象全，光逗游仙画诗作。"这是著名戏剧作家欧阳予倩于1944年秋到黄姚避难时作的诗。广西东部昭平县城东北方向约75公里处的石山平原地带有一座小镇，镇内秀峰林立、岩壑雄奇，溪流曲折回环，处在青山秀岭的庇护之下、清池碧水的怀抱之中。300多幢古老的房屋，依山傍水；小巧玲珑的亭台楼阁，点缀其间；古榕翠竹成荫，山光水色辉映。当地老百姓概括为：三水十山七岩洞、七楼一台五凉亭、八街二阁九祠堂、一观九寺十六门、十二古樟十一桥、三庙七榕十龙树、六社九曲十三弯、三石跳二十陀佛。这就是广西著名的四大古镇之一——黄姚（图6-3-1）。

图6-3-1 黄姚古镇全貌（1999年）
（来源：《黄姚古镇景区旅游资源开发与历史人文景观保护规划（1999—2010年）》）

一、黄姚古镇的保护与利用

1994年，广西第四批自治区级文物保护单位名录中出现了中共广西省委黄姚旧址和黄姚戏台，标志着黄姚古镇保护的兴起；1995年，黄姚古镇被列入广西的自治区级风景名胜区，开启了黄姚古镇保护和开发建设的历程。自此，黄姚古镇的保护和发展主要经历了从省级风景名胜区（简称"名胜区"）、中国历史文化名镇（简称"名镇"），直至中国特色小镇（简称"特色小镇"）的过程（表6-3-1）。

保护规划与建设历程   表6-3-1

时期	时间	发展状况
保护起源	1994	列入第四批广西的自治区级文物保护单位，标志着黄姚古镇保护的兴起
"名胜区"阶段	1995	列入第二批自治区级风景名胜区，开始了保护下的开发
	1999	列入广西38个重点旅游建设项目
	2000	第一版总体规划《昭平县黄姚镇建设规划》编制完成
	2001	被确定为"全区十大旅游精品景区之一"
	2002	广西城乡规划设计院编制完成《黄姚古镇景区旅游资源开发与历史人文景观保护规划（1999—2010年）》（图6-3-2），列为广西旅游开发的两大国债项目之一
	2003	黄姚古镇景区成立，完成《广西昭平黄姚古镇风景名胜区旅游开发规划（2003年）》编制并实施
	2004	总体规划修编完成
	2005	撤销巩桥乡，整建制并入黄姚镇，成为"中国最具旅游价值的古城镇"
	2006	列入"广西民居·民俗·文化保护"项目，《昭平县黄姚镇总体规划（2006—2025年）》编制完成
"名镇"阶段	2007	列入第三批"中国历史文化名镇"，黄姚豆豉加工工艺录入第二批广西的自治区级非物质文化遗产
	2008	《黄姚国家历史文化名镇保护规划（2008—2025年）》编制完成（图6-3-3）
	2009	成为"国家AAAA级旅游景区"和"中国最美的十大古镇之一"
	2010	成为全国十佳"最美小镇"、特色景观旅游名镇，自治区级"省级休闲旅游度假区""广西养生养老小镇"，《昭平县黄姚镇总体规划（2010—2030）》编制完成
"特色小镇"阶段	2013	成为"中国最美五大水乡"之一，完成《昭平县黄姚古镇旅游策划》编制
	2015	成立广西黄姚古镇旅游文化产业区
	2017	被评为第二批"中国特色小镇"，成为"桂林国际旅游胜地"的重要节点，颁布《贺州市黄姚古镇保护条例》，编制完成《广西黄姚古镇旅游文化产业区总体规划》（图6-3-4）
	2018	《黄姚镇总体规划修编（2018—2035）》编制完成

（来源：根据《特色小镇旅游深度开发中的文化元素研究》等绘制）

（a）现状图（1999年）

云和山的彼端－黄姚镇

图6-3-2 黄姚古镇规划（2002年）（来源：
《黄姚古镇景区旅游资源开发与历史人文景
观保护规划（1999—2010年）》）

（b）规划鸟瞰图

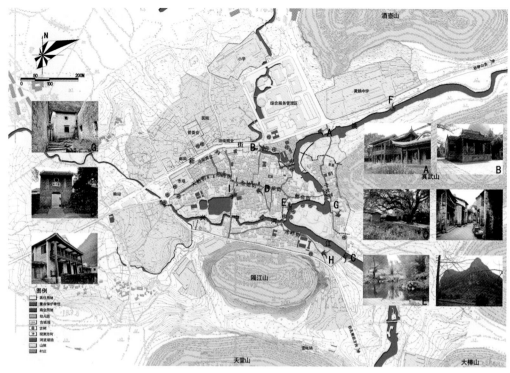

（a）现状图

（b）鸟瞰图

图6-3-3 黄姚古镇规划（2008
年）（来源：《黄姚国家历史文化名
镇保护规划》（2008—2025年））

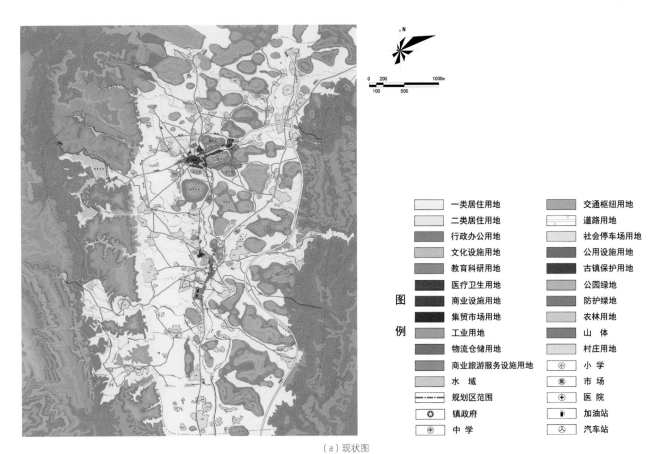

（a）现状图

图例

一类居住用地		交通枢纽用地	
二类居住用地		道路用地	
行政办公用地		社会停车场用地	
文化设施用地		公用设施用地	
教育科研用地		古镇保护用地	
医疗卫生用地		公园绿地	
商业设施用地		防护绿地	
集贸市场用地		农林用地	
工业用地		山体	
物流仓储用地		村庄用地	
商业旅游服务设施用地	小	小学	
水域	市	市场	
规划区范围	医	医院	
镇政府	加	加油站	
中学	汽	汽车站	

（b）鸟瞰（2019年）

图6-3-4 黄姚古镇规划（2017年）（来源：《广西黄姚古镇旅游文化产业区总体规划》（2016—2035年）；小城镇规划秘书处 . 旅游特色小镇：广西黄姚镇——中国第二批特色小城镇，2019）

在这个过程中，黄姚镇经历了五次重要的总体规划编制，古镇也经历了三次重要的保护和发展规划，古镇发展模式也从以"风景名胜区"为依托的政府开发模式，提升为以"风景名胜区"为依托，政府部门+投资开发商的旅游开发模式，如今正转向"历史文化名镇"旅游+产业发展的古镇发展模式。

旅游开发初期（1999~2002年），黄姚镇辖6个村（街），其中有3个区定贫困村，年财政总收入为42.5万元，人均财政收入不足600元，是一个山区贫困小镇。2001年，古镇风景名胜区旅游门票收入为3.675万元。

至2016年，辖19个村（居民）委会，古镇旅游总收入为2743.54万元。今天，黄姚古镇的形象和旅游发展状况已经发生了巨大变化，从"全区十大旅游精品景区之一"，升级为"中国最具旅游价值古城镇"、中国最值得外国人去的50个地方，成为"国家AAAA级旅游景区"，已经从地方走向了全国乃至世界，实现了成为著名旅游胜地的发展目标，如今正向成为"桂林国际旅游胜地"的重要节点、具有国际影响力的岭南第一古镇旅游目的地、国家AAAAA级旅游景区的目标进发（表6-3-2）。

旅游发展历程　　　　　　　　　　　　　　　表6-3-2

时间	发展状况
1995年	列入省级风景名胜区
1999年	中国香港无线电视台《茶是故乡浓》《酒是故乡醇》演播之后才引起关注
2003年	黄姚古镇景区正式成立
2005年9月19日	成为广西唯一获得"中国最具旅游价值古城镇"称号的古镇，就此，黄姚古镇成了我国境内最具旅游价值的古镇之一
2006年	荣膺"中国最值得外国人去的50个地方"的称号
2007年	被评为"广西最好玩的十个地方之一"和"中国历史文化名镇之一"
2009年	被国家旅游局批准为AAAA景区
2010年	被评为全国特色景观旅游名镇
2011年9月21日	贺州市市长白希的《政府工作报告》指出："加快昭平县黄姚镇等特色名镇名村建设"
2013年	成为广西五星级乡村旅游区
2013年	通过美国有线电视新闻网（CNN），黄姚古镇被评为"中国最美五大水乡之一"

（来源：《特色小镇旅游深度开发中的文化元素研究》）

（一）保护与发展战略

由于发展的基础条件、存在问题的不同以及科学技术的进步，各时期黄姚古镇保护和发展的路径也有各自不同的特点。发展定位从观光游览为主，升级为旅游和农产品加工，进而转型为宜居宜游、主客共享的旅游文化产业区；发展路径由突出明清建筑风格，升级为突出历史文化保护与传承，进而转型为彰显个性、错位发展。在此定位下，发展理念也从过去的只注重旅游开发，转变为注重产业发展；所制定的发展战略从"旅游精品"和可持续发展，升级为塑造品牌和全域旅游发展（表6-3-3）。在此战略下，从资源整合、保护范围划定、重点项目建设三个方面采取的策略和措施也不同，但保护黄姚古镇历史文化遗产这一点从未改变。

名称	"名胜区"阶段	"名镇"阶段	"特色小镇"阶段
黄姚镇辖区总面积	1999年为32平方公里	2005年行政区划变更,为244平方公里	244平方公里
黄姚镇人口规模	1999年辖6个村(街)、117个村民小组,总户数2405户,总人口10805人	2005年辖19个村(居民)委员会、552个村民小组和总户数11691户、总人口52724人	2016年辖19个村(居民)委员会、552个村民小组
建设规模	风景名胜区面积约89平方公里,其中古镇核心保护区约19.1公顷	环境协调区面积161.55公顷,古镇(历史街区)约15.7公顷	旅游文化产业区358平方公里,其中黄姚片区13平方公里,古镇(历史街区)约15.7公顷
旅游发展状况	2001年古镇接待境外游客4300人,风景名胜区接待游客1.78万人次,旅游门票收入3.675万元	2005年风景名胜区接待游客近10万人次,年创汇20多万元。2007年,古镇景区共接待游客4.62万人次,实现营业收入53.8万元,旅游拉动消费500多万元	2016年,古镇旅游接待总人数约为66.5万人次,旅游总收入2743.54万元
发展理念	古镇保护和旅游开发	整体控制、全面保护、统一协调	全域旅游的旅游小镇产业发展
发展模式	以风景名胜区为依托的政府领导开发	以风景名胜区为依托,政府部门+投资开发商	国家级历史文化名镇"旅游+"创新示范区、新兴文化产业和创意产业、区域传统产业结构优化升级
发展定位	以古朴的明清建筑风格、秀美的自然山水环境和深厚的历史文化底蕴为特色,以观光游览为主,休闲度假为辅的自治区级风景名胜区	以旅游和农产品加工为主导,突出历史文化保护与传承,极具地方特色的国家级历史文化名镇	定位为国际知名的古镇休闲旅游目的地、广西旅游新一极、中国旅游文化产业特色区
发展战略	抓住重点,实施"旅游精品"战略;保护生态环境,实施可持续发展战略;提高知名度,实施"宣传促销"战略,成为著名的旅游胜地	对古镇建筑的维修、整治和修复采取"整旧如旧"的原则;新建、改建、扩建部分应当与历史风貌相协调;保护古镇的文物古迹、历史街区及其周围环境和空间格局;制定具有可持续发展意义的保护规划	战略立纲,统筹兼顾,树立全域旅游战略;产业为本、空间塑形、项目点睛,成为具有一定国际影响力的岭南第一古镇旅游目的地
保护和发展策略	划定古镇保护范围,避免旅游开发对古镇造成破坏;运用历史街区保护和更新方法(表6-3-4),指导资源的保护和开发;用继承和发扬传统文化特色的观念,指导古镇新建筑的风格	全面保护突出特色(表6-3-5),内容包括物质和非物质文化遗产,一指古镇整体格局保护,二指古镇地方特色、历史文化遗产的保护;保护与整治相结合,保存传统历史风貌和改善生活居住环境;古镇保护与新区建设相结合	采用"细胞膜+1"的模式来保护古镇的物质空间;在物质空间形态、历史文化保护的基础上,同时进行社会、经济、环境方面的保护,形成"生活、生产、生态"的"三生"保护模式
黄姚古镇人口控制	1999年黄姚街居民2798人,古镇居住人口约2000人,年接待游客接近5万人次;预测2010年年接待游客100.3万人次,控制古镇居住人口为2000人	2007年黄姚镇人口约为3900人,古街区人口约2500人;预测至2025年黄姚镇人口规划约为5000人,一般日旅游人口约为3000人,控制古镇居住人口为1700人	2017年旅游文化产业区居住人口约20万人,镇区及其周边常住人口3万人,其中镇区常住人口0.44万人
重要的用地布局调整(图6-3-5)	星级旅游宾馆、餐馆、别墅,综合服务中心及网点,商业网点,度假及休闲养生,停车场,入镇道路,加油站,旅游管理,旅游产品加工业与农副业等	核心保护区内部分传统民居建筑继续作居住用途,保持原真生活场景;沿街传统民居可以调整其内部功能,鼓励这些街巷沿线继续作为商业服务、旅游设施用途	新建区,吃、住、娱、停车场等设施,观光农业。保持古镇原建成环境"居住加小商业"的特征,确保核心区内迁出居民的安置,保持古朴的村落特色

(来源:根据《黄姚古镇景区旅游资源开发与历史人文景观保护规划》(1999—2010年)、《黄姚国家历史文化名镇保护规划》(2008—2025年)、《广西黄姚古镇旅游文化产业区总体规划》(2016—2035年)等绘制)

名称	分项	保护和更新措施
保护	传统民居、文物古迹	在现状调查基础上建立文保档案和民居档案，着重对建筑布局、造型、特色、使用状况、居住人口、建筑年代及历史背景等进行注册登记
		对于文物保护单位，严格执行国家《文物保护法》
		对自然性破坏的文物古迹尽快提出维护、修复计划与设计
		对其他被列入县级和自治区级文物保护单位的，划定保护区界线、明确使用要求，有条件的逐步迁出其居住人口，实施更为有效的保护，如古街两侧的三星楼、安乐寺、佐龙祠等
	名人寓所	对高士其、欧阳予倩、张锡昌等的寓所制定保护、维修、使用条例，民居的建筑造型、色彩、材料以及内部的设施、构件，不得随意拆除和改动
	文保单位	对黄姚旧址和黄姚戏台进行维护和修补，在古迹外面增加防护材料和加固构件，使之安全稳定
更新	典型传统民居、石板主街	现状单一的功能调整为兼有居住、文物展览、商业、办公等功能
		将文物保护单位和名人故居改作展览馆和办公用房，如莫仙山公祠改造为原始劳作坊，收集传统手工业生产器物，向游人展示原始的手工工艺，包括制作豆豉、纺纱织布等，感受黄姚独具特色的本土文化
		将古街如天然街、迎秀街、金德街、安乐街和鲤鱼街等改造为传统文化商业街，石板主街两侧的古民居建筑布置古玩字画、旅游商品等内容，满足游客玩、赏、购等消费需求
	名人寓所	对何香凝寓所、高士其寓所等进行内部改造设计，开辟为名人故居展览馆
修复	文物古迹	安乐寺、欧阳予倩寓所等已经失去原状的重要纪念性建筑，应重新修复起来
	街巷	由于黄姚古镇明清古建筑群保存完整、规模较大，因此修复措施更多地是采用"减法"，去掉近代增加的部分，尤其是文物古迹周围附加的新建建筑或构件，予以拆除，还古迹本来面目
		对石板古街，主要修复长达500多米的所有青石板和沿街建筑。为了真实还原明末清初黄姚商业古镇热闹繁华的历史场景，对于主街上的传统建筑，依据文保档案和民居档案进行分类修复，有的整幢修复，有的修复一个立面，有的只是一段檐口或一个门廊，还古老的街道以本来面目；对于其他大量私人住宅，则严格限制更新，翻建的老宅必须小于规定的尺度，且要符合古街的风貌
		对古镇其余街巷要严格保护传统建筑
		对不协调的新建建筑逐步整治改造或拆除
	古街建筑	对天然街、迎秀街、金德街、安乐街和鲤鱼街等，严格保护街道路面和沿街两侧建筑外观，不得随意改变建筑立面形式、色彩和材料，每一座建筑的修复都进行精心设计和精良的施工
重建	古城墙、带龙楼	对于因历史原因已消失的建筑和建筑中无存的部分进行"再创作"。以遗存资料为依据，在遗址上重建。移建、重建部分文物古迹，使文物本身除得到妥善保护和修复外，也可告诉人们黄姚古镇在明末清初繁华的历史场景，达到身临其境的体验效果，如重建主街上的天然楼、太平门、金德门、永安门等各式门楼和闸门，还原古镇"住防合一"的防卫布局

（来源：根据《黄姚古镇景区旅游资源开发与历史人文景观保护规划（1999—2010年）》等绘制）

名称	分项	保护措施
物质类文化遗产保护	自然环境保护	保护古镇原有的自然景观特色，对局部损坏的景观应及时修复；对姚江源头进行保护，保护源头至黄姚镇盘古村河段的水体及其周边环境；对姚江、珠江、兴宁河采取淤泥疏浚、垃圾处理等措施，岸边护坡残破按原貌砌筑，提高两岸的绿化覆盖率；严禁设污水排放口，禁止将未经处理的污水直接排入水体，禁止往水体中倾倒固体废弃物
	文物保护单位保护	文物保护区包括已经公布的各级文物保护单位和自文物本体向四周延伸10～15米的范围，如需进行必要的修缮，应在专家指导下按原样修复，做到"修旧如旧"，高度控制保持现状或根据现状恢复
		建设控制地带包括在文物保护区外划定10～15米的保护范围，不允许建设与文物保护建筑风貌相冲突的一般建、构筑物，现状存在的应进行拆除，注意与保护对象之间景观的合理过渡
	核心街区保护	建筑以维护和修复为主，不得随意拆除或重建；街道界面应严格保护，保持街巷原有的空间尺度；新建、改建、扩建的建筑，要求尊重传统尺度、材料及色彩；保持步行方式，限制机动车的通行；建筑的使用与经营，应在保护规划的指导下进行合理开发；严禁在街道两侧建筑上随意设置、张贴、涂写、刻画各种标语、广告等；逐步恢复街道的传统风貌，采用旧区街巷原有铺砌材料与方式
	建筑物整治及保护	一类建筑指宗祠建筑及部分保存完好的大院建筑（如郭家大院等），包括古氏宗祠、吴氏宗祠、郭氏宗祠、梁氏宗祠等，应参照文物保护单位的保护方式进行保养加固或修复
		二类建筑包括天然街-迎秀街-金德街-安乐街两侧，以及中兴街、龙畔街质量较好、风貌良好的沿街建筑，应在不改变外观的前提下进行维修、改善
		三类建筑指建筑质量一般、能够反映古镇传统风貌的民居建筑，应在保护原有传统风貌的情况下进行适当改造
		四类建筑指结构损坏较为严重的传统民居建筑，应在与传统风貌相协调的前提下控制其改扩建、翻建
		五类建筑指坍塌的、风貌不协调的建筑，应按照保护规划进行整治或拆除
	建筑高度控制	分核心区、建设控制地带、环境协调区进行控制（表6-3-8）
	建筑屋顶、体量及色彩控制	建筑屋顶采用古镇传统民居坡屋顶的形式；严格控制新建建筑的体量；建筑色彩采用原有的灰白色系
	建筑小品保护	核心保护区内保留门头、墙界石、洗衣台及反映居民生活之特色庭院、特色空间（如街头广场、埠头广场）；保持桥梁、亭子结构的完整性，对于破损部分，应采用原有的材料进行修复
	古树名木保护	对其品种、分类、分布地区、树龄、树冠、胸径、根系面积等进行调查，将名贵之处写于标识牌上，建立树的档案，并向居民和游人展示
非物质类文化遗产保护		通过各种各样的表演和民俗活动进行展示、体验；通过历史文化博物馆和历史文化名人雕像等方式来加以展现；创办黄姚传统文化节，展现独特的民间习俗；通过开设民间菜肴专卖店和土特产专卖店等方式来加以利用

（来源：根据《黄姚国家历史文化名镇保护规划（2008—2030）》等绘制）

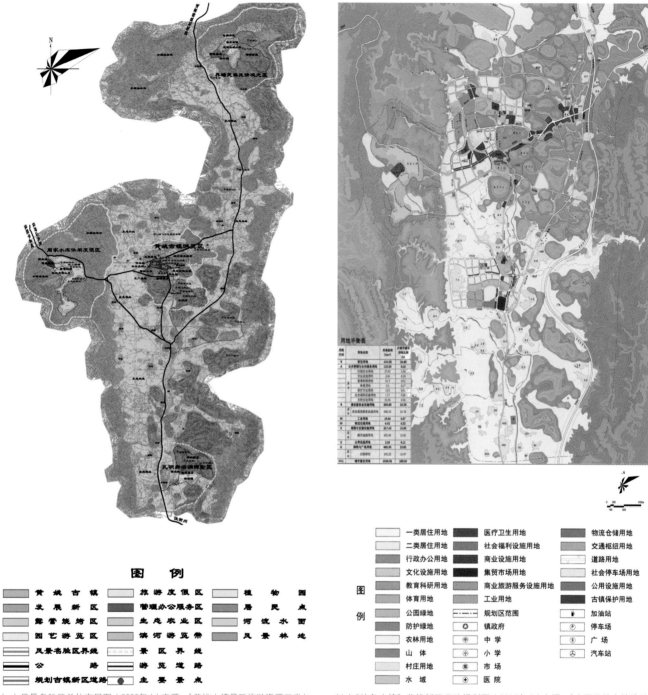

图 例

	黄姚古镇		旅游度假区		植 物 园
	发展新区		管理办公服务区		居 民 点
	邻里旅游区		生态农业区		河 流 水 面
	园艺游览区		滨河游览带		风 景 林 地
	风景名胜区界线		景 区 界 线		
	公 路		游 览 道 路		
	规划古镇新区道路 ●		主 要 景 点		

用地平衡表

图 例

	一类居住用地		医疗卫生用地		物流仓储用地
	二类居住用地		社会福利设施用地		交通枢纽用地
	行政办公用地		商业设施用地		道路用地
	文化设施用地		集贸市场用地		社会停车场用地
	教育科研用地		商业旅游服务设施用地		公用设施用地
	体育用地		工业用地		古镇保护用地
	公园绿地		规划区范围		加油站
	防护绿地	镇政府			停车场
	农林用地	中学			广场
	山体	小学			汽车站
	村庄用地	市场			
	水域	医院			

（a）风景名胜区总体布局图（2002年）（来源：《黄姚古镇景区旅游资源开发与历史人文景观保护规划》（1999—2010年））

（b）"特色小镇"黄姚新区用地规划图（2017年）（来源：《广西黄姚古镇旅游文化产业区总体规划》（2016—2035年））

图6-3-5 用地规划图

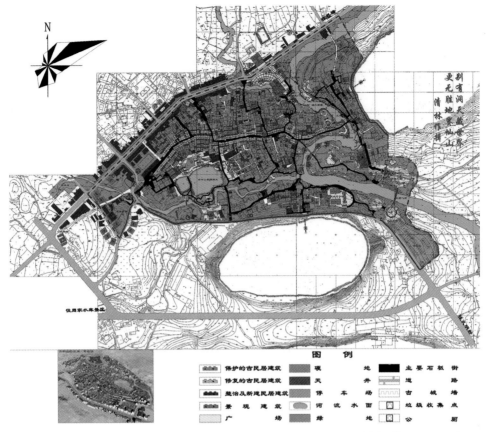

（c）古镇规划总平面图（2002年）（来源：《黄姚古镇景区旅游资源开发与历史人文景观保护规划》（1999—2010年））

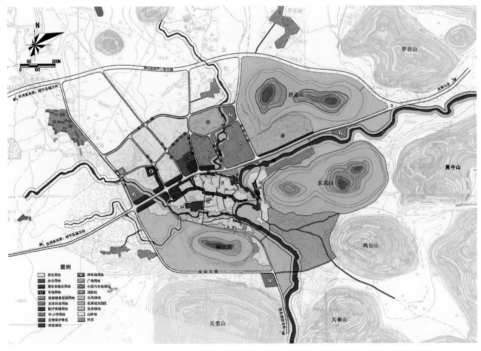

（d）"名镇"用地规划图（2008年）（来源：《黄姚国家历史文化名镇保护规划》（2008—2025年））

图6-3-5　用地规划图（续）

古镇保护内容从以历史街区、古镇建筑的保护为主，升级到整体格局的保护，主要增加了非物质文化遗产保护方面的内容，提升了保护的完整性。古镇核心区人口规模则采用"减法"，从约2000人，控制到1700人左右。但无论是"名胜区"还是"名镇"，对历史建筑的保护和更新方法从未改变。

（二）历史文化资源整合

对比各时期黄姚古镇资源整合情况可知，资源整合范围从"名胜区"扩大到"特色小镇"。主要旅游资源分类和评价从原来的只注重古镇历史遗产资源扩展到全域文化产业区旅游资源，提升了评价的完整性；定性分析部分也对历史文化、艺术观赏、科学考察价值进行了升级和完善，主要增加了非物质文化和古墓葬遗址方面的内容；评价标准也提升至国家标准，强化了评价的科学性和规范度（表6-3-6）。但在评价结果中，无论是特级景点还是五级旅游资源单体，评价等级最高的是明

清古建筑群这一点是一致的。

（三）保护范围划定

1995年，黄姚古镇列为省级风景名胜区，但未划定范围、界线。2002版规划首次划定了黄姚古镇风景名胜区及古镇核心保护区的范围和界线。

古镇建设规模从"名胜区"89平方公里的开发和保护范围扩大到"特色小镇"358平方公里的建设范围；用地范围从黄姚古镇扩大到整个黄姚镇行政区域以及相关的周边乡镇部分区域；所涉及人口从黄姚古镇约2000人扩大到"特色小镇"约20万人。但黄姚古镇核心保护区规模和范围基本不改变，以"名镇"界定的15.7公顷为准。对比各时期黄姚古镇保护情况可知，黄姚古镇保护理念从保护与开发建设相结合，转向保护优先、开发服从保护的原则（表6-3-7）。但对黄姚古镇风景名胜区层面的保护，无论是"名镇"还是"特色小镇"，这一点是一致的。

各时期资源整合 表6-3-6

名称	"名胜区"阶段	"名镇"阶段	"特色小镇"阶段
资源类型	4个景类7个景型30多项自然资源；4个景类18个景型70多项人文资源	物质文化遗产包括8个方面65项；非物质文化遗产包括6个方面18项	4个主类6个亚类6个类型的自然资源；3个景类9个亚类25个类型的人文资源
定性分析	古建筑、宗祠、诗联、牌匾、"抗战"文化五个方面的历史文化价值；艺术观赏价值从黄姚八景、黄姚古镇旅游吸引力方面进行分析；科学考察价值主要从历史和古镇格局形态，长寿古镇的环境、空气、饮食研究等方面进行分析	自然景观特色包括自然山水奇美幽美，生态环境清新洁净，古树名木郁郁葱葱，奇石怪洞异彩纷呈；布局特色包括古镇风水意境，建筑选址布局特点；历史文化特色包括庄重华丽的祠堂，质朴的青石街道，喧嚣繁荣的街铺，威仪的防御门楼，跳跃于河面上的桥梁	山石文化、古树名木景观、古建筑文化、善德教育文化、牌匾文化、影视基地、红色革命文化、非物质文化、古墓葬遗址
评价标准	旅游资源定性评价+风景资源定量评价	定性评价	国家标准《旅游资源分类、调查与评价》GB/T 18972—2017
评价结果	特级景点1个，占参评景点的3%；一级景点7个，占参评景点的21%；二级景点6个，占参评景点的18%；三级景点19个，占参评景点的58%	价值特色包括历史文化价值、学术研究价值、革命教育价值、美学观赏价值、康娱价值等	五级旅游资源单体2个，占参评旅游资源的5%；四级旅游资源单体6个，占14%；三级旅游资源单体7个，占17%；二级旅游资源单体10个，占24%；一级旅游资源单体17个，占40%
特级资源	特级景点明清古建筑群	中共广西省工委旧址、文明阁、古戏台为重要的保护节点	以明清古建筑群为代表的历史遗产类资源

（来源：根据《黄姚古镇景区旅游资源开发与历史人文景观保护规划》（1999—2010年）、《黄姚国家历史文化名镇保护规划》（2008—2025年）、《旅游业供给侧结构性改革背景下黄姚旅游小镇规划探究》等绘制）

名称	"名胜区"阶段	"名镇"阶段	"特色小镇"阶段
保护等级	风景名胜区环境分四级保护；风景资源实行四类保护，面积约89平方公里。古镇分为两个保护层次：核心保护区和风貌协调区，面积约68.8公顷	划分三个保护层次：核心保护区、建设控制地带、环境协调区，面积约161.55公顷	三个层次的保护分区：核心保护区、建设控制地带、环境协调区，面积约384.06公顷
保护范围（图6-3-6）	核心保护区，新街以南、隔江山以北、真武山以西、天然桥以东的区域，面积约19.1公顷	核心保护区南至隔江山，北达新街，东靠真武山，西到天然桥，面积约15.7公顷	核心保护区东到真武峰，南至聚仙岩，西至叶氏宗祠，北到黄姚新街，面积约15.70公顷
保护范围（图6-3-6）	风貌协调区在核心保护区外、建设控制区内，新街以北、天然桥以西、沿南环城路两侧以及东门楼至文明阁的范围，面积约49.1公顷	建设控制地带，指核心保护区往四周扩展约200米的区域，东面以真武山山脊线为界，南面、西面在黄姚至巩桥二级公路、规划一路和规划九路的范围内，北面为新街到规划七路，包括以酒壶山山脊线为界，总面积约67.21公顷	建设控制地带，古镇西北侧黄姚大道、黄巩路以内，古镇南侧盘古大山、天马山、鸡公山以北，古镇以北黄姚至篁竹的公共开放空间带和篁竹旅游服务设施区域，面积约94.36公顷
保护范围（图6-3-6）		环境协调区东面以鸡公山山脊线、真武山山脚为界，南面以规划九路以南沿天堂山、大棒山的山脊线为界，西面以规划一路以西20米范围为界，北面从规划七路到钟山至昭平二级公路的范围，包括酒壶山，面积约161.55公顷	环境协调区，环绕古镇建设控制地带外围，西至崩江路、外围山脉，北至黄姚大道外围区域，东至高速公路入口区，南至盘古村、姚江周边公共绿地及天马山区域，面积约274.00公顷
保护措施	核心保护区内按建筑保护级别分别制定保护原则和措施。对于自治区、县级文物保护单位，按照国家《文物保护法》进行管理；对于传统建筑，在维护、修复、重建时必须依照原有风格	核心保护区内经批准新建、改建、扩建建筑时，应当在高度、体量、色彩等方面与传统风貌相协调；已建的违章建筑应及时拆除	核心保护区内保护和维持传统建筑及其街巷整体空间；严禁随意拆迁、新建、改建及扩建建筑物；严禁改变传统空间格局及历史建筑的原有高度、体量、外观、材质和色彩；不得擅自新建、扩建道路；不得随意破坏山石、植被等环境要素
保护措施	风貌协调区内控制与游览无关的设施，安排文娱游览设施和服务性设施，限制机动车及控制居民人数，按建筑类型制定保护原则。现状建筑的修缮应尊重传统建筑风貌；新建建筑与古镇风貌相协调；对已造成景观环境污染的地区进行改造	建设控制地带内保护和维修传统建筑及其街巷整体空间，包括民居、宗祠、城墙、寨门、桥梁等古镇建筑要素；严禁随意拆建、新建、改建及扩建建筑物；严禁改变传统空间格局及历史建筑的原有高度、体量、外观、材质和色彩；不得擅自新建、扩建道路；不得随意破坏山石、植被等环境要素	建设控制地带内经批准新建、扩建、改建的建筑，应当在高度、体量、色彩等方面与传统风貌相协调；已违反此原则的建筑及违章建筑应及时整改或拆除
保护措施		环境协调区内开发建设应与古镇风貌相协调，应控制建设规模、建筑的体量、风格和造型	同"名镇"

（来源：根据《黄姚古镇景区旅游资源开发与历史人文景观保护规划》（1999—2010年）、《黄姚国家历史文化名镇保护规划》（2008—2025年）、《广西黄姚古镇旅游文化产业区总体规划》（2016—2035年）等绘制）

二、重要的保护利用实践

（一）保护利用实践

在保护好黄姚古镇的前提下，重点项目建设策略从打造"旅游精品"转向空间塑形、项目点睛，重点建设区布局从旅游开发布局转向产业空间布局。其中古镇街区重点建设项目从一线二街三带六景区升级为二街二城二区；黄姚片区在"名胜区""一心三轴三区"的基础上，增加了"双心"结构，将黄姚古镇—界塘辐射轴延伸至黄姚—篁竹旅游接待形象轴，将黄姚古镇—孔明岩扩展为巩桥—黄姚生态休闲游憩轴，构建"一核、双心、三轴、四片区"的重点建设区布局（表6-3-8）。但在古镇核心区的保护和发展上，无论是"名胜区"还是"特色小镇"，这一点从未改变。

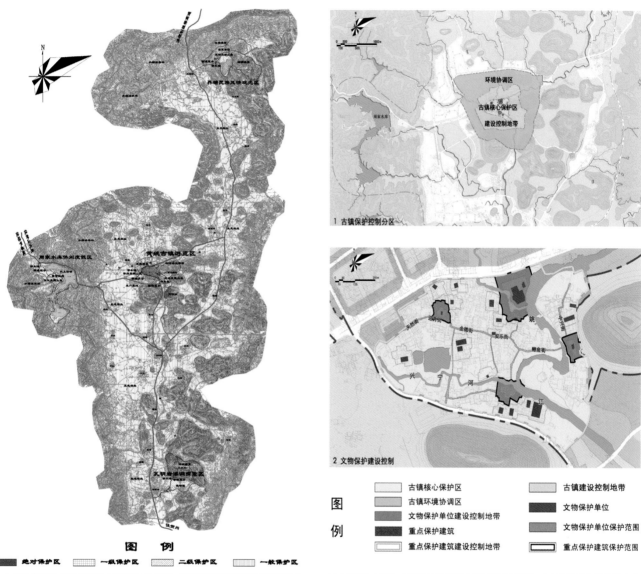

绝对保护区　　一级保护区　　二级保护区　　一般保护区

（a）风景名胜区保护规划图（2002年）（来源：《黄姚古镇景区旅游资源开发与
历史人文景观保护规划》（1999—2010年））

图6-3-6　保护规划图

图例

古镇核心保护区　　　　　　　古镇建设控制地带
古镇环境协调区　　　　　　　文物保护单位
文物保护单位建设控制地带　　文物保护单位保护范围
重点保护建筑　　　　　　　　重点保护建筑保护范围
重点保护建筑建设控制地带

（b）"特色小镇"古镇保护规划图（2017年）（来源：《广西黄姚古镇旅游文化
产业区总体规划》（2016—2035年））

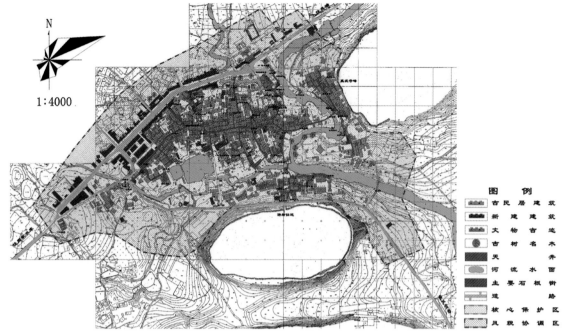

（c）古镇保护分区控制图（2002年）（来源：《黄姚古镇景区旅游资源开发与历史人文景观保护规划》（1999—2010年））

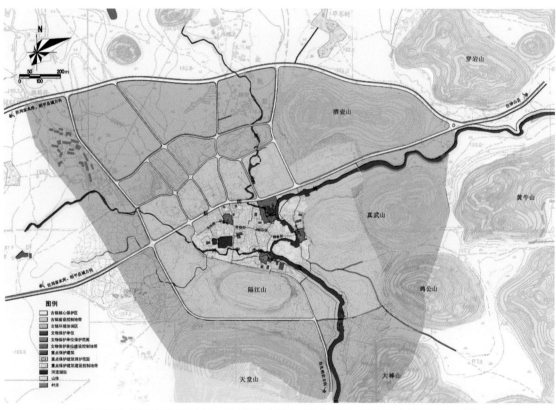

（d）"名镇"保护范围规划图（2008年）（来源：《黄姚国家历史文化名镇保护规划》（2008—2025年））

图6-3-6　保护规划图（续）

名称	"名胜区"阶段	"名镇"阶段	"特色小镇"阶段
布局结构 （图6-3-7）	黄姚古镇风景名胜区形成"一心三轴三区"的旅游开发布局结构；黄姚古镇形成一线、二街、三带、六景区的旅游布局	黄姚古镇景区形成二线、二街、三带、六区的总体布局格式	黄姚旅游小镇产业空间划分为五个板块，形成"一心四片区"的格局；其中，黄姚片区构建"一核、双心、三轴、四片区"的布局
	黄姚古镇的一线，指环镇主要游览线；二街包含传统文化商业街、饮食文化街和仿明清商业街；三带指姚江、珠江、兴宁河滨河绿带；六景区指古榕迎宾景区、丝竹之盛、水村山郭酒旗风、桃源胜境、龙楼春潦、文阁晴岚	二线，即古镇主要游览线和姚江（广场—文明阁段）水上游览路线；二街，即文化街和中兴街；三带，即由姚江、珠江和兴宁河及滨河绿化组成的三条绿带；六区，即传统民居街巷区、宜园区、农事活动区、农庄和茶庄区、书画艺术苑、花果观光园区	黄姚片区的"一核"，指古镇核心区；"双心"指黄姚古镇和巩桥城镇服务中心；"三轴"包含巩桥—黄姚生态休闲游憩轴、黄姚—周家水库田园景观轴、黄姚—篁竹旅游接待形象轴三大发展带；"四片区"包含黄姚旅游片区、巩桥新镇片区、黄姚外围休闲居住片区及周家水库片区
建筑分类保护 （图6-3-8）	分传统特色建筑、保护民居建筑、拆迁建筑、修复古民居建筑和新建建筑	分五类建筑进行保护	同"名镇"
建筑高度控制措施（图6-3-8d）	核心保护区内现状建筑高度一般为1~2层，重建或改建的建筑不得超过8米（2层）	核心区内的建筑严格控制在1~2层，建筑檐口高度不超过6米	核心保护区的建筑严格控制在现状高度
	风貌协调区内新街两侧建筑控制在1~2层，北面以3~4层为主，天然桥西侧以2~3层为主，隔江以南至旅游公路之间以多层为主，适当低层，不允许建高层	建设控制地带，严格控制在3层之内，高度不超过9米	建设控制地带内的建筑高度要求控制在3层以内
		环境协调区高度控制不得超过15米	环境协调区范围内的建筑高度要求控制在4层左右
建筑屋顶、体量及色彩控制措施	青瓦、白墙、小坡顶、窄门窗、木阳台、多进式的平面布局，规划要求凡是在保护区和风貌协调区的新建筑，一律要设计成这种外观	建筑屋顶采用古镇传统民居坡屋顶的形式，严格控制新建建筑的体量；建筑色彩采用原有的灰白色系	建设控制地带和环境协调区的新建建筑应与古镇核心保护区历史建筑色彩相协调，采用土黄色或灰色系墙面、黑色屋顶的传统民居色彩搭配
重点建设项目	街道立面改造（图6-3-9a）；形成行、游、住、食、购、娱旅游服务体系	整治沿街建筑，以天然街、迎秀街、金德街、安乐街的修缮为中心，同时完成黄姚新街的改造工作（图6-3-9b）	通过"多规合一"，构建良好的旅游服务设施保障系统（图6-3-10）
重要实践	维修受损或遭到破坏的石板街道；修复石板街两侧建筑；新建景区大门；重建守望楼、安乐寺、太平门等；铺设沿河绿地，拓宽水泥路面等（图6-3-11、图6-3-15a）	重点项目修缮，历史街巷修复；传统民居修缮；美化亮化传统景点和历史街巷等（图6-3-12、图6-3-13、图6-3-15b、图6-3-16）	古建筑群开发；打造"夜游黄姚"项目；石板街商业的开发；民俗节庆吸引更多游客；利用宗教文化开发登山游览、祭祀活动等旅游项目；推出"大美黄姚"实景演出等（图6-3-14、图6-3-15c）

（来源：根据《黄姚古镇景区旅游资源开发与历史人文景观保护规划》（1999—2010年）、《黄姚国家历史文化名镇保护规划》（2008—2025年）、《广西黄姚古镇旅游文化产业区总体规划》（2016—2035年）等绘制）

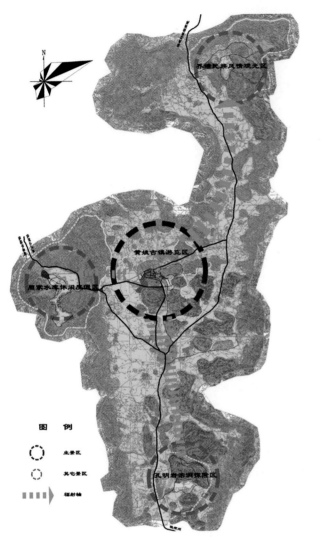

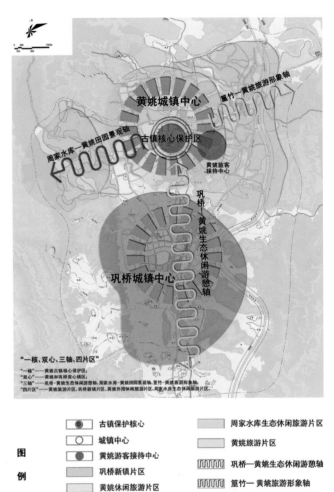

（a）"名胜区"规划结构图（2002年）（来源：《黄姚古镇景区旅游资源开发与历史人文景观保护规划》（1999—2010年））

（b）"特色小镇"黄姚新区功能结构分析图（2017年）（来源：《广西黄姚古镇旅游文化产业区总体规划》（2016—2035年））

图6-3-7　规划布局结构图

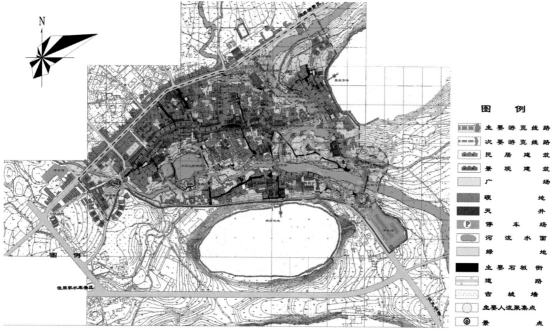

（c）古镇游览线路布局图（2002年）（来源：《黄姚古镇景区旅游资源开发与历史人文景观保护规划》（1999—2010年））

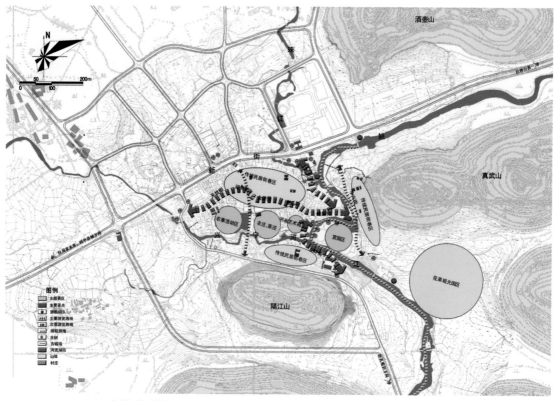

（d）"名镇"旅游规划图（2011年）（来源：《黄姚国家历史文化名镇保护规划》（2008—2025年）

图6-3-7 规划布局结构图（续）

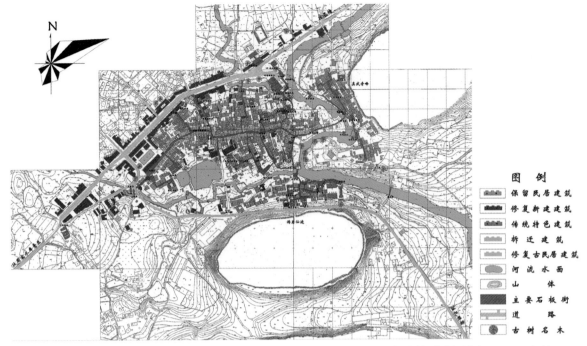

（a）"名胜区"古镇建筑分类评定图（2002年）（来源：《黄姚古镇景区旅游资源开发与历史人文景观保护规划》（1999—2010年））

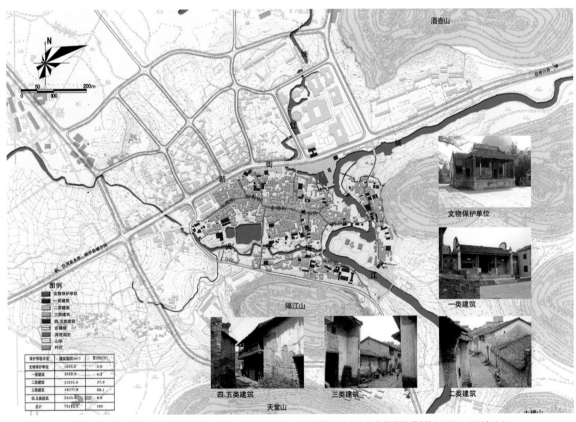

（b）"名镇"核心区建筑保护分类图（2008年）（来源：《黄姚国家历史文化名镇保护规划》（2008—2025年））

图6-3-8　建筑保护与控制图

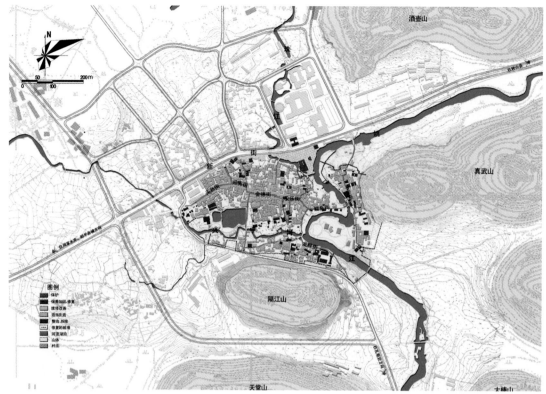

（c）"名镇"核心区建筑整治规划图（2008年）（来源：《黄姚国家历史文化名镇保护规划》（2008—2025年））

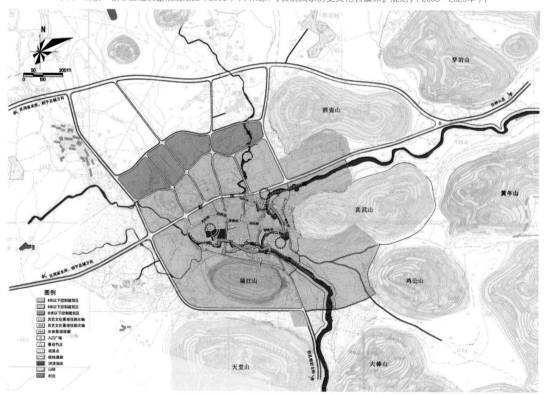

（d）"名镇"高度分区及视廊控制规划图（2008年）（来源：《黄姚国家历史文化名镇保护规划》（2008—2025年））

图6-3-8　建筑保护与控制图（续）

清理屋顶瓦面　　　　　　　　　清理修复墙脚　　修葺木门窗、木栏杆　　　　清理修复檐口墙面

清除墙面上的污垢　　换用增设传统木窗枝、窗饰、门饰　　　清除墙面上的石灰浆还原原有清水墙　　木扶手、吊柱清理修复

保护区修复后街景立面

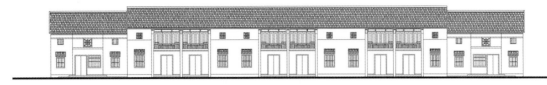

风貌协调区整治后街景立面 之一

檐口下面墙面，融墙脚　　有民族传统风格的木窗、木门、窗饰、门饰　　平屋顶改为坡屋顶，上盖小青瓦　　　采用最有本镇特点的建筑形式

石台阶，多级　　墙面为黄砖清水墙　　　石墙脚　　　窗上设传统形式遮雨拱檐

风貌协调区整治后街景立面 之二

（a）"名胜区"古镇街景立面图（2002年）

新街透视

新街立面

图6-3-9　街道立面改造图（来源：《黄姚古镇景区旅游资源开发与历史人文景观保护规划》（1999—2010年）、《黄姚国家历史文化名镇保护规划》（2008—2025年）)

（b）"名镇"新街立面改造示意图

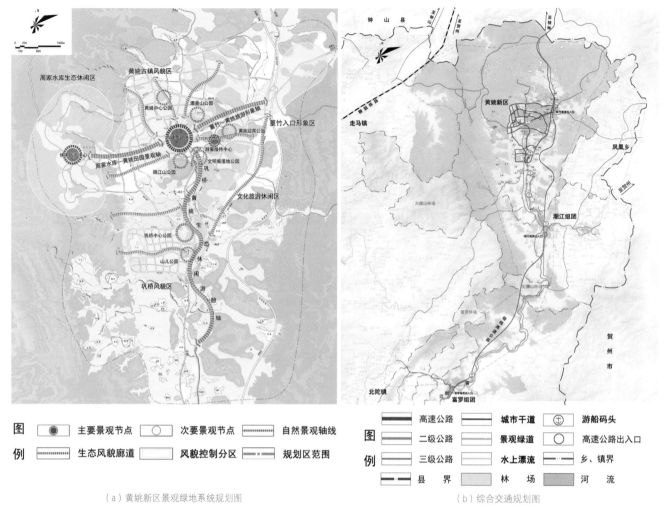

（a）黄姚新区景观绿地系统规划图 （b）综合交通规划图

图6-3-10 "特色小镇"多规合一规划图（2017年）（来源：《广西黄姚古镇旅游文化产业区总体规划》（2016—2035年））

（a）新建入口广场（2008年） （b）重建太平门（2017年）

图6-3-11 "名胜区"重点项目（来源：《黄姚国家历史文化名镇保护规划》（2008—2025年））

（a）传统民居（1999年）　　　　　　　　　　　（b）传统民居的修缮（2011年）

图6-3-12　传统民居修缮（来源：王红原 摄；《黄姚国家历史文化名镇保护规划》（2008—2025年））

（a）恢复名人故居　　　　　　　　　　　（b）锁龙桥加固修缮

（c）夜景亮化

图6-3-13　"名镇"重点项目（2011年）（来源：《黄姚国家历史文化名镇保护规划》（2008—2025年））

（a）"夜游黄姚"（2013年）（来源：《昭平县黄姚古镇旅游策划2011》）　　　　（b）滨水景观长廊（2017年）（来源：《广西黄姚古镇旅游文化产业区总体规划》（2016—2035年））

（c）古镇商业（2013年）（来源：《昭平县　　　（d）礼品小店（2013年）（来源：《昭平县黄姚　　　（e）古镇客栈（来源：《昭平县黄姚古黄姚古镇旅游策划2011》）　　　　　　　　古镇旅游策划2011》）　　　　　　　　　　镇旅游策划2011》）

图6-3-14 "特色小镇"重点项目

（二）实施效果

根据2020年7月各旅游服务网站及旅游APP景点热门度评价，对比黄姚古镇风景资源评价结果，筛除非优质资源单品，结果显示：在景点热度和景点评分排名前10名中，综合排名靠前的首先是石跳桥、带龙桥；其次为黄姚石板街，其中又以迎秀街排名最高；然后依次为郭家大院、仙人古井、司马第。一定程度上说明，这些热门景点，经过黄姚古镇这20多年的保护和利用，

（b）石板街修复与开发（2011年）

（a）石板古街（1999年）

（c）石板街修复与开发（2017年）

图6-3-15　历史街巷（来源：王红原　摄；《黄姚国家历史文化名镇保护规划》（2008—2025年）、《广西黄姚古镇旅游文化产业区总体规划》（2016—2035年））

（a）古戏台（1999年）

（b）古戏台修缮（2011年）

图6-3-16　古戏台（来源：《黄姚古镇景区旅游资源开发与历史人文景观保护规划》（1999—2010年）、《黄姚国家历史文化名镇保护规划》（2008—2025年））

成功地从优质风景资源转化成为优质旅游资源。而著名的文物保护单位黄姚戏台等均排名靠后，一定程度上说明，这些优质资源仍未真正体现出其优质的旅游价值，亟须找到保护和活化利用的解决办法。

第四节　中国历史文化名村——大芦古村

一、大芦古村概况

"宅绕青溪耸秀峰，松林鹤友晚烟笼。小楼掩路斜阳外，半亩方塘荔映红。"这是明代横州诗人吴必启逢荔熟时节访友，有感于大芦古村风光而吟颂的诗句。规模庞大的明清古建筑群落，装饰精美的民居建筑艺术，数目众多的楹联、牌匾，景观优美的荔乡田园风光，还有杜牧《过华清宫》中"长安回望绣成堆，山顶千门次第开。一骑红尘妃子笑，无人知是荔枝来"的"妃子笑"的故事，都令人难以忘怀。这就是大芦古村（图6-4-1）。

二、大芦古村的生成

（一）地理区位与古村的形成

大芦古村是"中国历史文化名村"之一，位于广西灵山县城东部8公里处，属广西钦州市灵山县佛子镇（图6-4-2），灵山县位于东经108°44′~109°35′，北纬21°~22°38′。古村西距首府南宁市约140公里，西南距钦州市约120公里，南距北海市140公里，东距玉林市约110公里，处在灵山县城的近郊，距省道124线1公里左右。便利的交通条件，方便大芦先民搬迁至此定居和对外联系，为大芦古村的形成和发展提供了基本条件。

图6-4-1　大芦古村（来源：《灵山大芦古村规划（2001）》）

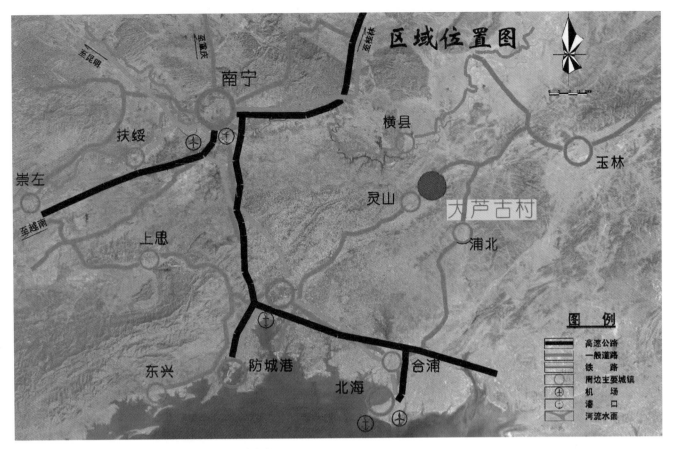

图6-4-2 大芦村区域位置图（来源：王红原根据谷歌地球改绘）

（二）劳氏家族与古村建设

1. 劳氏祖先与古村起源

大芦村是一个以劳氏为血缘宗亲聚居的客家村落。劳氏家族既是一个资富能训的官宦世家，又是一个植根于农耕活动的传统封建家族。历史上，大芦古村培育出县、府儒学和国子监文武生员102人、仕官47人，78人曾获得明、清两朝的封赠，现存大芦村民居建筑群门口、厅堂上悬挂的封赠匾额就有14块，这些都见证了大芦村的辉煌和变迁，向世人宣示着那一段段骄人的历史。劳氏家族的勤劳、进取、崇文重教，使得这个家族的基业不断得到充实和发展，也使得大芦村的传统文化源远流长。

劳氏的远祖本是东汉时的南越王赵佗，因开发岭南有功，赐姓为"劳"，封邑山东劳山，因蓬莱即墨劳山而得姓氏。其中雷岗村劳利举一脉在宋末元初辗转灵山—钦州—灵山，后植根檀圩一带，为灵山劳氏祖先。

2. 劳氏家史与古村建设

大芦古村始建于明嘉靖二十五年（1546年），村落的演变与劳氏家族史密不可分。按时间顺序，大芦古村的建设过程分为三个阶段，建村初期、中期、后期（表6-4-1）。

建村初期，大芦古村得以初具规模；中期，初步形成以池塘为中心，民居建筑群围绕池塘的空间格局；后期，总人口约800人的大芦村劳氏家族已经富甲一方，其建筑布局、样式等都以劳氏祖屋镬耳楼为基准，但无论建造数量、规模大小，还是质量，都不及之前建造的

序号	建设阶段	建筑名称	建造时间或建设内容	建造人	人物辈分	建筑面积
1	建村初期	镬耳楼	明嘉靖二十五年至清康熙五十八年（1546~1719年）	劳经、劳弦等	第1~4代	4460平方米
		灰沙地院	清康熙三十年至五十八年（1691~1719年）	劳宏道	第5代	4400平方米
2	建村中期	镬耳楼	清乾隆十年（1745年），完善镬耳楼，并更名为"四美堂"	劳协一	第6代	—
		三达堂	清乾隆十年（1745年），完善灰沙地院，并更名为"三达堂"	劳事	第7代	—
		东园	清乾隆二十二年（1757年）	劳自荣	第8代	7750平方米
		劳氏公祠	清嘉庆年间	劳铨宇、劳錬宇	第9代	—
		双庆堂	清道光六年（1826年）	劳常福、劳常佑	第10代	2862平方米
		蟠龙堂	清道光十八年（1838年）	劳有绩	第10代	—
		东明堂	清道光十八年（1838年）后	劳有谋	第10代	—
3	建村后期	富春园	清同治四年（1865年）	劳功崇	第11代	—
		杉木园	清光绪三十年（1904年）	劳国祯	第11代	—
		陈卓园	清光绪三十年（1904年）后	劳贻东	第12代	—

（来源：《广西灵山县大芦村的发展过程探析》）

房屋。至清光绪末年，耗时近400年，历经劳氏家族12代人的辛勤劳作与苦心经营，得以形成村落全貌。9处民居建筑群和1处公祠（图6-4-3~图6-4-5），由6个大小不等的人工池塘分割，占地面积近45万平方米，建筑面积25万平方米，其中镬耳楼、三达堂、东园、双庆堂保存较为完好，是广西目前保护最完好、规模最大的明清建筑群之一。大芦村原本是芦荻丛生的荒芜之地，村民为告诫子孙后代不忘当初创业艰难，给村子取名为大芦村。

3. 礼乐教化与建筑的营造

受中原文化礼乐教化的影响，劳氏先祖在建筑群布局、比例、尺度、构造、装饰上也追求儒家文化"中庸"的美学观念，具有浓烈的宗法制度气息。院落按血缘宗亲关系布局，以祖屋镬耳楼为中心向四周排列，五进纵深是限度，府宅进深的区别完全恪守忠孝规范行事。镬耳楼对不同等级的人在居所、行走道路、出入院门上都有明确规定，突出体现了儒家思想中"礼"制对封建时期传统民居建筑的影响。

（a）镬耳楼　　　　　　　　　　　　（b）三达堂

图6-4-3　建村初期建筑（2019年）（来源：中国传统村落数字博物馆）

（a）东园别墅、劳克忠公祠、双庆堂、蟠龙堂

（b）东明堂

图6-4-4　建村中期建筑（2019年）（来源：中国传统村落数字博物馆）

（a）陈卓园

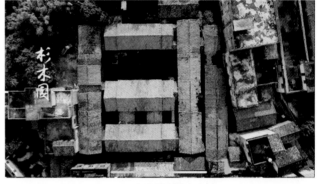

（b）杉木园

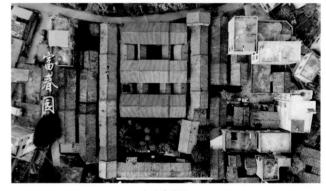

（c）富春园

图6-4-5　建村后期建筑（2019年）（来源：中国传统村落数字博物馆）

（三）自然环境与古村的选址和布局

大芦古村属六万大山和十万大山余脉，典型的丘陵地貌。古村周围零星分布着相对海拔10~30米的低矮土丘，拥有大片可开垦的土地，山岭秀丽，地势由山岭向村子平缓倾斜。土壤深厚、疏松、肥沃、湿润，适宜种植水稻、柑橘、荔枝、龙眼等各种作物，成就了灵山"水果之乡""茶叶之乡"的美称。

村内无大江大河，但有发源于灵东水库的钦江从村南流过，其次是灵东水库南干支渠流经古村中心，水资源条件良好。大芦古村属南亚热带季风气候，太阳辐射强，日照充足，气候温和，无霜期长，雨量充沛，为水系提供了充足的水源。受洪涝、寒潮和台风影响小，农作物一年可以三熟甚至四熟。

优越的气候条件和土地资源、良好的生态环境，加上便利的交通条件，使大芦村农业发达，百姓富实，是吸引大芦先民搬迁至此定居造村的主要原因。

大芦古村先民劳氏家族来自中国东南部地区，村宅的选址自然深受汉族风水文化的影响。分析大芦村的山水环境，并不具备中国传统村落背山面水的理想宅居地，但大芦村先祖们打造出了"七星伴月"的背山面水形态（图6-4-6），造就了"山为丁，水为财"的筑造理念。

三、大芦古村的保护与发展

1999年，大芦村古建筑群被定为县级文物保护单位，开启了大芦古村保护和开发建设的历程，是大芦古村保护和发展的里程碑。

1999~2018年，将近20年，大芦古村保护和发展主要经历了从列入县级文物保护单位的地方保护（简称"文保"）到2007年登录"中国历史文化名村"（简称"名村"）的保护和开发，直至2013年，升级为"全国重点文物保护单位"的国家保护的历程（表6-4-2）。

（一）文物保护单位与古村保护兴起

作为广西重要的旅游建设项目，这个时期，大芦古村的开发建设由广西壮族自治区政府直接牵头，2001年由广西城乡规划设计院等共同编制完成《灵山大芦古村规划》，由原自治区建设厅和旅游局负责，灵山县政府直接实施。

（a）卫星图分析（2016年）

（b）屋前修筑弯月池塘，屋后种植榕树作山

图6-4-6 "七星伴月"背山面水的形态（来源：中国传统村落数字博物馆《广西灵山县古村落空间形态对比研究》）

1. 价值判读

2001版规划首次系统地对大芦古村的旅游资源进行分析评价。

1）采用旅游资源分类方法，将大芦古村的旅游资源分为三大类自然旅游资源和六大类人文旅游资源（表6-4-3）。

2）采用定性分析方法，从历史文化价值、艺术观赏价值和科学考察价值三个方面进行分析。

（1）历史文化价值主要有古建筑、牌匾和楹联文化。

古建筑文化首先是指古村内10座传统建筑院落，共占地约25000平方米（图6-4-9），其中，当属镬耳楼和

时期	时间	事件简介
列入文物保护单位	1996年	被中国特产之乡命名宣传活动组委会命名为"中国荔枝之乡"（图6-4-7a）
	1999年	大芦村明清古建筑群列为县级重点文物保护单位（图6-4-7b）
		被广西楹联学会和广西民间艺术协会授予"广西楹联第一村"荣誉称号
	2000年	被划定为民俗风情旅游区
	2001年	广西城乡规划设计院等编制完成《灵山大芦古村规划》（图6-4-8a）
	2005年	被评为"全国农业示范点"
登录"中国历史文化名村"	2007年	被评为第三批"中国历史文化名村"
	2009年	在核定第六批广西的自治区级文物保护单位时，被纳入自治区级文物保护单位
	2010年	编制完成《广西大芦村古村生态旅游区总体规划（2010—2020）》
	2011年	被定为"广西特色文化名村"
	2012年	被公布为第一批中国传统村落，编制完成《钦州市灵山县佛子镇大芦村村庄建设规划（2010—2025）》（图6-4-8b）
	2013年	被评为第七批"全国重点文物保护单位"
	2014年	评为中国最美休闲乡村
	2016年	被评为"国家AAA级旅游景区"，获中国最美古村落
	2017年	被评为"国家AAAA级旅游景区"
	2019年	入选第二批国家森林乡村名单

（来源：根据《灵山大芦古村规划（2001）》《生态乡村背景下的历史文化名村保护性发展规划》等绘制）

（a）"中国荔枝之乡"牌匾　　　　　　　　　　（b）县重点文物保护单位牌匾

图6-4-7　大芦古村荣誉称号（来源：灵山县住房和城乡建设局提供；《灵山大芦古村规划（2001）》）

（a）大芦古村（2001年）

（b）大芦古村（2012年）

图6-4-8　大芦古村村景（来源：《灵山大芦古村规划（2001）》《钦州市灵山县佛子镇大芦村村庄建设规划（2012）》）

旅游资源分类表　　　　　　　　　　　　　　　　　　表6-4-3

大类	基本类型	代表性资源
自然旅游资源	自然山水	山岭
	古树名木	古荔枝树、古榕树、古樟树、大叶榕（古槎树）、小叶榕等
	田园风光	稻田、菜园、荔枝园、龙眼园、椪柑园、香蕉园等
人文旅游资源	古建筑院落	镬耳楼、双庆堂、三达堂、东园别墅、陈卓园、蟠龙堂、东明堂、沙梨园、富春园
	文物古迹	楹联、牌匾等
	庙宇宗祠	劳克忠宗祠
	风景水塘	路强塘、水井塘、牛角塘、榕树塘、牛路塘等
	历史遗迹	明清古建筑、古村风貌
	土特产品	荔枝、龙眼、椪柑、香蕉等，三月红荔枝以皮薄、肉厚、清甜闻名海内外

（来源：根据《灵山大芦古村规划（2001）》绘制）

东园别墅最具代表性（图6-4-10a、图6-4-10c）。镶耳楼因建造时间最早，也称为"劳氏祖屋"，距今有500多年历史；东园因建筑群规模最大、设置典雅别致、装饰工艺精湛，被誉为"劳氏家族博物馆"。大芦古村传统建筑具有岭南建筑风格，建筑皆依山势层层跌落，"四水归堂"、多进式的建筑布局（图6-4-10b）形成了大芦古村独特的古建筑文化。

牌匾文化是指古村内的10多块牌匾，其中较著名的有"奉天敕命""器重圭璋""敕命之宝"（图6-4-11a），记载了各个时代所发生的真实历史事件和文化内涵，反映出了古村历史上社会经济、文化繁荣兴旺的景象。

楹联文化是指沿用了数百年、位置固定不变的305副楹联（图6-4-11b），具有明显的地方文化和宗亲观念特征，反映了大芦劳氏重视教育读书之风。1999年，大芦古村因此被授予"广西楹联第一村"荣誉称号。在我们看来，大芦古楹联是一道古朴清新、琳琅满

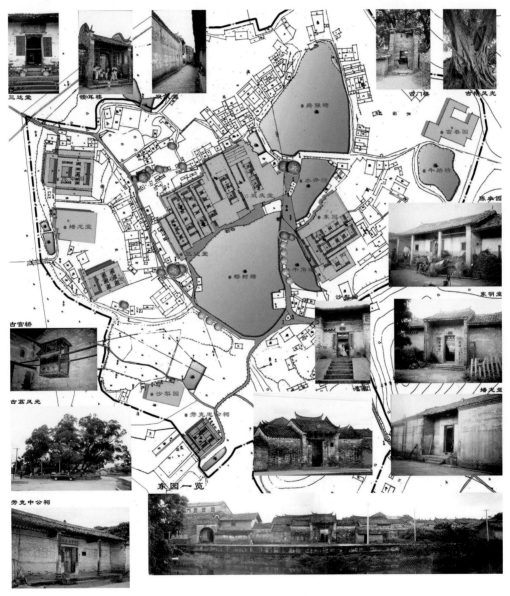

图6-4-9　古建筑文化分析图（2001年）（来源:《灵山大芦古村规划（2001）》）

（a）镬耳楼

（b）多进式建筑布局

（c）东园别墅

图6-4-10　代表性古建筑（2001年）（来源：《灵山大芦古村规划（2001）》）

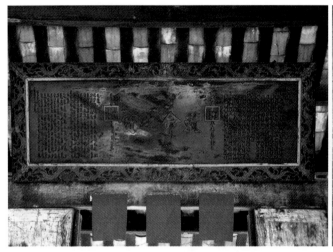
（a）"敕命之宝"牌匾

（b）楹联

（c）门饰

（d）柱础

（e）檐枋花替

图6-4-11　古建筑文化（2001年）（来源：《灵山大芦古村规划（2001）》）

目的民俗文化风景线，是古宅群内丰厚的文化积淀的反映；在古宅人心里，那更是先辈的遗泽、情感的寄托，是一段远去了的时光给人们留下的辉煌印记。

（2）艺术观赏价值主要从建筑装饰、村落风貌、艺术性三个方面分析。

大芦古村建筑布局严谨、构图巧妙，建筑装饰也十分讲究，尤其是雕刻（图6-4-11c～图6-4-11e），构图精美、手法巧妙多样，恰到好处又不过于藻丽，反映了古建筑群布局在比例、尺度、构造、装饰上，追求儒家文化"中庸"的美学观念，体现了极高的建筑艺术价值。

宅前古树池塘摆成的巨型盆景，周围的荔乡田园风光，构成了古村独特的村落风貌。

优美独特的风光自然也吸引了摄影爱好者、画家和影视制作团队来这里进行艺术创作。《寒秋》等摄制组也曾来到大芦村取景拍摄。

（3）科学考察价值主要体现在建筑建造、村落格局形态研究方面。

古建筑院落无论是群体组合形式，还是个体内部布局，都具有严格的空间秩序。整个村落形成向心式平面形态（图6-4-12），每座建筑院落按照等级形成多进式布局（图6-4-10b），布局对称均衡，格局整齐；建筑空间布局主次分明、内外有别、进出有序，可以从中研究封建社会的宗法制度、民间美术、风土习俗等。建筑木构架榫卯衔接，梁柱檩椽组成框架，抗震性好，可以作为研究古代建筑营造法式的实物资料。座与座之间形成四水归堂、寄托聚财观念的格局，预示着子孙后代有官运、财运并繁衍生息。

分析评价结果显示，大芦村的特色要素有两大自然环境要素、六大人工环境要素和两大人文环境要素（表6-4-4），最具价值的首先是规模宏大、保存完好、具有岭南建筑风格的明清古建筑院落，其中又以镬耳楼、东园最具代表性，说明大芦古村具有旅游资源丰富、类型多样、品位较高、保存完好的特征。

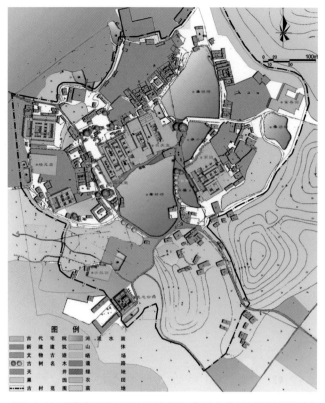

图6-4-12　村落总平面图（2001年）（来源：《灵山大芦古村规划（2001）》）

2. 保护

大芦村的定位是以保存完好的大型明、清封建家族建筑院落为主，以怡人的荔乡田园风貌和深厚的历史文化底蕴为特色，集旅游、观光、考察、休闲、度假、娱乐于一体的文明古村。在此定位下，确定保护六原则，实施分区分类保护措施。

1）对整体风貌和主要古建筑院落划定保护范围，明确保护对象（表6-4-5）。

（1）主要古建筑院落保护分类：

按照建筑价值评定（图6-4-13a），大芦古村主要古建筑院落分为一类、二类、三类和其他建筑四级保护，分类实施保护措施（表6-4-6）。

（2）整体风貌保护分区：

2001版规划首次划定大芦古村保护和开发建设范围，古村范围包括：10座传统古建筑院落及周围保护地

特色要素明细表 表6-4-4

类别	基本类型	代表性要素
自然环境	古树名木	村口荔枝树、古樟树、大叶榕（古槐树）、广场小叶榕
	特产	荔枝、龙眼、椪柑等
人工环境	文物古迹	楹联、牌匾、镬耳楼、双庆堂、三达堂、东园别墅、陈卓园、蟠龙堂、东明堂、沙梨园、富春园
	庙宇宗祠	劳克忠宗祠
	历史遗迹	明清民居，古村风貌
	风景水塘	路强塘、水井塘、牛角塘、榕树塘、牛路塘
	田园风光	稻田、果园、菜园
	古村形态	"四水归堂"的建筑布局；九个院落按血缘宗亲关系布局，以祖屋为中心；四周建造后代房所，形成聚居向心的形态
人文环境	历史人物	劳氏家族
	民俗文化	楹联文化、牌匾文化等

（来源：根据《灵山大芦古村规划（2001）》绘制）

重点保护对象一览表 表6-4-5

名称	代表性对象
传统建筑	镬耳楼、双庆堂、三达堂、东园别墅、劳克忠公祠、陈卓园、沙梨园、东明堂、富春园、蟠龙堂等
遗址	文昌阁、"贞寿之门"牌坊
匾额	奉天敕命、器重圭璋、芝苑先馥、敕命之宝、拔元、贡元等
古树名木	榕树、樟树、荔枝树
传统风貌	生活器具、生活形态、民间习俗、传统物产等

（来源：根据《灵山大芦古村规划（2001）》绘制）

古建筑保护等级和措施一览表 表6-4-6

保护等级	代表性建筑	保护措施
一类保护	镬耳楼、双庆堂、三达堂、东园别墅和劳克忠公祠	已列入县级文物保护单位，申报为省级重点文物保护单位
二类保护	陈卓园、蟠龙堂和东明堂	申报为省级文物保护单位
三类保护	富春园和沙梨园	已损坏较严重，应申报为县级文物保护单位
其他建筑	无重要保护内容和价值的建筑	根据具体地段进行立面改造或拆除
保护措施	不得擅自篡改内外原貌和环境，一般不能改变其功能作用	
	建筑的保护和维修应委托具备相应设计资质的单位，制定详细规划和修建设计方案，报有关上级审批	
	保护的建筑应设置相应的保护标志和介绍说明，在主要的建筑内设立展览室。民居类建筑在不改变其外形、结构、环境的条件下，允许改造水、电、卫生等生活设施，或改为接待、展示等用途，但必须报上级部门审批同意	

（来源：根据《灵山大芦古村规划（2001）》绘制）

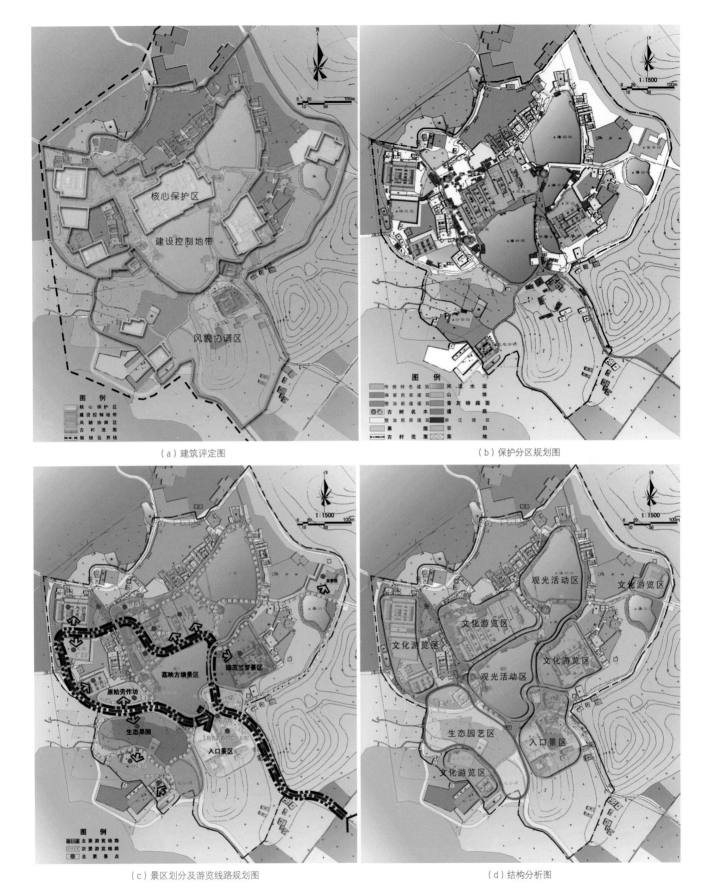

（a）建筑评定图

（b）保护分区规划图

（c）景区划分及游览线路规划图

（d）结构分析图

图6-4-13 保护规划图（2001年）（来源：《灵山大芦古村规划（2001）》）

带，面积约22公顷，其中核心保护区2.5公顷；开发建设范围为东至灵石公路，南至谷包岭，西至陈卓园，北至茶园村，面积约57公顷。按照古建筑保护分类，古村整体风貌保护分为核心保护区、建设控制地带、风貌协调区三级保护区（图6-4-13b），分区实施保护措施。

2）调整建筑使用功能，拆迁传统建筑周围的简易厕所、低矮的杂物房和牲畜房；重点发展商业、文化、绿化和广场用地；控制居住用地，部分重要地段改为旅游功能的商业文化用地。

3）保护古村依山傍水、果树环绕的核心空间形态，以及传统建筑的院落空间形态。

3. 复兴

1）游人规模预测

分析旅游客源市场，预测古村日环境容量为600人次，年环境容量为21.6万人次。至2005年，游人规模为：日游客量619人次，年总游客量22.6万人次。

2）重点建设区

基于大芦古村文化之旅的主体形象定位，开发建设成为"一线五区"的布局结构。

（1）一线，是指环村主要游览线路（图6-4-13c），线上串联了10座古建筑院落，组织起一日游、二日游两条旅游路线。

（2）五区，包含入口景区、观光活动区、文化游览区和生态园艺区（图6-4-13d），是游客的主要活动场所。

第一，入口景区，面积为0.98公顷，是大芦古村游览的主要入口（图6-4-14）。重点建设项目是迎宾广场，位于古村主入口，总用地面积约0.2公顷，作为主入口的公共活动空间，北面设置下沉式亲水空间，南面设置建筑前院的休息空间。

第二，观光活动区，面积为1.7公顷。改造现有的池塘，建设岸边广场，开展娱乐庆祝活动。

第三，文化游览区，面积为5.9公顷，包含10座古建筑院落及其历史遗存。

重点建设项目园茁兰芽景区（图6-4-15、图6-4-16），以东园别墅为核心，包括前面的牛角塘和后院的花园，用地面积约1.0公顷。前塘的翠竹垂柳、荷花与

图6-4-14 景区大门（2018年）（来源：灵山县住房和城乡建设局 提供）

（a）2001年的东园

（b）2020年的劳氏家族博物馆

图6-4-15 东园（来源：王红原 摄，灵山县住房和城乡建设局 提供）

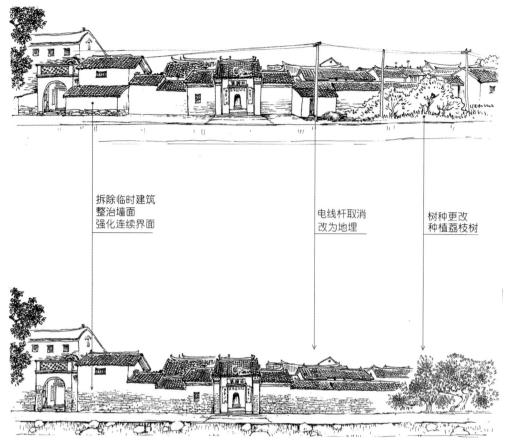

图6-4-16　东园修复意象（2001年）（来源：《灵山大芦古村规划（2001）》）

图中标注：
拆除临时建筑
整治墙面
强化连续界面

电线杆取消
改为地埋

树种更改
种植荔枝树

古荔树相映成趣，体现了园主人劳自荣的良好美德；后院草坪铺地，古建筑内布置展室，营造出富有浓厚文化气息的宅院空间，再现东园"劳氏家族博物馆"之盛景。

另一个重点建设项目是荔映方塘景区（图6-4-17），位于古村中心，用地面积为3.5公顷。景区以镬耳楼、三达堂、双庆堂三座传统院落为核心，包括建筑前塘和后院。入口大门、石拱桥、古榕和水榭形成近景、中景、远景，层层延伸，折射出"劳氏家族"福泽绵延之盛景。整治疏通三个水面，开辟古樟树和石拱桥周围硬地，作为游人休息和民间娱乐表演的场所。

第四，生态园艺区，面积为1.6公顷。围绕古村文化旅游，开发建设自摘果园或是农业观光、科普教育、原始劳作坊等。

3）旅游商品开发

与大芦古村形象有关的各种商品，如古村楹联文化、牌匾文化等。还有能体现民俗民风的手工艺品、特色饮食及特产，作为形象商品的补充。

（二）中国历史文化名村与古村重塑

1999～2007年，不到10年时间，大芦古村被列入第三批"中国历史文化名村"，文保单位也由县级提升为自治区级，2013年更是升级为第七批"全国重点文物保护单位"。如今，经过20多年的保护和开发建设，大芦古村已经由"中国荔枝之乡""广西楹联第一村"跃升为"国家AAAA级旅游景区"（表6-4-2）。这一时期，在对古建筑、历史、牌匾和楹联等文化进行保护和开发的前提下，以古建筑群落、古楹联、古树为核心

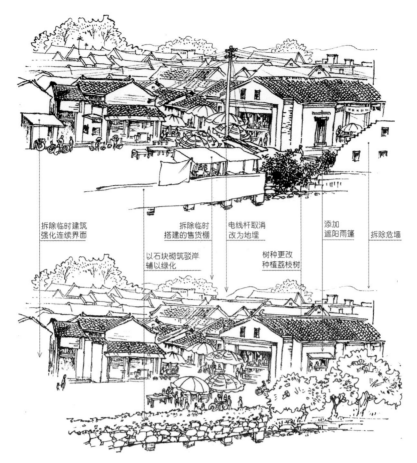

拆除临时建筑 拆除临时 电线杆取消 添加 拆除危墙
强化连续界面 搭建的售货棚 改为地埋 遮阳雨篷

以石块砌筑驳岸 树种更改
辅以绿化 种植荔枝树

图6-4-17 旧市场修复意象（2001年）（来源：《灵山大芦古村规划（2001）》）

吸引物，开发古村文化和花卉果林生态背景下的文化体验、趣味休闲、观光与度假等旅游产品的多元体系，使之发展成为古村类型的文化生态休闲旅游目的地，着重对历史文化资源和生态资源进行深度挖掘和开发利用。

1. 整合资源

1）资源价值评估

"名村"时期，首次对大芦的"名村"资源价值进行定量评价，参照《旅游资源分布、调查与评价》，名村资源由核心历史文化资源和自然景观环境构成，核心历史文化资源主要包含古建筑群、村落格局、传世楹联等。定量评价结果显示，古建筑群评分最高，其次是农业生态环境景观、传世楹联和人居环境景观，都达到了四级资源标准，属于优秀级资源（表6-4-7、

表6-4-8）。

2）历史文化资源分类保护

在"文保"时期旅游资源分类和评价的基础上，将大芦村历史文化资源保护分为不可再生资源保护、可再生资源保护利用两部分（表6-4-9），分类实施保护和开发措施。

2. "三古"文化品牌打造

1）挖掘古建筑文化积淀，构建非物质文化的精神家园

中轴线、左祖右社的建筑平面布局，体现了天、地、人观念；七星伴月、四水归堂、三水归塘等风水格局，蕴藏着五行之说中的生态伦理观念；多进式的空间布局、向心的平面形态等凝结着"礼制"及"宗族体制"

核心历史文化资源一览表 表6-4-7

类别	物质历史文化资源	非物质历史文化资源
资源单体	古建筑群	古建筑群上所体现的劳氏宗族文化、家族传统、习俗、族规、规划设计文化和筑造技术
	传世楹联	楹联所体现的儒家文化、耕读文化、传统习俗
	天人合一的景观	开门见景、开窗见景、洗衣见景等体现天人合一的造景艺术和文化
	古树名木	古树与风水、古树与文化、古荔枝及其文化
	古人工水系	水与村落的选址、布局艺术

（来源：《"生态乡村"背景下的历史文化名村保护性发展规划》）

资源价值评估表 表6-4-8

资源	资源要素价值85					资源影响力15		总体得分
	观赏游憩使用价值30	历史文化科学艺术价值25	珍惜奇特程度15	规模丰度10	完整性5	知名度和影响力10	适游期5	
古建筑群	26	21	12	8	5	8	5	85
传世楹联	27	21	10	8	5	7	5	83
古树名木	24	18	12	6	5	5	5	75
古人工水系	24	20	9	9	5	6	5	78
自然生态环境景观	18	15	8	5	5	5	4	60
农业生态环境景观	28	20	11	8	5	7	5	84
人居环境景观	24	22	11	9	5	7	5	83

（来源：《"生态乡村"背景下的历史文化名村保护性发展规划》）

历史文化资源分类保护措施表 表6-4-9

资源类别	历史文化资源	规划内容	规划方式
不可再生资源	古建筑群	以生态博物馆的形式进行保护； 划定保护范围，制订保护方案； 抢修受损、破坏的古建筑； 重建已消亡的传统建筑； 保护具有历史意义的建筑，并标牌说明	保护
	生态文化资源	以生态博物馆的形式进行保护	
	传世楹联	分类建立保护名录进行管理	
	古树	分类建立保护名录进行管理、标牌	
可再生资源	劳氏宗族文化	建大芦村村史馆：以图片、文字资料、3D动画等形式展示大芦村历史、劳氏家族宗族文化、劳氏家族名人、族谱及岭南文化特色	利用
	楹联文化	建楹联文化展厅，以图片、文字资料等形式系统介绍大芦村楹联分布及楹联文化特色；分阶段扩建	
	景观设计文化	建景观文化展厅：介绍大芦村内景观文化特色，具体包括出门见景、开窗见景、洗衣见景，以古树、荔枝、龙眼等果树为代表的岭南文化特色；展示大芦村建造者们天人合一的景观设计理念	
	民俗传统	建文化广场：举行民俗表演、庆典祭祀活动等，展示了大芦村的传统民俗文化	
	地域性文化	建生态果园：保护和利用荔枝、龙眼果树，举办荔枝节，突显大芦村岭南文化特色； 建农业景观带：展示古老农业工具及古作坊，突显大芦村的农耕文化	

（来源：《大芦村历史文化资源保护研究》）

的礼乐教化观念，不仅投射在建筑实体文化筑造之上，更演绎在村民的生活方式、文化习俗、情感空间等非物质文化的精神家园构建之上，深刻反映了当时的社会制度，折射出了人们与之适应的生产、生活关系的精神归宿、情感依托和文化品质。

2）整合古楹联文化资源，建设大规模的专业展馆

作为广西楹联第一村，除了楹联集中展示外，可以将整个广西乃至国家的楹联文化资源集中起来，建设更大规模的专业展馆。

3）挖掘古树文化资源，打造"三古"文化品牌

在"文保"时期的保护和分类的基础上，参考《古树名木评价标准》DB11/T 478-2007进行评价，结果表明：古树共24株，隶属3科3属4种。其中以荔枝数量最多，共13株，多为国家二级保护古树，受当地文化与劳氏祖先的思想影响，所赋予的文化内涵最为丰富；树龄达400年以上的5株荔枝树，皆属二级古树，是"荔枝村"特色的突出体现。

分析古树的地理分布情况，古树分布于宅旁与塘边，格局形态可解读为树作"靠山"之意，所蕴藏的宗教、形态艺术、诗词文学、风水、植物寓意等文化内涵，与当地村民的风俗习惯、笃信风水和谐音等文化有着密切的关系（图6-4-18）。

对古树资源和文化，在有效保护的前提下，重点从融入景观营造、挖掘旅游产品和"三古"整体保护开发等方面进行开发建设。"三古"整体保护开发，是指将楹联、古树、建筑三位一体，打造"三古"文化特色旅游品牌，通过建立展览馆、深度开发村落景点和非物质文化内涵，形成"诗词作画、画中有景、景中有树、房树相伴"的大芦古村特色。

3. 生态乡村建设

1）划定两线三区空间管制范围

（1）村落红线范围内划分为三区：禁建区包含古建筑、古树名木和古人工水系，限建区为新村居民点，环境协调区包含建筑周围必要的景观区域。

（2）生态建设红线范围涵盖了村落红线范围、乡村景观的自然生态环境保育区和农业生产区。

2）村落总体布局，建成复合生态系统（图6-4-19）

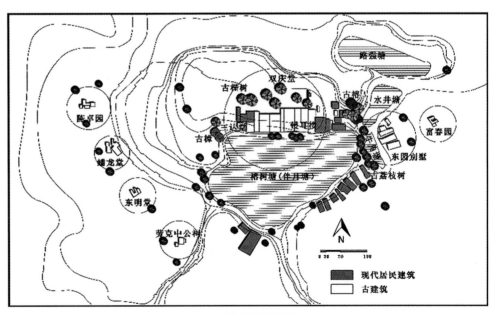

图6-4-18 古树及风水林分布（2018年）（来源：《风水林树木景观研究——以广西大芦村为例》；马震宇 摄）

（a）古树及风水林分布图

（b）古村俯瞰

图6-4-18 古树及风水林分布（2018年）（续）（来源：《风水林树木景观研究——以广西大芦村为例》，马震宇 摄）

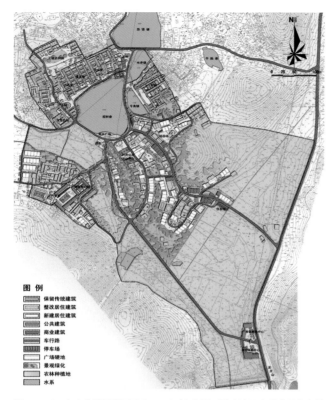

图6-4-19 生态乡村总平面图（2012年）（来源：《钦州市灵山县佛子镇大芦村村庄建设规划（2012）》）

（1）老村，以整体的生态博物馆的形式进行保护、修护，不进行过多建设。

（2）新村，将历史文化资源转化为新的旅游建设项目进行展示，既有利于资源保护，也有利于资源合理利用和村落可持续发展。

（3）老村和新村建设都要尊重历史，在外观色彩、建筑风格和环境建设等方面保持对历史的传承（图6-4-20）。

（4）建立以水系廊道连接古建筑群板块、古树名木板块、新村居民点板块，以农业生态与自然生态为本底的大芦古村复合生态格局。

四、实施评价

（一）景点人气评价

根据2020年7月各旅游服务网站及旅游APP景点热

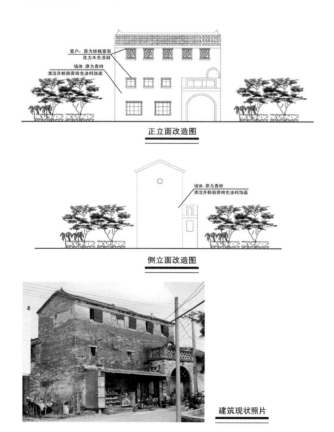

（a）老建筑立面改造图

（b）新建筑立面改造图

图6-4-20 建筑立面改造（2012年）（来源：《钦州市灵山县佛子镇大芦村村庄建设规划（2012）》）

门度评价，在钦州景点人气排名前20名中，大芦村古宅在三大网站中的排名为第7、第10、第12名，大芦村民俗风情旅游区的排名为第9、第17名，排名都不高，其中大芦村古宅平均排名较高，是大芦古村的热门景点。一定程度上也说明，大芦村古宅经过这20多年的保护和利用，成功地从优质风景资源转化成了优质旅游资源。

（二）热门景点

大芦古村的热门景点大芦村古宅包含古村的10座古建筑院落，其中以镬耳楼和东园最具代表性。镬耳楼又称"劳氏祖屋"，距今有500多年历史；东园被誉为"劳氏家族博物馆"，建筑群规模最大（图6-4-21、图6-4-22）。

（a）镬耳楼古建筑群（2019年）

（a）东园古建筑群（2019年）

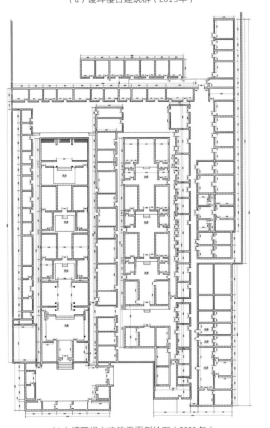

（b）镬耳楼古建筑平面测绘图（2001年）

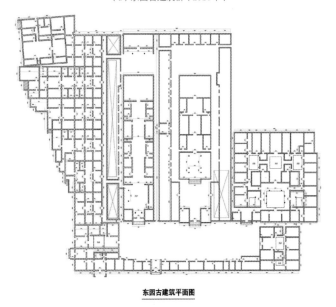

东园古建筑平面图

东园古建筑正立面图

（b）东园古建筑平、立面测绘图（2001年）

图6-4-21 镬耳楼（来源：《广西灵山县古村落空间形态对比研究》《灵山大芦古村规划（2001）》）

图6-4-22 东园（来源：《广西灵山县古村落空间形态对比研究》《灵山大芦古村规划（2001）》）

序号	聚落（村落）名称	地点	现存主体聚落形式形成年代	类型	规模（面积等）村域面积（平方公里）/村庄占地面积（亩）	户数/人口	主体民族	级别（历史文化名村、名镇、第几批传统村落、文保单位等级）	页码
名城									
1	桂林市	广西	唐宋、明清、民国	府城	中心区6平方公里；古城核心区3平方公里	2017年市区人口90.5万	汉、壮、瑶、回、苗、侗等十多个民族	1982年首批中国历史文化名城；有灵渠、靖江王府及王陵、靖江府城墙、甑皮岩遗址、桂林石刻、李宗仁官邸等15处全国重点文物保护单位，其中5处在市区	138
2	柳州市	广西	明清、民国	府城	市区面积1016平方公里（建成区面积188平方公里）；明代古城面积为857.4亩，合计0.572平方公里，周长3.02公里	2016年市区总人口121.47万人，总户数39.41万户	千人以上的民族有汉、壮、侗、苗、瑶、仫佬、回、水、满、土家、毛南、布依12个民族	1994年第三批中国历史文化名城，共有10处全国重点文物保护单位，其中白莲洞遗址、鲤鱼嘴遗址、柳侯祠碑刻、胡志明旧居4处在市区	134
3	北海市	广西	清代、民国	通商海港城市，1876年开埠	中心区11.43平方公里	2017年辖区人口约65余万	汉、壮、瑶、苗等44个民族，千人以上的有汉、壮、瑶族	2010年第三批增补中国历史文化名城，拥有（明）大士阁、大清邮政分局旧址、（清）涠洲岛天主教堂、（近代）英法德领事馆旧址等19处全国重点文物保护单位	023
名镇									
1	大圩镇	桂林市灵川县	清代、民国	古镇	镇域面积193平方公里	镇区常住人口1.5万人，非农人口3000多人	汉族为主，有少量回族	2005年第二批中国历史文化名镇；（清至民国）大圩古镇是自治区级重点文物保护单位	175
2	兴坪镇	桂林市阳朔县	清代、民国	古镇	镇域面积305.4平方公里	2019年全镇有11363户，总人口约4.6万	以汉族为主，多民族聚居	2007年第三批中国历史文化名镇；2011年第二批全国特色景观旅游名镇，位于国家级漓江风景胜区内。（民国）兴坪古戏台是自治区级重点文物保护单位	023
3	黄姚镇	贺州市昭平县	明清、民国	古镇	行政区域面积36平方公里，镇区面积3.6平方公里	街区人口5791人；古镇居民600多户，非农人口1983人	汉族为主，壮、瑶族不足1000人	2007年第三批中国历史文化名镇；2009年获批国家AAAA景区；首批中国少数民族特色村寨。黄姚戏台、中共广西省工委黄姚旧址等是自治区级重点文物保护单位	172
4	界首镇	桂林市兴安县	明清、民国	古镇	行政区域面积159平方公里	2018年镇户籍总人口约4万人，镇城区人口约0.8万人	汉族	2014年第六批中国历史文化名镇；界首红军堂、界首红军街、界首渡口旧州等湘江战役旧址是第六批全国重点文物保护单位	135

続表

序号	聚落（村落）名称	地点	现存主体聚落形式形成年代	类型	规模（面积等）村域面积（平方公里）/村庄占地面积（亩）	户数/人口	主体民族	级别（历史文化名村、名镇、第几批传统村落、文保单位等级）	页码
5	恭城镇	桂林市恭城瑶族自治县	明清、民国	县城	行政区域面积9.3平方公里；建成区面积7平方公里	2017年18019户，57300人；其中，瑶族占总人口数的41%	汉族、瑶族为主，有少数壮族	第六批中国历史文化名镇；（明至清）恭城古建筑群（包括文庙、武庙、周渭祠和湖南会馆）是第六批全国重点文物保护单位，界首接龙桥是自治区级重点文物保护单位	023
6	贺街镇	贺州市八步区	明清、民国	县城	行政区域面积348.25平方公里	2019年户籍约1.5万户，人口6万人	汉族、瑶族，瑶族人口占总人口约10%	第六批中国历史文化名镇；第一批中国特色小镇；（汉至清）临贺故城是第五批全国重点文物保护单位	023
7	中渡镇	柳州市鹿寨县	唐、明清、民国	古镇，唐代洛容县、清代中渡抚民厅治所	行政区域面积374平方公里	2016年人口约为4.8万人，镇区常住人口0.96万人	壮、汉、瑶、苗、侗等民族，全镇壮族、汉族分别占65%、34%	第六批中国历史文化名镇；2016年第一批中国特色小镇；（清）中渡镇古建筑群是自治区级重点文物保护单位	177
8	福利镇	桂林市阳朔县	明清、民国	古镇		2019年总人口5.1万人，包括壮、瑶、苗等少数民族4400多人	汉、壮、瑶、苗等民族	2019年第七批中国历史文化名镇	023
9	那良镇	防城港市防城区	清代、民国	古镇	行政区域面积383.7平方公里，城镇建成区1平方公里	全镇人口约5万人	汉族为主，有壮、瑶、侗、满、京等民族	2019年第七批中国历史文化名镇，（清）刘永福旧居是自治区级重点文物保护单位	023

传统村落

北海市（带*号的是中国传统村落）

1	老屋村*	北海市合浦县曲樟乡璋嘉村委	清代	滨海山区盆地村落	9.8平方公里/668亩	2376人	汉族（客家，原籍福建）	第四批中国传统村落，（清）璋嘉陈氏宗祠为自治区级重点文物保护单位	033
2	盛塘村	北海市海城区涠洲镇	清代	海岛渔村	总面积约3平方公里	3000多人	汉族	第五批中国传统村落。（清）盛塘天主教堂所属的北海近代建筑群是第五批全国重点文物保护单位	036
3	白龙村*	北海市铁山港区营盘镇白龙社区	明清	临海平原村落	1.2平方公里/750亩	1028人	汉族	第四批中国传统村落；（明）珍珠城遗址是自治区级重点文物保护单位	030
4	乾江村	北海市合浦县廉州镇乾江村委	明清	临海平原村落，渔村	6平方公里/2.3亩	720人	汉族	第一批广西传统村落；清代白泥城遗址（清代边防设施）、乾江方井、乾江东西楼、天后宫、（民国）乾江传统民居建筑群是县级文物保护单位	030
5	永安村	北海市合浦县山口镇永安村委	明清	临海村落、明代筑永安城设卫所	9平方公里/4.2亩	10030人	汉族，全村拥有32个姓氏的居民	第一批广西传统村落；（明）大士阁是第三批全国重点文物保护单位，永安城址（明代卫所）是自治区级重点文物保护单位；清代的城隍庙、南堂、北堂、大井是县级文保单位	030
6	圩仔村	北海市海城区涠洲镇荔枝山村委	清代	海岛渔村	0.3平方公里/130亩	73户/337人	汉族	第二批广西传统村落；民房多建于20世纪60~70年代，石木结构硬山搁檩，墙体采用珊瑚石砌筑	036

序号	聚落（村落）名称	地点	现存主体聚落形式形成年代	类型	规模（面积等）村域面积（平方公里）/村庄占地面积（亩）	户数/人口	主体民族	级别（历史文化名村、名镇、第几批传统村落、文保单位等级）	页码
7	南澫社区	北海市银海区银滩镇	清代	海港渔村	1平方公里/—		汉族	第三批广西传统村落	030
8	侨港海上部落	北海市银海区侨港镇电建渔港	20世纪70～80年代	海港渔村	1.1平方公里/—	1.7万人	汉族（疍家）	第三批广西传统村落	030
9	石子岭村	北海市合浦县山口镇河面村委	清代	滨海平原村落	传统建筑占地约1.3万平方米	40多户/420多人	汉族（客家）	第三批广西传统村落	029
防城港市									
1	簕山古渔村	防城港市港口区企沙镇	明代	临海渔村	12平方公里/480亩	73户/290多人	汉族	第一批广西传统村落，（清）簕山古民居建筑群是市级文物保护单位	033
2	巫头村	防城港市东兴市江平镇	清代	临海渔村	5.4平方公里/1000亩	1845人	京族人口占总人口98%	第一批广西传统村落、第二批中国少数民族特色村寨，佛禅寺旧址是市级文物保护单位	033
3	那厚村	防城港市防城区大菉镇	清代	滨海山区村落	1.2平方公里/150亩	175人	汉族（客家）	第二批中国传统村落，那厚古民居建筑群（清至民国）是市级文物保护单位	033
4	孔驮屯	防城港市上思县思阳镇昌墩村	清代	江畔平原村落	2平方公里/10亩	1200人	壮族	第三批广西传统村落	029
钦州市									
1	平马村	钦州市浦北县小江镇	清代	盆地村落	面积0.8平方公里（下辖25个自然村）	6380人	汉族（客家）	第二批中国传统村落，大朗书院是自治区级重点文物保护单位	100
2	萍塘村*	钦州市灵山县新圩镇	明清	平原村落	1.8平方公里/122亩	400户/1906人	汉族	第二批中国传统村落，萍塘村古建筑群为自治区级重点文物保护单位	061
3	苏村*	钦州市灵山县石塘镇	明清	平原村落	2平方公里/500亩	3578人	汉族	第四批中国传统村落，苏村古建筑群为自治区级重点文物保护单位	060
4	大芦村	钦州市灵山县佛子镇	明清	丘陵村落	4.2平方公里/675亩	5300多人，其中劳姓为4300多人	汉族	2007年第三批国家历史文化名村，2012年第一批中国传统村落。（明至清）大芦村古建筑群是第七批全国重点文物保护单位	346
5	老城村	钦州市浦北县石埇镇	清至民国	丘陵村落			汉族	第一批广西传统村落名录，村内有南朝古遗址"越州故城"，是第七批全国重点文物保护单位	100
6	漂塘村*	钦州市灵山县新圩镇	清代	平原村落	4.2平方公里/240亩	831户/3638人	汉族（客家）	2019年第五批中国传统村落	057
7	马肚塘村*	钦州市灵山县佛子镇佛子村委	清代	丘陵村落	2.82平方公里/120亩	830人	汉族（客家）	第五批中国传统村落	098
8	龙塘村	钦州市灵山县烟墩镇烟墩村委	明清	丘陵村落	1.3平方公里/320亩	1830人	汉族	第三批广西传统村落	029

序号	聚落（村落）名称	地点	现存主体聚落形式形成年代	类型	规模（面积等）村域面积（平方公里）/村庄占地面积（亩）	户数/人口	主体民族	级别（历史文化名村、名镇、第几批传统村落、文保单位等级）	页码
9	华屏岭村*	钦州市灵山县太平镇那马村委	清代	丘陵村落	—/127.5亩		汉族（客家）	第五批中国传统村落	097
崇左市									
1	白雪屯*	龙州县上金乡卷逢村	清末至20世纪70年代	半岛平原村落（农、渔）	79平方公里/150亩	144户/650人	壮族	2016年第四批中国传统村落，2019年第三批中国少数民族特色村寨，位于世界文化遗产——左江花山岩画核心区	—
2	中山村*	龙州县上金乡	清代、民国	江畔平原圩村，民国上金县治所地	24平方公里/3196亩	140户/547人	壮族	第四批中国传统村落、第三批中国少数民族特色村寨	038
3	花梨屯*	江州区驮卢镇连塘村	20世纪70年代	河谷平原村落	5.6平方公里/30亩	560人	壮族	第二批广西传统村落，第五批中国传统村落，第二批中国少数民族特色村寨	—
4	红山屯	江州区驮卢镇灶瓦村	清末至20世纪70年代	河谷平原村落	2平方公里/160亩	197人	壮族	第三批广西传统村落	—
5	花山屯	宁明县城中镇耀达村	清	河谷平原村落	17.5平方公里/55.5亩	168人	壮族	第三批广西传统村落；（战国至东汉）花山岩画世界文化遗产核心区	—
6	濑江屯	宁明县城中镇耀达村	清代至20世纪80年代	河畔平原村落	35.3平方公里/533亩	445人	壮族	第三批广西传统村落、第三批中国少数民族特色村寨；（战国至东汉）花山岩画核心区，花山岩画是第三批全国重点文物保护单位、2016年列入世界文化遗产。村有古码头和清代观音庙	—
7	渠旧社区	扶绥县渠旧镇	民国	平原古镇	镇辖区面积174.35平方公里	镇区总人口2.8万人	壮族	第一批广西传统村落，以民国时期骑楼群、圩廊为特色	038
8	渌幸屯	扶绥县东门镇郝佐村	明清	丘陵村落	4平方公里/4.5亩	300人	壮族	第二批广西传统村落，清代桂氏宗祠是县级文保单位	—
9	兴龙屯	扶绥县龙头乡	清代	江畔平原圩村			壮族	第三批广西传统村落，（清）财神庙是县级文保单位	—
10	坛佑屯	扶绥县新宁镇塘岸村	清代	平原村落			壮族	梁氏宗祠是县级文保单位	—
11	长沙村	扶绥县新宁镇	清代	江畔平原村落	—/1170亩		壮族	第三批广西传统村落	041
12	坡利村	扶绥县渠旧镇	清代	平原聚落	4.47平方公里/—	1650人	壮族	第三批广西传统村落	—
13	中东社区	扶绥县中东镇	明代	平原古镇，元代、明代同州土州治所地			壮族	第三批广西传统村落，中东文庙大成殿、同正新石器时代遗址是自治区级重点文物保护单位	037

序号	聚落（村落）名称	地点	现存主体聚落形式形成年代	类型	规模（面积等）村域面积（平方公里）/村庄占地面积（亩）	户数/人口	主体民族	级别（历史文化名村、名镇、第几批传统村落、文保单位等级）	页码
14	连城屯	凭祥市凭祥镇	明至清	边疆防御工事聚落遗址			壮族	第一批广西传统村落，（明至清）连城要塞遗址和友谊关是第六批全国重点文物保护单位	106
15	板色屯	龙州县上降乡里城村	清代	边疆防御聚落			壮族	第二批广西传统村落，（清光绪）大里城炮台	106
百色市									
1	安德街	靖西县安德镇	明清	山区河谷盆地古镇	镇域总面积219平方公里/900亩	镇总人口4.39万人	壮族	第一批广西传统村落，2017年第二批中国少数民族特色村寨，拥有宋代壮族领袖侬智高建"大南国"遗址、清代抗法名将刘永福"黑旗军"凯旋纪念建筑	040
2	旧州街	靖西县新靖镇	明清	河畔平原村落、宋代顺安峒、明清时期归顺土州治地	2.5平方公里/500亩	530户/2300人	壮族	第一批广西传统村落，2004年首批中国少数民族特色村寨。（明）土司墓群、（清）张天宗墓、（清）旧州文昌阁是县级文保单位	038
3	果阳社区	平果县果化镇	明清、民国	江畔平原古镇、元明清果化土州治地	全镇总面积232平方公里/560多亩	全镇约4.8万人	壮族	第一批广西传统村落，（清）关岳庙（果德县苏维埃人民政府旧址）是县级文保单位	038
4	八冬旧屯	田阳县那坡镇那音村	清代	江畔平原聚落	0.21平方公里/50亩	320人	汉族	第二批广西传统村落	—
5	平流屯*	隆林各族自治县金钟山乡	清至民国	山地村落	—/180亩	99户/486人	壮族	第一批中国传统村落，北壮干阑建筑典范之一	189
6	岑氏家族建筑群	西林县那劳乡	清代	山地村落	—/60亩		壮族（土司，汉化）	第一批广西传统村落，该建筑群走出了三位清代总督，是第七批全国重点文物保护单位	—
7	那岩屯*	西林县马蚌乡浪吉村	清至民国	山地村落	1.86平方公里/433亩	592人	壮族	第一批中国传统村落	122
8	龙洞屯	凌云县泗城镇品村	清至民国	山地村落	—/15亩	27户/100人	壮族	第三批广西传统村落	—
9	共和村达文屯	那坡县龙合乡	民国	山地村落	6平方公里/12亩	271人	壮族	第二批广西传统村落	122
10	那亮村那雷屯	德保县足荣镇	清至新中国成立初期	山地村落	5平方公里/43亩	123户/430多人	壮族	第二批广西传统村落、第二批中国少数民族特色村寨	122
11	达腊屯*	那坡县城厢镇	清代	山地村落	0.5平方公里/90亩	71户/310人	彝族	第一批中国传统村落、第二批中国少数民族特色村寨	—
12	那伟村洞沟屯	隆林各族自治县猪场乡	清代	山地村落	—/65亩	73户/300多人	苗族	第一批广西传统村落	—

序号	聚落（村落）名称	地点	现存主体聚落形式形成年代	类型	规模（面积等）村域面积（平方公里）/村庄占地面积（亩）	户数/人口	主体民族	级别（历史文化名村、名镇、第几批传统村落、文保单位等级）	页码
13	田坝村张家寨屯	隆林各族自治县德峨乡	清代	山地村落	—/25亩	48户/183人	苗族（偏苗）	第一批广西传统村落	211
14	龙坪屯	乐业县花坪镇	清代	山地村落	—/77亩		高山汉	第一批广西传统村落	109
15	浪筛村野猪坨屯	乐业县花坪镇	清代	山地村落	—/40亩	54户/200人	高山汉	第三批广西传统村落	109
河池市									
1	怀远社区	宜州区怀远镇	清代、民国	江畔平原古镇，宋、明设巡检司、堡、镇，20世纪50年代为宜山县县城	224平方公里/—	全镇总人口35247人	壮、汉、瑶、苗、仫佬等民族	第一批广西传统村落，（民国）怀远骑楼是县级文保单位	042
2	清潭街	宜州区石别镇清潭村	清代、民国	平原圩村		161户/600多人	壮族	第一批广西传统村落，清代的清潭平桥、清潭村规民约碑是县级文保单位	042
3	三寨屯	宜州区石别镇三寨村	清代、民国	平原村落（明代巡检司驻）			壮族	第三批广西传统村落	042
4	大勒洞屯	罗城仫佬族自治县小长安镇龙腾村	清代至20世纪80年代	山区河谷盆地村落	—/约130亩	93户/368人（吴姓于清代从湖南长沙迁入建村）	仫佬族	第二批广西传统村落、第二批中国少数民族特色村寨，（清）大勒洞民居是县级文保单位	043
5	双降屯	罗城仫佬族自治县龙岸镇物华村	明代	丘陵村落			汉族	第二批广西传统村落，（清）双降古民居是县级文保单位	044
6	石围屯*	罗城仫佬族自治县东门镇中石村	清代	溶蚀平原村落	0.16平方公里/30亩	126户/546人	仫佬族	第一批中国传统村落，（清）石围屯古民居是县级文保单位	044
7	向南屯	宜州区龙头乡龙盘村	清代	溶蚀平原村落		110户/422人	水族	第二批广西传统村落	043
8	合林屯	宜州区三岔镇合林村	清代	溶蚀河谷彭迪村落	11平方公里/150亩		壮族	第三批广西传统村落	043
9	大洲屯	宜州区屏南乡板纳村	清代	溶蚀河谷盆地村落			壮族	第三批广西传统村落	043
10	板多屯	大化瑶族自治县雅龙乡盘兔村		山地村落		116户/756人	瑶族	第一批广西传统村落	—
11	二队*	大化瑶族自治县板升乡弄立村		山地村落	5.2平方公里/150亩	50户/250人	瑶族	第二批中国传统村落	—

序号	聚落（村落）名称	地点	现存主体聚落形式形成年代	类型	规模（面积等）村域面积（平方公里）/村庄占地面积（亩）	户数/人口	主体民族	级别（历史文化名村、名镇、第几批传统村落、文保单位等级）	页码
12	长北村	环江毛南族自治县驯乐苗族乡		山地村落		593户/2179人	苗族	第一批广西传统村落	—
13	高岭屯	环江毛南族自治县水源镇上南乡	清代	山地（石山弄场）村落	—/13亩	约20户/近100人	毛南族	第一批广西传统村落	—
14	大塘屯	环江毛南族自治县下南乡下塘村		山地村落			毛南族	第一批广西传统村落	—
15	南昌屯	环江毛南族自治县下南乡中南村		山地村落		95户/326人	毛南族	第一批中国传统村落	044
16	蛮降屯*	南丹县里湖瑶族乡怀里村	清代	山地（石山山坳）村落	—/70亩	87户/348人	白裤瑶	第四批中国传统村落	—
17	巴哈屯*	南丹县里湖瑶族乡八雅村	明清	山地村落			壮族、瑶族	第四批中国传统村落	—
18	甘河屯	南丹县里湖瑶族乡瑶里村		山地（石山山麓）村落			白裤瑶	第一批广西传统村落	—
19	堡上屯*	天峨县三堡乡三堡村		山地村落			壮族	第四批中国传统村落、第二批中国少数民族特色村寨	—
20	拉汪屯	天峨县三堡村乡		山地村落			壮族	第二批广西传统村落、第二批中国少数民族特色村寨	—
21	甘湾村	河池市都安瑶族自治县澄江镇		山地村落	311平方公里/180亩	657户/2663人	壮族、瑶族	第二批广西传统村落	—
22	社坡屯	凤山县平乐瑶族乡谋爱村		山地村落	—/71亩	100多户/500多人	高山汉	第三批广西传统村落	109
来宾市									
1	三里街	武宣县三里镇三里村	明清	平原圩村			汉族	第一批广西传统村落，三里镇的秦汉中留古城遗址、武宣旧县城遗址、（清）李元贞故居县级文物保护单位	050
2	洛桥村	武宣县东乡镇	清代	平原村落			汉族	第一批广西传统村落，梁在卿故居为武宣县第四批县级文物保护单位	047
3	下莲塘村	武宣县东乡镇河马村委	清至民国	平原村落	1平方公里/180亩	125户/530人	汉族（客家）	第一批广西传统村落，第三批全国特色景观旅游名村，武宣刘氏（刘炳宇庄园）（1911年）为第八批国家重点文物保护单位	051

序号	聚落（村落）名称	地点	现存主体聚落形式形成年代	类型	规模（面积等）村域面积（平方公里）/村庄占地面积（亩）	户数/人口	主体民族	级别（历史文化名村、名镇、第几批传统村落、文保单位等级）	页码
4	雅岗村	武宣县桐岭镇石岗村委	清至民国	平原村落		300人	汉族（客家）	第一批广西传统村落，武宣郭氏（郭松年）庄园（1924年）为第八批国家重点文物保护单位	051
5	樟村	武宣县二塘镇	清至民国	平原村落	—/160亩		汉族	第一批广西传统村落，黄肇熙庄园是自治区级重点文物保护单位	051
6	凤阳村	武宣县东乡镇河马村委		平原村落	—/55亩		汉族（客家）	第三批广西传统村落，（清）朱氏旧宅是县级文物保护单位	051
7	永安村*	武宣县东乡镇金岗村委	清至民国	平原村落	13.4平方公里/79亩	65户/202人	汉族（客家）	第五批中国传统村落，（清至民国）刘月鉴故居是县级文物保护单位	051
8	上额村	武宣县黄茆镇上额村委	清至民国	平原村落			汉族（客家）	第三批广西传统村落	051
9	纳禄村*	象州县罗秀镇	明清	河畔平原村落		226户/1100多人	汉族、壮族	第一批中国传统村落	223
10	古镇村*	象州县运江镇运江社区	明代	江洲上的圩村	1.2平方公里/277.45亩	1800人	壮族	第五批中国传统村落，（明）粤东会馆、（清）甘王庙	047
11	新运街	象州县运江镇新运村	清代	江畔平原圩村			汉族	第五批中国传统村落	047
12	白石村	象州县寺村镇大井村委	清代	平原村落	—/约130亩	85户/417人	壮族	第三批广西传统村落	051
13	大力村	象州县寺村镇崇山村委	清代	平原村落		近100户/400多人	壮族	第三批广西传统村落	—
14	普化村	象州县中平镇	明清	河畔平原村落			壮族	第三批广西传统村落	047
15	军田村*	象州县罗秀镇军田村委	明清	平原军事屯堡村落	0.18平方公里/—		壮族	第五批中国传统村落	047
16	抱村	象州县百丈乡敖抱村委	明清	平原村落			壮族	第三批广西传统村落	047
17	龙腾屯*	金秀瑶族自治县桐木镇那安村	清代	盆地平原村落		160多户/680多人	壮族	第五批中国传统村落	254
18	孟村自然屯	金秀瑶族自治县金秀镇	清代	山地村落		86户/350人	茶山瑶	第一批广西传统村落	—
19	古占屯	金秀瑶族自治县长垌乡平道村	清代	山地村落		58户/220人	山子瑶（过山瑶）	第一批广西传统村落	—
20	上古陈村*	金秀瑶族自治县六巷乡	清代	高山村落		39户/179人	坳瑶	第五批中国传统村落、第二批中国少数民族特色村寨	115
21	下古陈村*	金秀瑶族自治县六巷乡	清代	高山村落		37户/168人	坳瑶占90%，盘姓居多	第二批中国传统村落、第二批中国少数民族特色村寨	115

序号	聚落（村落）名称	地点	现存主体聚落形式形成年代	类型	规模（面积等）村域面积（平方公里）/村庄占地面积（亩）	户数/人口	主体民族	级别（历史文化名村、名镇、第几批传统村落、文保单位等级）	页码
22	门头村	金秀瑶族自治县六巷乡	清代	高山村落		725人	花篮瑶	第一批广西传统村落、第二批中国少数民族特色村寨	115
23	古卜屯*	金秀瑶族自治县金秀镇共和村	清代	高山村落	一/12亩	约10户/40多人	花篮瑶	第五批中国传统村落	一
24	六段屯	金秀瑶族自治县金秀镇六段村	清代	山地村落	一/30亩	60多户/248人	茶山瑶	第三批广西传统村落、第二批中国少数民族特色村寨	214
25	甲江屯	金秀瑶族自治县三角乡甲江村	清代	高山村落			山子瑶（过山瑶）	第三批广西传统村落	一
26	谭喃屯	金秀瑶族自治县三角乡甲江村	清代	山地村落			山子瑶（过山瑶）	第三批广西传统村落	一
27	岭祖屯*	秀瑶族自治县忠良乡三合村	清代	山地村落			茶山瑶	第五批中国传统村落	一
28	平林屯*	金秀瑶族自治县罗香乡平竹村	清代	高山河谷村落			瑶族	第五批中国传统村落	一
29	朗冲屯*	金秀瑶族自治县六巷乡六巷村	明清	高山村落			盘瑶	第五批中国传统村落	一
30	六巷屯	金秀瑶族自治县六巷乡六巷村	明清	高山村落	一/38亩	54户/195人	花篮瑶	第五批中国传统村落、第三批中国少数民族特色村寨	一
柳州市									
1	英山社区	鹿寨县中渡镇	元以前	河畔平原古县城	1.67平方公里/250亩	2933人	壮族	第一批广西传统村落，清代中渡镇古建筑群是自治区级文物保护单位，明代雒容县城古城墙遗址、中渡东门码头石刻、中渡县古城墙等为鹿寨县文保单位。有（清）粤东会馆、（清）武圣宫、（民国）钟秀杰故居、（民国）民俗文化协会、（民国）黄公毅宅等重要的历史建筑	047
2	寨上村寨上屯	鹿寨县中渡镇	明清	平原聚落	0.21平方公里/247亩	1301人	壮族、汉族	第二批广西传统村落	一
3	堡底屯	鹿寨县平山镇青山村	清代	平原军事型村落	31平方公里/40亩	447人	壮族、汉族	第二批广西传统村落、第三批中国少数民族特色村寨	047

序号	聚落（村落）名称	地点	现存主体聚落形式形成年代	类型	规模（面积等）村域面积（平方公里）/村庄占地面积（亩）	户数/人口	主体民族	级别（历史文化名村、名镇、第几批传统村落、文保单位等级）	页码
4	和里村	三江县良口乡	清代	山区盆地聚落	500平方公里/50亩	2173人	侗族	第二批广西传统村落，与南寨村临界的三王宫是第七批全国重点文物保护单位	122
5	白马屯	融水苗族自治县永乐镇下覃村	清代	溶蚀平原村落			壮族	第三批广西传统村落	051
6	西寨屯	融水苗族自治县永乐镇四莫村	清代	溶蚀平原村落			壮族	第三批广西传统村落	051
7	高阳屯	融安县潭头乡新桂村	清至新中国成立后	溶蚀平原村落	9.7平方公里/93亩	246人	汉族	第二批广西传统村落	051
8	龙妙屯*	融安县大将镇龙妙村	清代	山地（山区河谷）圩村	4.4平方公里/85亩		汉族、壮族	第五批中国传统村落	—
9	坡伟屯	融安县雅瑶乡大琴村	清代	山地山区河谷村落	3.36平方公里/750亩	82户/350人	汉族	第三批广西传统村落，有清代蒋家祠堂	051
10	西古坡屯	融安县雅瑶乡章口村	清代	山地（山区河谷）村落	0.4平方公里/350亩	155人	壮族	第三批广西传统村落	051
11	平卯村*	融水苗族自治县拱洞乡	清至民国	山地（山区河谷）村落		429户/1751人	侗族	第一批中国传统村落	127
12	东田村*	融水苗族自治县四荣乡	清至新中国成立后	山地（山区河谷）村落		515/2042人	苗族	第一批中国传统村落	—
13	荣地村*	融水苗族自治县四荣乡	清至新中国成立后	山地村落		344户/1319人	侗族	第一批中国传统村落、首批中国少数民族特色村寨	116
14	荣塘村	融水苗族自治县四荣乡	清至新中国成立后	山地村落	15平方公里/350亩	1501	侗族	第一批广西传统村落、第二批中国少数民族特色村寨	127
15	新寨屯*	融水苗族自治县安太乡寨怀村	清至新中国成立后	山地村落			侗族	第四批中国传统村落	—
16	培秀下屯	融水苗族自治县安太乡培秀村		山地村落	8平方公里/160亩	100多户/600多人	苗族	第二批广西传统村落、第三批中国少数民族特色村寨	—
17	青山屯	融水苗族自治县安太乡小桑村	清至新中国成立后	山地村落		129户/599人	苗族	第二批广西传统村落、第三批中国少数民族特色村寨	—
18	培科屯	融水苗族自治县安太乡林洞村		山地村落		216户/970人	苗族	第二批广西传统村落	—
19	元宝屯	融水苗族自治县安太乡元宝村	明清至新中国成立后	山地村落	6平方公里/100亩	230户/930多人	苗族	第二批广西传统村落	—

序号	聚落（村落）名称	地点	现存主体聚落形式形成年代	类型	规模（面积等）村域面积（平方公里）/村庄占地面积（亩）	户数/人口	主体民族	级别（历史文化名村、名镇、第几批传统村落、文保单位等级）	页码
20	国里屯*	融水苗族自治县良寨乡大里村	明清至新中国成立后	山地村落	6平方公里/150亩	157户/718人	苗族	第四批中国传统村落	—
21	污吞屯	融水苗族自治县良寨乡大里村	清至新中国成立后	山地村落			苗族	第三批广西传统村落	—
22	乌英屯	融水苗族自治县杆洞乡	清至民国	山地村落	2平方公里/32亩	630人	苗族（村民分属广西和贵州）	第四批中国传统村落	109
23	杆洞屯	融水苗族自治县杆洞乡	明清至民国	山地（山区河谷）村落	15平方公里/750亩	380多户/1688人	苗族、苗化的汉人（客家）	第二批广西传统村落、首批中国少数民族特色村寨，有（民国）风雨桥、（新中国成立后）笛峰亭、清代至新中国成立后的吊脚楼民居	—
24	松美屯*	融水苗族自治县杆洞乡杆洞村	清代	高山村落	—/140亩	186户/800人	苗族	第三批广西传统村落、第五批中国传统村落	—
25	仔鸭屯	融水苗族自治县杆洞乡杆洞村	清代	山地村落	—/80亩		苗族	第三批广西传统村落	—
26	大寨屯*	融水苗族自治县杆洞高培村	清代	山地村落	12平方公里/312亩	200多户/836人	苗族	第一批中国传统村落、第三批中国少数民族特色村寨	207
27	田洞屯	融水苗族自治县杆洞乡高培村	清代	山地村落			苗族	第三批广西传统村落	207
28	孔门屯	融水苗族自治县杆洞乡百秀村	清代	山地村落			苗族	第三批广西传统村落	—
29	吉曼屯	融水苗族自治县安陲乡吉曼村	清代	山地村落	—/78亩	222户/615人	苗族	第一批广西传统村落、首批中国少数民族特色村寨，苗族"芒篙节"发源地	208
30	良双村*	融水苗族自治县红水乡	明清至新中国成立后	山地村落		1024户/4320人	苗族、瑶族	第五批中国传统村落、第三批中国少数民族特色村寨，"十坡芦笙节"为国家非遗	—
31	林洞村	融水苗族自治县融水镇	明清至新中国成立后	山地村落			苗族、侗族	第一批广西传统村落、首批中国少数民族特色村寨	—
32	如劳村大寨屯	融水苗族自治县同练瑶族乡	明清至新中国成立后	山地村落	3.5平方公里/60亩	74户/283人	瑶族	第二批广西传统村落	—
33	乌吉村	融水苗族自治县白云乡		山地村落		630户/2230人	苗族	第三批广西传统村落、第三批中国少数民族特色村寨	—
34	林王屯	融水苗族自治县白云乡林城村		山地村落	—/145亩		瑶族（红瑶）	第三批广西传统村落	—

序号	聚落（村落）名称	地点	现存主体聚落形式形成年代	类型	规模（面积等）村域面积（平方公里）/村庄占地面积（亩）	户数/人口	主体民族	级别（历史文化名村、名镇、第几批传统村落、文保单位等级）	页码
35	廖洞屯	融水苗族自治县汪洞乡廖合村		山地村落		196户/897人	壮族	第三批广西传统村落	—
36	丹洲村*	三江侗族自治县丹洲镇	明清至民国	河洲上的村落，为明清至民国初期怀远县（今三江县）县城	1.6平方公里/600亩	220户/1100多人	侗、苗、瑶、壮、汉等民族	第一批中国传统村落、首批中国少数民族特色村寨，明丹洲古城为自治区级重点文物保护单位，包括北门城楼和城墙、闽粤会馆、古城石刻图、（清）丹州书院等	167
37	高定村*	三江侗族自治县独峒乡	明清至新中国成立后	山地村落	9.07平方公里/—	557户/2400多人	侗族、苗族	第一批中国传统村落、首批中国少数民族特色村寨	116
38	林略村*	三江侗族自治县独峒乡	明清至新中国成立后	山地村落	9.57平方公里/1200亩	830户/3400人	侗族	第四批中国传统村落、首批中国少数民族特色村寨	116
39	平岩村*	三江侗族自治县林溪乡	明清至民国	山区中的丘陵河谷村落	5.53平方公里/—	707户/348人	侗族	第二批中国传统村落、第二批中国少数民族特色村寨	198
40	高友村*	三江侗族自治县林溪乡	明清	山地村落	4.6平方公里/—	484户/1928人	侗族	第一批中国传统村落、首批中国少数民族特色村寨	201
41	冠洞村*	三江侗族自治县林溪乡	明清至民国	山地村落	7.92平方公里/231亩	535户/2499人	侗族	第五批中国传统村落、第二批中国少数民族特色村寨	127
42	高秀村*	三江县林溪乡	明清	山地村落	4.8平方公里/110亩	411户/1511人	侗族	第四批中国传统村落、首批中国少数民族特色村寨	—
43	磨寨屯	三江县八江乡马胖村	清代	山地村落	6平方公里/22.28亩	1350人	侗族	第五批中国传统村落，（清）马胖鼓楼为第六批全国重点文物保护单位	127
44	岜团村*	三江县独峒镇	明清	山地村落	12.9平方公里/1200亩	539户/2658人	侗族	第四批中国传统村落、首批中国少数民族特色村寨，（清）岜团桥是第五批全国重点文物保护单位	127
45	座龙村*	三江县独峒镇	清代	山地村落	2平方公里/500亩	200多户/780人	侗族	第四批中国传统村落、首批中国少数民族特色村寨	127
46	车寨村*	三江县梅林乡	明清	山地村落	14.1平方公里/4300亩	2283人	侗族	第四批中国传统村落	203
47	葛亮屯	三江县富禄苗族乡富禄村	元明清	山区河谷村落	4平方公里/900亩	151户/632人	侗族	第二批广西传统村落	—
48	平溪屯	三江县同乐苗族乡同乐村	明清	山地村落	—/20亩	890人	侗族、苗族	第二批广西传统村落	—
49	程阳村	三江县林溪镇	明清至新中国成立后	山地村落	11.4平方公里/356亩	805户/3206人	侗族	第二批广西传统村落，程阳永济桥是第二批全国重点文物保护单位	127
50	高迈村	三江县八江镇	明清	山地村落	14平方公里/—	902户/3554人	侗族	第二批广西传统村落	127
51	老巴村*	三江侗族自治县老堡乡	明清	山地村落		357户/1612人	苗族	第五批中国传统村落	109

序号	聚落（村落）名称	地点	现存主体聚落形式形成年代	类型	规模（面积等）村域面积（平方公里）/村庄占地面积（亩）	户数/人口	主体民族	级别（历史文化名村、名镇、第几批传统村落、文保单位等级）	页码
52	高露村*	三江侗族自治县洋溪乡	明清	山地村落	16.92平方公里（其中耕田1386亩）	533户/2223人	侗族	第五批中国传统村落	—
53	拉旦村	三江县高基瑶族乡	清代	山地村落	16.5平方公里/75亩	1147人	瑶族、壮族、汉族	第三批广西传统村落	—
54	八斗村*	三江侗族自治县八江镇	明清	山地（山区河谷）村落			侗族	第五批中国传统村落	127
55	唐朝村*	三江侗族自治县独峒镇	明清	山地村落		1600户/6000多人	侗族、苗族	第五批中国传统村落、首批中国少数民族特色村寨	116
56	玉马村*	三江侗族自治县独峒镇	清代	山地村落		822户/3067人	苗族（草苗）	第五批中国传统村落	116
57	知了村	三江侗族自治县独峒镇	清代	山地村落	3.34平方公里/—	538户/2543人	侗族	第三批广西传统村落	—
58	孟龙村	三江侗族自治县良口乡	清代	山地村落		291户/1400多人	苗族、瑶族（少数）	第三批广西传统村落	109
59	高岜村	三江侗族自治县同乐苗族乡	清代	山地村落		885户/3617人	苗族	第三批广西传统村落	—
60	孟寨村坳寨屯	三江侗族自治县同乐苗族乡	清代	山地村落		65户/266人	苗族	第三批广西传统村落	—
61	归大屯	三江侗族自治县八江镇塘水村	清代至新中国成立后	山地村落		203户/985人	侗族	第五批中国传统村落	116
62	中朝屯*	三江侗族自治县八江镇八斗村	清代	山地村落			侗族	第五批中国传统村落	—
63	和平村	三江侗族自治县和平乡	清至民国	山区河谷沿河圩村			侗族、汉族、壮族	第五批中国传统村落	107
				南宁市					
1	扬美村*	江南区江西镇	元以前	江畔平原古镇，由唐至明代的军事据点演变而来	6.5平方公里/—	5039人	汉族	第一批中国传统村落、第五批中国历史文化名村，（清）魁星楼为自治区级重点文物保护单位，有一批明清建筑为市级文保单位	051
2	三江坡	江南区江西镇同江村	明清	江畔平原村落	4平方公里/1500亩	1250人	汉族、壮族	第二批中国传统村落、第七批中国历史文化名村，三江坡汉城遗址为自治区级重点文物保护单位	051
3	木村坡	南宁市江南区江西镇同新村	清	丘陵村落	4.8平方公里/—	1042人	汉族	第二批中国传统村落	091
4	那吾上坡	江南区江西镇同江村	清至民国	平原村落			壮族	第二批广西传统村落	—

序号	聚落（村落）名称	地点	现存主体聚落形式形成年代	类型	规模（面积等）村域面积（平方公里）/村庄占地面积（亩）	户数/人口	主体民族	级别（历史文化名村、名镇、第几批传统村落、文保单位等级）	页码
5	根竹旧坡	江南区江西镇锦江村	清至民国	江畔平原村落	—/44亩	63户/310人	汉族	第二批广西传统村落	—
6	麻子畲坡	江南区江西镇锦江村	清代	江畔平原村落		300多人	壮族	第二批广西传统村落	—
7	缸瓦窑村	良庆区良庆镇	清至民国	江畔平原村落	—/876亩	1200人	壮族、汉族	第一批广西传统村落，（清）缸瓦窑遗址等为市级文保单位	056
8	下楞村	西乡塘区坛洛镇	明代	江畔平原村落	4平方公里/2000亩	600多户/3120人	壮族	第一批广西传统村落	056
9	坛洛老街	西乡塘区坛洛镇	清代	平原古镇	180平方公里/95亩	917人	壮族	第二批广西传统村落，坛洛财神砖拱桥为市级文保单位	—
10	老口村那告坡	西乡塘区石埠街道	清代	依低丘的平原村落		860人	壮族	第三批广西传统村落，（清）覃氏民居和宗祠为市级文保单位	057
11	磨庄	上林县巷贤镇	清代	平原村落	0.4平方公里/200亩	700人	壮族	第三批广西传统村落，（清）磨氏社坛、（清）磨氏祖堂、（清）磨氏古屋	056
12	库利村	宾阳县露圩镇	清代	平原村落		1230人	壮族（85%）、汉族	第一批广西传统村落	—
13	蔡村*	宾阳县古辣镇古辣社区	明清	平原村落	0.14平方公里/220亩	185户/650人	汉族	第五批中国传统村落、第七批中国历史文化名村，蔡氏古宅为自治区级重点文物保护单位	056
14	古辣社区李寨村	宾阳县古辣镇	清代	平原村落		142户/700多人	汉族	第三批广西传统村落	056
15	古辣社区虞村	宾阳县古辣镇	清代	平原村落			汉族	第三批广西传统村落	056
16	平龙村委大塘村	宾阳县古辣镇	清代	平原村落			壮族	第三批广西传统村落	062
17	新圩村委新梁村	宾阳县黎塘镇	清代	平原村落			壮族	第三批广西传统村落	062
18	武陵村委高荣村	宾阳县武陵镇	清代	平原村落			汉族	第三批广西传统村落	062
19	下施村*	宾阳县中华镇上施村委	明清	平原村落		1259户/5600多人	汉族	第五批中国传统村落	057
20	六洋村	宾阳县陈平镇名山村委	清代	山区村落				第三批广西传统村落	—
21	同新村木村坡*	江南区江西镇	清代	丘陵村落	2平方公里/—	1000余人	汉族	第一批广西传统村落、第二批中国传统村落	091
22	安平村那马坡*	江南区江西镇	清至民国	丘陵村落			壮族	第二批广西传统村落、第五批中国传统村落	091
23	华南村那务坡	江南区延安镇	清代	丘陵村落			壮族	第二批广西传统村落	091

序号	聚落（村落）名称	地点	现存主体聚落形式形成年代	类型	规模（面积等）村域面积（平方公里）/村庄占地面积（亩）	户数/人口	主体民族	级别（历史文化名村、名镇、第几批传统村落、文保单位等级）	页码
24	笔山村*	横县平朗乡	明清	丘陵村落	3平方公里/—	3505人	汉族、壮族	第一批广西传统村落、第二批中国传统村落，（清）笔山花屋为自治区级重点文物保护单位	091
25	那蒙坡*	邕宁区那楼镇那良村	清代	丘陵村落		182户/820人	壮族	第五批中国传统村落、第三批中国少数民族特色村寨	—
26	那佃坡	邕宁区那楼镇镇龙社区	清代	丘陵村落			壮族	第三批广西传统村落	091
27	孙头坡	邕宁区中和乡中和社区	清代	丘陵村落			壮族	第三批广西传统村落	—
28	磨庄	上林县高贤社区	清代	平原村落	0.4平方公里/200亩	153户/710人	壮族	第三批中国少数民族特色村寨	056
29	长联村古民庄*	上林县巷贤镇	清代	山区村落	7平方公里/200亩	495人	壮族	第五批中国传统村落、第二批中国少数民族特色村寨	—
30	龙昌村委加铁村	马山县百龙滩镇	清代	山区村落			壮族	第三批广西传统村落	—
贵港市									
1	南乡村*	桂平市中沙镇	明清	盆地平原村落	20.68平方公里/1328亩	1670户/6402多人	汉族	第五批中国传统村落，尚德堂（1908年）、大夫第（1902年）为市级文保单位	095
2	古城屯	桂平市蒙圩镇新德村	清代	平原村落	8平方公里/—	2000多人	汉族	第一批广西传统村落	051
3	中团屯*	平南县镇隆镇富藏村	明清	丘陵村落			汉族	第五批中国传统村落，都阃府为县级文保单位	095
4	东平村龙口屯	平南县东华乡	清代	丘陵村落			汉族	第二批广西传统村落	—
5	镇大社区	平南县大安镇	清代	平原古镇		4000多人	汉族	第二批广西传统村落	056
6	龙井村	港北区港城镇	清代	平原村落	12平方公里/1400亩	3627人	壮族	第三批广西传统村落、第三批中国少数民族特色村寨	057
7	云垌村*	港南区木格镇	清代	平原村落	6平方公里/15000亩	6478人	汉族	第五批中国传统村落，（清）君子垌客家围屋群为自治区文物保护单位	236
8	上宋屯*	平南县思旺镇双上村	清代	平原村落			汉族（客家）	第五批中国传统村落，范家大院为县级文保单位	057
9	回龙村	港南区木梓镇	清代	丘陵村落		2000多人	汉族	第三批广西传统村落	095
10	胡村	平南县六陈镇	清代	丘陵村落	0.5平方公里/560亩	320人	汉族	第一批广西传统村落	—
11	罗泉村	平南县寺面镇		丘陵村落				第二批广西传统村落	095

序号	聚落（村落）名称	地点	现存主体聚落形式形成年代	类型	规模（面积等）村域面积（平方公里）/村庄占地面积（亩）	户数/人口	主体民族	级别（历史文化名村、名镇、第几批传统村落、文保单位等级）	页码
12	平依屯	港南区瓦塘乡柳江村	明代	丘陵村落	8.68平方公里/700亩	1465人	汉族	第三批广西传统村落	095
13	城肚屯	港南区桥圩镇东井塘村	清代	丘陵村落			汉族（客家）	第三批广西传统村落	101
14	石门屯*	平南县大鹏镇大鹏村	清代	山地村落		1300多人	汉族（客家）	第五批中国传统村落	—
15	下泽屯	平南县大鹏镇	清代	山地村落			汉族	第一批广西传统村落	—
16	花洲村	平南县国安乡	清代	山地村落			瑶族	第二批广西传统村落	—
桂林市（均为中国传统村落）									
1	龙脊村	龙胜各族自治县和平乡	明清	山地村落	4.2平方公里/300亩	300户/1300多人	壮族、瑶族（壮族占99%）	第一批中国传统村落、首批中国少数民族特色村寨，北壮干阑建筑典范	186
2	洞井村	灌阳县洞井瑶族乡	清代	山区河谷村落	—/270亩	190户/600多人	汉族、瑶族	第一批中国传统村落、首批中国少数民族特色村寨	—
3	官庄村	灌阳县水车乡	明清	山区河谷村落		2800人	汉族	第一批中国传统村落	—
4	江口村	灌阳县新街乡		河谷平原村落	2.1平方公里	328户/1262人	汉族	第一批中国传统村落，唐景崧故居是自治区级重点文物保护单位	064
5	小青山屯	荔浦市马岭镇永明村	明清	溶蚀平原村落	—/57亩	230户/960余人	汉族	第一批中国传统村落	064
6	横山村	临桂县四塘乡	明清	溶蚀平原		200多户/1000多人	汉族	第一批中国传统村落，横山陈氏（陈宏谋）宗祠及石刻是自治区级重点文物保护单位	069
7	太平村	灵川县潮田乡	明清	溶蚀河谷村落	—/148亩	153户	汉族	第一批中国传统村落	—
8	熊村	灵川县大圩镇	元以前	河谷平原圩村	—/470亩	730户/3000人	汉族	第一批中国传统村落，熊村古建筑群是自治区级重点文物保护单位	064
9	路西村	灵川县定江镇	清代	平原村落			汉族	第一批中国传统村落，八路军桂林办事处路莫村军需物资转运站旧址为全国重点文物保护单位	—
10	长岗岭村	灵川县灵田乡	明清	山区盆地	6.47平方公里/92亩	120户/480人	汉族	第一批中国传统村落，长岗岭村古建筑群是第六批全国重点文物保护单位	107
11	迪塘村	灵川县灵田乡	清代	山区河谷村落	—/160亩	140多户/600多人（90%姓李）	汉族	第一批中国传统村落	122
12	老寨村	灵川县青狮潭镇	清代	山地村落	6.5平方公里/54亩	55户/237人	瑶族	第一批中国传统村落、第二批中国民族特色村寨	213
13	江头村	灵川县青狮潭镇	明代	盆地平原村落	1.97平方公里/525亩	183户/786人（90%以上姓周）	汉族	第一批中国传统村落，江头村古建筑群是第六批全国重点文物保护单位	228

序号	聚落（村落）名称	地点	现存主体聚落形式形成年代	类型	规模（面积等）村域面积（平方公里）/村庄占地面积（亩）	户数/人口	主体民族	级别（历史文化名村、名镇、第几批传统村落、文保单位等级）	页码
14	溶流上村	灵川县三街镇	明清	山区河谷村落	13平方公里/20亩	80户/400人	汉族	第一批中国传统村落	—
15	沙子村	平乐县沙子镇	元以前	河畔平原圩村		480户/1800人	汉族	第一批中国传统村落，狮子桥为县级文保单位	068
16	水源头村	兴安县白石乡	明清	丘陵盆地村落	—/30亩	120户/400余人	汉族	第一批中国传统村落	091
17	榜上村	兴安县漠川乡	明清	山区河谷村落	1.2平方公里/52亩	203户/710人	汉族	第一批中国传统村落	—
18	旧县村	阳朔县白沙镇	元以前	河谷平原村落	—/485.7亩	250余户/1200人	汉族	第一批中国传统村落，（宋）仙桂桥（单孔石拱桥）是自治区级重点文物保护单位	—
19	渔村	阳朔县兴坪镇	明清	江畔河谷平原渔村	—/22.5亩	50户/200人	汉族	第一批中国传统村落	064
20	龙潭村	阳朔县高田镇	明清	河畔溶蚀盆地村落		274户/1460人	汉族、壮族	第二批中国传统村落	280
21	朗梓村	阳朔县高田镇	清代	丘陵河谷村落			壮族	第二批中国传统村落、第七批中国历史文化名村	194
22	留公村	阳朔县普益乡	清代	江畔河谷平原村落		304户/1179人	汉族、壮族、瑶族	第二批中国传统村落	—
23	旧村	临桂县会仙镇	明代	平原村落		45户/230人	回族（白、傅等姓）	第二批中国传统村落，旧村清真寺为广西历史最悠久的清真寺之一，相邻的山尾村白崇禧（回族）故居是自治区级重点文物保护单位	069
24	上桥村	灵川县大圩镇上桥村委会	明代	临河河谷平原村落		180余户/900人	汉族（李姓聚族而居）	第二批中国传统村落，拥有明代石拱桥2座	—
25	毛村	灵川县大圩镇廖家村委会	明代	江畔平原渔村	—/180亩	140户/700余人，皆为黄姓	汉族（客家）	第二批中国传统村落	064
26	新寨村	灵川县青狮潭镇东源村委会	明清	高山河谷村落	10.1平方公里/33亩	53户/248人	瑶族	第二批中国传统村落	213
27	大桐木湾村	灵川县海洋乡大庙塘村委会	清代	喀斯特盆地村落		45户/250多人	汉族	第二批中国传统村落，（清至民国）大桐木湾村古建筑群是自治区级重点文物保护单位	091
28	崇山村	永福县罗锦镇	明清	平原村落		725户/2618人	汉族	第二批中国传统村落、第二批中国民族特色村寨	069
29	月岭村	灌阳县文市镇	明清	喀斯特盆地村落	4.478平方公里/—	470户/1500人	汉族	第二批中国传统村落、第六批中国历史文化名村，灌阳县月岭村古建筑群、（清）石刻牌坊是自治区级重点文物保护单位	226

序号	聚落（村落）名称	地点	现存主体聚落形式形成年代	类型	规模（面积等）村域面积（平方公里）/村庄占地面积（亩）	户数/人口	主体民族	级别（历史文化名村、名镇、第几批传统村落、文保单位等级）	页码
30	伍家湾村	灌阳县水车乡	明清	河畔盆地平原村落		800多户/2000人	汉族	第二批中国传统村落	—
31	榕津村	平乐县张家镇	元以前	河畔平原圩村	2.46平方公里/63亩	4606人	汉族	第二批中国传统村落	064
32	孔家村	灌阳县灌阳镇	清代	山区盆地村落			汉族	第三批中国传统村落	—
33	仁义村唐家屯	灌阳县灌阳镇	明清	盆地村落	1.2平方公里/63亩	175户/580人	汉族	第三批中国传统村落	064
34	达溪村	灌阳县文市镇	明清	河谷平原村落	6平方公里/—	570多户/2322人	汉族	第三批中国传统村落	064
35	岩口村	灌阳县文市镇		丘陵盆地村落				第三批中国传统村落	—
36	青箱村	灌阳县新街镇	明清	河畔平原村落		625户/2050人	汉族	第三批中国传统村落	064
37	夏云村	灌阳县水车乡	明清	河畔平原村落			汉族	第三批中国传统村落，有五马山新石器时代遗址	070
38	乐湾屯	恭城瑶族自治县恭城镇乐湾村	清至民国	河谷平原村落	8平方公里/—	710户/2744人	汉族（客家）	第三批中国传统村落，乐湾古建筑群是全国文保单位	069
39	常家屯	恭城瑶族自治县栗木镇常家村	明清	河谷平原村落	1.5平方公里/—	220余户/1000人	汉族	第三批中国传统村落	064
40	大合屯	恭城瑶族自治县栗木镇大合村	明清	河谷平原村落		360户/1300人	瑶族	第三批中国传统村落	—
41	石头屯	恭城瑶族自治县栗木镇石头村	明清	河谷平原村落	6平方公里/—	55户/267人	瑶族、汉族	第三批中国传统村落	064
42	凤岩屯	恭城瑶族自治县莲花镇凤岩村	清代	溶蚀河谷平原村落		480户/1800人	瑶族	第三批中国传统村落	—
43	朗山屯	恭城瑶族自治县莲花镇朗山村	清代	溶蚀河谷平原村落		200余户/900多人	瑶族、汉族	第三批中国传统村落，朗山古民居是自治区级重点文物保护单位	213
44	高桂屯	恭城瑶族自治县莲花镇门等村	明清	溶蚀河谷平原村落		1000人	瑶族为主，壮族、瑶族、汉民族融合居住	第三批中国传统村落	070
45	费村屯	恭城瑶族自治县西岭乡费村	清代	溶蚀河谷平原村落	—/240亩		瑶族、汉族	第三批中国传统村落	—

序号	聚落（村落）名称	地点	现存主体聚落形式形成年代	类型	规模（面积等）村域面积（平方公里）/村庄占地面积（亩）	户数/人口	主体民族	级别（历史文化名村、名镇、第几批传统村落、文保单位等级）	页码
46	杨溪屯	恭城瑶族自治县西岭乡杨溪村	明清	溶蚀河谷平原村落	—/300亩	200余户/900余人	瑶族	第三批中国传统村落、第二批中国民族特色村寨	—
47	焦山屯	恭城瑶族自治县观音乡狮塘村	明清	山区河谷村落		700多人	瑶族	第三批中国传统村落、第五批中国少数民族特色村寨、第三批中国少数民族特色村寨	—
48	水滨村	恭城瑶族自治县观音乡	明清	山区河谷村落		844户/3125人	瑶族	第三批中国传统村落	—
49	实乐屯	恭城瑶族自治县龙虎乡龙岭村	明清	山区河谷村落			瑶族	第三批中国传统村落	—
50	大岗埠村	雁山区大埠乡大埠村委	明清	溶蚀平原村落	0.5平方公里/50亩	78户/355人（90%以上姓唐）	汉族	第四批中国传统村落，（清）岗埠唐氏庄园是国家级文保单位	—
51	委禄坊村	雁山区柘木镇禄坊村	明代	江畔平原村落	6平方公里/120亩	900人		第四批中国传统村落	—
52	（木田木）头村	临桂区两江镇信果村委	清代	平原村落	2.4平方公里/60亩	374人	汉族	第四批中国传统村落，（清末民初）李宗仁故居是第四批全国重点文物保护单位	—
53	东宅江村	临桂区宛田乡宛田村委	清代	山地村落	18平方公里/40亩	60户/296人	瑶族	第四批中国传统村落	—
54	遇龙堡村	阳朔县白沙镇遇龙村委	明清	河畔溶蚀平原村落		约200人	汉族	第四批中国传统村落，（明）遇龙桥是自治区级重点文物保护单位	064
55	宅庆村	灵川县灵田镇正义村委	清代	山地村落	—/46亩	56户/250余人	汉族	第四批中国传统村落	—
56	菜子岩村	兴安县高尚镇东河村委	清代	丘陵村落	—/53亩	200多人	汉族	第四批中国传统村落	089
57	山湾村	兴安县高尚镇东河村委	清代	溶蚀平原河畔村落	—/80多亩	110户/453人	汉族	第四批中国传统村落	069
58	待漏村	兴安县高尚镇金山村委	明清	丘陵盆地村落	—/80多亩	480多人	汉族（蒋姓村落）	第四批中国传统村落	—
59	青山湾村	兴安县溶江镇佑安村委		临河山地村落				第四批中国传统村落	—
60	白竹坪屯	灌阳县文市镇桂岩村委	清代	丘陵村落	1平方公里/75亩	86户/364人	瑶族	第四批中国传统村落	—
61	金竹壮寨	龙胜各族自治县龙脊镇金江村委	清代	沿河山地村落	1平方公里/75亩	98户/450多人	壮族	第四批中国传统村落、2014年首批中国少数民族特色村寨	257
62	田寨组	龙胜各族自治县龙脊镇马海村委	清代	高山村落	7个自然屯共2平方公里/—	50户/200人	壮族	第四批中国传统村落、第三批中国少数民族特色村寨	—

序号	聚落（村落）名称	地点	现存主体聚落形式形成年代	类型	规模（面积等）村域面积（平方公里）/村庄占地面积（亩）	户数/人口	主体民族	级别（历史文化名村、名镇、第几批传统村落、文保单位等级）	页码
63	小寨屯	龙胜各族自治县龙脊镇小寨村委	清代	高山村落	0.42平方公里/418.5亩	160多户/800人	红瑶（潘姓）	第四批中国传统村落	—
64	上下甘塘屯	龙胜各族自治县瓢里镇平岭村委		高山村落				第四批中国传统村落	—
65	江口屯	龙胜各族自治县江底乡城岭村委	清代	临河山地村落	3.5平方公里/65亩	120人	盘瑶	第四批中国传统村落	—
66	矮岭红瑶组	龙胜各族自治县江底乡建新村委	清代	临河山地村落	5.33平方公里/15亩	460人	红瑶	第四批中国传统村落	—
67	江门口屯	龙胜各族自治县江底乡建新村委	清代	临河山地村落			盘瑶	第四批中国传统村落	—
68	金竹组	龙胜各族自治县江底乡李江村委	清代	临河山地村落			盘瑶	第四批中国传统村落	—
69	芙蓉村	龙胜各族自治县马堤乡芙蓉村委	明清	山区河谷村落	13.9平方公里/28267.5亩	492户/1860人	苗族	第四批中国传统村落、第三批中国少数民族特色村寨	—
70	龙家村	龙胜各族自治县马堤乡龙家村委	明清	高山村落	13.55平方公里/20318亩	728人	苗族（由湖南迁入）	第四批中国传统村落	—
71	民合屯	龙胜各族自治县马堤乡民合村委	清代	临河山地村落		217人	汉族、瑶族	第四批中国传统村落，（清）黄岩桥（单券石拱）是县级文保单位	—
72	老寨屯	龙胜各族自治县伟江乡新寨村委	明清	高山村落	5.3平方公里/150亩	230人	苗族	第四批中国传统村落	113
73	田段组	龙胜各族自治县平等镇小江村委	清代	临河山地村落		322户/1277人	侗族	第四批中国传统村落	—
74	龙坪村	龙胜各族自治县平等镇龙坪村委	明代	山区河谷盆地村落	11.6平方公里/2055亩	2600人	侗族（明朝时从江西迁入）	第四批中国传统村落，（清）红军楼是自治区级重点文物保护单位、（民国）审敌堂（飞山庙）是县级文保单位	—
75	平等村	龙胜各族自治县平等镇平等村委	元明	山区河谷村落	5平方公里/—	4400人	侗族	第四批中国传统村落、首批中国少数民族特色村寨，（清）孟滩风雨桥、（清至民国）平等鼓楼群（包括伍氏鼓楼吴氏鼓楼、衙寨高鼓楼、罗氏鼓楼、石氏鼓楼、寨官氏鼓楼、衙寨短鼓楼、寨官鼓楼、杨氏鼓楼松树坳石氏鼓楼和三队鼓楼寨江鼓楼）是自治区级重点文物保护单位	—

序号	聚落（村落）名称	地点	现存主体聚落形式形成年代	类型	规模（面积等）村域面积（平方公里）/村庄占地面积（亩）	户数/人口	主体民族	级别（历史文化名村、名镇、第几批传统村落、文保单位等级）	页码
76	宝赠村	龙胜各族自治县乐江乡宝赠村委	明清	山区河谷村落	4.9平方公里/—	1204人	侗族	第四批中国传统村落、首批中国少数民族特色村寨，普团鼓楼是县级文保单位	—
77	地灵村	龙胜各族自治县乐江乡地灵村委	元明	临河山地村落	24平方公里/440亩	2000人	侗族	第四批中国传统村落、首批中国少数民族特色村寨，关圣风雨桥、地灵埠口（石板）桥是县级文保单位	249
78	泥寨组、岩寨组	龙胜各族自治县乐江乡石甲村委	清代	高山村落			侗族	第四批中国传统村落	—
79	西腰大屯	龙胜各族自治县乐江乡西腰村委	清代	临河山地村落	12平方公里/69.75亩	600人	侗族	第四批中国传统村落、第三批中国少数民族特色村寨	—
80	矮寨屯	恭城瑶族自治县莲花镇门等村委	清代	溶蚀平原村落	1.5平方公里/60亩	133人	瑶族	第四批中国传统村落	—
81	红岩老村屯	恭城瑶族自治县莲花镇竹山村委	明清	溶蚀平原村落	1平方公里/90亩	417人	瑶族、壮族、汉族	第四批中国传统村落	213
82	巨塘屯	恭城瑶族自治县平安乡巨塘村委	明清	溶蚀平原村落	3平方公里/60亩	1000人	汉族、瑶族	第四批中国传统村落	—
83	西岭屯	恭城瑶族自治县西岭乡西岭村委	明清	临河平原村落	7平方公里/180亩	800多户/3100人	瑶族	第四批中国传统村落	—
84	屯塘村	平乐县同安镇屯塘村委	清代	溶蚀平原村落			汉族	第四批中国传统村落	—
85	和村	平乐县张家镇钓鱼村委	唐宋	溶蚀平原村落	1.6平方公里/260亩	1280人	汉族	第四批中国传统村落，（战国至晋代）张家古墓群是自治区级重点文物保护单位	—
86	垠头屯	临桂区茶洞镇茶洞村	明清	山区河谷村落	3平方公里/250亩		汉族、壮族	第五批中国传统村落	—
87	富合村	临桂区茶洞镇	清代	山区河谷村落			汉族、壮族	第五批中国传统村落	—
88	大埠村	灵川县大圩镇秦岸村	明清	平原村落	3平方公里/250亩	1075人	汉族、回族	第五批中国传统村落	—
89	金盆村	灵川县灵田镇正义村	清代	山区盆地	0.08平方公里/75亩	95户/325人	汉族	第五批中国传统村落	—
90	黄土塘村	灵川县海洋乡	清代	喀斯特盆地村落	—/30亩	20多户/100多人	汉族	第五批中国传统村落	089
91	大塘边村	灵川县海洋乡大塘边村	清代	丘陵村落	—/180亩	147户/608人	汉族	第五批中国传统村落	091

序号	聚落（村落）名称	地点	现存主体聚落形式形成年代	类型	规模（面积等）村域面积（平方公里）/村庄占地面积（亩）	户数/人口	主体民族	级别（历史文化名村、名镇、第几批传统村落、文保单位等级）	页码
92	画眉弄村	灵川县海洋乡小平乐村	清至民国	丘陵村落		70多户/300人	汉族	第五批中国传统村落	091
93	西洲壮寨村	灵川县兰田瑶族乡兰田村	明清	山地临水村寨	一/35亩	40多户/100多人	壮族	第五批中国传统村落	一
94	大庾岭村	全州县全州镇邓家埠村	清代	平原村落	5平方公里/500亩	1200人	汉族	第五批中国传统村落	069
95	鹿鸣村	全州县大西江镇满稼村	明清	丘陵村落	7.33平方公里/140亩	318户/1200人	汉族	第五批中国传统村落	一
96	石脚村	全州县龙水镇桥渡村	明清	临河平原村落	3平方公里/65.6亩	648人	汉族	第五批中国传统村落	一
97	梅塘村	全州县绍水镇三友村	元代	平原村落	2.1平方公里/430亩	300多户/900多人	汉族	第五批中国传统村落	070
98	张家村	全州县绍水镇洛口村	清代	江口平原村落		276户/900多人	汉族	第五批中国传统村落	一
99	沛田村	全州县石塘镇沛田村	明代	河畔盆地村落	3.1平方公里/700亩	3189人	汉族	第五批中国传统村落	069
100	大田村	全州县两河镇大田村	明清	河畔盆地村落	2平方公里/200亩	1217人	汉族	第五批中国传统村落	一
101	鲁水村	全州县两河镇鲁水村	明代	丘陵村落	一/155亩	308户/1080人	汉族（蓼姓占90%以上）	第五批中国传统村落	091
102	井头村	全州县永岁镇湘山村						第五批中国传统村落	
103	慕道村	全州县永岁镇幕霞村	明清	河畔平原村落		450户/2280人	汉族（蒋姓占90%以上）	第五批中国传统村落	
104	上塘村	全州县东山瑶族乡上塘村	清代	山区盆地村落	4.5平方公里/450亩	1160人	瑶族	第五批中国传统村落	一
105	清水村	全州县东山瑶族乡清水村	明清	高山盆地村落	22平方公里/200亩	180多户	瑶族（包、盘、李三姓聚居）	第五批中国传统村落、首批中国少数民族特色村寨	一
106	东村	兴安县兴安镇三桂村	明代	溶蚀平原村落			汉族	第五批中国传统村落，（清）三桂桥（石拱桥）是县级文物保护单位	062
107	钟山坪村	兴安县漠川乡	清代	山区盆地村落	一/150亩	81户/380人	汉族	第五批中国传统村落	一
108	樟树头村	永福县罗锦镇下村	清代	溶蚀平原村落	5平方公里/29亩	24户/133人	汉族	第五批中国传统村落	一
109	尚水老村	永福县罗锦镇尚水村	清代	平原村落	一/78亩		汉族	第五批中国传统村落	一
110	徐源村	灌阳县灌阳镇	明清	山区盆地村落	11.728平方公里/一	773户/2500多人	汉族	第五批中国传统村落	一

序号	聚落（村落）名称	地点	现存主体聚落形式形成年代	类型	规模（面积等）村域面积（平方公里）/村庄占地面积（亩）	户数/人口	主体民族	级别（历史文化名村、名镇、第几批传统村落、文保单位等级）	页码
111	桐子山屯	灌阳县黄关镇兴秀村	清代	临河平原村落			汉族	第五批中国传统村落	—
112	王道村	灌阳县文市镇	清代	丘陵村落	5.7平方公里/860亩	547户/1117人	汉族	第五批中国传统村落	091
113	会湘村	灌阳县文市镇	清代	河谷盆地村落	9.8平方公里/970亩	585户/2140人	汉族	第五批中国传统村落	—
114	勒塘村	灌阳县文市镇	清代	丘陵村落	4.8平方公里/—	353户/1214人	汉族	第五批中国传统村落	091
115	杉木屯	灌阳县新街镇飞熊村	明清	平原村落	—/260亩	786人	汉族	第五批中国传统村落	—
116	大路坡屯	灌阳县新街镇葛洞村	清代	临河平原村落			汉族	第五批中国传统村落	—
117	猛山屯	灌阳县新街镇龙云村	清代	丘陵村落			汉族	第五批中国传统村落	—
118	杨家湾屯	灌阳县新街镇石丰村	清代	溶蚀平原村落	—/60亩	101户/411人	汉族	第五批中国传统村落	—
119	富水坪屯	灌阳县新街镇龙中村	明清	溶蚀平原村落	6.5平方公里/30亩	236人	汉族	第五批中国传统村落	—
120	田心屯	灌阳县洞井瑶族乡太和村	明清	山区盆地村落	2平方公里/30亩	300人	汉族	第五批中国传统村落	—
121	桂平岩村	灌阳县洞井瑶族乡	明清	山区盆地村落	2.08平方公里/200亩	720人	汉族	第五批中国传统村落	—
122	大井塘村	灌阳县观音阁乡	明代	山区盆地村落	0.3平方公里/380亩	546人	汉族、瑶族	第五批中国传统村落	—
123	德里村	灌阳县水车镇	明清	山区河谷村落	20多平方公里/4000多亩	2300人	汉族	第五批中国传统村落	—
124	滩底屯	龙胜各族自治县三门镇大罗村	民国至新中国成立后	山地村落	1.4平方公里/45亩	600人	汉族、壮族、盘瑶	第五批中国传统村落	—
125	同列村	龙胜各族自治县三门镇	清代	山区河谷村落			花瑶	第五批中国传统村落、第三批中国少数民族特色村寨	—
126	旧屋屯	龙胜各族自治县龙脊镇江柳村	清代	高山村落	全村总面积176.3平方公里	全村204户/992人	红瑶	第五批中国传统村落	—
127	中六屯	龙胜各族自治县龙脊镇中六村	清代	高山村落	—/100亩	70多户/300多人	红瑶	第五批中国传统村落	—
128	广南村	龙胜各族自治县平等镇	元以前	山区河谷村落	24.10平方公里/460亩	2200人	侗族	第五批中国传统村落、首批中国少数民族特色村寨	272

序号	聚落（村落）名称	地点	现存主体聚落形式形成年代	类型	规模（面积等）村域面积（平方公里）/村庄占地面积（亩）	户数/人口	主体民族	级别（历史文化名村、名镇、第几批传统村落、文保单位等级）	页码
129	甲业屯	龙胜各族自治县平等镇庖田村	明清	山区河谷村落	2平方公里/400亩	400人	侗族	第五批中国传统村落	—
130	杨梅屯、浪头屯	龙胜各族自治县泗水乡潘内村	清代	高山村落	1.6平方公里/150亩	558户/2428人	红瑶	第五批中国传统村落	—
131	白面组	龙胜各族自治县泗水乡周家村	清代	山地村落	16.5平方公里/52.5亩	52户/158人	红瑶	第五批中国传统村落、首批中国少数民族特色村寨	—
132	半界组	龙胜各族自治县江底乡泥塘村	清代	山地村落				第五批中国传统村落	
133	洋湾村	龙胜各族自治县伟江乡	清代	山区临河村落		117户/422人	苗族	第五批中国传统村落、第三批中国少数民族特色村寨	—
134	社水村	资源县两水苗族乡	清代	山区临河村落	0.02平方公里/30亩	1848人	苗族	第五批中国传统村落、首批中国少数民族特色村寨	—
135	坪水村	资源县河口瑶族乡葱坪村	清代	高山村落	1.2平方公里/850亩	42户/178人	盘瑶	第五批中国传统村落	—
136	八仙村	平乐县二塘镇大水村						第五批中国传统村落	
137	东寨屯	恭城瑶族自治县莲花镇门等村	清至民国	溶蚀平原河畔村落		400户/约1600人	瑶族	第五批中国传统村落	070
138	太平屯	恭城瑶族自治县嘉会镇太平村	清代	平原村落	4.5平方公里/45亩	867人	瑶族	第五批中国传统村落	—
贺州市									
1	玉坡村*	钟山县燕塘镇	明清	溶蚀平原村落	20.92平方公里/—	3118人	汉族	第一批中国传统村落、第七批中国历史文化名村，恩荣牌坊是自治区级重点文物保护单位	076
2	秀水村*	富川瑶族自治县朝东镇	明清	河畔平原村落	11.39平方公里/—	2582人	汉族	第一批中国传统村落、第四批中国历史文化名村	079
3	福溪村*	富川瑶族自治县朝东镇	明清	平原村落	4.5平方公里/—	1630人	瑶族、汉族	第一批中国传统村落、第二批中国少数民族特色村寨，马殷庙是第六批全国重点文物保护单位	217
4	虎马岭村*	贺州市富川瑶族自治县新华乡	清代	盆地平原村落			瑶族	第一批中国传统村落、第二批中国少数民族特色村寨	—

序号	聚落（村落）名称	地点	现存主体聚落形式形成年代	类型	规模（面积等）村域面积（平方公里）/村庄占地面积（亩）	户数/人口	主体民族	级别（历史文化名村、名镇、第几批传统村落、文保单位等级）	页码
5	芦岗村*	贺州市平桂管理区鹅塘镇	清代	平原村落			壮族、瑶族	第一批中国传统村落	—
6	龙道村*	钟山县回龙镇	明清	平原村落		1260人	汉族	第一批中国传统村落，（清）龙道村古建筑群是自治区级重点文物保护单位	076
7	仁化村*	八步区莲塘镇	清代	平原村落			汉族（客家）	第二批中国传统村落，江氏客家围屋是第八批全国重点文物保护单位	082
8	上莫寨村*	八步区开山镇开山村	清代	溶蚀平原村落		250余户/1000余人	汉族	第二批中国传统村落	—
9	祉洞村*	八步区信都镇	明清	平原村落		530户/2780人	汉族	第二批中国传统村落	087
10	松桂村*	钟山县石龙镇	清至民国	平原村落		千余户	汉族	第二批中国传统村落，（清）文星阁是县级文物保护单位	—
11	英家街*	钟山县清塘镇英家村	明清	平原村落圩村	2平方公里/—	1230人	汉族	第二批中国传统村落，英家起义地址、英家古戏台、英家小学门楼是自治区级重点文物保护单位	—
12	大莲塘村*	富川瑶族自治县莲山镇	明清	平原村落		2000人	汉族	第二批中国传统村落	076
13	深坡村*	富川瑶族自治县葛坡镇	明清	平原圩村	8平方公里/—	400多户/1485人	汉族	第二批中国传统村落、第二批中国少数民族特色村寨	231
14	新华村*	昭平县樟木林乡	清代	盆地村落		6000人	汉族（客家）	第三批中国传统村落	082
15	柿木园村*	平桂管理区羊头镇	明清	平原村落	2.1平方公里/—	130多户/700人	汉族	第四批中国传统村落	078
16	罗旭屯*	昭平县走马镇黄胆村	清代	山地村落	3平方公里/10亩	198人	壮族、瑶族	第四批中国传统村落	—
17	源头村*	钟山县石龙镇	明清	平原村落	1.5平方公里/—	1500人	汉族	第四批中国传统村落	—
18	同乐村*	钟山县珊瑚镇	清至民国	平原村落	0.89平方公里/20亩	900人	汉族	第四批中国传统村落	076
19	荷塘村*	钟山县公安镇	明清	盆地村落	5平方公里/300亩	1375人	汉族	第四批中国传统村落	076
20	白竹新寨*	钟山县清塘镇	清代	平原村落		700人	汉族	第四批中国传统村落	—
21	星寨村*	钟山县两安乡	清代	山区河谷平原村落	5平方公里/45亩	1810人	瑶族	第四批中国传统村落	—
22	毛家村*	富川瑶族自治县福利镇	明清至民国	平原村落	9平方公里/989亩	3466人	汉族、瑶族	第四批中国传统村落	—
23	留家湾村*	富川瑶族自治县福利镇	明清	平原村落			汉族	第四批中国传统村落，功臣寺是贺州市文保单位	—

序号	聚落（村落）名称	地点	现存主体聚落形式形成年代	类型	规模（面积等）村域面积（平方公里）/村庄占地面积（亩）	户数/人口	主体民族	级别（历史文化名村、名镇、第几批传统村落、文保单位等级）	页码
24	红岩村*	富川瑶族自治县福利镇	清代	溶蚀平原村落	9.86平方公里/200亩	385户/1350人	汉族、瑶族	第四批中国传统村落、首批中国少数民族特色村寨	—
25	村头岗村*	富川瑶族自治县麦岭镇	清代	盆地村落			汉族	第四批中国传统村落	—
26	义竹村*	富川瑶族自治县葛坡镇	清代	平原村落			汉族	第四批中国传统村落	—
27	谷母井村*	富川瑶族自治县葛坡镇	清代	平原村落			汉族	第四批中国传统村落	—
28	凤溪村*	富川瑶族自治县城北镇	明清	丘陵村落		1350多人	瑶族	第四批中国传统村落、首批中国少数民族特色村寨，凤溪古建筑是自治区级重点文物保护单位	213
29	龙湾村*	富川瑶族自治县石家乡	明清	平原村落			平地瑶	第四批中国传统村落	073
30	城上村*	富川瑶族自治县石家乡	清代	河谷平原村落			平地瑶	第四批中国传统村落	—
31	石枧村*	富川瑶族自治县石家乡	明清	溶蚀平原村落	—/201亩	398户/1326人	瑶族、汉族	第四批中国传统村落	073
32	茅樟村*	富川瑶族自治县柳家乡	清代	平原村落			汉族	第四批中国传统村落	—
33	河西村	贺州市八步区贺街镇	明清	江畔平原村落	—/1280亩	2520人	汉族	第五批中国传统村落，是第五批全国重点文物保护单位（2001年）临贺故城河西城址的核心区域，是第六批全国历史文化名镇（2014年）、第一批中国特色小镇（2016年）、第四批全国美丽宜居小镇（2016年）的重要组成部分	075
34	田尾寨*	八步区桂岭镇善华村		平原村落				第五批中国传统村落	076
35	龙井村*	平桂区沙田镇	明清	江畔平原村落	4平方公里/220亩	2230人	汉族	第五批中国传统村落	077
36	大岩寨*	平桂区羊头镇大井村						第五批中国传统村落	—
37	大田村*	钟山县公安镇	清代	平原村落	6平方公里/—	400多户/2600人	汉族	第五批中国传统村落，大田戏台是自治区级重点文物保护单位	261
38	茶家村*	富川瑶族自治县富阳镇	清代	平原村落			汉族	第五批中国传统村落	—
39	丁山村*	富川瑶族自治县古城镇	清代	平原村落			汉族	第五批中国传统村落	—
40	秀山村*	富川瑶族自治县古城镇	明清	盆地村落	2平方公里/50亩	1522人	汉族	第五批中国传统村落	076

序号	聚落（村落）名称	地点	现存主体聚落形式形成年代	类型	规模（面积等）村域面积（平方公里）/村庄占地面积（亩）	户数/人口	主体民族	级别（历史文化名村、名镇、第几批传统村落、文保单位等级）	页码
41	东水村*	富川瑶族自治县朝东镇		河畔平原村落				第五批中国传统村落，东水村古建筑群是自治区级重点文物保护单位	076
42	沐大村*	富川瑶族自治县朝东镇	明清	丘陵村落	1.51平方公里/120亩	1750人	瑶族	第五批中国传统村落，（明）迥澜风雨桥、青龙风雨桥、集贤风雨桥是第七批全国重点文物保护单位	—
43	岔山村*	富川瑶族自治县朝东镇	明清	丘陵村落	7.3平方公里/150亩	660人	汉族	第五批中国传统村落，兴隆风雨桥是第七批全国重点文物保护单位	075
44	樟林村义塘寨	昭平县樟木林乡	清代	平原村落			汉族	第三批广西传统村落	—
45	洞石村石头塘	平桂区羊头镇	清代	丘陵村落			汉族	第一批广西传统村落	—
46	古莲村	昭平县樟木林乡	清代	山地村落			汉族	第三批广西传统村落	—
47	古邓屯	昭平县走马乡裕路村	清代	山地村落	5.1平方公里/20亩	310人	汉族	第二批广西传统村落	—
48	桂花村	八步区灵峰镇爱群村		山地村落			汉族	第二批广西传统村落	—
				梧州市					
1	六坪村*	蒙山县长坪瑶族乡	明清	高山村落	60平方公里/600亩	125户/455人	瑶族	第四批中国传统村落	—
2	云龙村*	岑溪市筋竹镇	清代	山地村落	9.4平方公里/200亩	1300人	汉族	第五批中国传统村落，（清）云龙得中堂是自治区级重点文物保护单位、（清至民国）云龙莫少北屋是市文保单位	077
3	扶达村	苍梧县广平镇	清代	山地村落			汉族	第一批广西传统村落	—
4	料神村	龙圩区大坡镇	清代	平原村落		560人	汉族	第一批广西传统村落，（民国）李济深故居是第四批全国重点文物保护单位	077
5	培中村	苍梧县石桥镇	清代	盆地平原村落		1622户/6053人	汉族	第一批广西传统村落	—
6	更山组	岑溪市水汶镇石村	清代	丘陵村落			汉族（客家）	第一批广西传统村落	098
7	罗斗坡	岑溪市马路镇县容社区	清至民国	丘陵村落			汉族	第一批广西传统村落	—
8	谢村	岑溪市归义镇	清至民国	山区盆地村落		1481户/5300多人	汉族	第一批广西传统村落，谢村高大夫庙是市文保单位	—
9	道家村	藤县象棋镇	明清	江畔丘陵村落	13.8平方公里/—	986户/3473人	汉族	第一批广西传统村落	093
10	东养村	藤县太平镇	清代	河畔丘陵村落			汉族	第一批广西传统村落	095

序号	聚落（村落）名称	地点	现存主体聚落形式形成年代	类型	规模（面积等）村域面积（平方公里）/村庄占地面积（亩）	户数/人口	主体民族	级别（历史文化名村、名镇、第几批传统村落、文保单位等级）	页码
11	古制村	藤县大黎镇	清代	盆地平原村落			汉族	第一批广西传统村落，（清）陆顺德（太平天国来王）故居是自治区级重点文物保护单位，太平天国忠、英、侍王故里遗址（陈玉成故居、李秀成故居、李世贤故居）是县文保单位	—
12	龙腾村	藤县濠江镇	清至民国	丘陵村落			汉族	第一批广西传统村落	095
13	新马村	藤县天平镇	明清	江畔丘陵圩村	1平方公里/300亩	170户/700多人	汉族	第一批广西传统村落，（明）袁崇焕故居遗址、（民国）明督师袁公崇焕故里纪念碑是县文保单位	093
14	大寨村	苍梧县沙头镇	元以前	山区中的盆地村落	16平方公里/1275亩	5700人	汉族	第二批广西传统村落，唐末"黄巢农民起义"溃散队伍集结成村，黄巢洞主遗迹为县文保单位	087
15	三妹村	蒙山县长坪瑶族乡	明清	山地聚落	19平方公里/223亩	421人	瑶族	第二批广西传统村落	—
16	福垌村	蒙山县西河镇	清代	山地聚落	32.79平方公里/29亩	505人	瑶族	第二批广西传统村落	—
17	毛竹坪村	蒙山县新圩镇	新中国成立后	山地聚落	4平方公里/12亩	102人	瑶族	第二批广西传统村落	115
18	联山村	蒙山县新圩镇	清代	山地聚落	4平方公里/150亩	248人	瑶族	第二批广西传统村落	115
19	泗洲村	梧州市长洲区长洲镇	明清	河洲村落	0.7平方公里/358亩	1100户/3780人	汉族	第三批广西传统村落	078
20	新城村	岑溪市马路镇岭腰村	清代	江畔平原村落			汉族	第三批广西传统村落	095
				玉林市					
1	萝村*	北流市民乐镇	清代	平原村落	7平方公里/—	602户/2607人	汉族	第一批中国传统村落，云山寺是市县级文保单位	079
2	高山村*	玉州区城北街道	明清	平原村落	4.5平方公里/—	930户/4100多人	汉族	第一批中国传统村落，（清）高山村古建筑群是自治区级重点文物保护单位	221
3	第五组*	北流市新圩镇新圩村	清代	平原村落	14.5平方公里/—	169户/700人	汉族	第二批中国传统村落，（清）司马第是市县级文保单位	082
4	松茂村*	博白县松旺镇	清代	山区盆地村落		3200人	汉族（客家）	第三批中国传统村落、第二批广西历史文化名村，（清）朱光故居是自治区级重点文物保护单位、松旺文昌阁、朱为鉁故居遗址是县级文保单位	—
5	榜山村*	兴业县葵阳镇葵联村	明清	平原村落	2.5平方公里/—	2300多人	汉族	第四批中国传统村落、第七批中国历史文化名村，（清）庞村古建筑群是自治区级重点文物保护单位	078
6	大西村*	兴业县城隍镇	明清	盆地平原村落	7.91平方公里/—	1600余户/7200多人	汉族	第四批中国传统村落，（清）大西村石砖大屋是县级文保单位	079

序号	聚落（村落）名称	地点	现存主体聚落形式形成年代	类型	规模（面积等）村域面积（平方公里）/村庄占地面积（亩）	户数/人口	主体民族	级别（历史文化名村、名镇、第几批传统村落、文保单位等级）	页码
7	硃砂峒村*	玉州区南江街道岭塘村	清代	平原村落	1平方公里/27亩	40多户/400人	汉族（客家）	第五批中国传统村落，（清）硃砂峒客家围龙屋是自治区级重点文物保护单位	085
8	鹏峒村*	玉州区仁东镇	清代	河畔平原村落	13.2平方公里/—	1350人	汉族	第五批中国传统村落	—
9	茂岑村*	玉州区仁厚镇	明清	平原村落	6.53平方公里/—	1939人	汉族	第五批中国传统村落，（清）岑地坡村堡遗址、岑地坡黎氏旧宅是市级文保单位	—
10	福西村*	福绵区福绵镇	清代	平原村落		2860人	汉族	第五批中国传统村落	076
11	大楼村*	福绵区新桥镇	清代	平原村落	—/95亩		汉族（客家）	第五批中国传统村落、第七批中国历史文化名村，大楼村古建筑群是自治区级重点文物保护单位	085
12	东华村*	容县杨村镇	清代	山地村落	26平方公里/—	5400人	汉族	第五批中国传统村落，黄旭初故居是自治区级重点文物保护单位	—
13	顶良村*	容县罗江镇	明清	山区河谷村落	18.6平方公里/293亩	3782人	汉族	第五批中国传统村落，村中有（清）李公宗祠、三鑑堂、鑑古堂	095
14	长旺村*	陆川县平乐镇	清代	盆地平原村落			汉族（客家）	第五批中国传统村落	083
15	老屋屯*	博白县新田镇亭子村	清代	丘陵聚落				第五批中国传统村落	—
16	东山村*	兴业县石南镇	明清	（两河绕村）	9平方公里/1000多亩	6200人	汉族	第五批中国传统村落，东山乡约亭是县级文保单位	088
17	谭良村*	兴业县石南镇	明清	盆地平原村落	2.3平方公里/1000多亩	6500人	汉族	第五批中国传统村落	088
18	庞村*	兴业县石南镇	清代	盆地平原村落	2平方公里/800多亩	2725人	汉族	第五批中国传统村落，庞村古建筑群是自治区级重点文物保护单位（受损严重）	284
19	石山坡*	兴业县蒲塘镇石山村	清至民国	丘陵盆地村落		1500人	汉族	第五批中国传统村落，肖书绸大宅是县级文保单位	076
20	龙安村*	兴业县龙安镇	明清	丘陵盆地村落	4.53平方公里/500亩	2135人	汉族	第五批中国传统村落，（宋）绿鸦冶铁遗址是自治区级重点文物保护单位，（清）太安庙形制古朴	076
21	河城组*	北流市新圩镇白鸠江村	清至民国	平原村落			汉族	第五批中国传统村落	—
22	十一组*	北流市塘岸镇塘肚村	清代	平原村落			汉族（客家）	第五批中国传统村落，城肚古城是市县级文保单位	—
23	岭峒村	北流市平政镇	明清	山区丘陵圩村			汉族	第一批广西传统村落，（宋）岭峒窑址是自治区级重点文物保护单位	093
24	南盛村大教组	北流市大坡外镇	清至民国	丘陵聚落			汉族	第一批广西传统村落	—

序号	聚落（村落）名称	地点	现存主体聚落形式形成年代	类型	规模（面积等）村域面积（平方公里）/村庄占地面积（亩）	户数/人口	主体民族	级别（历史文化名村、名镇、第几批传统村落、文保单位等级）	页码
25	珊萃村	容县黎村镇	明清	盆地村落	10平方公里/702亩	4186人	汉族	第一批广西传统村落，（清）黄绍竑故居属容县近代建筑之一，是第六批全国重点文物保护单位	077
26	荔枝村	玉林市玉州区仁厚镇	明清	平原村落	12.4平方公里/320亩	3485人	汉族	第二批广西传统村落	363
27	半月村	容县罗江镇	明清	丘陵聚落	10.6平方公里/142亩	3214人	汉族	第二批广西传统村落，有（清）镶耳屋、明远堂	095
28	杨梅街村	容县杨梅镇	清至民国	丘陵河谷圩村	0.96平方公里/—	305户/1632人	汉族	第三批广西传统村落，（民国）杨华小学教学楼属容县近代建筑之一，是全国文保单位，海晏李公祠是县级文保单位	075
29	和丰村	容县杨梅镇	清至民国	丘陵盆地河畔村落	1.3平方公里/—	1971人	汉族	第三批广西传统村落，苏祖馨别墅属容县近代建筑之一，是第六批全国重点文物保护单位，睿中苏公祠是县级文保单位	—
30	慈堂村	容县松山镇	清至民国	丘陵村落	7.63平方公里/—	1354户/4255人	汉族	第三批广西传统村落，（民国）马晓军故居是第六批全国重点文物保护单位	096
31	四端村	容县杨梅镇	清至民国	丘陵山地村落	6.2平方公里/—	917户/3038人	汉族	第三批广西传统村落，（清）加厚堂是自治区级重点文物保护单位	095
32	中平村	容县自良镇	清代	丘陵山地村落	18平方公里/—	1079户/3421人	壮族、汉族	第三批广西传统村落，（清）蛟湾大屋是县级文保单位	095
33	儒地村	容县松山镇	清至民国	山区河谷村落			汉族	第三批广西传统村落，韦云淞别墅属容县近代建筑之一，属第六批全国重点文物保护单位	095
34	黎木村	容县罗江镇	明清	丘陵村落	18.6平方公里/293亩	4732人	汉族	第三批广西传统村落，有申氏金常公祠（1785年）、申氏宗祠（1940年）	095
35	石龙村三甲田屯	博白县大垌镇	清代	山区丘陵村落		500多户/2780人	汉族（客家）	第三批广西传统村落	098
36	凤坪村龙江村	博白县大垌镇	清至民国	山区丘陵村落			汉族（客家）	第一批广西传统村落	101

（聚落数据截至2019年12月）

一、书籍

［1］广西壮族自治区自然资源厅. 广西历史地图集［M］. 北京：中国地图出版社，2020.

［2］班固. 汉书. 卷九十五. 西南夷两粤朝鲜传.

［3］雷坚. 广西建置沿革考录［M］. 南宁：广西人民出版社，1996.

［4］（明）苍梧总督军门志. 卷三.

［5］（北宋）宋祁，欧阳修，范镇，等. 新唐书·方镇表［M］. 北京：中华书局，1975.

［6］（明崇祯）廉州府志.

［7］张声震. 壮族通史［M］. 北京：民族出版社，1997.

［8］覃乃昌. 广西世居民族［M］. 南宁：广西民族出版社，2004.

［9］中国地图出版社. 中国地图册［M］. 北京：中国地图出版社，2020.

［10］莫大同. 广西通志 自然地理志［M］. 南宁：广西人民出版社，1996.

［11］朱慧珍，贺明辉. 广西苗族［M］. 南宁：广西民族出版社，2004.

［12］谢小英. 广西古建筑（上册）［M］. 北京：中国建筑工业出版社，2015.

［13］陈理，苍铭. 黄姚古镇［M］. 北京：民族出版社，2007.

［14］陆卫. 桂筑华章——广西历史建筑遗存［M］. 南宁：广西科学技术出版社，2014.

［15］周开保. 桂林古建筑研究［M］. 桂林：广西师范大学出版社，2015.

［16］熊伟. 广西传统乡土建筑文化研究［M］. 北京：中国建筑工业出版社，2013.

［17］韦浥春. 广西少数民族传统村落公共空间形态研究［M］. 北京：中国建筑工业出版社，2020.

二、期刊

［1］陈远璋. 广西考古的世纪回顾与展望［J］. 考古，2003（10）.

［2］谢光茂. 广西隆安娅怀洞遗址［J］. 大众考古，2018（01）.

［3］李珍. 邕宁顶蛳山贝丘遗址［J］. 中国文化遗产，2008（05）.

［4］赵志军，傅宪国，吕烈丹. 广西邕宁县顶蛳山遗址出土植硅石的分析与研究［J］. 考古，2005（11）.

［5］何乃汉，陈小波. 广西桂平县石器时代文化遗存［J］. 考古，1987（11）.

［6］陈远璋，覃彩銮，梁旭达. 广西隆安大龙潭新石器时代遗址发掘简报［J］. 考古，1982（01）.

［7］何安益，彭长林，刘资民，等. 广西资源县晓锦新石器时代遗址发掘简报［J］. 考古，2004（03）.

［8］于凤芝，方一中. 广西钦州独料新石器时代遗址［J］. 考古，1982（01）.

［9］蒋廷瑜. 广西贝丘遗址的考察与研究［J］. 广西民族研究，1997（04）.

［10］于凤芝，方一中. 广西钦州独料新石器时代遗址［J］. 考古，1982（01）.

［11］蒋廷瑜. 广西贝丘遗址的考察与研究［J］. 广西民族研究，1997（04）.

［12］李珍，彭长林，彭鹏程. 广西兴安县秦城遗址七里圩王城城址的勘探与发掘［J］. 考古，1998（11）.

［13］郑维宽. 历史地理学的继承与创新暨中国西部边疆安全与历代治理研究——2014年中国地理学会历史地理专业委员会学术研讨会论文集［C］. 2014.

［14］苍铭. 黄姚古镇形成与留存原因探析［J］. 中央民族大学学报（哲学社会科学版），2006（04）.

［15］梁振然，任爽. "文脉修补"理念在历史文化名镇保护与更新中的应用研究——以桂林大圩古镇为例［J］. 建筑与文化，2016（04）.

［16］吴庆洲. "水都"的变迁——梧州城史及其适洪方式［J］. 建筑遗产，2017（03）.

［17］林哲. 桂林独秀峰山前城市形态空间历史演变［J］. 桂林工学院学报，2004（02）.

［18］余大富，何昌慧. 中国山区土地资源开发利用与人地协调发展研究会议论文［G］. 2010.

［19］韦玉姣. 民族村寨的更新之路——广西三江县高定寨空间形态和建筑演变的启示［J］. 建筑学报，2010（03）.

［20］韦玉姣，吴宇华，梁立新，等. 广西那坡县达文屯黑衣壮传统麻栏自主更新的启示［J］. 建筑学报，2012（11）.

三、博士、硕士学位论文

［1］刘方进. 清代桂林交通与区域社会研究［D］. 桂林：广西师范大学，2019.

［2］孙国花. 大圩古镇保护与发展研究［D］. 广州：华南理工大学，2014.

［3］庞科. 广西中渡古镇保护规划研究［D］. 上海：上海交通大学，2012.

［4］陈峭苇. 桂东南客家民居的自组织演化研究［D］. 广州：华南理工大学，2017.

［5］孙将来. 梧州城市空间形态及其演变研究（汉至民国）［D］. 南宁：广西大学，2019.

［6］谷云黎. 南宁城市建设历史研究［D］. 广州：华南理工大学，2009.

［7］赵冶. 广西壮族传统聚落及民居研究［D］. 广州：华南理工大学，2012.

四、网页

［1］广西壮族自治区人民政府门户网站http://www.gxzf.gov.cn/mlgxi/gxrw/zrdl/t1003585.shtml.

［2］合浦县政府门户网站http://www.hepu.gov.cn/zjhp_95969/msgj_1/.

［3］广西地情网http://www.gxdfz.org.cn/shihaigouceng/gujianchu/201612/t20161208_33946.html.

后记

2017年秋季，中国建筑工业出版社组织全国各省、自治区作者开始编写"中国传统聚落保护研究丛书"，我们在这样的背景下启动了《中国传统聚落保护研究丛书 广西聚落》的编写工作。

广西陆地幅员宽阔，是全国唯一具有沿海、沿江、沿边优势的少数民族自治区。我们期待《广西聚落》能拓展和深化人们对广西传统聚落的认识和了解，培养和提高社会和民众对传统聚落保护的观念和意识，并为建筑学、城乡规划等专业的学者提供研究帮助。

《中国传统聚落保护研究丛书 广西聚落》的主编单位是广西大学，参加编写的单位是南宁大学、广西工业职业技术学院。

编写工作分工如下：

韦玉姣　第一章、第二章、第三章第一节

韦浥春　第四章、第五章

王红原　第六章

谢小英　第三章第二节

熊　伟　第五章第二、三节

银晓琼　第三章第三节

邓　璇　第三章第四节

广西大学研究生黄媛、李佳格、陈悦、张婷分别参与了第一章第二节、第二章第五节、第三章第三节中的富川古城、第六章的编写。

本书的体裁和分量经"中国传统聚落保护研究丛书"大纲会议讨论确定。华南理工大学陆琦教授、广西壮族自治区住房和城乡建设厅戴舜松副厅长，为本书审稿并提出宝贵意见，特此致谢。

本书图片除作者自绘、自摄，以及引自公开出版的书刊外，还采用了广西壮族自治区党委宣传部、广西壮族自治区住房和城乡建设厅、广西城市规划协会、广西城乡规划设计院、华蓝设计（集团）有限公司、象州县文物管理所、资源县文物管理所、兴安县方志办、部分市县的融媒体中心等单位提供的资料或照片。书中一部分插图系熊伟、赵冶、陈峭苇、韦冰凌、贾遥等绘制，部分图纸来自广西大学师生多年的测绘成果。广西部分摄影家为本书提供照片，署名若有遗漏，请联系本书作者。

聚落视频由韦浥春、韦玉姣指导，谢小英、林启富分别参与了部分解说词编写和视频制作指导，李佳格及本科生唐丽娜、罗超华、崔欣、刘晏宁、胡雨晴等进行视频制作。

索引表由韦玉姣、李佳格填写。

在大家的共同努力下，编写工作顺利完成。

图书在版编目（CIP）数据

中国传统聚落保护研究丛书. 广西聚落 / 韦玉姣，
韦湿春编著. — 北京：中国建筑工业出版社，2021.12
ISBN 978-7-112-26971-6

Ⅰ.①中… Ⅱ.①韦…②韦… Ⅲ.①乡村地理—聚
落地理—研究—广西 Ⅳ.①K928.5

中国版本图书馆CIP数据核字（2021）第269007号

本书以广西境内的传统聚落为研究对象，全面梳理了传统聚落的类型与特
点，分析了不同民族传统聚落的独特个性及彼此之间的相互影响，展现了典型
的历史文化名城、名镇、传统村落的风貌和特色。同时，按照城市、镇、村的
不同发展要求，遵循有效保护、合理利用、加强管理的原则，梳理名城、名镇
和传统村落保护与发展的三种模式，并结合成功的保护案例进行分析，展现了
广西传统聚落保护实践与探索之概貌。本书可供建筑、城乡规划、风景园林、
人文地理、文物保护等相关专业的读者及文化旅游爱好者参考阅读。

责任编辑：贺　伟　胡永旭　唐　旭　吴　绫　张　华
文字编辑：李东禧　孙　硕
书籍设计：付金红　李永晶
责任校对：王　烨

扫一扫
观看本卷聚落视频资源

中国传统聚落保护研究丛书
广西聚落
韦玉姣　韦湿春　编著
*
中国建筑工业出版社出版、发行（北京海淀三里河路9号）
各地新华书店、建筑书店经销
北京锋尚制版有限公司制版
北京富诚彩色印刷有限公司印刷
*
开本：889毫米×1194毫米　1/16　印张：27¼　插页：7　字数：712千字
2022年12月第一版　2022年12月第一次印刷
定价：**308.00**元（含视频资源）
ISBN 978-7-112-26971-6
　　（36764）